法治建设与法学理论研究部级科研项目【项目编号22SFB5047】研究成果

GDPR and Biobanking

Individual Rights, Public Interest and Research Regulation across Europe

Santa Slokenberga　Olga Tzortzatou　Jane Reichel

GDPR和生物银行

跨欧洲的个人权利、公共利益和研究监管

[瑞典]圣·斯洛肯贝加
[希]奥尔加·佐尔扎图　编
[瑞典]简·赖切尔
邓朝霞　译

法律出版社
LAW PRESS · CHINA
北京

图书在版编目（CIP）数据

GDPR和生物银行：跨欧洲的个人权利、公共利益和研究监管 /（瑞典）圣·斯洛肯贝加，（希）奥尔加·佐尔扎图，（瑞典）简·赖切尔编；邓朝霞译. -- 北京：法律出版社，2024. -- ISBN 978-7-5197-9541-2

Ⅰ. D950.3

中国国家版本馆CIP数据核字第2024HL4741号

GDPR和生物银行：跨欧洲的个人权利、公共利益和研究监管

GDPR HE SHENGWU YINHANG: KUA OUZHOU DE GEREN QUANLI、GONGGONG LIYI HE YANJIU JIANGUAN

[瑞典]圣·斯洛肯贝加
[希]奥尔加·佐尔扎图 编
[瑞典]简·赖切尔
邓朝霞 译

策划编辑 孙 慧
责任编辑 孙 慧
装帧设计 李 瞻

出版发行 法律出版社
编辑统筹 司法实务出版分社
责任校对 王晓萍
责任印制 胡晓雅
经　　销 新华书店

开本 710毫米×1000毫米 1/16
印张 24.75 **字数** 402千
版本 2024年10月第1版
印次 2024年10月第1次印刷
印刷 北京建宏印刷有限公司

地址：北京市丰台区莲花池西里7号（100073）
网址：www.lawpress.com.cn
投稿邮箱：info@lawpress.com.cn
举报盗版邮箱：jbwq@lawpress.com.cn

销售电话：010-83938349
客服电话：010-83938350
咨询电话：010-63939796

书号：ISBN 978-7-5197-9541-2
定价：88.00元

凡购买本社图书，如有印装错误，我社负责退换。电话：010-83938349

译者序

在着手翻译《GDPR 和生物银行：跨欧洲的个人权利、公共利益和研究监管》这本书时，我深感责任重大，同时也满怀期待。这部作品不仅是对欧盟《通用数据保护条例》（GDPR）在生物银行领域应用的深刻剖析，更是对跨欧洲个人权利保护、公共利益平衡以及科研监管机制的全面审视。

GDPR 自 2018 年生效以来，已成为全球数据保护领域的重要里程碑。它不仅加强了欧盟公民的个人数据权利，也对所有在欧盟境内或处理欧盟公民数据的组织提出了更高的合规要求。在生物银行这一特殊领域，GDPR 的实施更是引发了广泛的讨论和挑战。生物银行作为存储和处理大量生物样本及其相关个人信息的机构，其运作直接关乎个体的隐私权益、医疗研究的进步以及公共卫生的安全。本书通过翔实的案例分析和深入的法理论证，揭示了 GDPR 在生物银行领域的复杂应用。它探讨了如何在保护个人隐私的同时，促进科学研究的发展，确保公共利益的最大化。这一过程中，作者们不仅分析了 GDPR 的各项条款和原则，还结合欧洲各国的具体实践提出了切实可行的解决方案和建议。

在翻译过程中，我深感 GDPR 的复杂性和前瞻性。它不仅对数据处理行为进行了细致的分类和定义，还引入了诸如数据控制者、数据处理者、假名化等概念，为数据保护法律体系注入了新的活力。同时，GDPR 对个人生物识别信息的严格保护，特别是对个人生物识别数据处理的限制和例外情况的规定，也体现了对数据主体权利的尊重和对技术进步的审慎态度。

对于生物银行而言，GDPR 的实施意味着更加严格的合规要求和更加复杂的操作流程。然而，这也是推动生物银行健康发展的必要之举。通过加强数据保护，生物银行能够更好地维护数据主体的隐私权益，增强公众对科研活动的信任和支持。同时，这也为生物银行提供了更加清晰和规范的运作框架，有利于科研活动的顺利开展和公共利益的实现。

在翻译本书的过程中，我尽力保持原文的准确性和完整性，同时也注意到了文化差异和语境差异对理解的影响。我希望通过努力能为读者呈现一个既忠实于原文又易于理解的译本。对此，本书在翻译过程中进行了若干本土化修改，需要予以说明：(1) 原版书在每一部分并未设置章节，为使译著符合中文阅读习惯，我根据书中内容在每一部分设置了“章”的结构；(2) 原版书第二部分关于“英国脱欧和生物银行：GDPR 视角”一章对英国脱欧后可能出现的法律前景进行了深入分析，鉴于本译著翻译之时英国脱欧已成事实，故删除了此章内容；(3) 为便于读者查阅引文，本书所有文献（无论是在脚注还是结尾参考文献）都采用原文，未做翻译。当然，由于能力和时间所限，译文中难免存在不足之处，恳请读者批评指正。

最后，我要感谢原书的作者们和出版机构，为我们提供了这样一部具有重要价值的作品。同时，我也要感谢在本书翻译过程中提供宝贵意见的专家，在本书校对出版过程中提供帮助的法律出版社的编辑们，以及每一位即将翻开本书的读者。我相信，通过本书的翻译和传播，将有助于推动 GDPR 在生物银行领域的深入理解和应用，促进个人权利保护、公共利益平衡以及科研监管机制的完善和发展。

目　录

第四部分　碎片化及未来之路

引　言

圣·斯洛肯贝加　奥尔加·佐尔扎图　简·赖切尔

生物银行（生物库）研究法规的差异通常被视为有效研究合作的重要障碍之一。生物银行研究法规的一个更核心方面则涉及个人数据的使用问题，即与个人健康和基因数据相关的信息，无论个人是作为研究对象还是特定科学研究的参与者，抑或作为登记处的众多信息来源之一。因此，2016 年通过的《通用数据保护条例》（General Data Protection Regulation，GDPR）及其自 2018 年 5 月起的适用一直是生物银行界翘首以待的。尽管 GDPR 不是一个研究监管的工具，但它在试图监管个人数据处理活动时创建了一个相当复杂的“研究制度”，也称为“科学研究制度”或“研究豁免”。该制度规定了个人数据方面的科学研究如何受到欧盟的监管，并规定哪些内容由欧盟或其成员国进一步决定。GDPR 对健康和基因数据的处理以及一系列数据主体权利提出了严格要求，并对生物库和研究人员施加了相当大的义务，同时也允许为科学研究目的直接适用减损规则或通过成员国或欧盟法律允许的减损规则。在某些情况下，如果研究被视为符合公共利益，则可能进一步减损个人权利并适用其他要求。

GDPR 第 89 条是规范科学研究的中心条款，也是允许为科学研究目的减损个人权利的一项关键条款。在 GDPR 第 89 条实施后，这些减损可以根据具体情况通过直接援引 GDPR 的规定或通过欧盟成员国的国内法和欧盟法律进行。因此，尽管 GDPR 协调了为研究目的的数据保护要求，并有助于生物银行的治理，但不同欧盟成员国的要求可能存在很大差异。此外，欧盟及其成员国也许会解决那些可能导致进一步分裂的公共利益问题。这种分歧的空间，虽然为适应各种标准和价值观提供了灵活性，但也造成了不确定性，并在适用不同标准时引发科学合作和数据共享方面的问题。因此，人们可能会质疑欧盟是否已经建立了一个允许生物银行快速发展的平台，或者已经创建了一个允许生物银行监管格局碎片化的平台，从而导致抑制研究合作和科学进步的风险。

本书采用了一种全面的方法来确定 GDPR 如何影响欧盟成员国在生物银行研究中使用个人数据的监管制度。其目的是从 GDPR 第 89 条规定的研究例外开始，审查 GDPR 中关于生物银行的研究制度。为了实现这一目标，本书承担了两项任务：第一，审查 GDPR 中关于生物银行的研究制度、目标、构成要素和 GDPR 对生物银行的影响，以及其在不断变化的欧盟格局中的作用；第二，审查各种减损在各国国内是如何实施的，以及这种多样化会带来哪些机遇和挑战。因此，本书抓住了 GDPR 为生物银行监管带来的复杂性，并阐明了应对已出现挑战的各种方法。

更具体地说，第一部分为本书奠定了基础。该部分的方法基于三个主要概念即个人权利、公共利益和科学研究展开。在“奠定基础：个人权利、公共利益、科学研究和生物银行”一章中，圣·斯洛肯贝加描绘了生物银行如何在 GDPR 中找到一席之地，并追溯了这三个概念共存的主要途径。

生物银行是一个具有成熟的研究伦理传统的领域，研究伦理委员会在其中发挥着重要作用。在“从 GDPR 角度在个性化遗传学与隐私保护之间取得平衡”一章中，马茨·格·汉森从伦理学家的角度审视了研究伦理委员会如何平衡科学研究对科学进步的需求，以及在缺乏法律和政策制定者明确指导的情况下对隐私保护的需求。汉森在其贡献中提出了三个前提，可以帮助平衡进一步研究的愿望和确保研究参与者隐私保护的目的。

第二部分专门分析 GDPR 对生物银行的要求。在研究中，数据访问和数据共享至关重要。其中一个关键问题是如何在遵守 GDPR 的前提下同时允许数据访问和数据共享。在“GDPR 对生物银行研究治理的影响”一章中，马萨·沙巴尼、高蒂尔·查桑和卢卡·马雷利研究了访问基因组和健康数据的治理模式，以及进一步遵守 GDPR 的关键工具和机制。很明显，GDPR 为政策制定者的进一步治理干预留下了很大的空间，以维护良好的研究实践，确保研究不受阻碍，并保护作为样本捐赠者和数据主体的研究参与者的隐私。这些治理机制必须是最新的，以便能够减轻风险并利用新兴技术带来的机遇。

在“生物银行和生物医学研究：GDPR 视阈下的数据控制者和处理者责任”一章中，安娜·诺德伯格详细分析了生物银行和研究者作为数据控制者和处理者所承担的关键义务。她还确定了生物银行作为数据控制者和处理者面临的关键合规挑战，并讨论了不同的合规途径。此外，她还强调了在我国迈向一个人工智能和大数据发挥突出作用的数据驱动社会过程中，生物银行领域可能出现的挑战。

在“GDPR 视阈下生物银行研究中的个人权利”一章中，西亚拉·斯汤顿考察了 GDPR 为数据主体提供的权利及其在生物银行领域的运作。她仔细审视了 GDPR 保护的每一项个人权利，并考虑了它们对生物银行的影响。她认为，尽管 GDPR 中的个人权利旨在赋予数据主体对其个人数据使用的更大自主权和控制权，但在生物银行领域可能并不如此。数据主体不但可能对正在被处理的个人数据缺乏了解，因而无法保护其权利，而且由于不同的减损，他们也可能没有多少可执行的权利（如果有的话）。作为确保高水平数据保护的补偿措施，GDPR 提供了适当的保障措施。

安妮－玛丽·杜盖特和吉恩·赫维格在“与科学目的处理相关的保障措施与减损：GDPR 第 89 条生物银行研究分析”一章中详细审查了充分保障措施的要求，并认为如果不遵守这些要求，可能会导致用于科学研究目的的预期处理不符合 GDPR。GDPR 在具体说明这些保障措施可能是什么方面似乎并不过分慷慨，但是，结合该领域的既定研究标准和实践，作者发现有可能强调三个要素：尊重数据保护的本质、相称性以及保障数据主体基本权利的适当和具体措施。作者提出了八项措施，可以作为适当的保障措施，并将其作为实施 GDPR 规定的研究豁免的工具。

在“GDPR 视阈下的生物银行监管与制裁”一章中，达拉·哈里南分析了 GDPR 中概述的与生物银行语境相关的监管和制裁机制的功能和问题。哈里南确定了四种类型的监管（事前评估、事先通知和批准、持续监督和一般监督），以及两种关键类型的制裁（责任和赔偿制裁，以及行政处罚）。哈里南认为，尽管这些机制表面上是全面的，但它们也难免被人诟病。该章表明，它们在为数据主体权利提供的保护标准、对与生物银行过程相关的合法利益（特别是基因组研究利益）的过度影响，以及它们在生物银行中的实际可实施性方面，存在问题。

GDPR 规定的要求适用于欧盟成员国和欧洲经济区国家，并通过治外法权条款适用于针对欧盟数据主体的其他国家。它还规定了向第三国传输个人数据时的严格规则。第三部分的各章重点介绍了 GDPR 如何在选定的欧盟成员国国内实施，如比利时、丹麦、爱沙尼亚、芬兰、法国、德国、希腊、意大利、挪威、葡萄牙、西班牙和瑞典。

这些基于国内法的研究有几个共同的特点。首先，概述了各自国家的生物银行基础设施和监管环境。其中特别涉及的问题包括各自国家的生物银行类型、生物银行研究如何受到监管、个人如何参与样本收集及其遵循的程序、该领域的监督机构是什么等。其次，审查了各自国家法律秩序中对个人权利和保障措施的做法，并评估了这些规则在实践中的作用，以及如何在国内实现个人权利和科学发展之间的平衡。最后，反思了 GDPR 对生物银行的影响和未来可能性，并涵盖了其他相关问题，如对生物银行和研究治理、能力建设和可持续性以及各自国家环境中的合作挑战的反思。

第四部分是对本书提出的中心问题得出的一些结论和 GDPR 在生物银行领域的影响。

在“后 GDPR 时代的欧洲生物银行：一个蓄意打造的碎片化景观”一章中，奥尔加·佐尔扎图和其他代表 19 个国家的学者全面分析了 GDPR 所打造的碎片化景观。它审查了生物银行的监管环境，GDPR 第 89 条第（2）款规定的减损是否生效以及如何生效，后 GDPR 时代科学研究的法律基础和同意在生物银行中的作用，国家法律中个人权利与公共利益之间的平衡，GDPR 对生物银行的影响及未来可能性。在结论中，该章强调了研究伦理委员会和联合政府在数据流动或交换问题上的重要性，以及正在进行的几个针对特定部门的行为准则倡议。

在“监管责任的分配：谁将在 GDPR 下平衡个人权利、公共利益和生物银行研究？”一章中，简·赖切尔对形势进行了概述，并反思了 GDPR 下研究监管责任的分配。问题是：立法者最终将如何平衡个人权利、公共利益和生物银行研究的竞争利益？该章分析了 GDPR 在处理研究用个人数据方面所创造的监管空间内的权力分工，欧盟的立法权限及留给成员国的空间。此外，还考虑到生物伦理学的国际义务。根据整本书中的分析，该章得出结论：GDPR 没有实现其在生物银行研究中处理数据方面减少监管碎片的目标。之后，该章讨论了在实践中克服碎片化的两种机制：选择法院，或者选择GDPR提供的行政合作和软法工具。该章的结论是，虽然选择法院诉讼这一机制可能难以解决伦理方面的问题，但可以通过之后的行政合作和软法工具来实现团结。尽管这些工具缺乏成文法的民主合法性，但就目前的法律而言，这可能是我们所能期待的最好的办法。

笔者想感谢泛欧洲生物样本库与分子生物资源研究中心（BBMRI - ERIC）在实现“后GDPR时代的欧洲生物银行：一个蓄意打造的碎片化景观”一章中的比较分析的研究目标方面所作的贡献。在欧盟Horizon2020科技重大专项资助的ADOPT科技专项（项目号676550）的背景下，生物银行的研究基础设施BBMRI - ERIC建立了第一个筛选表，并据此筛选了部分国家法律，以进一步了解有关GDPR在国家背景下实施的更多细节。为了该项目，该表被进一步修改和扩大，并增加了非BBMRI - ERIC的成员国。迄今为止，它由20个成员国和一个国际组织组成。此外，其ELSI服务和研究部门提供了与促进泛欧生物银行访问相关的伦理、法律和社会方面的指导。本书的几位作者以不同的身份就职于BBMRI - ERIC或其国家节点。[1]

最后，笔者感谢尼克·克利里对文本编辑的帮助，感谢BBMRI - ERIC支付开源费用。

〔1〕 http：//www. bbmri - eric. eu.

第一部分

奠定基础

第一章

奠定基础：个人权利、公共利益、科学研究和生物银行

圣·斯洛肯贝加

摘　要： 授权原则虽削弱了欧盟的全面监管研究能力，但进一步研究是其愿望之一。数据保护是欧盟广泛立法的一个领域。在制定 GDPR 过程中，需要解决的一个重要问题是如何在研究监管能力有限的情况下平衡欧盟的愿望和不同利益相关者的利益，以及如何确定数据保护可以在多大程度上被用作在欧盟法律秩序中进一步开展科学研究的手段。其结果是 GDPR 提供了多层面研究制度，该制度规定了欧盟政策，并为成员国和欧盟的进一步监管敞开了大门。

GDPR 建立的研究制度带来了许多问题。其中一个关键问题是，GDPR 第 89 条的实施对生物银行有什么影响。本章阐述了该领域的一些潜在紧张关系，并为本书奠定了关键的概念基础。本章深入了解了欧盟在生物银行领域的相关利益，并描绘了 GDPR 内建立的研究制度的核心要素。同时，本章分析了书中使用的关键概念，包括生物库和生物银行、根据 GDPR 进行的科学研究、个人权利和公共利益。最后，本章提出了一些初步设想，作为未来分析的出发点。

1　引　言

医疗产品和服务的可用性、可获得性、可接受性和质量对于创造条件以

实现最高健康标准至关重要。[1]为了实现这些目标，科学研究、新医药产品和设备的开发至关重要。从长远来看，个性化医疗有可能带来医学上的重大变革，因为它为改善医疗保健提供了希望，同时也降低了成本。然而，除非为生物银行建立了坚实的基础并进一步开展研究，否则个性化医疗很难推进。[2]

当从人权的角度对科学研究进行概念化时，生物银行与享受科学进步及其应用带来的好处的权利之间的联系就显现出来了。[3]尽管这项权利的内容仍有待充分评估，[4]但很明显，要享受科学进步及其应用带来的好处，首先必须要有好处（利益）。[5]因此，至关重要的是要创造充分的环境，使科学进步得以实现。

长期以来，协调一致的监管框架一直被视为促进欧盟内部、欧盟与第三国之间以及第三国之间科学研究和合作的关键。正如在许多场合所指出的那样，[6]支离破碎的监管格局是一个亟待解决的挑战。[7]欧盟在数据保护领域的第一项立法，即《数据保护指令》，为形成科学研究的数据保护框架作出了重大贡献。然而，通过预见国家监管自主的巨大空间，它创造了一个分歧和碎片化的局面。正如本书中显现的那样，GDPR似乎没有很强的潜力来纠正这些分歧。同时，GDPR还具有其自身的分裂倾向，这已经显示出一些深远的

---

〔1〕 See ICESCR Article 12 and General Comment No. 14. E/C. 12/2000/4 (2000).

〔2〕 Hewitt (2011), pp. 112 – 119.

〔3〕 As a human right, it is set forth in Article 27. 1 of the Universal Declaration of Human Rights and Article 15 of the International Covenant of Economic, Social and Cultural Rights. Article 27. 1 of UDHR states that '[e] veryone has the right freely…to share in scientific advancement and its benefits'. In a similar vein, Article 15. 1. b ICESCR states that '[t] he States Parties to the present Covenant recognize the right of everyone: … [t] o enjoy the benefits of scientific progress and its applications'.

〔4〕 Among most recent contributions see Committee on Economic, Social and Cultural Rights, General comment No. 25 (2020) on science and economic, social and cultural rights (article 15 (1) (b), (2), (3) and (4) of the International Covenant on Economic, Social and Cultural Rights), E/C. 12/GC/25.

〔5〕 Slokenberga and Howard (2019).

〔6〕 See, for example, Directorate – General for Research and Innovation (European Commission) (2012), pp. 46 – 48.

〔7〕 See, for example, Chen and Pang (2014), pp. 113 – 117. Furthermore, biobank governance remains also a regional challenge Kaye (2006), pp. 245 – 248. In that regard, solutions have also been sought, among which there is the Code of Conduct for international genomic research. See Knoppers et al. (2011).

影响。

最后，本章提出了一些初步的设想，作为本书进行分析的出发点，即GDPR中创建的研究制度（需要在数据主体的权利和充分保障之间进行权衡）是否是进一步进行科学研究和确保欧盟法律秩序中对个人数据进行高水平保护的一种手段，以及这种研究制度对研究人员、法律和决策者、研究资助者和其他利益攸关方的影响。

2　欧盟和生物银行：在数据保护框架中建立研究制度

在欧洲，从历史上看，国家在很大程度上拥有监管生物医学研究的权限，尽管在行使这一权限时通常会适当考虑国际论坛上的硬法和软法文书。[8]除了临床试验等领域外，在生物医学研究领域，欧盟传统上一直处于次要地位。[9]然而，生物银行研究不仅涉及研究监管、研究参与者的道德约束和人类生物样本的收集等问题，还涉及数据保护。在欧盟法律秩序中，根据《欧盟基本权利宪章》（Charter of Fundamental Rights of the European Union，CFREU）第8条的规定，生物银行研究中的数据保护相关领域被归类为人权。同时，根据《欧盟运作条约》（Treaty on the Functioning of the European Union，TFEU）第16条的规定，欧盟在这一领域拥有立法权。在此背景下，GDPR在某种程度上与其前身《数据保护指令》相似，在如何有效实施数据保护的基本权利和进一步自由使用个人数据方面面临着巨大的挑战，同时还要考虑《欧盟运作条约》第4条第（3）款规定的围绕其研究能力的限制，以及推进欧盟在全球舞台上的竞争力目标。可以说，这一紧张关系和立法者解决这一问题的方法在GDPR序言4中得到了最好的体现，其解释说，“个人数据的处理应旨在为人类服务”，并随后阐述了这项权利的非绝对性，需要以成比例的方式平衡它与其他权利的关系。虽然有些权利在GDPR序言4中被作

〔8〕 For example，Council of Europe treaties，such as Convention for the protection of Human Rights and Dignity of the Human Being with regard to the Application of Biology and Medicine：Convention on Human Rights and Biomedicine and its Additional Protocol to the Convention，concerning Biomedical Research，various recommendations in the field，as well as WMA Helsinki declaration，and CIOMS International Ethical Guidelines for Health – related Research Involving Humans.

〔9〕 This，however，is undergoing changes. The In Vitro Diagnostic Medical Devices Regulation（applicable from 2022）contains provisions relevant to biobanking.

为例证提及，但既没有指出《欧盟基本权利宪章》第 13 条所保护的科学自由，也没有指出《欧盟基本权利宪章》第 35 条所保障的医疗保健。然而，正如 GDPR 科学研究制度结构所表明的那样，这两个愿望是 GDPR 的内在要素。

一般来说，对欧盟来讲，限制其权限并不是一个问题。事实上，数据保护与体外诊断医疗设备框架等其他领域类似，起源于内部市场的政策。[10] 事实情况是，在《建立欧洲经济共同体条约》时，欧洲共同体管理内部市场的一般权限被用作制定内部市场政策的工具。[11] 随着《里斯本条约》的签署，情况发生了变化，数据保护政策在该条约中获得了自己的法律依据。

这一简短的历史见解引出了一个明显的问题，即欧盟在数据保护领域的能力是否被用来推动欧盟目前缺乏采取协调措施能力领域的政策。很明显，GDPR 建立的研究制度，在某种程度上可以看作通过“后门”进行的研究协调：首先，在欧盟内部适用；其次，通过域外条款和数据传输规则，在全球范围内也适用。[12] 然而，承认 GDPR 是通过“后门”进行研究协调也并非没有例外。GDPR 是一项部门中立立法，但每个研究领域都有自己的历史和传统。例如，医学研究领域受到了第二次世界大战的影响，生物银行领域在最初面临一些偏离涉及人类研究的严格规则的挑战。[13] 最近，已经采取了针对生物银行的研究治理措施，如（经修订的）《世界医学协会关于健康数据库和生物银行伦理考虑的台北宣言》。[14] 在权限方面，国家法律秩序保留了不同程度的权限，而且通常在适当考虑传统、历史经验、社会价值和公共利益目标的情况下，这些权限的行使方式也有所不同。《数据保护指令》已经规定了对这种多样性的尊重。考虑到这一背景，即使欧盟可能希望采取不同的方法，并在其缺乏直接立法权限的领域承担对其干预限度的测试，如 GDPR 的立法历史所表明的那样，[15] 这既不容易实现，也不现实。事实上，欧盟委员会成

---

〔10〕 Slokenberga（2016），ch. 6. 2. 3. 3.

〔11〕 De Witte（2006）.

〔12〕 Slokenberga et al. （2019），pp. 30 – 48.

〔13〕 Stjernschantz Forsberg（2012）.

〔14〕 World Medical Association（2016）.

〔15〕 See Reichel J. ，Lind A – S（2015）The new general data protection regulation—where are we are and where might we be heading?，In：Mascalzoni D（ed）Ethics，law and governance of biobanking：national，European and international approaches. Springer，Dordrecht，pp. 95 – 100.

立的国际生物银行研究伦理和监管挑战专家组在《欧洲生物银行：治理面临的挑战》中表明了对欧盟在该领域的弱点和欧洲委员会最初认为的优势的认识。它指出，欧洲委员会“在制定奥维耶多《人权和生物医学公约》（后称《奥维耶多公约》）的附加议定书方面处于有利地位，特别是在生物银行方面”[16]。由于一些未知的原因，或许与先前《奥维耶多公约》议定书的批准率较低有关，欧洲委员会选择修订其在该领域的建议，而不是制定附加议定书。[17]

3 GDPR 和研究制度的基石

可以说，GDPR 由几个相互关联的基石构成：原则、个人权利、责任、监督和执行，这些都体现了《欧盟基本权利宪章》第 8 条的内容。这些基石的内容旨在确保个人数据得到妥善处理。GDPR 规定了控制者和处理者在处理个人数据时的义务，赋予数据主体权利，不仅让数据主体管理自己的数据，还确保自下而上地执行，并规定了监督和执行规则。然而，在实践中，这些构建块之间的界限相当模糊，并且这些构建块的内容允许对源自 GDPR 的确切要求提出疑问。例如，控制者和处理者的义务植根于数据保护原则，但其对科学研究的确切意义在某些方面尚不明确，监督和执行与 GDPR 中规定的控制者和处理者的责任以及数据主体权利密切相关。

GDPR 中建立的研究制度植根于其第 89 条的规定，并建立在这些基石的基础之上。从原则上讲，GDPR 实现了目的限制兼容性，即允许对以前收集的数据进行二次使用，并将这些数据用于科学研究目的，以及存储限制兼容性，即如果科学研究需要，允许数据存储更长时间。然而，对这些原则的依赖还存在一些模糊性。例如，一般来说，GDPR 将合法性原则和目的限制原则视为两个不同的原则。因此，人们可能会质疑为科学研究目的而重复使用数据是否需要单独的法律依据。在这方面，GDPR 序言 50 指出，“不需要……额外的法律依据”，并补充道，“为了科学研究目的而进行的进一步处

---

〔16〕 Directorate General for Research and Innovation（2012），p. 47.

〔17〕 See Recommendation CM/Rec （2016） 6 of the Committee of Ministers to member States on research on biological materials of human origin（Adopted by the Committee of Ministers on 11 May 2016 at the 1256th meeting of the Ministers’ Deputies）.

理……应被视为兼容的合法处理操作”。尽管欧盟立法者给出了这一指导意见，但最近有人认为，“鉴于 GDPR 正文中没有附带具体规定，这与其说是一项全面豁免，不如说是一种咨询性豁免”。因此，提出了在进行科学研究之前考虑 GDPR 第 6 条第（4）款规定的目的兼容性测试的建议。[18]虽然在没有欧盟法院指导的情况下，这种预防措施是可以理解的，该法院根据《欧盟运作条约》第 19 条第（1）款的规定，拥有“确保在解释和适用条约时遵守法律”的最终权力，但人们也可以采取不同的立场。可以认为，科学研究是“内在的”合法性要求，但在欧盟或成员国根据 GDPR 序言 50 和 GDPR 第 6 条第（2）款的规定确定进一步处理的任务和目的的情况下，可以对科学研究的进一步处理给予具体考虑。人们还可能会质疑存储限制应该如何实施，如数据控制者是否有足够的雄心在未来的某个时候处理科学研究数据，或者这种雄心是否需要更加具体。虽然科学研究不应成为为其他目的存储个人数据的幌子，[19]但可以认为，立法者没有对科学研究施加限制，无论何时都可进行研究。然而，为了避免无限和不受控制的存储，研究意图应该是真实的和可证明的。

GDPR 赋予数据主体的权利，称为个人权利。但同时第 89 条提供了两种途径，在研究必要时剥夺数据主体的这些权利：第一，允许研究人员为特定项目的目的直接援引 GDPR 规范；第二，要求通过成员国国内法或欧盟法律，以实现减损。[20]两者都要求对在特定情况下是否有理由援引这些减损条款进行单独评估。此外，两者都使减损成为可能，但须符合 GDPR 第 89 条第（1）款提出的条件和保障措施。此外，通过适用 GDPR 第 23 条也可以广泛减损个人权利，尽管它在形式上不属于围绕 GDPR 第 89 条建立的研究制度。GDPR 并没有明确说明第 23 条和第 89 条之间的相互关系，但有人可能会认为，第

---

〔18〕 See European Data Protection Supervisor, A Preliminary Opinion on data protection and scientific research, 6 January 2020, pp. 20 – 21. Such a cautions approach has also been fagged by scholars, for example Bell et al.（2019）, pp. 43 – 53, at 48.

〔19〕 European Data Protection Supervisor, A Preliminary Opinion on data protection and scientific research, 6 January 2020, pp. 23 – 24.

〔20〕 While this assessment is intended to be case – by – case – based in accordance with the wording of the GDPR, as the analysis carried out by Tzortzatou et al. show some Member States opt for generic derogations, potentially leaving room for further specification in their national, biobank specifc laws.

23 条的性质要求只有在其他途径不充分的特殊情况下才适用。尽管不能排除在科学研究中可以依赖它，但这些情况可能相当罕见。

此外，GDPR 提出了一个公共利益概念，在不同的背景下添加了不同的限定词（见下文第 4.3.3 节）。与非公共利益活动相比，这一概念能够将不同的数据保护要求应用于为公共利益开展的活动。同样，与仅涉及公共利益的活动相比，它能够对与“重要公共利益原因”相关的活动进行不同的处理。

一般来说，在合法性原则下提供的研究支持以及减损数据主体权利的可能性，都伴随着生物银行和研究人员的一系列责任。除了对援引这些减损的必要性和可能性进行个案评估等实用性外，他们还必须确保“根据本条例，为数据主体的权利和自由提供适当的保障”[21]。GDPR 第 89 条第（1）款进一步规定，“这些保障措施应确保技术和组织措施到位，以确保尊重数据最小化原则”。然而，除了在第 89 条第（1）款中明确指出“这些措施可以包括假名化，前提是可以以这种方式实现这些目的”，并在第 4 条第（5）款对假名化进行解释外，GDPR 的文本中还没有关于这些保障措施的内容。有人可能会说，参考 GDPR 的规定，将“适当保障措施”解释为数据控制者或处理者应为特定科研活动（处理）满足 GDPR 的要求，无论这些要求是在 GDPR 中规定的还是成员国在实施 GDPR 规定时采用的，抑或那些与 GDPR 兼容的要求，比如由于适用范围不同。然而，人们可以质疑它们在多大程度上能考虑到保障措施会为实现 GDPR 的目标而造成障碍。[22]

尽管欧盟不是严格意义上的研究监管机构，但 GDPR 中规定的研究制度形成了研究法规，从而在欧盟成员国国内实施。对于一些国家来说，特别是那些缺乏生物银行法律框架的国家来说，这甚至可能成为一种激励，促使它们对 21 世纪初起草的框架进行修订，并对科学技术的发展保持高度谨慎。然而，尽管生物银行是一个重要领域，但它只是 GDPR 等一般数据保护框架所涵盖的众多领域之一，不能指望 GDPR 能够成为欧盟研究制度的唯一基础。

---

〔21〕 Article 89 (1) GDPR. See Anne – Marie Duguet Jean Herveg ‘Safeguards and derogations relating to processing for scientific purposes: Article 89 analysis for biobank research’ in this book.

〔22〕 See further analysis on appropriate safeguards by Anne – Marie Duguet Jean Herveg ‘Safeguards and derogations relating to processing for scientific purposes: Article 89 analysis for biobank research’ in this book.

4 澄清关键概念和定义

4.1 相关概念

为了更深入地了解 GDPR 第 89 条如何在生物银行研究中实施，有必要确定两个要点：第一，生物库和生物银行的概念；第二，GDPR 和本书中关于界定个人权利和公共利益的方法。

4.2 生物库和生物银行

学者、法律和政策制定者都对生物库进行了广泛的讨论。生物库被一层厚厚的治理和监管框架——硬法和软法措施所包围，但缺乏一个普遍认可的定义。此外，学者、法律和政策制定者有时会使用不止一个术语来指代生物库，如生物储存库和生物资源中心，[23] 有时会将这两者进行区分。[24]

可以说，生物库这一术语于 1996 年被首次使用，主要用于指代基于人类种群的生物库，[25] 尽管在那之前各种医院和学术机构就已经储存了这些藏品。此外，距第一批石蜡包埋组织样本收集已有相当长的时间了，这些样本被视为“当今生物库的前身”[26]。

在法律、政策以及文献中，都可以找到一系列定义。[27] 例如，2006 年经济合作与发展组织（Organization for Economic Co-operation and Development，OECD）《关于人类遗传研究数据库的创建和管理报告》中提到的生物库为“一组生物材料及相关的数据和信息存储在一个有组织的系统中，用于一个种群或一大部分种群”。在 2009 年 OECD《关于人类生物银行和遗传研究数据库的建议》中将人类生物库与遗传研究数据库描述为“可用于遗传研究的结构化资源，其中包括：（a）人类生物材料和/或其分析产生的信息；（b）广泛的相关信息”[28]。这清楚地表明了从早期关注人口规模的生物库到更具包

---

〔23〕 Parodi（2015）.

〔24〕 See，for example，Siwek（2015）.

〔25〕 Hewitt and Watson（2013），p. 309.

〔26〕 Biobanking and Biomolecular Resources Research Infrastructure（2013）.

〔27〕 Shaw et al.（2014），pp. 223，226.

〔28〕 OECD（2009），p. 22.

容性的方法的转变。

在欧盟成员国内，“生物库”这一术语具有不同的用法。例如：《瑞典医疗保健生物银行法案》将生物库定义为“从某个人或多个人那里收集并无限期保存的生物材料，其来源可以追溯到某个特定人或多个特定人”[29]。《拉脱维亚人类基因组研究法案》没有定义生物库，而是使用“基因组数据库”一词来指代在其他国家可以理解为生物库的东西，将其描述为“一组数据，包含DNA的编码描述、健康状态的编码描述、编码的系谱和遗传数据，以及用于遗传研究的编码DNA样本和编码组织样本”[30]。

然而，在实践中，生物库的类型及其用途存在相当大的差异。现在，“生物库”一词通常不仅用于指人类标本收集，还用于指植物、动物或微生物样本。[31]人类生物样本生物库可以识别出几种类型，并且可以进行不同的分类。[32]例如，哈里斯等人将人类生物样本生物库分为四类：(1)作为医疗保健过程的一部分而建立的生物库；(2)在临床试验背景下建立的生物库；(3)可重复用于其他研究的特定研究项目样本集生物库；(4)基于人群的可能具有更广泛的研究目的生物库。[33]

除了生物库概念的转变和研究数据库（为进一步研究收集数据）的出现外，基础设施和运营管理治理也发生了变化。在生物库的早期，通常将记录保存于实验室笔记本上，标本则储存在少数超低温冷冻柜中。这就是德索萨和格林斯潘所说的“温和的银行风格”。生物银行及其相关科学已经成为一个更加复杂的研究领域。[34]在自动化和计算机化等技术进步的推动下，生物库的管理实现了现代化。如今，样本注释和存储位置可通过数据库中的电子记录进行维护，并通过实验室信息管理系统对样本进行追踪。[35]此外，还提供了包括机器人元件在内的各种软件解决方案，这些解决方案支持生物库的管

[29] Sveriges Riksdag (2002), Chapter 1 Section 2.
[30] LR Saeima (2002), Section 1 Subparagraph 8.
[31] Hewitt and Peter (2013), pp. 309, 313.
[32] EU Commission (2012), pp. 14 – 17.
[33] Harris et al. (2012).
[34] De Souza and Greenspan (2013).
[35] See Bendou et al. (2017).

理和研究实践。[36]还有与实验室信息管理系统集成过程相关的软件，以及面向外部受众的可用样本目录。在过去的十年里，虚拟生物库已经变得越来越普遍，[37]与集中式模型生物库相比，虚拟生物库可以更容易、更快地进行生物样本采集和数据传输与交换。[38]在基础设施网络方面，BBMRI－ERIC 成为一项重要举措，因为它创建了一个泛欧生物库和收集点目录，将该领域的利益相关者聚集在一起。[39]

考虑到方法的差异和缺乏普遍认可的定义，本书选择了一种广泛而包容的生物库概念，将其视为生物样本和相关数据的集合，包括临床和样本数据，主要关注点是研究生物库。根据萧伯纳等人的研究，这种概念符合利益相关者所认为的“生物库的基本要求”。[40]通过以如此广泛的方式定义生物库，生物库的规模已被视为是一个值得关注的领域。即使不包含大量样本或特别详细的相关数据，生物库也可能是一种宝贵的资源。[41]

除“生物库”外，本书还经常使用“生物银行”一词。生物银行涉及多个步骤。根据德索萨的说法，经过一些简化，它们可以表达为三个步骤：标本和数据的收集、生物样本的处理和储存以及生物样本的传播。[42]这种对“生物银行”概念的解释方法也在后来的研究中得到了证实，如休伊特和沃森。[43]因此，就本书而言，“生物银行”这一术语指的是样本和相关数据的“收集、处理和存储”。

---

〔36〕 De Souza and Greenspan (2013). For a more detailed insight, see Müller et al. (2017).

〔37〕 Reijs et al. (2015).

〔38〕 Somiari and Somiari (2015), pp. 12－27, at 19.

〔39〕 BBMRI－ERIC http://www.bbmri－eric.eu/.

〔40〕 Shaw et al. (2014), p. 226. These seem to be shared in a study by Hewitt and Watson, Defining Biobank. Additionally, they point at the importance of managing biobanks according to professional standards. Hewitt and Watson (2013), pp. 309, 313. As this is a governance question rather than directly related to individual rights, we have committed this criterion from the approach.

〔41〕 Shaw et al. (2014), p. 227.

〔42〕 De Souza and Greenspan (2013).

〔43〕 Hewitt and Watson (2013), p. 311.

4.3 GDPR 下的科学研究、个人权利和公共利益及其影响

4.3.1 科学研究

虽然 GDPR 建立了一个科学研究制度，但它并没有详尽地定义什么是科学研究。根据欧盟立法机构在 GDPR 序言 159 中提供的指导，[44]研究可以包括广泛的活动。它强调“用于科学研究目的的个人数据处理应以广泛的方式进行解释，例如，包括技术开发和演示、基础研究、应用研究和私人资助的研究”。欧盟第 29 条数据保护工作组表示，“这一概念不能超出其共同含义，并认为，‘科学研究’在此语境下是指根据相关部门的方法和道德标准，按照良好做法设立的研究项目”[45]。欧洲数据保护委员会现在接受了这一观点。[46]由此可以看出，GDPR 意义内的“研究”，尽管表面上似乎可以进行广泛的解释，但实际上可能是一种遵循特定研究领域要求的研究。

欧洲数据保护监管局，一个根据另一项法规成立的机构，负责欧盟机构和团体的个人数据保护事宜。[47]该监管局除了指出“相关部门方法和道德标准适用于”处理“个人数据”的重要性外，还补充说，为了科学研究能够受益于 GDPR 研究制度，“研究……［需要］以发展社会的集体知识和福祉为

〔44〕 It states ‘[w] here personal data are processed for scientific research purposes, this Regulation should also apply to that processing. For the purposes of this Regulation, the processing of personal data for scientific research purposes should be interpreted in a broad manner including for example technological development and demonstration, fundamental research, applied research and privately funded research. In addition, it should take into account the Union's objective under Article 179 (1) TFEU of achieving a European Research Area. Scientific research purposes should also include studies conducted in the public interest in the area of public health. To meet the specificities of processing personal data for scientific research purposes, specific conditions should apply in particular as regards the publication or otherwise disclosure of personal data in the context of scientific research purposes. If the result of scientific research in particular in the health context gives reason for further measures in the interest of the data subject, the general rules of this Regulation should apply in view of those measures.’

〔45〕 EU Article 29 Working Party Guidelines on consent under Regulation 2016/679 (2017), pp. 27–28.

〔46〕 See the European Data Protection Board, Endorsement 1/2018.

〔47〕 Regulation (EU) 2018/1725 of the European Parliament and of the Council of 23 October 2018 on the protection of natural persons with regard to the processing of personal data by the Union institutions, bodies, offices and agencies and on the free movement of such data, and repealing Regulation (EC) No 45/2001 and Decision No 1247/2002/EC, OJ L 295, 21. 11. 2018, pp. 39–98, Article 52. 2.

目标”，而不是主要为某一或几个私人利益服务。[48]撇开该监管局在 GDPR 事项上的（模糊的）权力问题及其发布的文件仅为初步意见这一事实不谈，值得注意的是，尽管区分“集体知识和福祉”和“主要是某一或几个私人利益”可能很有吸引力，但这种区分方法存在几个问题，包括集体知识和福祉、私人利益等要素的内容及其相互作用的不确定性和模糊性，缺乏对科学研究所处复杂现实的充分考虑，以及将商业化作为推动科学进步的手段（例如，在儿科用药领域）。根据欧洲人权委员会有关的解释，GDPR 关于保护科学研究的第 13 条与《欧洲人权公约》第 10 条有关，它不是一项绝对权利，可以对其进行限制，以保护其他权利，包括《欧洲人权公约》第 8 条规定的数据主体的隐私（以及数据保护）。同时，《欧洲人权公约》第 8 条也不包含绝对权利，可以基于多种原因对其加以限制，包括国家的经济福祉、保护健康或道德或者保护他人的权利和自由。从这一角度来看，需要在隐私保护和言论自由之间采取一种复杂的平衡行动，这与《欧盟基本权利宪章》第 52 条第（1）款的规定有很多的相似之处。虽然讨论这一问题超出了本书的范围，但很明显，这不应导致在没有（公共利益）作为回报的情况下剥夺数据主体的权利，从而成为界定科学研究的全权委托方式。从这一角度来看，个人在对“研究带来的好处”进行扩大解释时，可能同意欧洲数据保护监管局的看法。[49]然而，可以认为，由于开展科学研究的原因和现实，对比元素（“主要是某一或几个私人利益”）可能难以站得住脚。可以理解，欧洲数据保护监管局从不同的来源和领域（包括版权领域）获得灵感，但不应忽视这样一个事实，即每个领域都有其原则，这些原则可能不容易转移到另一领域，如数据保护。最后，尽管欧洲数据保护监管局提出的界定科学研究的建议表面上与欧盟法院长期以来在狭义定义规则例外方面的做法相一致，这与立法者在 GDPR 序言 159 中表达的“为科学研究目的处理个人数据应该以宽泛的方式进行解释”的意图不符。人们只能质疑欧盟法院无视立法者为解释 GDPR 文本而提供的信号的原因。本书基于这样一个假设，即无论欧洲数据保护监管

---

〔48〕 European Data Protection Supervisor, A Preliminary Opinion on data protection and scientific research, 6 January 2020, p. 12.

〔49〕 European Data Protection Supervisor, A Preliminary Opinion on data protection and scientific research, 6 January 2020, p. 12.

局的方法是否得到支持和遵循，生物银行都有很大的潜力从 GDPR 研究制度中受益并以此展开讨论。

4.3.2 个人权利

生物银行的一个关键要求是维护信任。这通常通过各种保护措施来实现，或以研究参与者的权利来体现。[50] GDPR 并未忽视个人的权利，其在第三章中规定了一系列数据主体权利，特别是知情权，并在第 13 条和第 14 条中根据是否直接从数据主体收集数据给出了进一步的模式。它还在第 15 条规定了访问权，第 16 条规定了更正权，第 17 条规定了删除权，第 18 条规定了限制处理权，第 20 条规定了数据可携带权，以及第 21 条规定了反对权和脱离自动化决策权。此外，第 19 条包含所谓的通知权。根据该权利，数据主体可以要求第 19 条规定的数据接收者履行通知义务。[51] 然而，与人权方面的论述和研究规范不同，根据 GDPR 的规定，通过知情同意行使自决权本身不是一项权利，而是满足合法性要求的一种手段，也可以视为第 89 条第（1）款规定的一种适当保障。一方面，这些权利对于赋予研究参与者作为数据主体的权力以及克服与参与者相关的阻碍生物银行工作的障碍具有重要意义；另一方面，在某些情况下，行使这些权利也同样会阻碍研究。为了克服这一点，GDPR 提出了所谓的减损机制，该机制以前被描述为剥夺个人权利的机制。[52]

4.3.3 公共利益

处理公共利益的概念有不同的方法。公共利益理论被概念化为“界定权利范围的过程，以及确保公共物品作为集体权利对象的正当理由”[53]。然而，GDPR 似乎脱离了这种复杂的公共物品和公共利益纠葛，采取了更实际的方法。GDPR 以公共利益为目的，允许额外的监管特权。如下文所强调的，这通常以牺牲个人权利为代价，但不一定局限于此。因此，更广泛地说，根据

---

〔50〕 For an overview, see Staunton et al. (2019).

〔51〕 Notification obligation regarding rectification or erasure of personal data or restriction of processing.

The controller shall communicate any rectification or erasure of personal data or restriction of processing carried out in accordance with Article 16, Article 17 (1) and Article 18 to each recipient to whom the personal data have been disclosed, unless this proves impossible or involves disproportionate effort. The controller shall inform the data subject about those recipients if the data subject requests it.

〔52〕 Staunton et al. (2019).

〔53〕 Capps (2012), p. 240.

GDPR 的规定，公共利益可以被描述为一个值得维护的对象，以满足成员国或欧盟的利益或需求，为此可以采取一些具体措施，包括限制数据主体的权利。

关于生物银行和公共利益，出现了许多问题。人们可以讨论，在什么情况下生物银行是一种公共利益。人们还可以质疑，进行研究的目的和研究人员或研究机构是谁是否存在差异，如在非传染性疾病领域（这是世界各地死亡的一个主要原因）开展研究的非营利机构[54]和与识别归因于特征或儿童潜在天赋的基因有关的商业驱动研究机构，如果存在差异，谁来决定？

在 GDPR 中，公共利益被提及 70 次，但在这些场合都没有对这一概念进行充分解释。此外，还可以找到限定词，例如，GDPR 序言 50 指"一般公共利益"，GDPR 序言 70 指"一般公众利益的重要目标"，GDPR 序言 112 指"公共利益的重要原因"，以及 GDPR 第 18 条第（2）款指"重要公共利益的原因"。尽管如此，还是可以找到一些线索表明这些限定词有不同的含义。因此，尽管在 GDPR 序言 159 的指导下，公共卫生领域的研究在某些情况下可能位于公共利益领域，但同样的研究可能不一定受益于适用于"公共利益的重要原因"活动的宽松措施。

也许公共利益的最核心运作与个人数据的合法处理有关。从 GDPR 第 6 条第（2）款和第 6 条第（3）款可以看出，"研究"被成员国视为符合该成员国的公共利益。[55] 此外，为了执行符合公共利益的任务，可以取消对处理个人数据的隐含禁令。[56] 这种可能性必须由欧盟法律或成员国国家法律进一步规定。[57] 可以说，通过使用开放式的公共利益概念，GDPR 允许成员国选择

---

〔54〕 World Health Organization（2018）.

〔55〕 Recital 45 guides that '[i] t should also be for Union or Member State law to determine whether the controller performing a task carried out in the public interest or in the exercise of official authority should be a public authority or another natural or legal person governed by public law, or, where it is in the public interest to do so, including for health purposes such as public health and social protection and the management of health care services, by private law, such as a professional association.'

〔56〕 Recital 10, Article 6（1）（f）and 6（2）GDPR.

〔57〕 As clarified in Recital 45, '[t] his Regulation does not require a specific law for each individual processing. A law as a basis for several processing operations based on a legal obligation to which the controller is subject or where processing is necessary for the performance of a task carried out in the public interest or in the exercise of an official authority may be sufficient.'

自己的政策。正如雷切尔和林德所指出的那样，在 GDPR 的早期草案中，有人建议欧盟委员会应该定义公共利益的概念（当时是“高度公共利益”）。这受到了严厉批评，因为这实际上意味着委员会可以在政治敏感的领域控制会员国。[58] 因此，GDPR 中没有保留这种方法。因此，成员国可以自行决定，如应对新冠肺炎或开发个性化药物属于公共利益问题。然而，这本身不足以继续处理个人数据，因为还应满足其他要求，包括 GDPR 第 9 条规定的要求。

4.3.4 科学研究、个人权利和公共利益之间的相互作用

在许多情况下，GDPR 中的公共利益与个人权利的研究监管框架共存。然而，根据 GDPR 第 17 条第（3）款的规定，这两者的处理方式不同。GDPR 第 18 条第（2）款明确表示，“欧盟或成员国重要公共利益的原因”，这很可能是科学研究。同样，GDPR 第 20 条第（3）款也提到“出于公共利益原因执行任务”，但其本身并不包含与研究有关的规定。GDPR 第 21 条第（6）款也有这种区别，它将研究和公共利益这两种制度合并在一起。GDPR 第 21 条第（1）款规定，“数据主体有权以其特定情况为理由，随时反对处理基于第 6 条第（1）款（e）项或（f）项的个人数据，包括基于这些规定的分析”。GDPR 第 21 条第（6）款规定，“根据第 89 条第（1）款，个人数据是为了科学……研究目的……而处理的，数据主体基于其特殊情况，有权反对处理与其有关的个人数据，除非出于公共利益的原因执行任务需要进行处理”。这样，当研究是为了公共利益而进行时，反对权的运作范围就受到了限制。

然而，这种公共利益与研究监管的相互作用必须更具体地加以描述。GDPR 第 89 条第（2）款允许对第 15、16、18 和 21 条的个人权利进行减损。这样，与不属于公共利益的研究相比，属于公共利益的研究得益于第 20 条和第 21 条的减损。

此外，除了这些途径外，GDPR 第 23 条也值得关注。GDPR 第 23 条第（1）款规定，“数据控制者或处理者所受的欧盟或成员国法律可以通过立法措施限制第 12 至 22 条、第 34 条以及第 5 条规定的义务和权利范围，只要其规定与第 12 至第 22 条规定的权利和义务相对应，当这种限制尊重基本权利和自由的本质，并且是民主社会中保障‘（e）欧盟或成员国的其他公共利益的

---

〔58〕 Reichel and Lind (2015), pp. 95 – 100.

重要目标，特别是……公共健康……’的必要和适当措施时”。不可排除的是，成员国有可能将这一规定用于特定的研究目的。

就个人权利而言，成员国如何进行研究、是否以及在多大程度上将其置于公共利益领域，存在相当微妙的差异。然而，对于 GDPR 产生的义务[59]以及向第三国和国际组织的数据传输，公共利益概念化可发挥相当大的作用。[60]然而，正如本书将显示的那样，有些成员国没有对研究是否符合 GDPR 的公共利益给予任何特别考虑。此外，这一术语有时与“公共物品”互换使用，这样可以解释生物银行在多大程度上（如果有的话）被视为一种值得维护的利益，以及用什么手段来进一步维护这种利益。

4.3.5 影响

很明显，不同欧盟成员国在理论上允许的保护水平差异不应成为个人数据自由流动的障碍。然而，在实践中可能会有所不同。人们也可能会质疑：在多大程度上会选择法院起诉？可以说，关于管辖权选择问题的最相关指导意见可以从 Weltimmo 案中推断出来，该案强调了数据控制者的设立地点。[61]然而，欧盟法院受制于“任何真正有效的活动，即使是通过稳定安排进行的最低限度的活动”。[62] GDPR 第 22 条规定了同样的方法，尽管没有“最低限度”的要求。[63]目前尚不清楚，GDPR 这一没有最低阈值的指示是否具有实际意义。

在实践中，合作研究项目只要通过稳定的安排能够满足实际有效的活动要求，就可以选择法院了。为此，国际私法在某种程度上可以变得得心应手。然而，这个选择法院的实际意义是什么，是另一个需要解决的问题。一方面，因为研究伦理委员会不一定要批准看似不道德的合法研究；[64]另一方面，伦

---

[59] For example, regarding processors under Article 28 (3)(a), regarding data protection impact assessment under Article 35 (9), in regard to a prior consultation under Article 36 (5) GDPR.

[60] Recital115, Article 49 GDPR. See further, the European Data Protection Board (2018), pp. 10 – 11.

[61] Weltimmo s. r. o. V Nemzeti Adatvédelmi és Információszabadság Hatóság, ECLI: EU: C: 2015: 639, para 24. For a discussion on territoriality under the Data Protection Directive see Maja Brkan (2016). For insights under the GDPR see Pormeister (2018).

[62] Court of Justice of the European Union, Weltimmo s. r. o. V Nemzeti Adatvédelmi és Információszabadság Hatóság, ECLI: EU: C: 2015: 639, para 31.

[63] Recital 22, GDPR.

[64] See also Article WP 29 (2017).

理不一定只是伦理（不具有约束力，但强烈建议）。通常接受伦理审查是法律要求，研究伦理委员会在法律框架下运作。研究伦理委员会的决定很可能会成为科学研究中个人数据自由流动的障碍，然后最终可能由欧盟委员会来解决这个问题，并将其与 GDPR 联系起来。如果伦理批准被视为保障措施，那么这种障碍确实是合理的。然而，如果 GDPR 第 89 条第（1）款中“根据本法规”的措辞仅适用于严格意义上的 GDPR 措施，人们可能会质疑欧盟第 29 条数据保护工作组所采取的方法是否能够得到支持。正如欧盟法院在不同的背景下所表明的那样，即使立法者没有以明确的方式这样做，它也愿意考虑真正的道德问题，[65]因此可以认为在 GDPR 下也可以采取类似的方法。

5 结束语

在立法程序中商讨欧盟委员会的立法草案时，有人对数据保护的限制性方法表示担忧。[66]特别是人们担心，如果 GDPR 草案获得通过，可能会“挑战回顾性临床研究、生物银行和欧盟以人群为基础的癌症登记机构”[67]，以及欧盟普通立法程序中的三大关键角色（欧盟委员会、欧洲议会和欧盟理事会）是否会接受健康研究的重要性，而不会阻碍健康研究。[68]

通过并适用的 GDPR 文本继续引起人们的关注。对于法律和政策制定者来说，这为全国范围内的数据保护监管方式提供了很大的变化空间。对于研究人员和生物银行监管员来说，它提出了关于在开展研究时直接援引并在全国范围内进一步规定的 GDPR 规则的遵守情况的问题。对于数据主体来说，它提出了 GDPR 为其提供的保护水平，以及《欧盟基本权利宪章》第 8 条所保障的个人数据保护基本权利的含义问题。正如波尔梅斯特所质疑的那样，GDPR 是否走得太远了？[69]士丹顿等人也含蓄地指出了这一点，因为他们同意 GDPR 剥夺了数据主体的权利，[70]但这并不一定意味着没有为数据主体提

〔65〕 See Case C – 165/08, Commission of the European Communities v Republic of Poland, ECLI: EU: C: 2009: 473.

〔66〕 Gottweis et al. (2012).

〔67〕 Kerr (2014), p. 563.

〔68〕 Coppen et al. (2015), p. 757.

〔69〕 Pormeister (2017), pp. 137 – 146.

〔70〕 Staunton et al. (2019).

供任何保护。对个人权利的限制是以牺牲适当的保障措施为代价的，以确保对个人数据的高水平保护不会受到损害。因此，重要的是要充分实施这些保障措施，并在有效目标特别是数据隐私保护和科学研究之间取得公正的平衡。

然而，就生物银行而言，从GDPR的角度来看，成员国对GDPR提供的灵活性是否可以并且应该在适当考虑到其特殊情况（如历史、传统、文化价值观和社会主流观点）的情况下加以利用拥有最终发言权。利益相关者是否会设法调和这些分歧，以期通过制定和采纳BBMRI－ERIC在该领域推行的行为准则进行进一步研究，仍有待观察。[71]人们可以视这项任务为雄心勃勃的任务，因为利益攸关方正试图通过行为准则解决这一问题，而欧盟委员会、欧洲议会和欧盟理事会这三个部门与成员国在立法程序中却都无法解决这一难题。

参考文献

A Code of Conduct for Health Research. http：//code－of－conduct－for－health－research. eu/. Accessed 30 June 2019.

A Report from the BBMRI Project（2013）Biobanks and the public. Governing biomedical research resources in Europe.

Article 29 Working Party Guidelines on consent under Regulation 2016/679，Adopted on 28 November 2017 As last Revised and Adopted on 10 April 2018，17/EN WP259 rev. 01.

Barzilai N. et al.（2012）The place of genetics in ageing research. Nat Rev Genet 13：589－594.

BBMRI－ERIC，http：//www. bbmri－eric. eu/. Accessed 30 June 2019.

Bell J.，Aidinlis S.，Smith H.，Mourby M.，Gowans H.，Wallace SE，Kaye K（2019）Balancing data subjects' rights and public interest in research：examining the interplay between UK Law，EU Human Rights Law and the GDPR. Eur Data Prot L Rev 5（43）：43－53.

Bendou H. et al.（2017）Baobab laboratory information management system：Development of an open－source laboratory information management system for biobanking. Biopreservation Biobanking 15：116－120.

Berr C. et al.（2016）How to optimize the use of biobanks from population－based cohorts in

〔71〕 See http：//code－of－conduct－for－health－research. eu/.

aging research. Biogerontology 17：221 -227.

Capps B (2012) The public interest, public goods, and third - party access to UK biobank. Public Health Ethics 5：240 -251.

Chen H, Pang T (2014) A call for global governance of biobanks. Bull World Health Organ 93 (2)：113 -117. https：//doi. org/10. 2471/BLT. 14. 138420：113 -117.

Coppen R et al. (2015) Will the trilogue on the EU data protection regulation recognise the importance of health research? Eur J Public Health 25：757 -758.

De Souza YG, Greenspan JS (2013) Biobanking past, present and future：responsibilities and benefits. AIDS 27：303 -312.

De Witte B (2006) Non - market values in internal market legislation in Shuibhne (ed). Edward Elgar Publishing, Cheltenham, pp. 61 -86.

Directorate - General for Research and Innovation (European Commission) (2012) Biobanks for Europe. A Challenge for Governance. EUR 25302 EN：46 -48.

European Commission (2018) The 2018 ageing report economic & budgetary projections for the 28 EU Member States (2016 -2070). Institutional paper 079.

European Data Protection Board, Endorsement 1/2018.

Fulop T (2016) Biological research into aging：from cells to clinic. Biogerontology 17：1 -6.

Gottweis H et al. (2012) Biobanks for Europe. A challenge for governance, report of the expert group with ethical and regulatory challenges of international biobank research. Directorate - general for research and innovation. European Commission, Brussels.

Harris J et al. (2012) Toward a roadmap in global biobanking for health. Eur J Hum Genet 20：1105 -1011.

Hewitt R (2011) Biobanking：the foundation of personalized medicine. Curr Opinion Oncol 23：112 -119.

Hewitt R, Watson P (2013) Defning Biobank. Biopreservation Biobanking 11 (5)：309 -315.

Joanna Stjernschantz Forsberg (2012) Biobank research：individual rights and public benefit. Uppsala University, Uppsala.

Kaye J (2006) Do we need a uniform regulatory system for Biobanks across Europe? Eur J Hum Genet 14 (2)：245 -248.

Kerr D (2014) Policy：EU data protection regulation—harming cancer research. Nat Rev Clin Oncol 11：563 -564.

Knoppers BM et al. (2011) Towards a data sharing code of conduct for international genomic research. Genome Med 3：46.

LR Saeima (2002) Human genome research law. Latvijas Vēstnesis, 99 (2674), 03. 07. 2002.

Müller H et al. (2017) From the evaluation of existing solutions to an all – inclusive package for Biobanks. Health Technol 7：89 – 95.

Maja Brkan (2016) Data Protection and Conflict – of – Laws：A Challenging Relationship. 2 Eur Data Prot L Rev 324 – 341.

OECD (2009) Guidelines on human biobanks and genetic research databases. p. 22.

Parodi B (2015) Biobanks：a definition. In：Mascalzoni D (ed) Ethics, law and governance of biobanking：national, European and international approaches. Springer, Dordrecht.

Partridge L, Deelen J, Slagboom P (2018) Facing up to the global challenges of ageing. Nature 561：45 – 56.

Pormeister K (2017) Genetic data and the research exemption：is the GDPR going too far? Int Data Privacy Law 7 (2)：137 – 146.

Pormeister K (2018) Genetic research and applicable law：the intra – EU conflict of laws as a regulatory challenge to cross – border genetic research. J Law Biosci 5 (3)：706 – 723. https：//doi. org/10. 1093/jlb/lsy023.

Reichel J, Lind AS (2015) The new general data protection regulation—where are we are and where might we be heading? In：Mascalzoni D (ed) Ethics, law and governance of biobanking：national, European and international approaches. Springer, Dordrecht, pp. 95 – 100.

Reijs B et al. (2015) The Central Biobank and virtual biobank of BIOMARKAPD：a resource for studies on neurodegenerative diseases. Front Neurol 6：1 – 7.

Shaw DM, Elger BS, Colledge F (2014) What is a Biobank? Differing definitions among Biobank stakeholders. Clin Genet 85：223 – 226.

Siwek M (2015) An overview of biorepositories—past, present, and future. Mil Med 180：57 – 66.

Slokenberga S (2016) European legal perspectives on health – related direct – to – consumer genetic testing. Jure.

Slokenberga S, Howard HC (2019) The right to science and human germline editing：Sweden, its external commitments and the ambiguous national responses under the Genetic Integrity Act. Förvaltningsrättslig Tidskrift 2：199 – 222.

Slokenberga S, Reichel J, Niringiye R, Croxton T, Swanepoel C, Okal J (2019) EU data transfer rules and African legal realities：is data exchange for biobank research realistic? Int

Data Privacy Law 9 (1): 30 –48.

Somiari SB, Somiari RI (2015) The future of biobanking: a conceptual look at how biobanks can respond to the growing human biospecimen needs of researchers. In: Karimi – Busheri F (ed) Biobanking in the 21st century. Advances in experimental medicine and biology, vol 864. Springer, Cham, pp. 12 –27.

Staunton C, Slokenberga S, Mascalzoni D (2019) The GDPR and the research exemption: considerations on the necessary safeguards for research Biobanks. Eur J Hum Genet 27 (8): 1159 –1167.

Sveriges Riksdag (2002) Lag (2002: 297) om biobanker i hälso – och sjukvården m. m. SFS nr: 2002: 297.

The European Commission (2012) Proposal for a regulation of the European Parliament and of the Council on the protection of individuals with regard to the processing of personal data and on the free movement of such data (General Data Protection Regulation). https: //eur – lex. europa. eu/LexUriServ/LexUriServ. do? uri = COM: 2012: 0011: FIN: EN: PDF. Accessed 30 June 2019.

The European Data Protection Board (2018) Guidelines 2/2018 on derogations of Article 49 under Regulation 2016/679.

UN Committee on Economic, Social and Cultural Rights, General Comment No. 14: The Right to the Highest Attainable Standard of Health (Art. 12 of the Covenant), 11 August 2000.

WMA Declaration of Taipei On Ethical Considerations Regarding Health Databases and Biobanks. Adopted by the 53rd WMA General Assembly, Washington, DC, USA, October 2002 and revised by the 67th WMA General Assembly, Taipei, Taiwan, October 2016.

World Health Organization (2018) Noncommunicable diseases. https: //www. who. int/news – room/fact – sheets/detail/noncommunicable – diseases. Accessed 30 June 2019.

World Medical Association (2016) WMA declaration of Taipei on ethical considerations regarding health databases and Biobanks. https: //www. wma. net/policies – post/wma – declaration – of – taipei – on – ethical – considerations – regarding – health – databases – and – biobanks/. Accessed 30 June 20.

第二章

从 GDPR 角度在个性化遗传学与隐私保护之间取得平衡

马茨·格·汉森

摘　要：GDPR 目前正在欧洲各地实施，研究人员、伦理审查委员会和各国政府正在等待指导，以确定如何在实践中实现隐私利益和有效科学研究（如生物医学研究）利益之间的伦理平衡。为了实现这一目标，我们必须了解与个性化医疗新发展领域相关的具体挑战，即该领域可以预见的个人数据的大规模使用，以及保护个人隐私的真正含义。本章中，笔者将基于遗传科学、伦理学和 GDPR，对如何在个性化医疗和隐私保护之间实现平衡提出建议。

1　引　言

目前遗传学的研究，正试图更精确地针对与基因型和环境因素有关的个人特征，这些个人特征对疾病的诊断、治疗和预防具有决定性作用。这种发展被称为个性化或精准医疗。对个人面临的不同风险的疾病，风险预测是根据个人特点对医疗干预和预防进行分层的目标的一部分。这一发展显然与 GDPR 制定的加强隐私保护的平行目标相冲突。有人可能会问，随着医学变得越来越私人化，有多少私人领域将成为隐蔽的受保护领域。

2　个性化遗传学

学术界和产业界的科学家运用大量遗传信息进行科学研究。这类研究的共同特点是关注未来的医学和临床应用。大型前瞻性生物库和基因组数据库是作为研究基础设施创建的，并与医疗和个人数据建立了链接。它们旨在通过“个性化医疗”来彻底改变对临床和医学应用的整体理解。基因组学和新一代测序技术的发展使那些会导致疾病或至少与更高风险相关的新基因不断被发现。对当前和未来的患者来说，与基因和生活方式相关的风险信息领域的发展具有重要意义。目前正在临床上建立和应用的愿景是，我们可能会在临床实践中从试错疗法转向循证个性化医疗。应该注意的是，“个性化”一词并不意味着根据每个人的需求量身定制药物，而是一种在治疗开始前将患者群体分为反应良好组和反应差组或对药物毒性特别敏感组的方法。[1]然而，在相对较短的时间内，人们可以预见对个人基因组预先筛查的应用。这是个人基因检测的一部分，即为预测未来医疗需求而进行的基因检测，以及相关病历系统的开发。该系统可以容纳大规模患者的特定基因型信息，供全科医生、专科医生及其患者在未来的医疗咨询中使用。[2]

传统上，基因检测仅限于专业医疗遗传服务，重点关注相对罕见、外显率高的遗传性疾病。相反，一些常见的复杂疾病，如痴呆症、心脏病、糖尿病和癌症，通常是许多基因变异的结果，每个基因都有少量的遗传易感性与环境或外生因素相一致。一些环境因素可能是可控的（如营养、锻炼、有毒物质），而另一些因素则相对不可控（如空气或水污染、心理社会压力）。遗传风险较高可能会让个人有理由避免利用这些可控因素来平衡他们的风险。但在传统的临床环境中，对这些信息的解释通常已经非常复杂。图 1 -2 -1[3] 说明了医疗保健系统面临的挑战。

图 1 -2 -1 左边的数字 I 表示个人在控制风险方面几乎无能为力的基因。在图右边的Ⅳ，我们发现如果个人改变与健康相关的行为，几乎所有风险都可以得到控制。例如心血管疾病中 90% 的心脏梗死总风险与可改变的因素有关。[4]将新的预测信息带到临床的另一个挑战与风险感知有关。风险语言和风险感知的解释是可变的。为了让临床医生、咨询师及其患者参与有意义的

---

〔1〕 Nuffeld Council of Bioethics (2010).

〔2〕 O' Donnel and Ratain (2012).

〔3〕 Figure from Hansson (2010).

〔4〕 Yusuf (2004).

共享决策，需要更多关于个人认知以及如何应用不同的风险沟通模式和尊重自主性的知情同意模式的知识。临床中的风险沟通因让患者独自面对艰难的评估和决定而受到批评。[5]与此同时，人们应该承认，通过识别生物标记物进行基因图谱分析，可以预测并促进早期治疗，以及对风险增加的个体进行大有裨益的预防性干预措施。

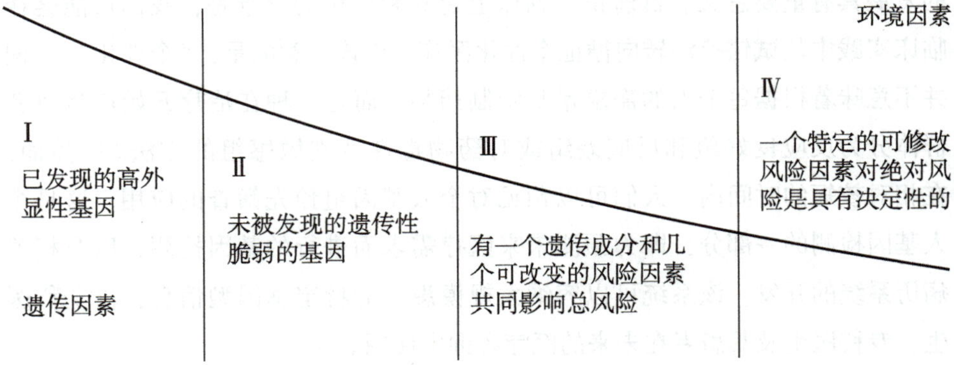

图 1－2－1　影响个人改变健康风险前景的遗传和环境因素的相对重要性

基因、医学和环境数据是个性化医疗发展的关键工具，不同研究小组之间跨国共享数据是其内在特征。共享和获取数据对大多数与健康相关的研究至关重要。由于研究参与者及其相关数据的稀缺性，这对于罕见疾病的研究尤为重要。[6] GDPR 承认基因数据的特殊敏感性和保护的必要性。基因数据被定义为“与自然人遗传或获得的遗传特征有关的个人数据，这些数据是对有关自然人的生物样本进行分析，特别是对染色体、脱氧核糖核酸（DNA）或核糖核酸（RNA）的分析，或通过对另一种元素的分析，从而获得等效信息”[7]。根据这一定义，基因数据也涵盖了那些在个性化医学中发挥越来越大作用的蛋白质和其他生物标记物。

3　隐私的核心价值

隐私的核心价值即承认每个人对其私人领域是受保护的主张是合理的，

---

[5] Politi et al.（2007）.

[6] Mascalzoni（2014）.

[7] Recital 34，GDPR.

因为每个人都有权决定谁被允许深入了解其个人事务或作为个人访问与其有关的信息。这就是《欧盟基本权利宪章》对隐私保护概念的阐述。[8]《欧盟基本权利宪章》强调个人在医学和生物学领域享有隐私保护的权利；这意味着根据法律规定的程序，他人在访问其数据时必须获得其自由的知情同意（第3条）。《欧盟基本权利宪章》第8条还赋予个人保护其个人数据的权利，这意味着处理此类数据需要相关人员的同意或合法的手段。这些条款符合《欧洲保护人权和基本自由公约》和欧洲委员会通过的《社会宪章》。

从心理学角度看，每个人希望定义的私人领域的范围大不相同。有些人可能非常不愿意提供私人信息，但另一些人则可能很乐意曝光自己，无论是在身体上还是在内心倾向或思想上。有些人认为陌生人可以透过窗户观察他们是具有侵略性的；而另一些人则欣然接受这一点，将其视为城镇生活的代价之一。从历史和哲学的角度来看，有几种关于隐私及其在社会中的核心重要性的描述。[9]詹姆斯·拉切尔建议，享有受保护的私人空间是社会多样性的必要条件，因为我们可能与我们的同伴有不同的关系。[10]根据拉切尔的观点，为了维持各种社会关系，私人领域是必要的，他认为私人生活的价值是能够参与多种不同类型关系的必要条件。在拉切尔看来，人类对谁有权访问个人信息的控制与他们和不同的人保持不同类型关系的能力之间有着密切的联系。如果每个人都有相同的亲密权和获得关于个人的相同信息的权利，那么个人就很难与家人、朋友、同事、邻居、共同签署协议的人或街上或地铁上的人一起过上充分的社会生活。

从历史和文化上看，受保护的私人领域的重要性和实际执行情况各不相同，但似乎有两个核心特征是相同的：[11]一是个人可以进入一个封闭的私人领域；二是每个人都可以自由决定谁可以访问该领域，如私人信息或私人空间。侵犯隐私可能会因不公平地歧视性使用个人信息而导致不公正；对于那些更喜欢个人隐私的人来说，他们也可能仅仅因为暴露在公众视野中而受到伤害。尊重隐私是尊重个人的一种方式，但也有助于建立信任，如在医学研

---

〔8〕 CFREU (2010/C 83/02).

〔9〕 For an overview, see Hansson (2008).

〔10〕 James (1984).

〔11〕 Philippe and Georges (1989).

究领域。隐私是一种核心的社会价值，但不是绝对的价值，它有时必须与其他重要利益相平衡，无论是对整个社会还是对公民个人而言。个人有权保持独处，同时也有权与他人一起参与社区活动。个人寻求获得私人领域的机会，这是一个更大的社会空间的一部分；在这个空间里，个人与他人一起参与各种类型的社会关系。在家庭中，个人希望人们能尊重某些非常私人的事情，但同时他们希望参与家庭的内部生活。友谊也是如此。人们渴望隐私和参与。遗传研究以一种以前不可能的方式深入研究了个人的遗传材料，但也为遗传病的诊断和治疗提供了新的可能。个人有权不被干涉，但也有权从这种干涉可能带来的结果中获益。只有通过参与研究项目和建立生物银行、遗传学和组学研究的大型基础设施，个人才能在改进诊断、治疗和预防方面取得成果。必须平衡隐私与其他重大利益的这一核心特征在人权方面得到了很好的体现，这也在 GDPR 序言 4 规定的法律前提中得到了充分的体现。

4 从人权角度和比例原则平衡隐私与研究利益

如前所述，《欧盟基本权利宪章》强调个人隐私受保护的权利，该宪章还规定了个人在生病时享有社会保障福利和社会服务的基本人权（第 34 条），以及在国家法律和惯例规定的条件下享有预防性保健和医疗福利的权利（第 35 条）。因此，欧盟的创始文件承认隐私权（要求尊重自治、提供信息、获得同意等），以及在疾病情况下享有保健和社会服务的权利是基本的人权，尽管也可能涉及社会和公共卫生相关利益。一般来说，如果没有相应的义务，我们认为这是一项空置的权利，毫无意义。健康权通常就是这样。它要求某人履行相应的义务，为实现这一权利提供必要的手段，并监测健康权如何得到承认。在欧洲范围内，这些责任将落在各国政府身上，它们必须提供实现健康、医疗和社会服务权利所需的资源。这将不属于欧盟权限和欧盟委员会权力的一部分。然而，它们既有能力也有权力制定指导如何平衡不同权利和利益的原则。这是 GDPR 在隐私保护方面的作用。

这方面的基本原则是 GDPR 序言 4 所述的比例原则：“个人数据的处理应旨在为人类服务。保护个人数据的权利不是一项绝对权利，必须根据其在社会中的作用加以考虑，并根据比例原则与其他基本权利相平衡。”这一指导原则确实很好地反映了从伦理上平衡隐私利益与其他利益的必要性，如与开展科学研究和利用基因数据造福当前和未来患者有关的利益，这与上述关于隐私的规定相符。考虑到比例原则的重点是考虑隐私问题和将个人数据用于重要目的（如通过研究实现），笔者接下来将转向 GDPR 中的一些详细规定，以及它们可能对使用基因和其他类型个人数据的科学研究产生的影响。

从理论法学的角度来看，隐私和科学研究的不同利益应如何平衡仍有待考察，但应以欧洲人权法院和欧盟法院的判例法为基础。同时，在此类案件尚未解决之前，国家立法者、政府当局、伦理审查委员会和研究人员需要以一种考虑 GDPR 中讨论和论证的基本伦理价值观的方式进行指导。在此情况下，应注意的是，一般而言，研究人员忠于法律，很少（如有的话）对公共当局作出的决定提出上诉或诉诸法院以解决有关个人数据使用或知情同意程序等问题。本研究提出的一些前提将有助于为国家在科学研究背景下实施 GDPR 提供指导。

4.1 前提 1：促进跨境数据的自由和安全流动

为生物医学研究共享基因组和健康相关数据对于确保我们理解人类健康和福祉的持续进展至关重要。特别是罕见疾病和其他疾病领域也需要增加数据共享，以验证在较小地方和国家队列取得的生物学和临床发现。如罕见病领域的一个案例所示，罕见疾病青少年皮肌炎的临床试验必须与全球 30 个不同国家的 103 个临床中心合作，以收集所需的 130 名患者信息。[12] 在此背景下，GDPR 序言 53 是与此相关的：“应允许成员国在处理基因数据、生物特征数据或与健康有关的数据方面维持或引入进一步的条件，包括限制。然而，当这些条件适用于跨境处理此类数据时，不应妨碍个人数据在欧盟内的自由流动。” 1948 年《世界人权宣言》第 27 条进一步支持了这一点，该条规定世界上每个人都有“分享科学进步及其利益”的权利（包括自由参与负责任的科学研究），同时“保护任何科学产生的道德和物质利益……作者的作品”，“保护任何（个人创造的）科学成果所产生的精神和物质利益”。

应当指出，数据的开放获取和自由流动并不意味着无条件流动，还需要考虑研究人员、机构和研究主体的利益。GDPR 制定了若干预防措施，以保

---

〔12〕 Hansson et al. (2012).

护数据不被未经授权使用，以下五项生物样本和数据存储库管理原则可能构成共享和访问数据以及人类生物样本的共同前提：[13]

（1）尊重隐私和自主性。管理意味着保护参与者的隐私。隐私保护措施应到位，知情同意书必须为使用数据和生物样本的一般术语所述的未来研究目的提供规定。

（2）互惠。管理也意味着回馈，应将一般结果反馈给机构和患者。

（3）科学调查自由。管理应鼓励科学调查的开放性，最大限度地利用和共享数据和生物样本，以充分发挥其促进健康的潜力。

（4）归属。参与创建数据登记册和生物库的研究人员的智力投资通常是巨大的，应通过相互协议予以肯定。

（5）尊重知识产权。共享数据和生物样本需要保护专有信息，并满足机构和第三方投资者的要求。

GDPR 明确规定，数据的使用和共享应始终以安全的方式进行。如 GDPR 序言 39 所述，“个人数据的处理方式应确保个人数据的适当安全性和保密性，包括防止未经授权访问或使用个人数据和用于处理的设备”。

实现这一目标的主要方式是通过使用假名化机制保护个人不被识别。GDPR 第 4 条第（5）款对“假名化”这一定义进行了描述，即“在采取某种方式对个人数据进行处理后，如果不使用额外的信息，就不能识别特定的数据主体的处理方式。此类额外信息应当单独保存，并受已有技术和组织措施的约束，以确保个人数据不能关联到某个已识别或可识别的自然人”。实践中有几种技术解决方案可用。在设计这样一个保护系统时，必须始终牢记，虽然应该有强有力的隐私保护措施，但不应使研究人员使用和共享数据过于烦琐而影响效率。

4.2 前提 2：确保知情同意和/或道德批准涵盖所有数据使用

GDPR 第 6 条第（1）款（a）项和（e）项规定，出于研究目的使用个人数据基本上有两个适用的法律依据：知情同意并经伦理审查委员会批准；基于承认研究项目具有公共利益的批准。这里应当指出，私营研究机构和公司

---

〔13〕 Mascalzoni（2014）and Ness（2007）.

也可以将出于研究目的处理个人数据视为公共利益，前提是国家法律规定他们进行的此类研究可以被视为公共利益。第二个法律依据对回顾性研究特别有意义，因为在此类研究中联系研究对象并获得新的同意可能不切实际。从GDPR序言62的措辞中可以明显看出这一点："然而，如果数据主体已经拥有信息，或法律明确规定了个人数据的记录或披露，或向数据主体提供信息似乎是不可能的或需要付出不成比例的代价，则没有必要强制规定提供信息的义务。后者尤其可能是为了公共利益、科学或历史研究目的或统计目的而进行处理的情况。"在任何情况下，处理个人数据的研究项目都需要得到合法伦理审查委员会的批准，同时也需要将公共利益作为法律依据。

关于知情同意，应注意的是，GDPR认识到需要和选择概括同意以涵盖未来尚未具体说明的研究项目，这与之前的数据保护指令不同。GDPR序言33指出，"在收集数据时，通常不可能完全确定为科学研究目的处理个人数据的目的。因此，在符合公认的科学研究伦理标准的情况下，应允许数据主体同意科学研究的某些领域。数据主体应有机会在预期目的允许的范围内，对某些研究领域或部分研究项目表示同意"。

正如欧盟第29条数据保护工作组关于知情同意的准则所述，在可行的情况下这并不免除与具体知情同意要求有关的义务："这意味着，原则上科学研究项目只能使用基于同意的个人数据，且在有明确说明目的的情况下。对于无法在一开始就明确科学研究项目中数据处理的目的的情况，GDPR序言33作为例外允许在更一般的层面上对目的进行概括描述。"[14]为了进一步澄清如何在遵守隐私保护标准的同时处理概括同意的可能性，伦理学研究有着悠久的传统。[15]建议的基本方法是区分可概括描述的研究目的（例如肺癌研究或罕见疾病研究）和研究项目的过程和设计要素，其中不同的设计可能意味着不同程度的隐私侵犯风险，继而对研究对象造成损害，此时描述应更具体。然后，应尝试具体说明问题，如数据控制者的身份、研究的性质（例如，是否包括整个基因组测序）、数据是否将与其他研究伙伴共享以及是否跨越国界、是否计划与商业伙伴合作、是否将与登记册数据相关联、是否会反馈研

---

〔14〕 Working Party (2018).

〔15〕 e. g. Hansson (1998, 2009, 2010), Hansson et al. (2006, 2013), Wendler (2006), Steinsbekk (2013), Stjernschantz – Forsberg (2011) and Grady (2015).

究结果或意外发现，以及如何保护数据免受未经授权的使用。应始终为退出研究项目提供一个选项，并在同意书中明确说明如何做到这一点。

4.3 前提 3：制定促进联合研究项目的行为准则

随着研究在大型国际网络中扩展，有必要就基本要素达成协议。GDPR 将提供有关个人数据保护的基本要求，但这通常是在非常概括的层面上提供的。GDPR 也承认需要进一步规范。GDPR 序言 77 和 98 指出，可通过数据保护委员会批准的行为准则或指南提供关于 GDPR 实施的指南，如关于识别风险和缓解这些风险的最佳做法的指南。

这些行为准则必须反映不同研究背景相关的需求和条件，因为个人数据的使用方式可能因不同的研究背景而异。然而，有一些此类行为准则的例子可以起到启发作用，并就包括什么以及如何设计这些准则提供指导。其中一个例子是用户访问基因组表型分析平台健康相关信息的行为准则，即 RD-Connect 行为准则。[16] 2012 年 11 月，RD-Connect 研究项目获得欧盟委员会第七框架计划资助而成立。它提供了基础设施、工具和资源，通过最大限度地提高罕见疾病数据和生物样本的可用性、分析和（再）使用，促进和加速罕见病研究。它由欧洲和国家资助机制持续维持，并与泛欧生物医学研究基础设施特别是 ELIXIR 和 BBMRI-ERIC 密切联系。RD-Connect 基因组表型分析平台是一个在线、受控的软件工具和底层安全数据库访问套件，能够对罕见疾病个体的相关基因组和表型数据及元数据进行标准化收集、集成、存储、实时分析和再利用。基因组表型分析平台接口使临床医生和研究人员能够分析和解释他们提交的完整基因组数据集，以便对个体患者进行诊断和基因发现，并将其与同一个体的表型数据和生物样本可用性联系起来。RD-Connect 执行管理委员会制定了一项行为准则，以规范用户对 RD-Connect 基因组表型分析平台的访问条款。其他 RD-Connect 工具和资源的共同目标是实现罕见疾病研究、数据和样本共享，以造福患者。该行为准则基于 GDPR 对关键术语进行了具体定义，为共享和访问数据提供了动机、原则和具体规则，与每个

〔16〕 Connect Code of Conduct. https：//rd – connect. eu/wp – content/uploads/2018/05/RD – Connect_ Code – of – Conduct_ GPAP_ 20180525. pdf. Accessed 9 May 2019.

用户签署了加入协议。

除了在国家法律中实施 GDPR 外，行为准则及其相关的遵守协议可以为平衡本章所述的隐私利益和研究利益提供一种有用的工具。此类行为准则的一个优点是，它们可以关注与特定研究背景和领域相关的背景条件，以及与科学研究进展和新工具开发相关的挑战和担忧，如合并不同来源的大量数据（大数据）。

5 结 论

GDPR 为处理个人数据奠定了法律前提。国家法律和政府当局制定的具体规定将为研究人员提供进一步的指导。所有这些规则都必须考虑到平衡隐私利益与研究利益的基本需要和优先性，因为在从事科学研究时隐私保护不能成为绝对条件。这对研究人员提出如关于访问个人数据的保护措施时也有影响。保护措施不应过于严格，以免阻碍重要研究的开展。同样，伦理审查委员会应考虑平衡隐私利益的需要，不仅要考虑入侵的风险，还要考虑研究的潜在效用。

参考文献

Grady C, Eckstein L, Berkman B, Brock D, Cook - Deegan R, Fullerton SM, Greely H, Hansson MG, Hull S, Kim S, Lo B, Pentz R, Rodriguez L, Weil C, Wilfond BS, Wendler D（2015）Broad consent for research with biological samples：workshop conclusions. Am J Bioethics 15（9）：34 - 42.

Hansson MG（1998）Balancing the quality of consent. J Med Ethics 24（3）：182 - 187.

Hansson MG（2008）The private sphere. An emotional territory and its agent. Springer, Dordrecht.

Hansson MG（2009）Ethics and biobanks. Br J Cancer 100：8 - 12.

Hansson MG（2010）Taking the patient's side：the ethics of pharmacogenetics. Pers Med 7（1）：75 - 85.

Hansson MG, Dillner J, Bartram CR, Carlsson J, Helgesson G（2006）Should donors be allowed to give broad consent to future biobank research? Lancet Oncol 7：266 - 269.

Hansson MG, Gattorno M, Stjernschantz Forsberg J, Feltelius N, Martini A, Ruperto N（2012）Ethics bureaucracy - a significant hurdle for collaborative follow - up of drug effectiveness in rare childhood diseases. Archiv Dis Childhood 97：561 –563.

Hansson MG，Van Ommen GJ，Chadwick R，Dillner J（2013）Patients would benefit from simplified ethical review and consent. Lancet Oncol 14（6）：451 –453.

James R（1984）Why privacy is important. In：Schoeman FD（ed）Philosophical dimensions of privacy：an anthology. Cambridge University Press，New York，pp. 290 –299.

Mascalzoni D，Dove E，Rubinstein Y，Dawkins H，Kole A，Mc McCormack P，Woods S，Riess O，Schaefer F，Lochmüller H，Bartha Knoppers B，Hansson MG（2014）International charter of principles for sharing bio – specimens and data. Eur J Hum Genet 23：721 –728.

Ness RB（2007）On behalf of the American College of Epidemiology Policy Committee：Biospecimen “ownership”：point. Cancer Epidemiol Prev Biomarkers 16：188 –189.

Nuffeld Council of Bioethics（2010）Annual Report 2010. http：//nuffeldbioethics. org/wp – content/uploads/2014/06/Nuffeld _ Council _ on _ Bioethics _ Annual _ Report _ 2010. pdf. Accessed.

O’Donnel PH，Ratain MJ（2012）Germline pharmacogenomics in oncology：decoding the patient for targeting therapy. Mol Oncol 6（2）：251 –259.

Philippe A，Georges D（eds）（1989）A history of private life，vol I – V. The Belknap Press of Harvard University Press，Cambridge.

Politi MC，Han PK，Col NF（2007）Communicating the uncertainty of harms and benefits of medical interventions. Med Decision Making 27（5）：681 –695.

Steinsbekk KS，Kåre Myskja B，Solberg B（2013）Broad consent versus dynamic consent in biobank research：is passive participation an ethical problem? Eur J Hum Genet 21（9）：897 – 902.

Stjernschantz – Forsberg J，Hansson MG，Eriksson S（2011）Biobank research：who benefits from individual consent? Br Med J 343：d5647.

Wendler D（2006）One – time general consent for research on biological samples. BMJ 332（7540）：544 –547.

Yusuf S，Hawken S，Öunpuu S et al（2004）Effect of potentially modifiable risk factors associated with myocardial infarction in 52 countries（the INTERHEART study）：case – control study. Lancet 364：937 –952.

第二部分

GDPR洞察

第一章

GDPR 对生物银行研究治理的影响

马萨·沙巴尼　高蒂尔·查桑　卢卡·马雷利

摘　要：生物银行背景下健康和基因组数据访问的治理对于实施 GDPR 具有重要意义。数据访问治理的各种组成部分与技术措施一起使用可被视为 GDPR 第 89 条第（1）款规定的“组织措施”，以在根据研究豁免规则处理数据时保障数据主体的权利。在本章中，笔者从 GDPR 的角度讨论了生物银行治理的核心要素，包括处理个人数据的条件、数据访问模型、监督机构和数据访问协议。在本章最后，笔者强调了指导方针和政策文件在帮助生物银行改进数据访问治理方面的重要性。此外，笔者强调，重要的是要确保现有和新兴的监督机构在使用和共享健康和基因组数据方面具备足够的专业知识，并意识到相关的信息风险。

1　引　言

生物银行背景下健康和基因组数据访问的治理对于实施 GDPR 具有重要意义。数据访问治理的各种组成部分与技术措施一起使用可被视为 GDPR 第 89 条第（1）款规定的“组织措施”，以在根据研究豁免规则处理数据时保障数据主体的权利。在个人数据处理过程中从外部建立适当的治理机制，将有助于实现“隐私设计”（即从设计着手保护隐私）监管的最终目标，其中数据保护保障措施将从开发的早期阶段就纳入产品和服务中。

根据 GDPR 第 9 条第（2）款（j）项的规定，个人数据包括敏感数据，可根据第 89 条规定的条件用于科学研究目的。GDPR 第 9 条第 2 款（j）项规定："根据第 89 条第（1）款基于联邦或成员国法律，出于公共利益、科学或历史研究目的或统计目的，处理是必要的，即应与所追求的目标相称，尊重数据保护权的本质，并提供适当和具体的措施，以保障数据主体的基本权利和利益。"

原则上，采用 GDPR 预见的适当治理模式将建立额外的控制，以在出于研究目的处理个人数据时保护数据主体的权利。纳菲尔德生物伦理委员会（Nuffeld Council on Bioethics）《关于生物医学研究和医疗保健中数据的收集、链接和使用报告》支持了类似的方法，该报告指出，"由于存在滥用和侵犯隐私的风险，去识别和同意措施应得到进一步治理安排的补充"[1]。

生物库治理的一个关键要素是制定透明和公平的数据访问规则，该规则应涉及数据访问审查和监督程序的核心要素。一般来说，数据访问规则应规定数据用户资格的标准、审查程序以及访问条款和条件。最终目标是降低未经授权出于非预期目的访问数据集可能对研究参与者造成伤害的风险。原则上，数据共享和访问规则的制定必须符合适用的国家法律。各专业团体发布的相关国际和国家数据共享政策和指南可以指导数据访问规则的制定。

此外，应根据适当的数据访问模式制定数据访问规则，可以从完全开放访问到受控访问。数据在可识别性方面的性质以及数据主体的相关隐私风险会显著影响数据访问模式。应注意的是，生物库和数据密集型基因组学和健康研究可能会使用外部数据存储库进行数据共享，如美国国立卫生研究院的基因组和表型数据库或欧洲基因组现象档案馆。[2]资助组织或期刊可能会要求这样做，以便于广泛获取数据。如果使用外部数据库，研究人员必须确保数据库的数据治理模型符合适用的国家法律和机构政策。[3]

在本章中，笔者将从 GDPR 的角度讨论生物银行治理中的一些重要问题。首先，笔者将调查 GDPR 关于在研究豁免下处理个人数据的相关规定。这与生物库的管理特别相关，因为从生物样本中获取的个人数据可能包括广泛的健康和基因组数据。其次，笔者将概述主要的数据访问模式，即开放访问、

---

[1] Nuffeld Council on Bioethics (2014), p. 7.
[2] Paltoo et al. (2014), pp. 692 – 695.
[3] Mascalzoni et al. (2019).

注册访问和受控访问。这一概述将使我们能够展示生物库根据选定的数据访问模型对数据进行的控制水平。最后，笔者将审查相关监督委员会在数据访问治理框架内的职能。GDPR 未定义其中的一些监督委员会，如数据访问委员会，但它们在生物银行数据访问的治理中至关重要。笔者还将数据传输协议作为数据访问管理中使用的重要工具。

2 为科学研究目的处理个人数据

GDPR 为科学研究目的处理个人数据提供了一定程度的灵活性。值得注意的是，GDPR 支持对“特殊类别数据”[4]（敏感数据，如遗传数据、生物特征数据和健康相关数据，使用这些数据需要保证数据控制者实施更高形式的保护[5]）处理的一般禁令实行“研究豁免”。此外，GDPR 第 6 条承认“为公共利益或合法利益处理个人数据”属于处理数据的合法理由。结合 GDPR 第 9 条第（2）款（j）项来看，这反过来可以为科学研究目的处理数据提供法律依据。所谓的研究豁免允许出于科学研究目的处理数据，只要处理与所追求的目标相称，即只收集和处理与处理目的充分相关的个人数据。此外，GDPR[6]放宽了对特定同意和数据存储这两个直接影响生物银行的关键方面的严格要求，允许在预期研究目的需要时使用概括同意，[7]并延长了个人数据可以合法存储的期限。[8][9]

至关重要的是，在提供技术和组织保障的前提下，GDPR 还允许成员国对核心数据主体的数据访问权、更正权、处理限制权和反对处理权进行减损，[10]只要这种减损对实现科学研究目的是至关重要的，而维护此类权利可能导致所期望的科学研究目的“不可能实现或严重损害”该科学研究目的的实现。[11]总体来说，根据辅助性原则和（历史上）国家在卫生领域的权限，

---

〔4〕 Article 9（2）（j），GDPR.

〔5〕 Recital 53，GDPR.

〔6〕 Recital 33，GDPR.

〔7〕 Article 29 Working Group Party（2018）.

〔8〕 Article 5（1）（e），GDPR.

〔9〕 Marelli and Testa（2018），pp. 496 –498.

〔10〕 Article 15，16，18 and 21，GDPR.

〔11〕 Article 89（2），GDPR. LERU（2016）.

GDPR 第 9 条第（4）款允许成员国在处理基因、生物特征和健康相关数据方面保持或引入进一步的条件，包括限制。与安妮 - 玛丽·杜盖特和吉恩·赫维格在本书中进一步阐述的第 89 条第（2）款所预见的减损一样，这可能会导致支撑欧洲生物银行运营的监管格局碎片化。[12]

3 假名化和匿名化数据

3.1 引 言

调查数据的状态以及这些数据是否被视为 GDPR 下的个人数据对于确定在生物银行背景下访问和共享基因组和健康数据的适当组织和技术措施是至关重要的。GDPR 中规定了假名化数据和匿名化数据之间的相关区别，这对生物银行领域敏感数据访问的处理和治理具有重要意义。

3.2 假名化数据

在 GDPR 第 4 条第（5）款中，假名化数据被定义为如果不使用额外的信息，就不能识别特定的数据主体的处理方式。此类额外信息应当单独保存，并受已有技术和组织措施的约束，以确保个人数据不能关联到某个已识别或可识别的自然人。这通常是密钥编码数据的情况，它允许（除其他外）基因型和表型数据的可追溯性和相关性，以及重新联系研究参与者的可能性，同时在组织的日常运营中仍保留个人数据的去识别性。因此，只要未被不可逆地去识别，假名化数据就被视为 GDPR 范围内的个人数据。

相反，在 GDPR 序言 26 中，不可逆地去识别被定义为“与已识别或可识别的自然人无关的信息”，或“以数据主体不可识别或不再可识别的匿名方式提供的个人数据”。如 GDPR 序言 26 中进一步规定的，匿名化数据不属于 GDPR 的职权范围。然而，应注意的是，匿名化行为本身应被视为处理个人数据的行为，因此，这种行为应符合 GDPR 的规定。

---

〔12〕 For insights in how Article 89(2) has been implemented in different EU Member States and EEA states, see Tzortzatou et al. ‘Biobanking across Europe post - GDPR: A deliberately created fragmented landscape’ in this volume.

3.3 匿名化数据

当我们关注匿名化时，需要解决的主要问题是：根据 GDPR 的规定，在什么情况下（如果有的话）基因组和健康数据可以匿名？[13] 有趣的是，GDPR 在这方面与其他主要的数据保护立法有明显的不同，如美国的《健康保险可携带性和责任法案（HIPAA）隐私规则》。[14] 在该隐私规则中，实现个人数据去身份识别的安全港标准列出了 18 个不同的标识符。据说，删除这些标识符会使所得信息“无法单独识别个人”，从而匿名。[15]

与这种方法不同的是，GDPR 序言 26 指出，如果无法“通过控制者或任何其他人可能合理使用的任何方式”识别数据主体，则个人数据应视为匿名。[16] 为了确定是否可能有合理的使用手段来识别自然人，GDPR 进一步指出，“应考虑所有客观因素，如识别成本和所需时间，并考虑到处理和技术开发时的可用技术”（GDPR 序言 26）。此外，欧盟第 29 条数据保护工作组第 05/2014 号意见概述了应考虑的其他因素，如是否存在可与原始数据集交叉引用的公开数据，从而增加了去匿名化的风险。因此，根据整体去中心化主旨，GDPR 可以说采用了一个基于语境的标准来确定个人数据是否应被视为不可逆转的去识别（因而是匿名的），赋予控制者在其具体处理活动中解决此类问题的责任（是否存在“合理的可能性”可以有效地使用再识别技术来对给定的数据集进行去匿名化？）。

4 访问基因组和健康数据的治理模式

4.1 治理模式概述

生物库收集的样本和数据可以用于各种研究目的。访问此类数据的不限于收集数据的研究人员或临床医生，还包括更广泛的研究人员。采用适当的治理模式将有助于保护数据主体免受潜在的隐私侵犯。当前的治理模式可以

---

〔13〕 For a broader overview of this issue in relation to genomic data, cf. Shabani and Marelli (2019).

〔14〕 Shabani et al. (2018).

〔15〕 U. S. Department of Health & Human Services (2012), p. 6.

〔16〕 Recital 26, GDPR; see also: Court of Justice of the European Union (CJEU), Case C－582/14: Patrick Breyer v Bundesrepublik Deutschland, ECLI: EU: C: 2016: 779.

分为开放获取、受控访问和注册访问三种主要模式，如下所述。

4.2 开放获取模式

开放获取模式通常是指在没有任何约束的情况下，通过各种在线平台向用户提供数据。人类基因组计划最初致力于通过开放获取模式共享数据，该计划在 13 年内首次对整个人类基因组进行了测序。[17] 然而，一些重新鉴定研究表明，人们对基因组数据的可识别性表示担忧，质疑在共享健康和基因组数据时采用这种模式的充分性。[18] 因此，基因组数据已被转移到受控访问数据库中。[19] 在共享个人层面的信息而不是汇总数据时，情况主要如此。

这里的一个关键问题是：基因组数据何时可以被视为 GDPR 下的不可识别数据，因而适合通过开放获取模式共享？GDPR 规定，数据保护原则“不应适用于匿名信息，即与已识别或可识别的自然人无关的信息，或个人数据变匿名从而导致数据主体无法识别或不再可识别的信息”（GDPR 序言 26）。

正如前一部分所示，GDPR 采用了一种基于语境的标准来确定个人数据是否应被视为不可逆转的去识别（因而是匿名的），而不定义去识别本身的标准。因此，何时可以将数据视为匿名数据且不受 GDPR 保护是很重要的。对此，数据控制者有责任确认数据是否不能通过合理的可能性来识别。例如，在基因组学的背景下，仅共享变体级别的聚合数据可能不被视为识别个人数据；因此，根据 GDPR 的规定，采用开放获取模式共享此类数据似乎是可以接受的。同样，美国国立卫生研究院最近更新了其基因组数据共享政策，允许不受限制地访问不会引起隐私问题的基因组汇总结果。

4.3 受控访问模式

考虑到共享健康和基因组数据时的隐私问题，建议采用受控访问模式进行数据共享。据此，数据控制者可以设置数据访问规则，并将对数据集的访问限制局限于经批准的用户且在确定的条款和条件下。这种受控访问机制可被视为 GDPR 第 89 条第（1）款所述的技术和组织措施。尽管受控访问没有

---

〔17〕 Cook - Deegan and McGuire（2017），pp. 897 - 901.

〔18〕 Homer et al.（2008），pp. 321 - 324.

〔19〕 Rodriguez et al.（2013），pp. 275 - 276.

统一的模式，但一种常见的方法是建立监督委员会，即所谓的数据访问委员会，通过审查数据访问请求，以批准或不批准。受控访问数据共享的一个重要方面是使用数据访问协议（见本章第 5 节）等具有法律约束力的文件工具，让用户对潜在的数据滥用负责。这与用户不与数据持有者签订任何协议的开放获取模式形成了鲜明的对比。

数据访问委员会的监督可以被视为 GDPR 第 89 条中强调的组织措施的一个例子。因此，可以提供进一步的保障措施来保护数据主体的隐私，并确保数据的后续使用符合原始同意书。[20] 然而，最近的研究表明，数据访问委员会目前的监督并不总是高效或有效的。[21] 发现这一问题的主要原因是，数据访问委员会并没有足够的工具和监督机制来有效审查数据访问请求或检测潜在的违反数据访问协议的行为。

作为回应，国家需要开发新的数据访问监督方法。特别是，有人建议用自动化工具取代或补充数据访问委员会的审查。[22] 此外，并非所有的数据访问审查步骤都被认为是任何类型的健康和基因组数据共享所必需的。接下来，笔者将概述最近提出的数据治理方法之一，即注册访问模式。

4.4 注册访问模式

注册访问可能适合作为访问不太敏感和低风险数据类型的机制，如希望或已经同意为预期目的共享数据的非弱势个体提供的非污名化健康相关数据。[23] 该模式侧重于确保数据用户是真正的研究人员。注册访问模式背后的基本原理是，如果处理数据不会产生高风险的可识别性，并且用户是可信的，那么进一步的访问审查（例如审查提案的伦理或科学方面）将是多余的或不相称的。

注册访问模式依赖于许多核心元素，即身份验证、授权和证明。首先，数据使用申请人应在注册过程中提供个人和专业信息，包括姓名、职称、职位、隶属机构、电子邮件地址、机构网站和邮寄地址，以便进行认证。与受

---

〔20〕 Shabani and Borry（2017），pp. 149 – 156.
〔21〕 Shabani and Borry（2016），pp. 892 – 897.
〔22〕 Woolley et al.（2018），p. 17.
〔23〕 Dyke et al.（2016），pp. 1676 – 1680.

控访问模式相比，注册访问模式不需要数据访问委员会对用户资格进行逐个验证。其次，申请人应声明他们是“真正的”研究人员，以便获得授权访问。最后，申请人应同意数据访问的条款和条件。在注册访问模式中，数据用户不需要签署纸质格式的数据访问协议，而是可以通过点击式在线协议达成一致。事实上，数据访问委员会、用户及其所在机构签署数据访问协议的程序在行政上很烦琐；这种拟议的替代方法可以减轻数据访问委员会的压力，并创造快速、开放和高效的数据访问。

注册访问模式只是针对受控访问模式的局限性提出的一种解决方案。预计未来几年将出现新的治理模式，以解决已发现的受控访问模式的缺陷，并符合负责任的数据共享原则。除了新兴的治理机制外，有人提出了新的技术解决方案，[24]包括引入连接多个分布式数据库的联邦网络。[25]通过使用联邦网络，用户将能够（在一定程度上）访问受保护虚拟环境中的数据，并且每个数据库将能够实时监控数据使用情况。迄今为止，被提出的联邦数据计算模式很少。[26]考虑到受控访问模式的局限性，迫切需要引入此类创新解决方案。同时，重要的是要确保安全数据计算环境的核心元素符合数据保护原则。

5　相关数据共享和访问的监督机构和工具

5.1　数据访问委员会

鉴于数据共享的性质，需要通过数据访问委员会建立一个额外的监督层，允许其对初始样本和数据收集时未知的后续数据的使用。因此，研究伦理委员会在一开始批准研究方案时并无法预见所有下游数据的使用，数据访问委员会被视为研究伦理委员会之外的一层额外监督；数据访问委员会的建立是为了接收实际用户的数据访问请求，并对其进行评估，以批准或不批准其对数据的访问。[27]虽然 GDPR 中没有提到数据访问委员会，但它们在数据访问管理中的作用很重要。这可以被视为研究自我监管的一部分，以确保数据共享和使用符合总体原则和相关法规。

---

〔24〕 Joly et al. （2016），pp. 1150 – 1154.

〔25〕 Philippakis et al. （2015），pp. 915 – 921.

〔26〕 Wallace et al. （2014），pp. 149 – 157. See also：Ardeshirdavani et al. （2014）.

〔27〕 Lowrance（2012），p. 23.

数据访问委员会以不同的方式发挥作用。正如劳伦斯所说，“其中一些团体是正式成立的，有职权范围，并定期举行会议。其他人则是随意的，很少会面，但可随时接受托管人的咨询，并在出现任何严重问题时能够解决”[28]。

数据访问委员会的组成因机构而异。理想情况下，此类委员会应由在处理健康和基因组数据的技术、伦理和法律方面具有专业知识的内部和独立成员组成。一些人建议建立两层委员会即咨询委员会和运营准入委员会，这是有益的。咨询委员会将负责审计运营数据访问委员会的行为，而运营准入委员会将负责审查访问请求。

此外，监督委员会如数据访问委员会和研究伦理委员会，应该有机会定期评估数据访问规则，并在需要时提出修改条款的建议。这将最终加强 GDPR 第 89 条第（1）款规定的组织措施的有效运作。此外，如果采取适当的信息传播政策，数据访问治理的透明度将大大提高。预计各机构内部的监督机构将提供有关访问审查程序、收到的数据访问请求以及已批准和未批准的请求信息，以提高透明度并促进外部审查。此外，数据访问治理模式应采用让用户承担责任的机制。

5.2 数据保护影响评估和数据保护专员的任命

当意识到数据主体的自由和权利面临更高风险时，GDPR 对数据处理的治理提出了进一步的要求。GDPR 预见的相关组织措施之一是任命一名数据保护专员，并在满足特定条件时进行数据保护影响评估。生物银行作为处理健康和基因组数据的实体，应遵守这些规定。

GDPR 第 37 条规定了一套规则用于在机构内处理个人数据符合某些标准时指定数据保护专员。根据欧洲数据保护监督机构提供的解释，“数据保护专员的主要任务是以独立的方式确保在其机构内部适用 GDPR 的规定。数据保护专员还必须登记该机构进行的所有涉及个人数据的处理操作。登记册必须包含解释处理操作目的和条件的信息，任何相关人员都可以访问该登记册”。[29] 当然，数据保护专员的任命必须基于其个人和专业素质，同时必须特

---

〔28〕 Lowrance（2012），p. 23.

〔29〕 European Data Protection Supervisor. https：//edps. europa. eu/data – protection/eu – institutions – dpo_ en.

别注意其在数据保护方面的专业知识。

此外，根据 GDPR 第 35 条的规定，隐私影响评估是必要的：“如果一种类型的处理，特别是使用新技术的处理，并考虑到处理的性质、范围、背景和目的，可能会对自然人的权利和自由造成高风险，则控制者应在处理之前，对所设想的处理操作对个人数据保护的影响进行评估。”因此，应对这些数据保护的影响进行广泛评估，这不仅要考虑对 GDPR 和隐私权的遵守，还包括对大量个人基本权利的考虑。因此，这将提供一个考虑与个人处理个人数据的权利有关的更广泛问题的机会，而不仅仅是与存储和安全有关的问题。GDPR 第 35 条第（3）款（b）项补充道，在“大规模处理第 9 条第（1）款所述特殊类别的数据”的情况下，尤其需要进行数据保护影响评估。

在进行数据保护影响评估时，控制者应接受数据保护专员的建议（如果他/她已被任命）。因此，“如果根据第 35 条进行的数据保护影响评估表明处理会导致高风险”[30]，数据控制者应在处理前咨询监管机构。GDPR 第 35 条第（9）款还要求数据控制者在适当情况下“就预期处理征求数据主体或其代表的意见”。

因此，影响评估将取代先前关于个人数据保护的第 95/46/EC 号指令中关于通知数据保护机构的义务。这一变化受到了一些评论员的肯定，他们否定先前通知要求的有效性。正如汤恩德所说：“尽管数据控制者需要向相关监管机构登记其活动，并且该机构有权调查和起诉侵犯数据主体权利的行为，任何司法管辖区内在任何特定时间进行的处理量之大，使得监管机构不可能被视为系统的主要保护人。”[31]相反，新的要求将转向控制者的问责制，加强他们在处理过程中建立充分保障的作用，而不仅仅限于项目开始时。[32]这还可以提请数据控制者注意与数据处理相关的伦理问题，并在设计处理时考虑这些问题。

5.3 数据访问协议和数据传输协议

协议是重要的操作工具，旨在从法律上约束各方遵守特定规则，确保在

---

〔30〕 Article 36，GDPR.

〔31〕 Townend（2016），pp. 128 – 142.

〔32〕 de Hert and Papakonstantinou（2016），pp. 179 – 194.

个人数据处理过程中充分保护个人隐私。此类协议可以采取多种形式，并有不同的标签，如数据访问协议、数据传输协议或数据保密协议。个人数据保护措施也包含在其他特别研究协议中，尤其是在生物样本也被转移的所谓材料转移协议中。特别是广泛建议在多边贸易协定中纳入有关样品质量、运输、使用条件和限制（如原始材料的衍生产品）以及储存（生物安全/生物安保）的规定。

协议的性质和范围可能因运营商的内部实践或适用的国家法律框架、请求者的处理操作和目的、数据库管理模式（参见上文）以及访问的跨境特征（欧盟内部或包括欧盟外部要素）而异。例如，当数据在一个封闭的受控系统（如数字数据分析平台）内进行管理时，从适用法规的角度来看，访问协议可以采用条款和条件的形式。此外，去中心化的基础设施可以依赖于具有合同价值的一般准入政策。例如，BBMRI - ERIC〔33〕提供了这样的模板，同时允许其成员采用特定且合规的合同活动来构建协作。〔34〕

此类协议各方的法律资格取决于具体情况，需要对每个利益攸关方的角色和活动进行个案分析。可以在与生物银行的研究合作框架内请求访问，也可以由外部研究人员进行独立研究项目时请求访问。因此，协议将定义“控制者—处理者关系”或“联合控制者关系”。这符合GDPR的要求，即就处理数据的职责和权利建立一份组织联合控制者〔35〕或控制者—处理者关系〔36〕的协议。

数据访问协议通常包括可协商和不可协商的条款。协议应反映并尊重最初捐赠人的意愿，并为捐赠人行使权利提供便利。双方应承诺遵守保密规定，并计划合作程序，尤其是关于个人数据泄露通知的程序。协议还必须明确说明初始控制者规定的在将数据或组织样本存入生物银行期间的任何限制，或生物银行政策基于合法利益施加的任何限制（例如，关于后续转移的可能性、数据/样本的返还或销毁、知识产权问题）。为了确保适当的法律保障，协议

〔33〕 BBMRI - ERIC (2018).

〔34〕 B3Africa, Checklist: For a good governance of transcontinental collaborative biobank research. http://biobanklearning. iarc. fr/course/checklist - elsi/#llms - lesson - locked. Accessed 9 May 2019.

〔35〕 Article 26, GDPR.

〔36〕 Article 28, GDPR.

必须包括有关适用法律和争端解决机制的信息，包括庭外程序。财务条款也可以包括在内，但不应以固有的个人数据或样本价值为依据，而应以确保样本或数据质量、完整性和公平性等所进行的必要投资为依据。

此外，GDPR 还就向非欧盟国家传输数据/样本设定了特定条件。因此，材料只能转移给某个国家的第三方实体，该国应确保与欧盟内部保障的个人权利和自由相比，对个人的权利和自由有适当程度的保护。因此，如果这种转移是基于欧盟委员会在分析一个国家的一般和部门立法后作出的适当性决定，[37]或在适当的保障措施到位的情况下，[38]则允许这种转移。这包括使用具有约束力的公司规则（适用于企业集团或跨国企业实体之间的跨境个人数据传输），或欧盟委员会采用的标准合同条款[39]（前提是这些条款未经修改，否则应咨询主管监管机构以验证修改后的条款），遵守经批准的行为准则或使用经批准的认证机制，以及第三国控制者或处理者对适用适当保障措施的具有约束力和可强制执行的承诺，包括数据主体的权利。

在特殊情况下，在没有充分性决定和适当保障措施的情况下，只有在符合 GDPR 第 49 条的条件之一的情况下才能进行转移。这包括数据主体在获悉由于缺乏充分性决策和适当的保障措施而对数据主体进行此类转移可能存在风险后，明确同意转移的情况，或者转移是保护数据主体的重大利益所必需的，或出于欧盟或相关成员国法律承认的公共利益的重要原因（如对抗跨境公共卫生威胁）所必需的，或从旨在向公众提供信息的公共登记册中制作，并可供公众或任何能够证明合法利益的人咨询。

6 结 论

在制定数据访问规则和治理模式时，生物银行可以得到软法措施的协助，而软法措施在该领域历来具有相当重要的意义。GDPR 似乎为通过这些软法措施实施其条款留下了相当大的空间。软法措施可能有用的一个领域是，详

---

〔37〕 Article 45，GDPR.

〔38〕 Article 46，GDPR.

〔39〕 European Commission. Model contracts for the transfer of personal data to third countries. https：//ec. europa. eu/info/law/law - topic/data - protection/data - transfers - outside - eu/model - contracts - transfer - prsonal - data - third - countries_ en. Accessed 9 May 2019.

细说明在处理研究豁免项下的数据时应该采取哪些组织措施。特别是，这些措施可以为数据治理的适当模式、监督机构、数据访问规则和数据保护最佳做法的实施提供指导。

监督机构可以被视为组织措施的一个重要组成部分。尤其是研究伦理委员会和数据访问委员会等监督机构，其处于控制数据访问和使用的良好地位。要确保现有和新出现的监督机构在使用和共享基因组数据方面具备足够的专业知识，并意识到相关的信息风险。为了实现这一点，有必要征求有关各方对相关风险的态度。因此，个人数据处理的整体治理将超越法律要求，并将考虑法律条款中可能未明确列出的相关个人或社会问题。也就是说，一旦授予数据访问权限，数据访问委员会往往缺乏足够的工具来对数据的实际使用进行持续监督。在评估现有监督工具和机制的潜在风险和充分性时，应考虑到对数据访问监督的这种限制。

此外，主管当局对个人数据处理的监督应跟上数据科学、生物信息学和遗传学等领域的最新发展。与新兴技术相关的风险和保护数据主体隐私的保障措施应被视为可变目标。否则，保障措施将过时，无法以适当的方式保障数据主体。

最后，越来越多的跨境数据共享强调了统一个人数据保护法律框架的重要性。GDPR 的主要目标之一是通过协调整个欧盟的个人数据保护环境来实现这一目标。然而，GDPR 在统一各成员国以研究为目的处理健康和基因数据的国家法规方面的实际影响，仍然令人担忧。可以说，GDPR 对某些方面仍然留有不同解释的余地，如关于应该建立的保障措施以及在研究豁免条款的基础上为处理数据设定进一步条件。这可能会对欧洲样本库和数据共享平台的发展提出挑战，因为可能需要对在不同成员国收集的样本/数据采取不同的保障措施。

参考文献

Ardeshirdavani A，Souche E，Dehaspe L et al（2014）NGS – logistics：federated analysis of NGS sequence variants across multiple locations. Genome Med 6：71.

Article 29 Data Protection Working Party（2014）Opinion 05/2014 on anonymization techniques. https：//ec. europa. eu/justice/article – 29/documentation/opinion – recommendation/index_ en. htm. Accessed 27 May 2019.

Article 29 Data Protection Working Party (2018) Guidelines on consent under regulation 2016/679 (wp259rev. 01). https://ec. europa. eu/newsroom/article29/item - detail. cfm? item_id = 623051. Accessed 29 May 2019.

B3Africa, Checklist: For a good governance of transcontinental collaborative biobank research. http://biobanklearning. iarc. fr/course/checklist - elsi/#llms - lesson - locked. Accessed 27 May 2019.

BBMRI - ERIC (2018) BBMRI - ERIC policy for access to and sharing of biological samples and data. Available on line at: http://www. bbmri - eric. eu/wp - content/uploads/AoM_10_ 8_ Access - Policy_ FINAL. pdf. Accessed 27 May 2019.

Cook - Deegan R, McGuire AL (2017) Moving beyond Bermuda: sharing data to build a medical information commons. Genome Res 27: 897 - 901.

Court of Justice of the European Union (CJEU), Case C - 582/14: Patrick Breyer v Bundesrepublik Deutschland. http://curia. europa. eu/juris/document/document. jsf? docid = 184668 &doclang = EN. Accessed 27 May 2019.

de Hert P, Papakonstantinou V (2016) The new general data protection regulation: still a sound system for the protection of individuals? Comp Law Secur Rev 32 (2): 179 - 194.

Dyke SO, Kirby E, Shabani M et al (2016) Registered access: a 'Triple - A' approach. Eur J Hum Genet 24: 1676 - 1680.

European Commission. Model contracts for the transfer of personal data to third countries. Available online at: https://ec. europa. eu/info/law/law - topic/data - protection/data - transfers - outside - eu/model - contracts - transfer - personal - data - third - countries_ en. Accessed 27 May 2019.

Homer N, Szelinger S, Redman M et al (2008) Resolving individuals contributing trace amounts of DNA to highly complex mixtures using high - density SNP genotyping microarrays. PLoS Genet 4: e1000167.

Joly Y, Dyke SO, Knoppers BM et al (2016) Are data sharing and privacy protection mutually exclusive? Cell 167: 1150 - 1154.

LERU (2016) Policy Brief: the new EU general data protection regulation: why it worries universities and researchers. Available at: https://www. leru. org/fles/The - New - EU - General - Data - Protection - Regulation - Why - It - Worries - Universities - and - Researchers - Full - paper. pdf. Accessed 27 May 2019.

Lowrance WW（2012）Privacy，confidentiality，and health research. Cambridge University Press，Cambridge.

Marelli L，Testa G（2018）Scrutinizing the EU general data protection regulation. Science 360（6388）：496 –498.

Mascalzoni D，Bentzen HB，Budin – Ljøsne I et al（2019）Are requirements to deposit data in research repositories compatible with the European Union's general data protection regulation? Ann Intern Med 170（5）：332 –334.

Nuffeld Council on Bioethics（2014）Collection，linking and use of data in biomedical research and health care.

Paltoo DN，Rodriguez LL，Feolo M et al（2014）Data use under the NIH GWAS data sharing policy and future directions. Nat Genet 46：934.

Philippakis AA，Azzariti DR，Beltran S et al（2015）The matchmaker exchange：a platform for rare disease gene discovery. Hum Mutat 36：915 –921.

Rodriguez LL，Brooks LD，Greenberg JH et al（2013）The complexities of genomic identifiability. Science 339：275 –276.

Shabani M，Borry P（2016）"You want the right amount of oversight"：interviews with data access committee members and experts on genomic data access. Genet Med 18：892 –897.

Shabani M，Borry P（2017）Rules for processing genetic data for research purposes in view of the new EU General Data Protection Regulation. Eur J Hum Genet 26：149 –156.

Shabani M，Marelli L（2019）Re – identifiability of genomic data and the GDPR：assessing the re – identifiability of genomic data in light of the EU General Data Protection Regulation. EMBO Rep：e48316.

Shabani M，Dyke SO，Marelli L et al（2018）Variant data sharing by clinical laboratories through public databases：consent，privacy and further contact for research policies. Genet Med 21：1031 –1037.

Townend D（2016）EU laws on privacy in genomic databases and biobanking. J Law Med Ethics 44：128 –142.

U. S. Department of Health & Human Services（2012）Guidance regarding methods for de – identifcation of protected health information in accordance with the Health Insurance Portability and Accountability Act（HIPAA）privacy rule. Available at：https：//www. hhs. gov/hipaa/for – professionals/privacy/special – topics/de – identification/index. html # standard. Accessed 27 May 2019.

Wallace SE，Gaye A，Shoush O et al（2014）Protecting personal data in epidemiological research：DataSHIELD and UK law. Public Health Genomics 17：149 – 157.

Woolley JP，Kirby E，Leslie J et al（2018）Responsible sharing of biomedical data and biospecimens via the“Automatable Discovery and Access Matrix”（ADA – M）. NPJ Genomic Med 3：17.

第二章

生物银行和生物医学研究：GDPR 视阈下的数据控制者和处理者责任

安娜·诺德伯格

摘　要：生物银行是当前健康和生物医学研究的重要基础设施。高级科学研究越来越依赖于处理和关联大量的基因、临床和行为数据。这些数据本质上特别敏感，侵犯和滥用隐私的风险很高。GDPR 制定并加强了协调，形成了一个框架，规定了处理个人数据的实体，即数据控制者和处理者的具体职责和义务。生物银行在行使其职能时，承担着数据控制者和处理者的角色，因此需要遵守一些复杂的规则。GDPR 第 89 条规定了与"出于公共利益、科学或历史研究目的或统计目的的进行存档处理"相关的保障和减损。它确定了生物银行作为数据控制者和处理者面临的关键合规挑战，如确定 GDPR 是否适用及其与其他法规的交叉点、何时应将生物银行视为数据控制者和处理者、生物库作为数据控制者和处理者的主要职责是什么以及合规性选项。

1　引　言

众所周知，生物银行在当代医学和生物医学研究中发挥着核心作用。就其本身而言，科学生物医学研究在现代发达社会中至关重要，其有助于实现人类重要的基本权利，即生命权和医疗保健权。[1] 前沿健康研究越来越依赖于大量的基因、临床和行为数据。这些数据特别敏感，并享有更多的法律保护，[2] 因此在基本价值观之间形成了复杂的交叉点。数据保护法在欧洲有着悠久的历史，与美国等其他司法管辖区禁止个人数据处理、除非在特定的法律基础上明确允许的原则不同。[3] 欧盟最新的数据保护发展是 GDPR，[4] 它取代了之前数据保护指令提出的框架。[5]

本章特别关注生物银行作为 GDPR 下的数据控制者和处理者的职责。GDPR 为检索、存储和分析个人数据的实体（数据控制者和处理者）的职责和义务创建了一个日益协调的框架。生物银行在其典型的操作功能中承担着数据控制者和处理者的角色。从生物银行遵守欧盟数据保护法规定的职责和义务的角度来看，相关的关键变化包括：（1）对违规行为的处罚更高；（2）当实体处理大量敏感数据时，有任命数据保护专员的新要求；（3）将基因数据视为敏感的个人数据；（4）通过设计的方法大力促进隐私保护；（5）对数据处理者施加新的直接义务；（6）更广泛的地域范围，现在扩展到处理欧盟公民数据的非欧盟实体；（7）数据存储的时间限制；（8）对科学研究概括同意的具体许可；（9）对"出于公共利益、科学或历史研究目的或统计目的的"处理数据的某些个人数据主体权利的豁免。[6]

生物银行是否承担数据控制者和处理者的角色，以符合 GDPR 的要求，在很大程度上取决于其实际功能、操作方式以及具体任务是否可以被视为个人数据的数据处理。为了将关于生物银行作为数据控制者和处理者的职责的辩论纳入语境，应将数据保护规则与适用于欧盟和欧盟成员国生物银行活动

---

〔1〕 Article 2 'Right to Life'; Article 35 'Right to health care', Charter of Fundamental Rights of the European Union OJ C 326, 26. 10. 2012, pp. 391 – 407.

〔2〕 Article 2 'Right to Life'; Article 35 'Right to health care', Charter of Fundamental Rights of the European Union OJ C 326, 26. 10. 2012, pp. 391 – 407.

〔3〕 Dove (2019).

〔4〕 Regulation (EU) 2016/679 of the European Parliament and of the Council of 27 April 2016 on the protection of natural persons with regard to the processing of personal data and on the free movement of such data, and repealing Directive 95/46/EC, OJ L 119, 4. 5. 2016, pp. 1 – 88.

〔5〕 Directive 95/46/EC of the European Parliament and of the Council of 24 October 1995 on the protection of individuals with regard to the processing of personal data and on the free movement of such data, OJ L 281, 23. 11. 1995 pp. 31 – 50.

〔6〕 Article 9 (2) (j) GDPR; Morrison et al. (2017), pp. 693 – 703.

的一般监管框架相融合。在欧洲生物医学界，生物银行的术语往往各不相同。[7]因此，对什么是生物银行既没有共识，也没有就不同类型的生物银行的分类达成一致。欧盟各成员国的立法反映了在建立生物库和生物银行活动的准确法律定义方面的困难。[8]在国家层面，生物银行的监管方法反映了伦理、研究和法律传统的多元化，其植根于重要的社会政治、文化和宗教规范的多样性。[9]只有少数欧盟成员国制定了关于生物银行的具体立法。[10]大多数成员国要么没有任何国内立法，[11]要么依赖非特定的现有法律，往往伴随诸如道德准则等软法文书来监管生物银行。[12]缺乏欧盟的协调和解决方案的多样性，以及在某些情况下模糊和分散的立法，都被认为是生物银行活动发展过程中的问题。[13]

总的来说，生物银行在样本数量、类型和性质、覆盖群体、相关信息类型、目的和开展的活动（如样本托管、处理和管理）等特征方面存在很大差异。这些具体特征影响了生物银行活动的法律监管（主要是国家）与欧盟数据保护框架之间的交叉点，并对遵守 GDPR 对个人数据控制者和处理者施加的义务具有实际意义。关于生物库和生物银行活动，缺乏具体、协调的欧盟立法。适用于生物库和生物银行研究的现有欧盟法规分散在多个法律领域，

---

〔7〕 Fransson et al. （2015），pp. 22 – 28；Watson（2014），pp. 163 – 164；Hewitt and Watson（2013），pp. 309 – 315；Shaw et al. （2014），pp. 223 – 227.

〔8〕 Beier and Lenk（2015），pp. 69 – 81；Briceño Moraia et al. （2014），pp. 187 – 212.

〔9〕 Penasa et al. （2018），pp. 241 – 255.

〔10〕 Belgium，Estonia，Finland，Hungary，Latvia，Lithuania，Portugal，Spain，Sweden and UK.

〔11〕 Bulgaria，Croatia，Czech Republic，Malta，Romania，Slovakia.

〔12〕 Austria，Cyprus，Denmark，France，Germany，Greece，Italy，Luxembourg，the Netherlands，Poland，Republic of Ireland and Slovenia. See Beier and Lenk（2015）. See also：Nicola（2015），pp. 800 – 815；Sandor et al. （2009）.

〔13〕 In this sense，see a for example Penasa et al. （2018），with further references to national commentators defending the introduction of specific codified legislation in their respective jurisdictions.

包括数据保护、临床试验[14]和组织监管。[15]详尽的分析不在本章范围之内。然而，可以注意到临床试验监管和 GDPR 之间的复杂相互作用。[16]

本章探讨了 GDPR 对生物银行作为数据控制者和处理者所承担的义务。在介绍了数据保护规范应用于生物银行活动的背景之后，第二部分阐述了 GDPR 的实质范围和地理范围。之后第三部分研究了数据控制者和处理者的概念、它们之间的关系以及它们在生物银行环境中的应用。第四部分通过参考一般数据处理原则和生物银行的相关职责，包括尊重数据主体数据保护权的义务，分析了生物银行作为数据控制者和处理者的义务。它从生物银行作为数据控制者和处理者的角度出发，探讨了可能的合规途径，特别强调了有关健康和基因数据处理的规则，以及为"出于公共利益、科学或历史研究目的或统计目的"提供的数据处理豁免。[17]第五部分将对本章的主要内容进行概括总结。

2 GDPR 和生物银行活动

2.1 GDPR 的实质范围

生物银行的数据保护义务在很大程度上取决于其地理位置，数据主体的位置、功能、执行的任务，以及是否允许将其归类为欧盟管辖下的数据控制者和处理者。换言之，为了确定生物银行在特定情况下是否必须遵守 GDPR 规则，有必要确定它是否同时属于 GDPR 的实质范围和地理范围。

---

[14] Directive 2001/20/EC of the European Parliament and of the Council of 4 April 2001 on the approximation of the laws, regulations and administrative provisions of the Member States relating to the implementation of good clinical practice in the conduct of clinical trials on medicinal products for human use, OJ L 121, 1. 5. 2001, p. 34, soon to be replaced by entry into effect of Regulation 536/2014 of the European Parliament and of the Council of 16 April 2014 on clinical trials on medicinal products for human use, and repealing Directive 2001/20/EC, OJ L 158 27. 05. 2004, pp. 1 – 76 [hereinafter Clinical Trials Regulation].

[15] Directive 2004/23/EC of the European Parliament and of the Council of 31 March 2004 on setting standards of quality and safety for the donation, procurement, testing, processing, preservation, storage and distribution of human tissues and cells, OJ L 102, 7. 4. 2004, pp. 48 – 58.

[16] See European Data Protection Board, Opinion 3/2019 concerning the Questions and Answers on the interplay between the Clinical Trials Regulation (CTR) and the General Data Protection regulation (GDPR) (art. 70. 1. b)), Adopted on 23 January 2019.

[17] Article 9 (2) (j) and Article 89 (1) GDPR.

从实质上讲，GDPR适用于数据处理活动，这些活动的定义广泛而笼统，这意味着在实践中，它们将包括大多数生物银行活动和相关研究。任何涉及个人数据的活动，无论是通过自动还是手动方式进行，原则上都要遵守GDPR,如包括“收集、记录、组织、结构化、存储、改编或更改、检索、咨询、使用，通过传输、传播或以其他方式提供的披露，调整或组合、限制、删除或销毁”[18]。

数据保护规则仅适用于个人数据，即与已识别或可识别的在世自然人有关的信息。可识别自然人的概念定义广泛，识别不必是立即、直接的。如果可以通过引用标识符来识别个人，如姓名、号码、IP或物理地址，或特定的身体、生理、遗传、心理、经济、文化或社会描述符，则该数据仍然是个人数据。[19]个人数据的概念仅适用于在世的人，因此，很明显它不适用于从过世的人身上获得的样本。然而，可以从历史样本中推断出其在世亲属的个人数据，因此，当推断涉及在世亲属的健康时，可能构成GDPR下的个人数据处理。

2.2 GDPR的地理范围

生物银行经常收集、接收、保存或分析跨国样本或数据，这就提出了数据保护规则适用的地理范围问题。一般来说，有两个因素与确定领土适用范围有关：设立标准和目标标准。[20]下面将进一步研究这些问题。

关于设立标准，欧洲数据保护委员会建议考虑三个方面：（1）在欧盟设立；（2）在“机构活动”背景下进行的个人数据处理；（3）将GDPR适用于在欧盟设立的数据控制者或处理者，无论处理是否在欧盟进行。[21] GDPR具有广泛的适用范围，无论数据处理活动在哪里进行，也无论是由欧盟机构的数据控制者或处理者对个人数据进行的任何处理。[22] GDPR序言22阐明，

---

〔18〕 Article 4（2）GDPR.

〔19〕 Article 4（1）GDPR.

〔20〕 EDPB Guidelines 3/2018 on the territorial scope of the GDPR（Article 3）Adopted on 16 November 2018.

〔21〕 EDPB Guidelines 3/2018, pp. 4–7.

〔22〕 Article 3（1）GDPR.

“设立意味着通过稳定的安排有效、真实地开展活动”[23]。事实因素而非法律手续是评估数据控制者或处理者是否在欧盟设立机构的决定因素。在某些情况下，即使数据控制者或处理者不在欧盟，只要数据主体位于欧盟，GDPR 规则也适用。在生物银行背景下，数据处理是否被视为在机构活动的背景下进行，并不一定取决于相关处理是否由生物银行本身进行。[24]必须根据具体情况进行评估。例如，在数据和样本共享的情况下，成员国生物银行的活动与欧盟以外第三方（数据控制者或处理者）的数据处理活动可能密不可分，因此，即使生物银行本身在数据处理中没有积极作用，也可能触发欧盟数据保护法的适用性问题。[25]最后，处理地点与确定在欧盟生物银行活动背景下进行的数据处理是否属于 GDPR 管辖范围无关。例如，当样本和信息是在欧盟以外收集的，随后由欧盟成员国运营的生物银行进行处理时，或者当临床试验是在欧盟之外且由在法律上与欧盟实体没有区别的分支机构或子公司进行时，该实体可以决定以其名义进行数据处理的目的和方式。[26]

关于目标标准，GDPR 第 3 条包含国际私法规则，将 GDPR 的管辖权扩展至不在欧盟设立的数据控制者和处理者，无论数据处理活动发生在何处。这里的连接因素是数据主体的位置和数据处理活动的目的。GDPR 适用于欧盟[27]境内的数据主体，与他们的国籍或居住地法律地位无关。[28]第二个累积管辖权的连接因素涉及数据处理活动的类型。GDPR 第 3 条第（2）款将其定义为：

（1）向欧盟内的此类数据主体提供商品或服务，无论是否需要向数据主体支付费用；或

---

[23] Recital 22 GDPR.

[24] Article 3（1）.

[25] EDPB Guidelines 3/2018. See：Judgment of the Court（Third Chamber）1 October 2015，Case C – 230/14，Weltimmo s. r. o. v Nemzeti Adatvédelmi és Információszabadság Hatóság，Digital Reports：ECLI：EU：C：2015：639 para. 25，and Judgment of the Court（Grand Chamber），13 May 2014，Google Spain SL and Google Inc. v Agencia Española de Protección de Datos（AEPD）and Mario Costeja González，Case C – 131/12，Digital reports：ECLI identifier：ECLI：EU：C：2014：317，para. 5. 3.

[26] Adapted from EDPB Guidelines 3/2018，p. 8.

[27] Article 3（2）GDPR，see also Article 8 EU Charter where the right to data protection is not limited to citizens but intended for ‘everyone’.

[28] Recitals 2，14 and 24 GDPR.

（2）只要他们的行为发生在欧盟内部，就要对他们的行为进行监督。

生物银行活动可能涉及提供商品或服务，如作为一种服务将组织和生物材料进行保存，保存脐带中的干细胞或保存配子和胚胎以备将来在试管受精中使用。欧盟数据保护委员会认为，有必要在加工活动和提供商品或服务之间建立实际的联系，“但直接和间接的联系都是相关的，应予以考虑”[29]。

触发 GDPR 应用于非欧盟设立的数据控制者或处理者的第二类活动是数据主体的监控行为发生在欧盟境内。[30] 这是两个累积标准。GDPR 序言 24 进一步规定了可被视为监控行为的处理活动的性质，其仅侧重于通过跟踪互联网上的人员来监控行为。然而，欧盟数据保护委员会认为，还应考虑通过其他类型的网络或涉及个人数据处理的技术进行跟踪，如通过可穿戴设备和其他智能设备进行跟踪。在生物银行研究背景下，监测可能发生在涉及多个样本和随时间检索的健康信息的纵向研究中，或者定期更新数据主体信息的情况下。然而，尚不清楚这是否代表行为监控，因为 GDPR 序言 24 中阐述的 GDPR 精神明确指出了对消费者的商业监控。不管怎样，由于健康和基因数据享有额外的保护，有充分的理由相信健康监测也可以包括在内，从而使 GDPR 得以适用。

3 生物银行中数据控制者和处理者的概念

3.1 数据控制者和处理者的定义

在 GDPR 中，数据控制者和处理者的职责被界定为来自数据主体个人权利的积极义务，[31] 如知情权、访问权、更正权、删除权和屏蔽权，以及反对处理个人数据的权利。从合规性的角度来看，这意味着首要且最重要的任务是确保充分了解生物银行研究中每个参与者为数据保护目的所承担的角色。

---

[29] EDPB Guidelines 3/2018, p. 21. see also Recital 23 GDPR and CJEU case law based on Regulation 44/2001 on jurisdiction and the recognition and enforcement of judgments in civil and commercial matters, for example, Joined Cases C – 585/08 and C – 144/09: Judgment of the Court (Grand Chamber) of 7 December 2010 (references for a preliminary ruling from the Oberster Gerichtshof (Austria)) —Peter Pammer v Reederei Karl Schlüter GmbH & Co KG (C – 585/08) and Hotel Alpenhof GesmbH v Oliver Heller (C – 144/09), OJ C 55, 19. 2. 2011, pp. 4 – 5.

[30] Article 3 (2) (b) and Recital 24 GDPR.

[31] See Chapter, Staunton C (2019) Individual rights in Biobank research under the GDPR.

GDPR第4条第（7）款和第（8）款规定了数据控制者和处理者的法律概念："数据控制者"是指单独或与他人共同决定个人数据处理目的和方法的自然人或法人、公共当局、机构或其他组织；如果此类处理的目的和方式由欧盟或成员国法律决定，则数据控制者或其推荐的具体标准可由欧盟或其成员国法律规定。

"数据处理者"是指代表数据控制者处理个人数据的自然人或法人、公共当局、机构或其他组织。

这些定义是从《数据保护指令》[32]直接移植过来的，其来源于1981年缔结的欧洲委员会《关于在自动处理个人数据方面保护个人的公约》[33]中的类似文本。尽管措辞相对简单，但在实践中，要确定谁是负责确定数据处理目的和方法的实体，并确定代表数据控制者处理数据的（各种）实体，可能并不那么简单。这是由于当下公共部门和私营工业结构的组织分化和复杂性。欧盟第29条数据保护工作组第1/2010号意见澄清了这些概念的范围。[34]这一软法文书分析了所定义的每一个可操作概念或其三个主要组成部分：（1）个人方面；（2）多元化控制的可能性；（3）区分数据控制者和其他行为者的基本要素——"目的"和"手段"的"确定"。[35]数据控制者和处理者是独立的功能性欧盟概念，应根据实际情况具体确定。这意味着生物银行的活动类型将影响到是否以及哪些实体被视为数据控制者和处理者。

数据控制者由其功能和决定处理目的和使用方法的能力来定义。这一作用是基于一种控制的概念，这种控制可以源于任何形式的法律权利，包括明示和默示的法律权限或事实影响。数据控制者还取决于其确定数据处理的实

---

〔32〕 Directive 95/46/EC. The concept of 'controller' was adopted with a few modifications from the Council of Europe's Convention for the Protection of Individuals with regard to Automatic Processing of Personal Data, Strasbourg, 28/01/1981 (CoE ETS 108).

〔33〕 CoE ETS No. 108. This convention, was the only international legally binding instrument on the protection of private life and personal data open to any country in the world, and has been revised by the Protocol amending the Convention for the Protection of Individuals with regard to Automatic Processing of Personal Data (CoE ETS No. 223), 128th Session of the Committee of Ministers, Elsinore, 17 – 18 May 2018.

〔34〕 Opinion 1/2010 issued by reference to the data protection directive, remains valid since these definitions transited unchanged to the GDPR.

〔35〕 Opinion 1/2010.

质内容的能力。这种能力不能是绝对的：应有自由裁量权和授权的余地。对处理“目的”作出实际决定的人都是数据控制者，而与处理“手段”选择有关的具体方法学问题可以委托他人。简言之，在生物银行环境中，数据控制者是决定与那些对处理合法性核心至关重要的实质性问题有关的任何实体，如关于处理的法律基础的决定（如同意或例外）、生物样本和相关数据的存储时间长度以及谁有权访问处理的个人数据。

数据处理者的概念取决于数据控制者的组织决策和结构。GDPR 设立了两个基本条件以获得数据处理者资格：作为独立的法人实体和代表数据控制者处理数据。由于数据控制者决定要么在组织内处理数据，要么将全部或部分处理活动委托给外部实体，因此，“代表”处理数据通常意味着为他人的利益服务，并与“委托”和“代表”的一般概念相关联。数据处理者至少需要在处理目的和手段的基本要素方面执行数据控制者的指令和决策。

3.2 联合控制者和联合处理者

数据处理责任可由任何自然人或法人承担，如果共同承担，将产生联合控制者和联合处理者的概念。在生物银行实践中，特别是当不同实体向生物银行提交样本和数据时，或当这些数据被不同数量的研究机构共享、使用和重复使用时，涉及假定的联合控制者和联合处理者的情况，其为生物银行实践带来了挑战。欧盟法院的判例支持数据控制者的广义概念。在 Wirtschaftsakademie〔36〕案中，欧盟法院对联合控制者作出裁决，重申了之前在 Google Spain 案中确立的数据控制者的广义概念。〔37〕法院的裁决基于数据处理者在特定情况下是否有助于与主控制者共同决定处理个人数据的目的和方法的标准。〔38〕将这种推理应用于生物银行研究环境，无论是生物银行、研究人员，还是赞助或资助研究的实体，都可以单独或共同被视为数据控制者。他们的

---

〔36〕 Judgment of the Court (Grand Chamber) of 5 June 2018, Unabhängiges Landeszentrum für Datenschutz Schleswig – Holstein v Wirtschaftsakademie Schleswig – Holstein GmbH, Case C – 210/16, OJ C 260, 18.7.2016, ECLI: EUC: 2018: 388.

〔37〕 Judgment of the Court (Grand Chamber), 13 May 2014, Google Spain SL and Google Inc. v Agencia Española de Protección de Datos (AEPD) and Mario Costeja González, Case C – 131/12, Digital reports: ECLI identifier: ECLI: EU: C: 2014: 317.

〔38〕 C – 210/16 Wirtschaftsakademie.

角色分化和归属将取决于合同关系和研究活动的实际组织。代表数据控制者处理数据的任何实体都将被视为数据处理者。这些活动包括“收集、记录、组织、构建、存储、改编或修改、检索、咨询、使用，通过传输、传播或其他方式披露，结合或组合、限制、删除或销毁”[39]。

3.3 数据控制者和处理者间的关系

数据控制者负责确保处理数据的实体遵守数据保护规则。生物银行与研究机构或商业公司之间确立的协议应规定各方的任务，进行权利和义务分配，包括有关处理目的、个人数据类型和所涉及数据主体类别的规定。除其他特定主题外，数据处理协议应解决向欧盟以外的国家或国际组织传输数据的问题。[40] 协议还应包括关于数据处理活动分包的条款，因为未经数据控制者事先书面同意，数据处理者不得进行分包。[41]

地域范围也很重要，因为生物银行活动通常是与国际研究机构和储存库合作进行的。首先，欧洲数据保护委员会认为，如果数据控制者和处理者其中一方没在欧盟境内设立，则数据控制者和处理者之间存在关系并不一定会触发 GDPR 的适用问题。这意味着“当涉及由 GDPR 的适用性引发的不同义务的识别时，必须单独考虑每个实体的处理”[42]。其次，当作为控制者的欧盟生物银行使用位于欧盟以外的处理者时，控制者必须通过合同或其他法律行为[43]确保处理者将按照 GDPR 开展活动。这将包括通过合同条款向处理者施加 GDPR 对处理者规定的所有相关义务，从而通过合同方式将 GDPR 的适用范围扩展到欧盟以外的处理者。最后，相反的情况，即生物银行代表欧盟以外的机构或数据控制者处理数据也是经常发生的。在这种情况下，虽然 GDPR 的规定不适用于数据控制者，但作为在欧盟设立的数据处理者，生物银行仍需遵守 GDPR 对数据处理者施加的义务，前提是此类活动是在其活动范围内进行的。[44]

---

〔39〕 Article 4 (2) GDPR.
〔40〕 Article 26 (3) GDPR.
〔41〕 Article 26 (2) GDPR.
〔42〕 EDPB 3/2018, p. 9.
〔43〕 Article 28 (3) GDPR.
〔44〕 EDPB 3/2018, pp. 10–11.

4 生物银行作为数据控制者和处理者的职责

4.1 责 任

生物银行作为数据控制者，在其各种活动中负责遵守数据保护规则，如在接收、保存或分发生物样本或材料及相关数据方面。[45] 这意味着生物银行作为数据控制者，负责实施适当的技术和组织措施以确保合规，并能够证明符合 GDPR 原则和规则。

如上所述，生物银行的问责义务还包括行使监管职能，确保研究人员和担任个人数据处理者的实体遵守数据保护规则。[46] 如果多个实体处于数据控制者地位，它们将成为联合控制者。出于法律确定性的原因，联合控制者有额外的责任以透明的方式确定合规责任的分担。

数据保护规则确立了数据主体的权利，并对数据控制者和处理者施加了相应的义务。这包括确保遵守基于问责制原则的数据保护一般原则的一般义务，以及在数据处理活动过程中与数据主体的事实关系和行为有关的具体责任。一般数据保护原则包括：（1）合法、公平和透明；（2）目的限制；（3）数据最小化；（4）准确性；（5）存储限制；（6）诚信和保密。[47]

“问责制”原则颠倒了举证责任，赋予以数据控制者身份行事的生物银行证明所有数据处理活动均合法、公平和透明地进行的责任。[48] 数据处理活动的“合法性”是遵守欧盟数据保护法规定的数据控制者和处理者所有其他职责的基本依据。如果数据被非法处理，遵守其他职责和义务并不排除最终制裁。这意味着，在数据处理缺乏合法依据的情况下，随后的生物银行活动都将受到数据处理非法性的影响。由于数据保护权和隐私权是受《欧盟宪章》保护的基本权利，对数据进行非法处理的法律后果甚至可能超出数据保护制裁。例如，它可能会阻碍出于可专利性目的对研究的道德接受。[49] 一旦确定了处理的合法性，生物银行及其研究人员将必须确保有效遵守上述其他数据

〔45〕 Article 5 (2) GDPR.
〔46〕 Article 28 (1) GDPR.
〔47〕 Article 5 GDPR.
〔48〕 Article 5 (2) GDPR.
〔49〕 Nordberg and Minssen (2016), pp. 138 – 177; Hellstadius and Schovsbo (2018).

保护原则以及数据控制者和处理者的相关职责。“目的限制”是指个人数据只能用于特定、明确和合法的目的，通常不允许在初始目的/条件之外进行进一步处理。“出于公共利益、科学或历史研究目的或统计目的进行的处理”除外。[50]“数据最小化”是指处理活动必须充分且与目的相关，隐私侵犯仅限于实现此类目的所需的最低限度。[51]“准确性”原则规定，有义务采取合理步骤，确保纠正或删除不准确或过时的信息。[52]“存储限制”是指一旦不再需要实现原始目的，就有义务将数据匿名化或删除数据。如果个人数据仅为“出于公共利益、科学或历史研究目的或统计目的”进行存档处理，则该原则也是一个限制目标，即处理须采取适当的技术和组织措施，以保障数据主体的权利和自由。[53]最后，通过使用适当的技术或组织措施，确保个人数据的“完整性和保密性”，防止未经授权或非法处理，以及意外丢失、销毁或损坏。[54]

4.2 数据处理的合法性

4.2.1 生物银行中个人数据的类别和合法性

在确定数据控制者和处理者的具体职责和合规义务时，考虑数据类型及其相关性至关重要。与数据主体不同，并非所有的个人数据都生来平等。某些类型的信息内容可能会对数据主体的个人隐私领域造成更大的侵入风险，或被滥用以进行歧视性做法或结果的风险更高。近年来，DNA测序、大数据技术和人工智能的快速发展和可用性改变了生物医学研究和生物库。目前生物样本伴随着个人数据，这些数据可以通过各种形式的数据挖掘技术进行聚合和关联。此类个人数据的来源，一是健康和医疗记录，二是研究和临床试验，三是其他。它可能包括遗传和基因组数据以及其他认识论的生物医学信息，也可能包括环境、生活方式或社会数据。

如前所述，只有在特定的情况下才允许处理个人数据，并且在处理特殊类别的个人数据（包括健康数据和基因数据）时适用更严格的规则。[55]因此，

[50] Article 5（1）（b）GDPR.

[51] Article 5（1）（c）GDPR.

[52] Article 5（1）（d）GDPR.

[53] Article 5（1）（e）GDPR.

[54] Article 5（1）（f）GDPR.

[55] Article 9 GDPR.

作为合规问题，生物银行必须区分非个人数据和个人数据，以及一般个人数据和特殊类别的个人数据。

GDPR 将健康数据定义为“与自然人的身体或心理健康有关的个人数据，包括提供医疗保健服务，揭示其健康状况的信息”[56]，这包括“与数据主体的健康状况相关的所有数据，揭示与数据主体过去、当前或未来的身体或心理健康状况有关的信息”[57]。健康数据包括来自健康记录的信息和“来自身体部位或身体物质测试或检查的信息，包括来自遗传数据和生物样本的信息”[58]。

基因数据是指“与自然人的遗传或获得遗传特征有关的个人数据，这些数据提供了有关自然人生理或健康的独特信息，尤其是通过对有关自然人的生物样本进行分析而得到的个人数据”[59]，特别是“染色体，脱氧核糖核苷酸（DNA）或核糖核酸（RNA）分析，或从另一种元素的分析中获得的等效信息”[60]。GDPR 规定了数据控制者和处理者的义务，重点是从数据处理的合法性角度来规范数据处理。然而，它没有规定可以获得何种类型的衍生信息（相关性和推断），也没有规定允许使用何种类型的数据。特别有问题的数据使用，如基于大数据分析和人工智能的预测和相关性分析，仍然只受到了谨慎的监管。[61]每个生物银行开展的研究活动类型将影响到确定遵守合法性、公平性和透明度原则的最合适的法律依据。无论如何，这一决定必须事先作出，因为数据控制者有责任在收集或以任何方式处理数据之前，将允许数据处理的法律依据告知样本捐赠者或所有者。[62]由于大数据分析等新的数据处理技术允许类别跳跃式推断，因此通常所有数据都将成为个人数据，即使现在不是，至少在未来是这样。此外，生物样本的使用将等同于实际或潜在的遗传数据和健康数据，因此，谨慎的做法将导致人们普遍认为，生物库和生物银行研究处理的大多数数据可能属于特殊类别的个人数据。

---

〔56〕 Article 4 (15) GDPR.

〔57〕 Recital 35 GDPR.

〔58〕 Recital 35 GDPR.

〔59〕 Article 4 (13) GDPR.

〔60〕 Recital 35 GDPR.

〔61〕 Article 22 GDPR.

〔62〕 Article 7 GDPR.

4.2.2 生物银行合法数据处理模式

一般说明

确保数据处理的合法性是数据控制者和处理者最基本的职责。为确保合法性，选择数据处理的适当法律依据至关重要，且必须在收集数据之前进行。GDPR 包含数据处理的若干法律依据。这些可以概念化为生物库和生物银行研究中数据处理合法性的两个主要模式：基于必要性的模式和基于同意的模式。根据合法性原则，生物银行将根据数据控制者或处理者的身份承担不同的义务。为了简化合规性分析，本部分将假定生物库或生物银行研究中处理的大多数人类数据都是特殊类别的个人数据（如健康数据和基因数据），因此本部分将重点关注 GDPR 第 9 条规定的合法性依据。

基于必要性的模式

一般来说，禁止处理特殊类别的个人数据，如基因和健康数据。然而，生物银行可以选择依据 GDPR 第 9 条第（2）款规定的例外和豁免，从而实施基于同意或必要性的模式或混合模式。在赋予处理合法性的各种例外情况中，与生物银行尤其相关的是“出于公共利益、科学或历史研究目的”[63] 进行的数据处理，以及“出于公共卫生领域的公共利益”的必要性而进行的处理。[64] 这种数据处理模式适用于无法获得同意或负担过重的情况（例如，当数据被重新使用，联系信息丢失或过期时），或同意不充分、被撤回或拒绝的情况。“科学研究目的”具有广泛的含义，包括“技术开发和示范、基础研究、应用研究和私人资助的研究”[65]。

在生物银行研究中，数据的重复使用和再利用已成为必要，因为新的数字技术提高了交叉引用多种来源的大量和类型化数据的能力（大数据分析），这些数据包括健康和医疗记录。然而，数据的收集必须“用于特定、明确和合法的目的，而不是以与这些目的不兼容的方式进行进一步处理”[66]。这意味着必须在数据收集之前确定数据处理的合法性，并与数据收集的目的相关

---

〔63〕 Article 9（2）（j）GDPR.

〔64〕 Article 9（2）（i）.

〔65〕 Recital 159 GDPR. The recital mentions specifically ‘studies conducted in the public interest in the area of public health’.

〔66〕 Article 5（1）（b）GDPR.

联。这样做的结果是，基于必要性的模式可能会为生物银行带来优势。在某些情况下，这是建立合法性的首选方案。因为只要数据控制者证明了其尊重数据主体的个人权利和自由并实施了适当的保护措施，如假名化（除非这是不可能的或会损害存档或研究目的），那么将数据重新用于存档或研究目的通常被认为与原始目的相兼容。[67]

根据 GDPR 第 9 条第（2）款（j）项的规定，为科学研究目的，可以不经同意处理健康和基因数据，但前提是：（1）为科学研究的目的所必需；（2）与追求的目标相称；（3）尊重数据保护权的本质。[68] 对于与旨在研究严重疾病的特定研究项目直接相关的生物银行活动，这些要求将相对容易满足。然而，对于与特定研究项目没有直接联系的生物银行活动，或者如果这种联系不那么直接或明显，则数据控制者需要仔细证明使用数据是必要的和相称的。无论如何，必须尊重数据保护权的本质。这意味着所有处理活动必须遵守数据保护的一般原则：合法性、公平性和透明度；目的限制；数据最小化；准确性；存储限制；完整性和保密性；以及问责制。

GDPR 第 9 条第（2）款（i）项允许成员国基于公共卫生领域的公共利益确定数据处理的合法性。只要有法律依据，并制定了具体措施来保护数据主体的权利和自由以及健康记录的保密性，在医疗过程中收集的样本可以存储在生物银行中，并与患者记录一起供研究使用。然而，未经同意的数据主体不太可能合作并提供额外的样本或必要的特定信息，从而影响了监测个人健康状况或研究特定生活方式或社会和环境因素对健康影响的能力。即使是标准化和全面的记录，研究人员与患者记录的利益也往往有限，因此基于同意的模式在任何研究项目中仍至关重要。

在必要性框架下处理数据也意味着有特殊义务保障数据主体的权利和利益，特别是使用技术措施确保尊重数据最小化原则，包括在能够实现研究目的的前提下默认使用假名化或完全匿名化数据。[69] 同时，应遵守数据主体的所有权利和对数据控制者和处理者施加的义务，包括国家对健康和基因数据

---

〔67〕 Data sharing and repurposing data is a very important issue for biobanking. See below Sect. 4. 4.

〔68〕 Article 9（2）（j）GDPR.

〔69〕 Article 89（1）GDPR.

处理的具体限制，[70]除非欧盟或成员国法律规定了对数据保护权利的减损。[71]关于基因、生物特征和健康数据，欧盟成员国有更多的回旋余地，可以提出更严格的要求，并对数据控制者和处理者施加进一步的义务，这可能会进一步限制对这些特殊类别数据的处理。

当合法性基于必要性框架时，GDPR 第 89 条为欧盟成员国制定规范和减损数据主体权利提供了额外的余地。[72]关于信息要求[73]和更正权[74]、删除权[75]、限制处理权[76]、数据可移植性[77]以及"出于公共利益、科学或历史研究目的或统计目的"处理个人数据时的反对权，国家法律可规定免除数据控制者和处理者的责任。[78]这些对数据主体权利的减损具有附属性质，仅在数据主体权利使得"科学或历史研究目的或统计目的"实现变得不可能或严重损害的情况下才可接受。[79]对于数据保护的一般原则，还必须规定减损并附上适当的保障措施，特别是所有豁免必须遵循数据最小化、相称性和必要性原则。[80]

生物银行可以在国家法律中使用这些豁免。然而，必须仔细考虑适用管辖权的问题，特别是数据集包括受不同国家豁免和补充规则约束的个人数据的可能性，如关于基因数据的使用。[81]如果合法性的法律基础是 GDPR 第 89 条第（2）款规定的研究所必需的，则欧盟或其成员国法律可规定数据控制者和处理者的职责豁免：（1）任何人有权从数据控制者处获得关于其个人数据

〔70〕 Article 9（4）GDPR.

〔71〕 Article 89（2）GDPR.

〔72〕 See Chapter Duguet A – M，Herveg J ‘Safeguards and derogations relating to processing for scientific research：Article 89 analysis for biobank research’.

〔73〕 Article 15 GDPR.

〔74〕 Article 16 GDPR.

〔75〕 Article 17 GDPR.

〔76〕 Article 18 GDPR.

〔77〕 Article 20 GDPR.

〔78〕 Article 21 GDPR.

〔79〕 Article 89（1）GDPR.

〔80〕 Recital 156 GDPR.

〔81〕 For an overview of existing national legislation see：Penasa et al.（2018）；p. 252；Briceño Moraia et al.（2014）.

是否被处理的确认，以及有权获得有关此类处理的信息；[82]（2）纠正权；[83]（3）限制处理的权利；[84]（4）反对处理的权利。[85]当生物银行作为存储库，且数据处理是基于 GDPR 第 89 条第（3）款的公共利益的存档目的，欧盟或其成员国法律中规定的豁免也可能延伸到数据控制者向被披露数据的每个第三方通知个人数据的任何限制或删除的义务，[86]以及数据主体的数据可携权。[87]

根据 GDPR 第 89 条的规定，数据主体要求删除其个人数据的权利不受国家法律的减损。然而，GDPR 第 17 条确实对基于 GDPR 第 89 条第（1）款[88]规定的出于“公共利益、科学或历史研究目的或统计目的”进行的数据处理活动提出了责任豁免，前提是删除数据可能会导致这些目的无法实现或严重损害这些目标的实现。[89]如果数据是必要的，且可以完全匿名，则应首选这种方案。数据控制者有义务证明拒绝删除和披露有关数据在特定项目中具体使用的信息是合理的。

基于同意的模式

当无法建立基于必要性的合法性基础时，生物银行将需要求助基于同意的模式，以避免数据保护责任。这也是一个坚实的战略，通过它可以建立信任，确保招募到研究参与者，同时培养参与者提供准确数据用以长期监测，提供多个样本和数据条目并允许多用途处理。

文献表明，在 GDPR 之前，成员国有不同的同意框架。[90]考虑到 GDPR 的灵活性，这种情况可能会维持下去，至少就额外的具体要求和监管监督而言是这样的。根据 GDPR 的规定，数据处理所需的同意类型被定义为必须是自由给予、目的特定、知情且明确的。[91]为了具有法律约束力，同意不需要

---

〔82〕 Article 15 GDPR.
〔83〕 Article 16 GDPR.
〔84〕 Article 18 GDPR.
〔85〕 Article 21 GDPR.
〔86〕 Article 19 GDPR.
〔87〕 Article 20 GDPR.
〔88〕 Article 17（3）（d）.
〔89〕 Article 17（3）（d）.
〔90〕 Kaye et al.（2016），pp. 195 – 200.
〔91〕 Article 4（11）GDPR.

以签署书面文件的形式作出，而应通过明确的肯定性法案作出。允许记录口头陈述和电子方式，但控制者应避免“沉默、预先打勾或不作为”，因为只有明确同意才具有法律约束力。[92]

遵守公平和透明原则的规定，预先制定的同意书必须以数据主体易于理解和访问的方式书写，使用清晰明了的语言。[93]应避免使用法律或技术术语，并在适用的情况下翻译成数据主体的母语。同意的标准是“自由和知情同意”。口头提供的文件或信息应明确提及数据控制者的身份和数据处理的目的。如果数据主体没有真正的自由选择，或者数据主体拒绝或撤回同意，则同意无效。[94]这一般出现在需要多用途同意的情况，即数据主体不可能对不同的处理目的进行逐个同意，或者获得治疗或服务需要概括同意且数据处理超出了实现这些目标所需范围的情况（例如，储存和保存生物材料血液、干细胞、卵子、精子、胚胎等以备将来使用）。[95]

在生物银行活动中，样本和信息通常来自欧盟以外的国家。在某些情况下，当地的文化和法律传统可能导致不同的同意框架、规则和程序。[96]欧盟数据保护规则以《欧盟宪章》数据保护权[97]为基础，具有广泛的领土适用性。因此，如果数据控制者或处理者是在欧盟设立的，且不可能依赖当地法律或习惯等社会规范，则根据GDPR的规定，获得个人数据主体的特定同意或其他法律依据以进行数据处理依然很有必要。

同意还应具体，涵盖每个目的以及为每个目的进行的所有处理活动。[98]立法者承认，就用于科学研究的数据而言，通常很难事先确定所有可能的数据处理目的，因此这为获得广泛同意打开了大门。从这个意义上讲，GDPR序言33阐明，如果程序符合“公认的科学研究伦理标准”，例如通过伦理委员会审查，则可以接受某些科学研究领域定义的广泛同意。[99]欧盟第29条数

---

〔92〕 Recital 32 GDPR.

〔93〕 Recital 42 GDPR.

〔94〕 Recital 42 and 43 GDPR.

〔95〕 In such cases, specific national legislation may contain more strict rules.

〔96〕 For an overview see for example: De Vries et al. (2017).

〔97〕 Article 8 EU Charter.

〔98〕 Recital 32 GDPR.

〔99〕 See Marelli and Testa (2019), pp. 496 – 498.

据保护工作组指出，GDPR序言33并不一定意味着无须获得具体同意，而是作为例外，即如果在数据处理（样本收集）时无法明确研究目的，则只以更一般的方式描述目的也可以获得有效同意。然而，它也提醒我们，“当在明确同意的基础上处理特殊类别的数据时，采用序言33的灵活方法将受到更严格的解释，需要高度审查”[100]。

动态同意[101]的概念被间接接受。一方面，数据主体可以在同一段时间内行使多项权利：更正权[102]、删除权[103]、限制处理权[104]、数据可携权[105]以及反自动化决策权[106]；另一方面，数据的再利用需要通知数据主体并重新获得同意。动态同意模型为生物银行提供了一种可能性，允许数据主体行使其反对对特定类型、特定目的、特定项目或用户的数据处理的权利，同时保持对广泛处理活动的同意。这些措施还简化了进一步处理目的的同意程序，并提高了数据处理的公平性和透明度。然而，应注意的是，生物银行数据的总体再利用仍然是一个复杂的问题，需要遵守特定的国家法规，[107]并且确定新用途是否与所提供的同意书相兼容并不容易。[108]

作为数据控制者的生物银行有义务实施技术措施，以确保数据主体能够根据要求接收以结构化、通用和机器可读格式提供的个人数据，并将这些数据传输给另一个控制者。[109]数据可携权是仅适用于原始数据还是也适用于已

[100] Article 29 Working Party, Guidelines on Consent under Regulation 2016/679, last Revised and Adopted on 10 April 2018.

[101] Kaye et al. (2015), pp. 141 – 146.

[102] Article 16 GDPR.

[103] Article 17 GDPR.

[104] Article 18 GDPR.

[105] Article 20 GDPR.

[106] Article 22 GDPR.

[107] See: Tassé (2016), pp. 207 – 216; Kondylakis et al. (2017), pp. 282 – 292.

[108] See the landmark Italian case concerning the acquisition by United Kingdom – based commercial company Tiziana Life Sciences Plc of Shardna an Italian genomic biobank (Tribunal of Cagliari, Sentenza n. 1569, 6 June 2017) described in Marelli & Testa n. 101; see also recent Clinical Research Development Ireland (CRDI) 'Submission to the Data Protection Commission on the topic of the General Data Protection Regulation in relation to Biobanking' (3 May 2018), signed by 28 Representatives of Irish Research Institutions. Available: https://www.crdi.ie/wp – content/uploads/2018/06/CRDI_ Submission_ GDPR – and – Biobanking.pdf.

[109] Article 20 GDPR.

建立的相关性、概率或预测如诊断，仍有争议。只要是可识别的个人信息，那么该信息就被视为个人数据，因此受GDPR的约束。[110]根据欧盟第29条数据保护工作组推断数据和衍生数据，如关于用户健康的评估结果，则会被排除在数据可携权之外。[111]此外，该信息可能构成商业秘密或受版权保护，可能会出现相称性争议，而具体的合同或患者权利法定条款可能会进一步规定义务。

在大数据分析的背景下，如果数据是从多个来源获得的，那么数据控制者始终具有可能难以遵守的一般信息职责，包括提供有关数据类别、来源，以及在自动化决策过程中处理和使用的法律依据和目的。[112]如果向数据主体提供信息被证明是不可能的，或者需要不成比例的努力，并且处理是为了科学研究目的且遵守这些义务会使研究变得不可能或严重损害研究，则可以免除这些义务。[113]无论哪种方式，数据的再利用必须始终有法律依据：要么必须得到原始同意，要么必须有例外。

同意可以撤回，数据主体可以要求限制进一步处理或删除数据。删除权，即被遗忘权，通常被认为是一种潜在的挑战。然而，如果数据是研究所必需的，并且删除这些数据将“导致研究目标不可能实现或严重损害该目标的实现”，则研究活动将受到保护。[114]这不是完全的豁免。如果在特定情况下，个人信息不是必需的，并且可以在不影响整个研究的情况下删除，则必须遵守删除请求。在任何情况下，如果数据对该研究非常重要而未被删除，则可能必须从其他研究项目中删除，并且除非存在其他合理理由，否则无法在未来继续处理该数据。

最后，同意参与临床试验中的科学研究活动须遵守《临床试验条例》的

---

[110] Article 4 (1) GDPR defines an identifiable person as 'one who can be identified, directly or indirectly, in particular by reference to an identifier such as a name, an identification number, location data, an online identifier or to one or more factors specific to the physical, physiological, genetic, mental, economic, cultural or social identity of that natural person'.

[111] Article 29 data protection working party, Guidelines on the Right to data Portability, adopted on 13 December 2016.

[112] Article 14 (1) GDPR.

[113] Article 14 (5) GDPR.

[114] Article 17 (3) (d) GDPR.

具体立法。[115] GDPR 原则和其他规则仍然适用于临床试验中的数据处理。[116] 在生物银行样本和为临床试验而产生或获取的数据的背景下进行数据处理所需的同意也将遵循 GDPR 规则，不应与参与临床试验或医疗的知情同意混淆。[117] 对这些活动的知情同意受特定框架的规范，并遵循不同的法律理由。[118] 正如欧洲数据保护委员会在第 3/2019 号意见中所解释的那样，《临床试验条例》[119] 中关于知情同意的规定主要针对涉及人类受试者的研究的核心伦理要求，并源自《赫尔辛基宣言》。获得临床试验参与者知情同意的义务主要是为了确保尊重《欧盟基本权利宪章》第 1 条和第 3 条规定的人的尊严权和人格完整权，而不是遵守数据保护的工具。[120]

这意味着为临床试验获得的知情同意可能不足以用于数据处理目的。特别是，“参与者和赞助商或研究者之间明显不平衡的权力情况将意味着同意不是 GDPR”[121] 意义上的“自由给予”（例如，当参与者健康状况不佳、属于经济或社会弱势群体，又或者处于任何机构或等级依赖的情况下）。因此，在大多数情况下，同意并不是适当的法律依据，还必须依赖除同意外的其他法律依据。[122] 储存临床试验中获得或使用的样本或数据的生物银行必须对数据处理的法律依据进行单独评估，以依赖并最终获得初始或进一步生物银行活动的同意，除非在特定情况下可以依据 GDPR 第 5 条第（1）款（b）项规定的所谓兼容性推定。[123]

---

[115] Articles 28 – 35, Regulation (EU) No 536/2014 of the European Parliament and of the Council of 16 April 2014 on clinical trials on medicinal products for human use, and repealing Directive 2001/20/EC, OJ L 158, 27. 5. 2014, pp. 1 – 76.

[116] See the recent, European Data protection board, Opinion 3/2019 concerning the Questions and Answers on the interplay between the Clinical Trials Regulation (CTR) and the General Data Protection regulation (GDPR) (art. 70. 1. b)) Adopted on 23 January 2019.

[117] Idem, para 15.

[118] Minssen and Rajam (2019); Chico (2018), p. 116.

[119] CTR Chapter V, Article 28 e sq.

[120] EDPB Opinion 3/2019, para 16.

[121] EDPB Opinion 3/2019, para 20.

[122] Idem.

[123] EDPB Opinion 3/2019, para 29 – 32.

4.3 数据处理的公平性和透明度

尽管根据GDPR第89条“基于科学研究利益的模式”建立的合法性框架下运营的生物银行免于承担一些具体义务，但透明度原则规定，在获得数据时有义务告知数据主体以下信息：（1）数据控制者和控制者代表（如适用）的身份和联系方式；（2）数据保护专员的联系方式；（3）处理目的和法律依据；（4）个人数据的接收者或接收者类别；（5）数据控制者是否打算向第三国或国际组织转移个人数据，以及欧盟委员会是否作出了充分性决定，或是否提及适当的保障措施以及获取这些保障措施的方式，或这些措施是否可用。[124]

除此之外，作为数据控制者的生物银行还有义务在获取个人数据时向数据主体提供以下额外信息以确保公平透明的处理：（1）数据存储的时间长度（固定日期或用于确定数据的标准）；（2）向监管机构投诉的权利详情；（3）存在的自动化决策，包括对所涉及逻辑的分析和有意义的信息，以及此类处理对数据主体的重要性和预期后果。[125]

尽管数据主体有权反对自动化决策和分析，但基于特殊类别数据（如健康和基因数据）的自动化决策和描述（如诊断、流行病学研究、遗传风险分类等）并不被禁止。事实上，基于特定目的的明确同意或者基于重大公共利益的必要性，这些都是可以接受的。[126]

如果数据处理的理由是同意，那么作为数据控制者的生物银行还需要提供信息，说明是否存在请求访问、更正或删除个人数据的权利，或限制或反对与数据主体有关的处理的权利，以及数据可携权。生物银行也有义务告知数据主体，他们有权随时撤回同意，这不会追溯到之前处理的合法性。如果基于其他理由处理数据，则这些义务将不存在。[127]

---

[124] Article 13（1）GDPR.

[125] Article 13（2）GDPR.

[126] Article 13（2）（f），Article 22（4）and Article 9（2）（a）and（g）GDPR.

[127] Article 13（2）GDPR.

4.4 数据处理的目的限制

数据共享对于科学研究来说越来越必要，国际上开放科学的趋势也越来越大，[128]主要资助机构和科学期刊实施了数据共享政策。[129]此类政策可能会隐含地导致在欧盟之外共享或开放研究数据的必要性。反过来，欧盟的举措也相当重视研究数据的开放共享和学术出版物的开放获取以及科学信息的交流和再利用。[130]

生物银行研究本质上涉及在几个研究项目中重复使用和再利用收集的样本和信息的可能性。新的数字技术增加了交叉引用出自不同来源的大量和类型化数据的可能性。对目的限制原则的解释已成为生物银行的一个核心问题，因为数据共享和数据的再利用都会引发相当大的数据保护和伦理问题，[131]需要在保护数据主体的权利方面取得平衡。

作为一项规则，目的限制原则确保所有数据必须“为特定、明确和合法的目的收集，而不是以与这些目的不相容的方式进一步处理”[132]，并且在生物银行共享和重复使用研究数据的背景下应用这一原则可能特别有争议。后续的使用可能依赖于同意或其他合法性理由，这两个理由都必须在收集生物样本、组织或信息时确立，且进一步处理必须与最初收集个人数据的目的相一致。[133]如果数据处理的合法性是出于公共利益、科学或历史研究的存档目的，只要数据控制者证明其尊重了数据主体的个人权利和自由并实施了适当的保障措施，如假名化（除非这是不可能的或会影响存档或研究目的），则通

---

[128] Groves and Godlee (2012), p. e4383.

[129] Taichman et al. (2017), pp. 63 - 65; National Institutes of Health (NIH) (2003); Wellcome Trust (2017); European Commission DG for research and Innovation (2017).

[130] Commission Recommendation of 17 July 2012 on access to and preservation of scientific information (2012/417/EU); see also Declaration of the Budapest Open Access Initiative https://www.budapestopenaccessinitiative.org/read; Berlin Declaration on Open Access to Knowledge in the Sciences and Humanities https://openaccess.mpg.de/67605/berlin_declaration_engl.pdf; The ECHO Charter https://echo.mpiwg-berlin.mpg.de/policy/oa_basics/charter, and the Bethesda Statement on Open Access Publishing http://legacy.earlham.edu/~peters/fos/bethesda.htm.

[131] For an overview on open questions see: Global Forum on Bioethics in Research (2018).

[132] Article 5 (1) (b) GDPR.

[133] Article 6 (4) GDPR. See with adaptations Article 29 Data Protection Working Party Opinion 03/2013 on purpose limitation Adopted on 2 April 2013.

常认为将数据重新用于存档或研究目的与原始目的相兼容。[134]然而，该假设似乎仅适用于相同类型的研究或研究项目，例如，欧洲数据保护委员会认为它不一定适用于临床试验数据的重用。[135]此外，如果数据处理基于另一合法性理由，则永远不能推定兼容，必须确定所进行的特定研究与原始目的兼容，或者在数据收集时预测并确定几个可能的特定、明确和合法的数据处理目的。

当生物银行打算出于收集个人数据以外的目的进一步处理个人数据时，必须在进一步处理之前向数据主体提供有关此类进一步处理及其目的的信息，以及任何其他相关信息。[136]此外，生物银行通常会存储和处理不是直接从数据主体处获得、而是最初从第三方收集的数据，如在临床环境或使用健康记录获得的生物样本。在这种情况下，如果没有更具体的国家或欧盟立法，则根据 GDPR 第 14 条的规定，[137]信息义务仍然存在。但是，也有一些例外：如果数据主体已经掌握了信息，则不需要遵守信息义务。关于那些基于公共利益和研究目的的处理，如果已经证明向每个数据主体提供信息是不可能的或需要付出不成比例的努力，或如果这可能导致生物银行活动的目标无法实现或严重损害该目标的实现，则没有义务提供信息。然而，生物银行必须采取适当措施保护数据主体的权利、自由和合法利益，包括公开信息。[138]

4.5 设计数据保护

作为数据控制者，生物银行还负责实施导致“设计和默认数据保护”的措施。设计数据保护采用数据最小化原则，并在考虑了许多因素的合理性标准下实施，如技术水平，实施的成本和性质、范围，处理的背景和目的，以及处理对自然人权利和自由造成不同风险的可能性和严重性。[139]适当的技术

---

[134] Article 5（1）（b）and Article 89（1）GDPR；Recitals 157 to 160.

[135] See EDPB Opinion 3/2019 para 28，recognizing that further guidance in this respect is necessary.

[136] Article 13（3）GDPR.

[137] Article 14（5）（c）and（d）GDPR ‘obtaining or disclosure is expressly laid down by Union or Member State law to which the controller is subject and which provides appropriate measures to protect the data subject’s legitimate interests；or where the personal data must remain confidential subject to an obligation of professional secrecy regulated by Union or Member State law，including a statutory obligation of secrecy.’

[138] Article 14（5）（a）and（b）GDPR.

[139] Article 25（1）GDPR.

措施包括假名化，[140] 也包括确保个人数据仅在必要时用于特定目的的措施。这意味着处理的所有数据都必须与特定的研究问题相关。数据最小化义务也适用于确保收集的个人数据的数量、处理范围、存储期限以及被授予访问权限的人是有关联的，并且这是数据处理所必需的。[141] 一般来说，作为数据控制者的生物银行始终负责实施适当的技术和组织措施，以确保遵守数据保护规则。合规性可以通过具体的数据保护政策、遵守经批准的行为准则[142]或使用经批准的认证机制来证明。[143]

4.6 数据管理

生物银行还承担数据管理职责，这些被制定为数据准确性、存储限制、完整性和保密性的原则。数据控制者有义务保存所有处理活动的记录。这项义务与透明度原则有关，其目的是确保尊重数据主体的权利，并防止控制者以不充分的记录为由声称知识不足，以此进行辩护。[144] 生物银行作为控制者还负责确保数据处理活动的安全，[145] 与数据保护机构合作，[146] 并在 72 小时内[147] 通知数据保护机构和每个数据主体（当其权利和自由具有高风险时）关于数据泄露的行为。数据控制者应进行数据保护影响评估，[148] 采取措施降低发现的风险，并在确定无法降低此类高风险时咨询数据保护机构。[149] 生物银行处理特殊类别的个人数据，因此数据保护影响评估是强制性的。[150] 数据控制者和处理者也可能负责联合指定数据保护专员。[151] 这一职责适用于生物银行和生物银行研究人员，因为他们的核心活动需要处理大量特殊类别的个

---

[140] Idem. Cf. notion of pseudo – anonymisation in Article 4（5）GDPR with different understandings in other normative sources see：Phillips et al.（2017），pp. 483 – 496.

[141] Article 25（2）GDPR. On compliance strategies See：Holub et al.（2018），pp. 97 – 105.

[142] Article 24 and 40 GDPR.

[143] Articles 24 and 42 GDPR.

[144] Article 30 GDPR.

[145] Article 32 GDPR.

[146] Article 31 GDPR.

[147] Article 33 GDPR.

[148] Article 35 GDPR.

[149] Article 36 GDPR.

[150] Article 35（3）（b）GDPR.

[151] Article 37 GDPR.

人数据。[152]

5 结 论

欧盟最近对数据保护规则进行的某些方面的改革是朝着平衡个人权利和确保数据驱动经济中的科学研究和创新不受阻碍的方向迈出的积极一步，对研究活动规定了一些豁免和例外，GDPR 第 89 条使成员国可以采取进一步的例外和豁免。虽然这有积极的一面，有利于选择法院，但它也给泛欧研究带来困难，甚至有可能降低协调性，并将 GDPR 几乎转变为科学研究背景下的实际指令。

GDPR 广泛的地理应用范围将其应用扩展到许多与欧盟相关的数据处理情况，包括数据未在欧盟处理的情况，如包括被视为在欧盟建立的数据控制者或处理者，或当数据涉及欧盟的数据主体时。本地数据保护规则可能不再被认为是充分的，鉴于生物银行领域的国际合作水平，GDPR 规则可能成为事实上的国际数据保护标准。

对数据控制者和处理者施加的主要限制是确保此类活动的合法性义务。GDPR 包含两个与生物银行相关的数据处理的主要法律基础：基于必要性的模式和基于同意的模式。由于基于不同合法性理由组合数据集可能会增加合规的复杂性，所以仔细考虑将何种模式应用于不同的数据集仍至关重要。

最后，GDPR 保持了基于数据类型（个人数据和特殊类型数据）和处理的一般合法性基础的监管方法。它没有为数据处理的特定活动和数据使用类型提供具体规则。法人数据受国家法律约束，因为 GDPR 规则仅适用于自然人数据，并且在或多或少的侵入性使用类型之间没有区别。它既没有明确区分原始数据、推断数据和衍生数据，也没有考虑数据聚合和交叉引用对隐私的累积效应或网络影响。

遵守 GDPR 对使用先进数字技术的生物银行及其研究人员提出了挑战。大数据分析的使用给科学研究带来了巨大的好处，尤其是在遗传学领域。这一领域的发展包括进行具有成本效益的全基因组测序，以及共享和组合多种互补数据来源的可能性。使用大数据分析，特别是利用基因数据进行研究的

[152] Article 37（1）（c）GDPR.

实质表明，在研究协议和机构程序中，合规性实践可能很繁重，且很难实施。随着我们深入数字化和数据驱动的社会，尤其是有问题的数据使用需要进一步澄清和改进数据保护方法。人工智能和大数据分析在生物银行活动中的日益使用意味着有必要特别关注合规程序，从长远来看，还需要进一步的法律发展和解释性指导。

参考文献

Article 29 Data Protection Working Party，Guidelines on Consent under Regulation 2016/679，last Revised and Adopted on 10 April 2018.

Article 29 Data Protection Working Party，Guidelines on the Right to data Portability，adopted on 13 December 2016.

Article 29 Data Protection Working Party，Opinion 03/2013 on purpose limitation Adopted on 2 April 2013.

Article 29 Data Protection Working Party，Opinion 1/2010 on the concepts of "controller" and "processor"，adopted on 16 February 2010.

Beier K，Lenk C（2015）Biobanking strategies and regulative approaches in the EU：recent perspectives. J Biorepository Sci Appl Med 3：69 – 81.

Briceño Moraia L et al（2014）A comparative analysis of the requirements for the use of data in biobanks based in Finland，Germany，the Netherlands，Norway and the United Kingdom. Med Law Int 14（4）：187 – 212.

Chico V（2018）The impact of the general data protection regulation on health research. Br Med Bull 128（1）：109 – 118，p. 116.

Commission Recommendation of 17 July 2012 on access to and preservation of scientific information（2012/417/EU）.

Council of Europe Recommendation CM/Rec 2016（6）of the Committee of Ministers to member states，adopted by the Committee of Ministers on 11 May 2016 at the 1256th meeting of the Ministers' Deputies.

Council of Europe Recommendation Rec 2006（4）of the Committee of Ministers to member states on research on biological materials of human origin，adopted by the Committee of Ministers on 15 March 2006 at the 958th meeting of the Ministers' Deputies.

Council of Europe's Convention for the Protection of Individuals with regard to Automatic Processing of Personal Data（Coe ETS No. 108），Strasbourg，28/01/1981.

De Vries J et al（2017）Regulation of genomic and biobanking research in Africa：a content analysis of ethics guidelines，policies and procedures from 22 African countries. BMC Med Ethics 18（8）：8.

Declaration of the Budapest Open Access Initiative. https：//www. budapestopenaccessinitiative. org/read；Berlin Declaration on Open Access to Knowledge in the Sciences and Humanities. Available at：https：//openaccess. mpg. de/67605/berlin_ declaration_ engl. pdf.

Directive 2001/20/EC of the European Parliament and of the Council of 4 April 2001 on the approximation of the laws，regulations and administrative provisions of the Member States relating to the implementation of good clinical practice in the conduct of clinical trials on medicinal products for human use，OJ L 121，1. 5. 2001，p. 34.

Directive 2004/23/EC of the European Parliament and of the Council of 31 March 2004 on setting standards of quality and safety for the donation，procurement，testing，processing，preservation，storage and distribution of human tissues andcells，OJ L 102，7. 4. 2004，pp. 48 – 58.

Directive 95/46/EC of the European Parliament and of the Council of 24 October 1995 on the protection of individuals with regard to the processing of personal data and on the free movement of such data，Official Journal L 281，23/11/1995 pp. 0031 – 0050.

Dove ES（2019）The EU general data protection regulation：implications for international scientific research in the digital era. J Law Med Ethics 46（4）：1013 – 1030. https：//doi. org/10. 1177/1073110518822003.

ECHO Charter. https：//echo. mpiwg – berlin. mpg. de/policy/oa_ basics/charter，and the Bethesda Statement on Open Access Publishing http：//legacy. earlham. edu/ ~ peters/fos/bethesda. htm.

European Commission DG for research and Innovation（2017）H2020 programme guidelines to the rules on open access to scientifc publications and open access to research data in Horizon 2020. Available at：http：//ec. europa. eu/research/participants/data/ref/h2020/grants _ manual/hi/oa_ pilot/h2020 – hi – oa – pilot – guide_ en. pdf.

European Data protection board，Opinion 3/2019 concerning the Questions and Answers on the interplay between the Clinical Trials Regulation（CTR）and the General Data Protection regulation（GDPR）（art. 70. 1. b）Adopted on 23 January 2019.

Fransson MN，Rial – Sebbag E，Brochhausen M et al（2015）Toward a common language for biobanking. Eur J Hum Genet 23（1）：22 – 28.

Global Forum on Bioethics in Research (2018) Background paper: the ethics of data sharing and biobanking in health research, Meeting in Cape Town, 13 – 14 November 2018. Available at: http: //www. gfbr. global/wp – content/uploads/2018/04/GFBR – 2018 – background – paper – FINAL. pdf.

Groves T, Godlee F (2012) Open science and reproducible research. BMJ 344: e4383.

Hellstadius A, Schovsbo J (2018) You told me, right? – Free and informed consent in European patent law. In: Minssen T, Herrmann JR, Schovsbo J (eds) Global genes, local concerns: legal, ethical and scientific challenges in international biobanking. Edward Elgar, Cheltenham.

Hewitt R, Watson P (2013) Defining biobank. Biopreserv Biobank 11 (5): 309 – 315.

Holub P et al (2018) Enhancing reuse of data and biological material in medical research: from FAIR to FAIR – Health. Biopreserv Biobank 16 (2): 97 – 105.

Judgment of the Court (Grand Chamber), 13 May 2014, Google Spain SL and Google Inc. v Agencia Española de Protecciôn de Datos (AEPD) and Mario Costeja Gonzâlez, Case C – 131/12, Digital reports: ECLI identifier: ECLI: EU: C: 2014: 317.

Judgment of the Court (Grand Chamber) of 5 June 2018, Unabhängiges Landeszentrum für Datenschutz Schleswig – Holstein v Wirtschaftsakademie Schleswig – Holstein GmbH, Case C – 210/16, OJ C 260, 18. 7. 2016, ECLI: EUC: 2018: 388.

Kaye J et al (2015) Dynamic consent: a patient interface for twenty – first century research networks. Eur J Hum Genet 23 (2): 141 – 146.

Kaye J et al (2016) Consent for biobanking: the legal frameworks of countries in the BioSHaRE – EU Project. Biopreserv Biobank 14 (3): 195 – 200.

Kondylakis H et al (2017) Donor's support tool: enabling informed secondary use of patient's biomaterial and personal data. Int J Med Inform 97: 282 – 292.

Marelli L, Testa G (2019) Scrutinizing the EU general data protection regulation. Science 360 (6388): 496 – 498.

Minssen T, Rajam BM (2019) Clinical trials data transparency & GDPR compliance: what are the effects on data sharing and open innovation?, Science and public policy scaa014.

Morrison M et al (2017) The European general data protection regulation: challenges and considerations for iPSC researchers and biobanks. Regen Med 12 (6): 693 – 703.

National Institutes of Health (NIH) (2003) Final NIH statement on sharing research data. Available at: https: //grants. nih. gov/grants/guide/notice – fles/NOT – OD – 03 –

032. html.

Nicola P（2015）Spanish regulation on biobanks. J Law Med Ethics 43（4）：800 - 815.

Nordberg A，Minssen T（2016）A ‘Ray of Hope’ for European stem cell patents or ‘Out of the Smog into the Fog’?：an analysis of recent European case law and how it compares to the US. IIC 47（2）：138 - 177.

OECD，Recommendation on human biobanks and genetic research databases，adopted by the OECD Council on 22 October 2009.

Penasa S et al（2018）The EU general data protection regulation：how will it impact the regulation of research biobanks? Setting the legal frame in the Mediterranean and Eastern European area. Med Law Intern 18（4）：241 - 255.

Phillips A，Borry P，Shabani M（2017）Research ethics review for the use of anonymized samples and data：a systematic review of normative documents. Account Res 24（8）：483 - 496.

Protocol amending the Convention for the Protection of Individuals with regard to Automatic Processing of Personal Data（CoE ETS No. 223），128th Session of the Committee of Ministers，Elsinore，17 - 18 May 2018.

Regulation 536/2014 of the European Parliament and of the Council of 16 April 2014 on clinical trials on medicinal products for human use，and repealing Directive 2001/20/EC，OJ L 158 27. 05. 2004，pp. 1 - 76.

Sandor J，Drakopoulou A，Bard P（2009）The legal regulation of biobanks：National Report：Greece. CELAB Paper Series No. 2. Available at https：//doi. org/10. 2139/ssrn. 2295967.

Shaw DM，Elger BS，Colledge F（2014）What is a biobank? Differing definitions among biobank stakeholders. Clin Genet 85（3）：223 - 227.

Taichman DB et al（2017）Data sharing statements for clinical trials：a requirement of the International Committee of Medical Journal Editors. Ann Intern Med 167（1）：63 - 65.

Tassé AM（2016）A comparative analysis of the legal and bioethical frameworks governing the secondary use of data for research purposes. Biopreserv Biobank 14（3）：207 - 216.

Watson PH（2014）Biobank classification：communicating biorepository diversity. Biopreserv Biobank 12（3）：163 - 164.

Wellcome Trust（2017）Policy on data，software and material management and sharing at https：//wellcome. ac. uk/funding/managing - grant/policy - data - software - materials - managementandsharing.

第三章

GDPR 视阈下生物银行研究中的个人权利

西亚拉·斯汤顿

摘　要：GDPR 于 2018 年 5 月 25 日生效，自此数据的收集、存储和使用方式发生了重大变化。生物银行需要收集、使用和再利用大量生物样本和数据，也受到拟议变化的影响。在寻求“设计数据保护”的过程中，GDPR 为数据主体提供了一系列个人权利，即知情权、访问权、更正权、删除权、限制处理权、数据可携权、反对权以及反自动化决策权。本章将依次讨论这些个人权利并讨论其对生物银行研究的影响，特别是本章将讨论目前生物银行在维护个人权利方面面临的挑战，生物银行的技术现实对这些权利的限制，以及它们可能对生物数据和材料的收集、共享、使用和再利用产生的潜在影响。

1　引　言

GDPR 旨在加强对个人数据的保护，并明确规定了数据主体的某些个人权利：知情权（第 13 条和第 14 条）、访问权（第 15 条）、更正权（第 16 条）、删除权（第 17 条）、限制处理权（第 18 条）、数据可携权（第 20 条）、反对权（第 21 条）以及反自动化决策权（第 22 条）。这些权利旨在增强数据主体对其个人数据处理的自主权和控制权，因此，可以控制和限制数据主体个人数据的使用。

生物银行是存储大量生物样本和数据的存储库。数据可以是数据主体自已提供给生物银行的信息，也可以是从生物样本中获得的数据。在处理这些数据时，生物银行需要考虑并维护 GDPR 规定的个人权利。生物银行经常参与需要跨境传输数据的合作研究项目，但不同的法律规则可能会减缓并阻碍跨境传输。作为回应，有人呼吁在国际层面上协调规则，[1] 或基于关键原则和规范制定生物银行的全球治理。[2] 因此，GDPR 应受到欢迎，因为它寻求协调整个欧盟的数据保护立法，同时促进个人数据在成员国之间的自由流动（第 1 条）。从表面上看，促进数据共享和协调该领域立法的法规应支持跨国合作研究。

然而，如果数据用于科学研究，这些个人权利可以直接由生物银行或成员国根据 GDPR 第 89 条的规则予以减损，这可能会否定数据主体的权利。因此，当生物银行出于研究目的处理数据时，它们可能不必尊重数据主体的权利，如果这样做会损害研究的话。这些权利的确切范围将取决于生物银行直接援引或通过成员国援引的减损。这些减损将在安妮 – 玛丽 · 杜盖特和吉恩 · 赫维格的"与科学目的处理相关的保障措施与减损：GDPR 第 89 条生物银行研究分析"一章中进行讨论。本章将依次讨论 GDPR 提供的数据主体的每项权利以及它们对生物银行可能产生的影响。

2 个人权利及其对生物银行研究的影响

2.1 知情权

公众对生物银行信任的重要性已得到充分证明，[3] 这种信任的本质是个人数据的使用和再利用的透明度。GDPR 第 13 条（从数据主体收集个人数据时应提供信息）和第 14 条（未直接从研究主体获得数据时应提供信息）所载的知情权加强了透明度原则。

GDPR 第 13 条第（1）款和第 14 条第（1）款详细说明了在收集数据时必须向数据主体提供的某些信息。这些信息包括有关数据控制者、数据保护专员（如适用）、研究目的及其法律依据、根据 GDPR 第 6 条第（1）款（f）

[1] International Bioethics Committee (2015).

[2] Chen and Pang (2015), p. 113.

[3] Lipworth et al. (2019), pp. 119 – 132; Johnsson (2013), p. 142.

项进行处理的合法权益、数据接收者（如打算将数据传输给第三国）的信息，以及该国为保护其数据而制定的保障措施。除此之外，根据 GDPR 第 13 条第（2）款和第 14 条第（2）款的规定，数据主体还必须被告知数据存储的持续时间、确定存续时间的标准（如不知道存续时间）；如果数据处理是基于同意这一合法依据，则有权撤回同意；以及有权向监管机构投诉。同样，根据 GDPR 第 13 条第（3）款和第 14 条第（4）款的规定，如果数据控制者打算处理在数据收集时不打算用于研究的个人数据，则必须在进一步处理该数据之前向数据主体提供上述信息。

因此，无论生物银行自身是从数据主体收集数据，还是通过其他方式（例如从残留样本或从另一个生物银行）获得数据，它都必须向数据主体提供上述信息。不同的是，如果生物银行自身收集数据，则必须在收集时提供此类信息，如果是通过其他方式获得数据，则应在 1 个月内提供此类信息［GDPR 第 14 条第（3）款］。如果生物银行打算将个人数据用于数据收集时未预想的研究，如没有例外情况，则必须在研究之前通知数据主体。

需要注意的是，GDPR 第 13 条和第 14 条中的权利仅供参考。为了便于遵守 GDPR 第 13 条和第 14 条，同意书应详细说明第 13 条第（1）款和第（2）款以及第 14 条第（1）款和第（2）款中概述的信息（如果同意是数据处理的合法基础），但知情权不应与知情同意混淆。知情权确实要求生物银行在一开始就设想它可以与谁合作和共享数据，以及研究的可能持续时间。

GDPR 第 13 条和第 14 条确实规定了知情权不适用的情况。根据第 13 条的规定，当“数据主体已经拥有信息”时，知情权不适用［GDPR 第 13 条第（4）款］。第 14 条下的例外情况更为普遍，尤其与研究有关：为了研究目的而无法提供信息；这将构成不成比例的努力，特别是在研究方面；提供信息会严重损害研究目标或使研究目标不可能实现［GDPR 第 14 条第（5）款（b）项］。

如果生物银行试图寻求基于提供信息是不可能的豁免，它们必须清楚地证明没有数据该项研究是不可能实现的。这在无法联系到数据主体时适用，但尚不清楚缺乏联系信息本身是否足以作为无法联系的依据，或者是否应作出合理努力来联系数据主体。无论如何，这种豁免将根据具体情况适用，而且会造成负担。因此，根据 GDPR 第 14 条第（5）款（b）项的规定，对生物银行知情权的任何豁免都更有可能属于第 14 条第（5）款（b）项下的不成比例的努力的理由。

在确定什么可能构成“不成比例的努力”时，GDPR 序言 62 指出，应考虑数据集的数量、数据主体的年龄和任何适当的保障措施。生物银行通常拥有非常大的数据集，因此，如果 GDPR 第 89 条第（1）款规定了适当的保障措施，[4]生物银行没有根据 GDPR 第 14 条第（5）款（b）项的规定收集到数据时，可以获得知情权的豁免。为了依赖这一豁免，生物银行应进行数据保护影响评估，以平衡向数据主体提供信息的努力与研究风险，并应对此进行记录。[5]该数据保护影响评估应在依赖该豁免之前进行，并遵循 GDPR 第 35 条第（7）款的规定，评估应包括对预期处理操作和处理目的的系统性描述，包括：在适用时，控制者追求的合法利益；对与目的相关的处理操作的必要性和相称性的评估；对第 35 条第（1）款所述数据主体的权利和自由所面临的风险进行评估；为应对风险而设想的措施，包括保障措施、安全措施和确保个人数据保护的机制。[6]

在根据 GDPR 第 14 条第（5）款（b）项进行的研究中，如果没有从数据主体收集数据，则知情权似乎确实受到了潜在的限制。如以下各节所述，其他权利的行使取决于数据主体是否了解其个人数据的处理情况，因此知情权在行使其他权利时很重要，对知情权的任何限制都可能影响其他权利。然而，GDPR 第 13 条第（1）款（e）项要求数据主体了解“个人数据的接收者或接收者类别”。一方面，对该条的狭义解释将要求生物银行只需告知数据主体生物银行本身共享数据的对象；另一方面，当考虑到个人数据处理过程中透明度的重要性时，可以建议生物银行有义务向数据主体告知所有与之共享数据的人，无论他们是否自己共享数据。事实上，这可能会给生物银行带来不必要的负担，尤其是当人们考虑到 GDPR 中研究的重要性时。问责制原则很可能要求生物银行在处理个人信息时保持透明。因此，根据 GDPR 第 13 条

〔4〕 See Chapter ‘Safeguards and Derogations Relating to Processing for Scientific Purposes：Article 89 Analysis for Biobank Research’.

〔5〕 Art 29 WP（2018），ICO（2018）.

〔6〕 For more on DIPA’s see Dara Hallinan’s contribution in Chapter，‘Biobank Oversight and Sanctions under the General Data Protection Regulation’.

第（1）款（e）项的规定，生物银行可能只需将其共享个人数据的任何第三方告知数据主体。因此，生物银行必须确保其拥有记录所有数据传输的系统或登记簿。

2.2 访问权

为了进一步提高透明度，GDPR 第 15 条规定数据主体有权获取有关其个人数据的信息，包括确认数据控制者是否正在处理其个人数据及其目的；其个人数据的其他接收者，包括发送给第三国的接收者（以及采取的保障措施）；数据控制者在未从数据主体收集数据的情况下获得的数据；预期储存期限或确定储存期限的标准。根据这项权利，数据主体可以访问有关其数据所用于的研究项目的信息，以及可能与之共享数据的其他生物银行或其研究人员的信息。

数据主体不可能在不知道数据控制者正在处理其数据的情况下行使其访问权，因此，访问权取决于知情权。如果生物银行援引 GDPR 第 14 条第（5）款的例外情况，数据主体不太可能行使其访问权。

对于研究而言，重要的是，GDPR 第 15 条第（3）款规定，数据主体有权访问其正在处理的个人数据的副本。这可能包括基因数据、特定测试结果和研究结果，也可能包括有关基因突变、可能遗传给子女的情况以及数据主体可能易感的疾病的信息。为了履行 GDPR 规定的义务，生物银行将被要求向数据主体提供原始数据，而不是对基因数据的解释。鉴于社会公众对传播偶然发现具有广泛争议，满足这一要求可能很棘手。[7] 因此，访问权并不等同于根据要求反馈研究结果的权利，但现在法律要求生物银行向数据主体提供访问其数据的权利，这些数据可以包括原始基因数据。直接面向消费者的基因检测公司因向消费者提供原始基因数据而受到批评。直接面向消费者的基因检测公司通常会发布一项免责声明，即声明信息的准确性尚未得到验证，也不会对数据进行解释，但强调可能存在的不准确和误报风险。[8] 生物银行现在将处于类似的地位，根据法律规定如果数据主体要求则需要提供原始基

---

〔7〕 De Clercq et al.（2017），pp. 128 – 131；Wolf et al.（2012），pp. 361 – 384.

〔8〕 Tandy – Connor et al.（2018）.

因数据，而无须解释这些数据。因此，可以说生物银行不再有“不提供”政策，但在提供此类数据时，它们必须明确表示，它们没有对这些数据进行解释，任何此类解释都应由训练有素的基因顾问进行。

2.3 更正权

更正权赋予数据主体纠正不准确个人数据和完成不完整数据的权利。这一权利必须传达给数据的接收者，除非涉及不成比例的努力（第 19 条）。这项权利与 GDPR 第 5 条第（1）款（d）项下的透明度原则相联系，该原则要求个人数据准确、及时更新，并采取一切“合理措施”纠正任何不准确之处。

遗传和基因组研究正在迅速发展，但基因组测序和基因测试可能会导致意义或相关性不确定的结果，而这种不确定性是基因组研究固有的。不确定性并不等于不准确，生物银行只需要更新不准确的信息。此项更正权必须传达给已提供数据的任何第三方。与 GDPR 第 15 条类似，数据主体只有知悉其数据正在被处理的情况下才可能行使这一权利。然而，与 GDPR 第 15 条不同的是，如果这项通知第三方的义务被证明是不可能的或需要“不成比例的努力”，那么这项义务可能会受到限制。对“不成比例的努力”的评估需要根据具体情况确定，并应记录下来，以保持透明度。对已发表的研究成果中的数据进行更正，即使不是不可能，也很可能被认为是不相称的。

2.4 删除权

GDPR 第 17 条第（1）款（a）项至（f）项描述了何时可以援引删除权（通常称为被遗忘权），但在生物银行背景下，删除权最有可能根据该条（a）项至（c）项被援引，即个人数据不再需要用于其获取时的目的时［GDPR 第 17 条第（1）款（a）项］；当同意是处理的合法依据而数据主体撤回同意时（GDPR 第 17 条第（1）款（b）项）；当公共利益或合法利益是处理的法律依据而数据主体依据 GDPR 第 21 条第（1）款反对处理时［GDPR 第 17 条第（1）款（c）项］。因此，数据主体可以在研究完成、撤回同意（如同意是处理的合法基础）或反对将公共利益或合法利益作为使用其研究的基础时，援引删除权。数据主体有权要求根据 GDPR 第 17 条第（2）款处理其数据的所有数据控制者删除其个人数据。因此，生物银行必须与那些共享了此删除请求数据的人进行沟通。

在收到删除请求后，生物银行将被要求删除其拥有的关于该数据主体的所有个人数据，并如前所述，将此请求通知所有其他后续数据控制者。这些数据必须从正在进行的研究中删除，且不得用于任何未来的研究或与其他数据控制者共享。由于数据可能已经成为已发布结果的一部分，因此对数据的追溯使用的删除更具挑战性，而且这种删除在实践中也可能具有挑战性。正如梅勒姆等人所指出的，“对数据和样本的过往使用是无法撤销的”[9]。

然而，这种删除权是有限的。第一，与其他权利类似，援引删除权的前提是数据主体知道其个人数据的处理过程。如前所述，这只可能发生在从数据主体收集数据的情况。第二，GDPR 第 19 条规定，如果不可能或需要付出不成比例的努力，则数据控制者不必向与其共享个人数据的人传达删除请求。与 GDPR 第 16 条类似，什么被视为不成比例的努力将取决于案件的情况，并应记录作出任何决定的理由。第三，GDPR 第 17 条第（3）款（c）项规定，根据第 9 条第（3）款的规定，如果处理数据符合第 9 条第（2）款（h）项和（i）项规定的公众在公共卫生领域的利益，则不必遵守删除数据并通知处理数据的其他控制者的请求。因此，如果研究的目的是预防性或职业医学，防止对健康的严重跨境威胁，或确保卫生保健、医药产品或医疗器械的高质量和安全标准，则生物银行可以免于删除请求。

最后，GDPR 第 17 条第（3）款（d）项规定，如果处理是为了研究目的，且实施了 GDPR 第 89 条第（1）款规定的保障措施，则不必遵守删除请求，如果履行删除权将“导致研究目的不可能实现或严重损害处理目标的实现”。因此，根据 GDPR 第 89 条第（1）款的保障措施，出于研究目的处理个人数据的生物银行不必遵守删除请求。

在研究背景下，删除权受到很大限制。为保障透明度，对删除请求进行豁免的生物银行应进行评估，记录评估结果，并将其决定告知数据主体。

2.5 限制处理的权利

GDPR 第 18 条赋予数据主体以多种理由限制处理其个人数据的权利：当

---

〔9〕 Melham et al.（2014）.

他们质疑数据的准确性时；当处理是非法的，并且数据主体选择限制数据处理而不是删除数据时；当不再需要对数据进行处理，而数据主体出于法律目的需要该数据时；当数据主体反对基于 GDPR 第 21 条第（1）款的规定处理数据时（将在下文讨论）。尽管在生物银行背景下，其实际影响可能有限，但如果基于其中一个理由援引限制权，生物银行可以继续存储数据，但无法再处理数据。据此，数据控制者没有义务从先前公布的结果中移除或删除数据。因此，限制权适用于当前和未来的研究。

与 GDPR 第 15 条、第 16 条和第 17 条类似，数据主体只有在意识到其个人数据正被处理用于研究的情况下才能行使这一权利。此外，它也受到 GDPR 第 19 条的限制，因此，如果该更正通知被证明是不可能的或涉及“不成比例的努力”，生物银行没有义务将其告知后续数据控制者。

2.6 数据可携权

为了使数据主体能够更好地控制其个人数据，根据 GDPR 第 20 条的规定，数据主体拥有数据可携权。对于生物银行而言，这意味着数据主体可以在向生物银行提供数据时将其数据从一个生物银行转移到另一个生物银行。生物银行必须以“结构化、通用和机器可读的格式”向数据主体可能选择的另一个生物银行提供这些数据。这种转移可以由数据主体进行，也可以要求生物银行进行转移。由于转移必须“不受数据控制者的阻碍”，因此生物银行有义务采取措施促进此类转移。GDPR 鼓励采用可互操作的格式，但这并不延伸到要求数据控制者采用与其他组织在技术上兼容的系统（GDPR 序言 68）。

此项权利仅适用于满足以下条件的情况：数据主体已向数据控制者提供数据，同意是处理的合法依据，并且处理是通过自动化方式进行的［GDPR 第 20 条第（1）款］。因此，如果生物银行在任何其他法律基础上处理用于研究的数据，则无须遵守 GDPR 第 20 条规定的要求。同样，无论处理的法律依据如何，共享数据的使用都不受 GDPR 第 20 条的约束。由于欧盟第 29 条数据保护工作组明确表示“推断数据和衍生数据由数据控制者创建”，该权利在生物银行环境中的适用性有限。因此，任何源自生物样本的数据都不属于

“由数据主体提供”的定义。[10]

在数据主体寻求强制执行其数据可携权的情况下，行使 GDPR 第 20 条不等于删除，也不等于撤回同意。相反，这只是一种数据传输，欧盟第 29 条数据保护工作组已明确表示，数据控制者可以在传输后继续处理数据。[11] 这意味着，根据 GDPR 第 20 条的规定，生物银行将被要求转移数据（如请求），但可以在当前和未来的研究中继续使用这些数据。数据主体最初提供并同意在研究中使用其个人数据的生物银行可以在援引 GDPR 第 20 条后继续使用该数据。

2.7 反对权

GDPR 第 21 条规定，如果数据处理的合法依据是公共利益［GDPR 第 6 条第（1）款（e）项］或合法利益［GDPR 第 6 条第（1）款（f）项］，则数据主体有权反对处理其数据。因此，如果生物银行将上述任何一种主张作为处理的合法依据，数据主体可以反对在研究中使用其数据。生物银行反对权的影响是，它不能再将这些数据用于研究目的，但不等于将数据删除。

在实践中，反对权的行使可能会受到生物银行研究的限制。与 GDPR 第 15 至 18 条类似，只有当数据主体意识到其数据被用于研究时，才有可能行使该权利。在数据主体意识到此类使用的情况下，GDPR 第 21 条第（1）款规定，如果数据控制者能够证明凌驾于数据主体权利之上的“令人信服的合法理由”，则可以继续处理数据。GDPR 第 21 条第（6）款还规定，虽然数据主体可以依据 GDPR 第 89 条第（1）款的规定反对出于研究目的处理其数据，但如果处理符合公共利益，则可以减损这一权利。

此外，尽管数据主体有权依据 GDPR 第 89 条第（1）款的规定反对出于研究目的处理其数据，但如果“出于公共利益”的需要，数据控制者可以继续将数据用于研究目的。GDPR 序言 45 指出，健康目的可能属于“公共利益”的含义。波尔梅斯特认为，由于研究在 GDPR 中的重要性，遗传学研究等有利于社会的研究可能是继续进行的一种合法主张。[12]

---

〔10〕 Art 29 WP (2017).

〔11〕 Art 29 WP (2017).

〔12〕 Pormeister (2017), p. 141.

2.8 反自动化决策权

根据 GDPR 第 22 条的规定，如果自动化决策对数据主体产生“法律影响”或“重大影响”，数据主体有权不受自动化决策（包括分析）决定的约束。GDPR 第 4 条第（4）款将“profiling”（性能分析）定义为“任何形式的个人数据自动化处理，包括使用个人数据评估与自然人有关的某些个人方面，特别是分析或预测该自然人的工作表现、经济状况、健康、个人偏好、兴趣、可靠性、行为、位置或变动”。

生物银行研究中通常使用性能分析，因为样本和数据可以根据某些特征（如年龄、性别、疾病特征）进行分类。人工智能可以帮助研究人员更快地分析和测序脱氧核糖核酸，使研究人员能够将其解释并转化为临床可操作的知识。[13] 可以预测个人罹患疾病的几率，或者预测人们对特定药物或疗法的反应。人工智能和机器学习在基因组研究中的使用可能会增加，因为它有助于分析日益复杂的数据集。[14]

如果数据主体会受到法律效力或类似的影响，则他们可以行使其不受分析或自动化决策约束的权利。基于此类手段的医疗保健决策可能属于这样的定义范畴。自动化决策具有“法律效力”的要求可能会使生物银行研究不属于这一权利的适用范围。GDPR 第 22 条第（2）款规定了对这一权利的一些减损，包括数据主体同意，或经成员国法律授权并实施保障措施。此类减损不适用于特殊类别数据（包括基因数据和健康相关数据）的处理，除非处理是基于数据主体的同意［GDPR 第 9 条第（2）款（a）项］，或者是基于欧盟或成员国法律［GDPR 第 9 条第（2）款（g）项］的重大公共利益的需要，并实施适当的保障措施。

生物银行可以使用自动化决策和分析的程度取决于生物银行的活动。然而，如果打算将自动化决策和分析用于基因或基因组研究，则必须获得数据主体的明确同意，或者必须由法律规定并实施保障措施。

---

〔13〕 Williams et al.（2018），p. 237.

〔14〕 Libbrecht and Stafford Noble（2015），p. 231.

3 个人权利的限制

3.1 限 制

尽管 GDPR 承诺数据主体会有更大的自主性，但在研究中数据主体的个人权利受到严重限制，其可能无法执行。GDPR 本身为欧盟及其成员国提供了可以限制某些权利的减损，但同样重要的是，如果没有法律上的限制，数据主体可能不知道其数据被处理。因此，数据保护专员将无法代表数据主体执行权利。

3.2 数据处理知识

如前所述，许多个人权利的行使取决于知情权以及数据主体是否意识到他们的数据正在被处理并用于研究。从数据主体收集数据的生物银行必须将 GDPR 第 13 条规定的研究情况告知他们。然而，在生物银行没有从数据主体处收集数据的情况下，如果通知需要付出不成比例的努力，或会损害研究或使研究无法进行，则无须将处理情况告知数据主体。如果 GDPR 第 14 条第（5）款中的任何一项理由得到满足，数据主体可能不知道他们的数据被处理并用于研究，根据上述分析，这可能会影响数据主体行使 GDPR 第 15、16、17、18 和 21 条的权利。根据 GDPR 的规定，数据主体确实拥有这些权利，但 GDPR 第 14 条第（5）款的含义是，实际上不可能行使这些权利。

3.3 合法减损

GDPR 第 15 条（访问权）、第 17 条（删除权）和第 21 条（反对权）规定，如果处理是为了研究目的，并且行使该权利会“使研究无法进行或严重损害”研究，则可以免除生物银行的这些义务。如果生物银行试图直接援引这一减损，它可以考虑数据主体的数量和数据主体的年龄（GDPR 序言 62）。生物银行应进行数据保护影响评估，并考虑是否必须联系大量数据主体、是否拥有所有相关和最新的联系信息、成本影响以及可能对完成研究产生的影响。这是一项取决于研究的主观测试，必须记录评估结果。重要的是，它受到 GDPR 第 89 条第（1）款所要求的保障措施的约束，并在“与科学目的处理相关的保障措施和减损：GDPR 第 89 条生物银行研究分析”一章中进一步讨论。

GDPR 第 89 条第（2）款明确规定，生物银行可以减损 GDPR 第 15 条（访问权）、第 16 条（更正权）、第 18 条（限制处理权）和第 21 条（反对权）的权利，如果处理是为了研究目的，并且这些权利可能“使研究无法进行或严重损害研究目的”时，则此类减损需由法律规定。

根据 GDPR 第 89 条第（3）款，如果出于公共利益而对个人数据进行存档处理，生物银行可以减损 GDPR 第 15 条、第 16 条、第 18 条、第 19 条（通知义务）、第 20 条（数据可携权）和第 21 条。这取决于这些权利的行使，这些权利可能“使研究变得不可能或严重损害研究目的”，减损是法律规定的，并受到保障。这将适用于生物银行或永久档案馆，如欧洲基因组表型档案馆。该档案馆存档的数据将来可能会被重新分析，前提是能够证明保留符合公共利益。研究豁免的范围和适当的保障措施在“与科学目的处理相关的保障措施和减损：第 89 条生物银行研究分析”一章中进行了考虑，但在此值得注意的是研究豁免对个人权利的影响。首先，研究豁免严重限制了特定权利的实施，并且根据成员国法律中减损的措辞，可能会使其完全无法执行。其次，由于由各个成员国决定减损并决定适当保障措施的范围，数据主体权利的范围在欧盟各地将有所不同。最初在一个司法管辖区处理的数据可能会与其他司法管辖区的数据控制者共享，但这些司法管辖区对数据主体的保护可能较弱。因此，在同意过程中（当同意是处理的合法基础），数据主体的权利无法得到保障。对于所有数据的二次使用，数据主体的权利将因其地理位置而异。相同的数据将受到不同的权利和保护，这可能会导致数据主体感到困惑（当然，假设他们知道自己的数据在研究中使用），并缺乏透明度。最后，研究豁免的潜在广泛范围，意味着一旦数据主体的数据进入生物银行，他们将失去几乎所有的权利。如果援引所有可能的豁免和减损，则只有 GDPR 第 13 条保留。旨在让数据主体在使用其个人数据方面拥有更大自主权的个人权利将被潜在的广泛研究豁免所规避，因此，根据 GDPR 第 89 条的要求，建立强有力的保障和保护措施至关重要。

GDPR 第 19 条要求生物银行通知其可能共享数据的任何生物银行或研究人员有关更正（第 16 条）、删除［第 17 条第（1）款］或限制（第 18 条）

处理的信息。这样的要求有助于确保数据主体能够充分行使其权利。然而，GDPR 第 19 条也规定，如果不可能或需要不成比例的努力，生物银行没有义务遵守这一规定。同样，此类决定将根据具体情况作出，任何决定都必须记录下来并传达给数据主体，但这会限制这些权利的范围。

4 结 论

GDPR 中的个人权利旨在为数据主体的个人数据使用提供更大的自主权和控制权。然而，由于这些权利可能受到限制，它们在生物银行环境中可能受到严重限制。这些限制可能仅仅由于数据主体缺乏处理其个人数据的意识。如果数据主体不知道他们的个人数据被用于研究，他们就不太可能行使其他权利。GDPR 本身也规定了生物银行可能援引的减损，使数据主体的权利非常有限。考虑到 GDPR 的意图以及公众和参与者对生物银行信任的重要性，GDPR 第 89 条中未定义的保障措施的重要性无论怎样强调都不为过，必须保护数据主体的基本权利。国家减损（在“后 GDPR 时代的欧洲生物银行：一个蓄意打造的碎片化景观”一章中进一步讨论）可能范围广泛，引入地方豁免的能力对数据主体几乎没有明确性和透明度。书面的个人权利和研究豁免的实际含义是，一旦生物银行开始处理数据，数据主体就几乎没有任何权利。相反，他们依赖于保障措施来维护和保护其权利。最后，尽管 GDPR 旨在协调整个欧盟的数据保护，但随着研究豁免开始被援引，个人权利的保护标准将开始因司法管辖区和生物银行而异。研究人员将再次面临欧盟生物银行数据保护的不同水平。

参考文献

Article 29 Data Protection Working Party（2017）Guidelines on the right to data portability. WP 242 rev. 01.

Article 29 Data Protection Working Party（2018）Guidelines on transparency under Regulation 2016/679. WP260.

Chen H，Pang T（2015）A call for global governance of biobanks. Bull World Health Organ 93：113 – 117.

De Clercq E，Kaye J，Wolf SM，Koenig BA，Elger BS（2017）Returning results in biobank research：global trends and solutions. Genet Test Mol Biomarkers 21（3）：128－131.

Information Commissioner's Office（2018）The right to be informed. Available at https：//ico. org. uk/media/for－organisations/guide－to－the－general－data－protection－regulation－gdpr/the－right－to－be－informed－1－0. pdf. Accessed 25 March 2019.

International Bioethics Committee（2015）Report of the IBC on updating its refection on the human genome and human rights SHS/YES/IBC－22/15/2 REV. 2 Paris，2 October 2015.

Johnsson L（2013）Trust in biobank research：meaning and moral significance. Acta Universitatis Upsaliensis. Digital comprehensive summaries of Uppsala Dissertations from the Faculty of Medicine 861. 142 pp. Uppsala. ISBN 978－91－554－8585－6.

Libbrecht MW，Noble WS（2015）Machine learning applications in genetics and genomics. Nat Rev Genet 16：321－332.

Lipworth W，Morrell B，Irvine R，Kerridge I（2019）An empirical reappraisal of public trust in biobanking research：rethinking restrictive consent requirements. J Law Med 17（1）：119－132.

Melham K，Briceno Moraia L，Mitchell C，Morrison M，Teare H，Kaye J（2014）The evolution of withdrawal：negotiating research relationships in biobanking. Life Sci Soc Policy 10：16.

Pormeister K（2017）Genetic data and the research exemption：is the GDPR going too far? Pormeister Int Data Privacy Law 7（2）：137－146.

Tandy－Connor S，Guiltinan J，Krempely K，LaDuca H，Reineke P，Gutierrez S，Gray P，Tippin Davis B（2018）False－positive results released by direct－to－consumer genetic tests highlight the importance of clinical confirmation testing for appropriate patient care. Genet Med advance online publication 22 March 2018. https：//doi. org/10. 1038/gim. 2018. 38.

Williams AM，Liu Y，Regner KR，Jotterand F，Liu P，Liang M（2018）Artificial intelligence，physiological genomics，and precision medicine. Physiol Genom 50（4）：237－243.

Wolf SM，Crock BN，Brian Van Ness B，Lawrenz F，Kahn JP，Beskow LM，Cho MK，Christman MF，Green RC，Hall R，Illes J，Keane M，Knoppers BM，Koenig BA，Kohane IS，LeRoy B，Maschke KJ，McGeveran W，Ossorio P，Parker LS，Petersen GM，Richardson HS，Scott JA，Terry SF，Wilfond BS，Wolf WA（2012）Managing incidental findings and research results in genomic research involving biobanks and archived data sets. Genet Med 14（4）：361－384.

第四章

与科学目的处理相关的保障措施与减损：GDPR第89条生物银行研究分析

安妮－玛丽·杜盖特　吉恩·赫维格

摘　要：在遵守适当保障措施的情况下，根据GDPR出于科学研究目的处理个人数据将受益于与生物银行研究有关的特殊制度。一方面，在这种情况下，对个人数据的进一步处理不会与最初收集和处理数据的目的相抵触，并允许为科学研究保留更长的时间。遵守这一条件是解除在科学研究中处理特殊类别个人数据的禁令的一个条件。另一方面，遵守这一条件可以在一定程度上减损若干数据主体的权利，如访问权、更正权、限制处理权和反对处理权。

可能的保障措施包括支持数据主体行使匿名数据或（必要时）使用假名化数据权利的具体程序、任命数据保护专员、执行程序以确保向数据主体反馈研究结果、要求特定的专业认证、为生物银行研究创建一个特定的监督机构或为生物银行的研究活动创建一个具体的行为准则。

本章最后，对GDPR下的这种双重制度与2009年OECD《人体生物银行和遗传研究数据库指南》进行了对比。

1　引　言

GDPR规范个人数据的处理，并承认数据主体的主观权利，特别是它为出于科学研究目的的处理个人数据提供了特殊规则。因此，根据GDPR第89条第（1）款[1]的规定，在不影响遵守 GDPR 规定的其他规则的情况下，用于科学研究的个人数据处理必须受到数据主体权利和自由的适当保障。[2]

遵守适当保障措施的义务适用于科学研究的所有数据处理，无论是初级或次级数据处理，还是初始或进一步数据处理。

遵守这些适当的保障措施为科学研究中处理个人数据的具体制度打开了一扇大门：放宽了适用于所有数据处理的一些规则，以及成员国规定减损数据主体权利的可能性。

本章旨在掌握这一制度在科学研究数据处理方面的特殊性，并研究在生物银行领域构建这些适当的保障措施的方法。

2 生物银行中为科学研究目的处理个人数据的特殊制度

用于研究的生物银行由一系列生物材料和相关医学数据组成。所收集的生物材料是可变的：血液、尿液、组织样本、手术片、器官碎片、肿瘤等。不同性质的数据与样本相关：与受试者身份相关的数据（姓名、年龄、出生日期等），与病理学和健康状态相关的数据，与已经进行的研究结果相关的数据（生物标记的识别、对某些治疗的反应、遗传分析等）。有时，数据主体甚至不知道这些数据的存在。在公共卫生领域进行的研究是流行病学（或统计）研究和人口研究，其中需要对受试者队列进行长期监测，关于每个个体的信息应该是命名的或编码的，以避免重复。

原则上，禁止处理特殊类别的个人数据，如揭示种族或族裔出身、政治观点、宗教或哲学信仰或工会成员身份的数据、基因数据、用于唯一识别自然人的生物特征数据、健康数据或自然人性生活或性取向的数据。[3]

---

〔1〕 Compare with Articles 4. 1. b & 15. 1 of Council of Europe Recommendation CM/Rec（2019）2 of the Committee of Ministers to member States on the protection of health – related data（Adopted by the Committee of Ministers on 27 March 2019 at the 1342nd meeting of the Ministers' Deputies）.

〔2〕 See e. g. Article 5（b）for the purpose limitation principle，Article 9（i）&（j）for the regime applicable to personal data concerning health and without prejudice to the power of Member State to maintain or introduce further conditions，including limitations，with regard to the processing of genetic data，biometric data or data concerning health. On the GDPR，please consult：de Terwangne et al.（2018）；Herveg（2018b），pp. 333 – 392；Herveg and Van Gyseghem（2018），pp. 703 – 762. On the specific topic of biobank，please refer to：Herveg J（2018a）.

〔3〕 Article 9（1），GDPR.

然而，GDPR 对禁止处理特殊类别个人数据的规定有所减损，如获得数据主体的明确同意或追求重大公共利益，或出于公共卫生领域的公共利益或科学研究的原因。[4] 第 95/46/EC 号指令已经对这一禁令提出了豁免，这对生物银行活动很有用，如数据主体的明确同意或适用于生物银行活动的适当国家规定。

与数据保护指令相比，GDPR 可能被视为扩展了与健康有关的个人数据的概念。事实上，它被定义为“与自然人的身体或心理健康有关的个人数据，包括提供医疗保健服务，这些数据揭示了他或她的健康状况”[GDPR 第 4 条第（15）款]。GDPR 序言 35 精确地指出：

与健康有关的个人数据应包括与数据主体的健康状况有关的所有数据，这些数据揭示了与数据主体过去、现在或将来的身体或心理健康状况相关的信息。这包括欧洲议会和理事会第 2011/24/EU 号指令（1）中提及的在注册或提供医疗保健服务过程中收集的有关自然人的信息；分配给自然人的数字、符号或特殊信息，用于唯一识别自然人的健康目的；来自身体部位或身体物质测试或检查的信息，包括基因数据和生物样本；关于数据主体的疾病、残疾、疾病风险、病史、临床治疗或生理或生物医学状态的任何信息，这些信息独立于其来源，如来自医生或其他健康专业人员、医院、医疗设备或体外诊断测试。

此外，严格应用数据保护规则（如目的限制、数据最小化或存储限制原则）可能会被视为与某些研究活动相冲突，特别是在需要延长保质期的数据二次使用方面。例如，在收集数据时，并不总是能够确定为科学研究目的处理数据的确切目的。

然而，GDPR 序言 33 承认，应允许数据主体同意依据公认的伦理标准来处理与其相关的数据，同时，GDPR 序言 157 明确规定，在遵守欧盟法律或成员国法律规定的适当条件和保障的情况下，应解除对个人数据处理的禁令，以促进科学研究。

结合医学登记中心的信息，研究人员可以获得对心血管疾病、癌症和抑郁症等广泛疾病具有重大价值的新知识。在登记册的基础上，研究成果可以

---

[4] Article 9. 2 (a), (g), (i) & (j), GDPR.

得到加强，因为它们吸引了更多的人口。在社会科学领域，基于登记册的研究使研究人员能够获得关于失业和教育等一系列社会条件与其他生活条件长期相关性的基本知识。通过登记取得的研究成果提供了坚实、高质量的知识，可以为制定和实施以知识为基础的政策提供基础，提高多数人的生活质量，提高社会服务的效率。为了促进科学研究，研究人员可以根据欧盟或成员国法律规定的适当条件和保障措施，为科学研究目的处理个人数据。

因此，只要符合 GDPR 第 89 条第（1）款规定的适当保障措施的要求，出于科学研究目的对个人数据的进一步处理就不会与收集和处理数据的原始目的相抵触。[5]因此，进一步处理就构成了兼容的合法处理操作。[6]这意味着，为科学研究目的而进一步处理个人数据，如果没有提供充分的保障措施，则不符合 GDPR 第 89 条第（1）款规定的要求，也与收集和处理数据的原始目的不相符。由于不相符，这种处理是被禁止的（或非法的），而且在必要时，如果考虑到所有情况和适用的国家立法规定的处罚，仍朝着这个方向冒险的人将面临被起诉的风险。

同样，遵守 GDPR 第 89 条第（1）款允许将数据出于科学研究目的保留更长时间。更准确地说，数据控制者可以保留数据的时间比最初处理数据的目的所需的时间更长，但前提是，一方面，根据 GDPR 第 89 条第（1）款的规定，数据处理仅用于科学研究目的；另一方面，实施了 GDPR 要求的适当技术和组织措施，以保障数据主体的权利和自由。[7]

如前所述，遵守 GDPR 第 89 条第（1）款也可能解除对特殊类别数据的处理禁令，只要这些数据的处理是出于科学研究目的所必需的。然而，除此之外，处理必须根据欧盟法律或成员国法律授权，并且该法律基础必须与所追求的目标相称，尊重数据保护权的本质，以及规定适当和具体的措施以保障数据主体的基本权益。[8]无论如何，应当指出的是，成员国可以为处理基因、生物特征或健康相关数据保持或引入额外条件，包括限制。[9]这意味着

---

〔5〕 Article 5（1）（b），GDPR.

〔6〕 Recital 50，GDPR.

〔7〕 Article 5（1）（e），GDPR.

〔8〕 Article 9（2）（j）and recitals 52 and 53，GDPR.

〔9〕 Article 9（4），GDPR.

在这种情况下，无须得到数据受试者的同意。

关于“科学研究”的概念还有待达成一致，特别是“研究”一词有待商榷。无论如何，GDPR 将“研究”定义为健康领域的研究或评估。GDPR 序言 159 指出：

就本条例而言，出于科学研究目的处理个人数据应以广泛的方式进行解释，包括技术开发和演示、基础研究、应用研究和私人赞助的研究。此外，它还应考虑到欧盟根据《欧盟运作条约》第 179 条第（1）款实现欧洲研究区的目标。科学研究目的还应包括在公共卫生领域为公众利益而进行的研究。为了满足为科学研究目的处理个人数据的特殊性，应特别适用于在科学研究目的下发布或以其他方式披露个人数据的特定条件。如果科学研究的结果，特别是在健康背景下的科学研究结果为数据主体的利益提供了采取进一步措施的理由，则应根据这些措施适用本法规的一般规则。

3 在生物银行背景下为科学研究目的处理个人数据时对数据主体权利的减损

3.1 关于减损

遵守 GDPR 第 89 条第（1）款规定的适当保障措施的要求，也可以减损数据主体的某些权利，只要行使这些权利可能会使特定科学研究目的无法实现或严重损害该目的的实现，以及减损这些权利是实现该目的所必需的[GDPR 第 89 条第（2）款]。

这意味着成员国可以在其国内法中制定具体的方案，以减损数据主体在科学研究领域相对于数据控制者的权利。这涉及以下权利：访问权（第 15 条）、更正权（第 16 条）、限制处理权（第 18 条）和反对权（第 21 条）。这同样适用于统计目的的研究。

3.2 对信息要求的减损

GDPR 第 13 条和第 14 条规定，无论数据是否从数据主体获得，数据控制者都必须向数据主体提供信息。

当从数据主体收集数据时，数据控制者必须向他们提供以下最低限度的信息［GDPR 第 13 条第（1）款］：

（a）数据控制者及其代表（如适用）的身份和联系方式；

（b）数据保护专员的联系方式（如适用）；

（c）个人数据的处理目的及处理的法律依据；

（d）如果处理是基于第 6 条第（1）款（f）项，则数据控制者或第三方追求的合法利益；

（e）个人数据的接收者或接收者类别（如有）；

（f）在适用的情况下，数据控制者打算向第三国或国际组织转移个人数据的事实，以及欧洲数据保护委员会是否存在充分性决定，或者在第 46 条或第 47 条或第 49 条第（1）款所述的转移情况下，所涉及的适当保障措施，以及获取这些保障措施副本的方法，或可以获得这些措施的地方。

GDPR 第 13 条第（2）款要求数据控制者在必要时提供额外信息，以确保处理的公平和透明。当数据控制者计划出于收集个人数据的目的以外的其他目的进一步处理个人数据时，他们还必须向数据主体提供信息。[10] 当然，当数据主体已经拥有这些信息时，则不需要提供。[11]

但研究人员可能会从第三方收集个人数据。事实上，如前所述，只要符合 GDPR 第 89 条第（1）款规定的适当保障措施的要求，出于科学研究目的进一步处理个人数据不会与收集和处理数据的原始目的相抵触。[12] 因此，进一步处理构成了相容的合法处理操作。[13] 在这种情况下，如果处理满足 GDPR 第 89 条第（1）款规定的适当保障措施，并且在两种情况下：[14]

（1）提供此类信息将被证明是不可能的，或者将需要付出不成比例的努力，特别是为了科学研究目的而进行的处理；

（2）该义务可能导致处理目的无法实现或严重损害该处理目的实现。

在这种情况下，数据控制者将采取适当措施保护数据主体的权利、自由和合法利益，包括公开信息。

---

〔10〕 Article 13. 3，GDPR.

〔11〕 Article 13. 4，GDPR.

〔12〕 Article 5. 1（b），GDPR.

〔13〕 Recital 50，GDPR.

〔14〕 Article 14. 5（b），GDPR.

这意味着，在从第三方获得数据以进行研究的情况下，如果向数据主体提供信息被证明是不可能执行的或需要付出不成比例的努力，则可以不通知个人。

在实践中，问题是确定何时确实不可能通知数据主体。GDPR 的叙述表明，必须考虑相关人员的数量、数据主体的年龄以及将要实施的适当保障措施。[15] 例如，可以想象，如果在没有必要信息的情况下联系了太多人，就会出现这种情况。然而，虽然可以想象，个人信息可能会导致运营或财务问题，但集体信息就很容易获得，如通过新闻媒体等，至少在当地新闻媒体和公共媒体是如此。

还必须记住，通知的不可能性或不成比例的困难不能是数据控制者作出错误或可避免的选择的结果。换言之，数据控制者不能依靠其组织不善或在组织数据处理方面的错误或疏忽而豁免其通知义务。数据控制者不能故意组织数据处理，使其不可能或太难通知数据主体。因此，如果数据控制者未能收集联系方式或任何其他可以联系数据主体的信息，他就不能用这些信息来证明遵守告知数据主体义务的不可能性或不成比例的困难。数据控制者必须尊重数据保护的精神，不得试图确定他可以免于告知数据主体的情况。相反，他必须尽一切可能确保数据主体得到适当的通知。这也是隐私原则的一项要求，无论是在设计上还是在默认情况下。

此外，信息可能使数据处理所追求的目标无法实现或严重损害其实现的情况也必须是例外情况。这些理由必须详细并记录在案，其评估必须特别严格，因为它们完全违背了数据保护的基本原则，包括透明度和公平原则。再次强调，数据控制者必须尽一切可能避免逃避告知数据主体的义务。否则，数据控制者将严重违反 GDPR 规定的义务。

如果数据控制者拟为获取个人数据目的以外的其他目的进一步处理个人数据，应首先向数据主体提供有关该其他目的的信息及任何其他相关信息，以确保处理的公平和透明。[16]

---

〔15〕 Recital 62，GDPR.

〔16〕 Article 14. 2，GDPR.

3.3 对保存期限要求的减损

如前所述，遵守 GDPR 第 89 条第（1）款的情况下允许将数据保留更长时间以用于科学研究目的。更准确地说，数据控制者可以保留数据的时间比最初处理数据的目的所需的时间更长，但前提是，一方面，根据 GDPR 第 89 条第（1）款的规定，数据处理仅用于科学研究目的；另一方面，实施了 GDPR 要求的适当技术和组织措施，以保障数据主体的权利和自由。[17]

这意味着，只要这些数据的存储仅用于研究目的，数据的存储时间可能超过了实现研究所需的时间（例如，超过了特定研究项目的持续时间）。

遵守 GDPR 第 89 条第（1）款规定的适当保障措施的要求，也可以在出于科学研究目的需要处理数据时，反对数据主体的被遗忘权或删除权的主张，只要这一权利可能使目标的实现变得不可能或严重损害目标的实现。[18] 同样，数据控制者不得试图反对该权利，他们必须尽可能地使其行使成为可能。只有在万不得已的情况下，他们才可能反对。

被遗忘权或删除权是 GDPR 的一项新功能，它允许个人要求数据控制者删除与其相关的数据，而无须提供正当理由。GDPR 也规定了例外情况，其中一种适用于科学研究：

根据 GDPR 第 89 条第（1）款的规定，为了……科学……研究目的……，只要第（1）款所述的权利可能导致处理目标无法实现或严重损害该处理目标的实现。[19]

因此，数据控制者在为科学研究处理个人数据时，可能会拒绝批准删除请求，但这不是一种自由裁量权：他们必须能够证明这种删除会妨碍或严重损害其研究计划的实现。一方面，匿名或删除小组中某个人的数据本身不太可能影响研究项目；另一方面，来自不同个体的重复删除请求可能最终削弱数据集的相关性。然而，对于研究人员是否可以拒绝基于删除权删除一定数量数据的删除请求，尚不得知。

需要指出的是，即使数据控制者遵守 GDPR 第 89 条第（1）款的要求，

---

〔17〕 Article 5.1（e），GDPR.

〔18〕 Article 17.3 and recital 65，GDPR.

〔19〕 Article 17.3（d），GDPR.

数据主体仍有权出于特殊原因，反对为科学研究目的处理与其相关的数据，除非这些数据的处理是为了公共利益执行任务所必需的。[20] 在研究活动中，这一反对权不受减损，但提出请求的人必须说明理由，并说明与其特殊情况有关的理由。理论上，研究人员可以拒绝批准此类反对请求，但前提是他们所进行的处理是“为了公共利益执行任务所必需的”，这在研究活动中可能并不常见。

4 在生物银行领域为科学研究目的处理个人数据时可能采取的适当保障措施

GDPR 第 5 条第（1）款（b）项规定的目的限制要求收集的数据应用于特定、明确和合法的目的。生物银行研究中数据收集的目的是预先确定的、明确的和合法的，[21] 并符合伦理标准。

相称性和必要性原则规定，只有在确实有必要实现既定目的的情况下，才应向上游收集必要的信息。

GDPR 序言 156 解释道：

根据本法规的规定，出于科学研究目的处理个人数据应对数据主体的权利和自由进行适当保障。这些保障措施应确保技术和组织措施到位，以确保数据最小化原则。当数据控制者评估通过了处理不允许或不再允许识别数据主体的数据来实现这些目的的可行性时，可对用于科学研究目的的个人数据进行进一步处理，前提是存在适当的保障措施（如数据的假名化）。成员国应为出于科学研究目的处理个人数据提供适当的保障措施。应授权成员国在特定条件并在遵守适当保障措施的情况下，为数据主体提供关于信息要求和更正权、删除权、被遗忘权、限制处理权、数据可携权及出于公共利益、科学或历史研究目的或统计目的处理个人数据时的反对权方面的具体规定和减损。根据具体处理所寻求的目的及依据相称性和必要性原则尽量减少个人数据处理的技术和组织措施，如适当的话，有关条件和保障措施可能需要数据主体行使这些权利的具体程序。出于科学目的处理个人数据也应遵守其他相关立

---

〔20〕 Article 21. 6，GDPR.

〔21〕 See recital 33，GDPR.

法，如临床试验。

只要 GDPR 放宽了适用于为科学研究目的处理个人数据的制度，并允许成员国在某些条件下减损数据主体的权利，GDPR 第 89 条第（1）款中提到的适当保障措施应理解为因出于科学研究目的放宽数据处理规则而减少数据主体保护的补偿措施，以及对数据主体权利受到侵犯的补偿措施。

应记住，根据设计和默认保护数据的原则，数据控制者不应试图规避一般制度，而应尽可能遵守该制度。只有当这不再可能时，才应理解放宽规则和减损数据主体权利的做法。

现在仍需就 GDPR 第 89 条第（1）款规定的适当保障措施的概念达成一致意见。本条规定：

出于公共利益、科学或历史研究目的或统计目的而进行的存档处理，应根据本条例对数据主体的权利和自由采取适当的保障措施。这些保障措施应确保技术和组织措施到位，以确保遵守数据最小化原则。这些措施可以包括假名化，前提是这些目的可以通过这种方式实现。如果可以通过不识别数据主体的进一步处理来实现这些目的，则应以这种方式实现这些目的。

因此，作为适当保障措施的一个例子，我们可以提到具体程序的实施，允许数据主体对在 GDPR 范围内处理的与其相关的数据行使其权利（例如集体信息活动而不是个人信息），采取和实施技术和组织措施，将数据处理降至最低限度（根据相称性和必要性原则），并在相关情况下遵守临床试验规则。

然而，在不首先考虑进行数据保护影响评估的情况下，似乎不可能确定有助于确保数据主体权利和自由得到适当保障的措施类型，无论第 35 条是否适用（当数据处理可能对数据主体的权利和自由造成高风险时）。在第一种情况下，数据控制者必须咨询数据保护专员，有时还要咨询监管机构。该数据保护影响评估必须至少提供：[22]

（a）对设想的处理操作和处理目的的系统性描述，包括在适用的情况下，控制者追求的合法利益；

（b）对与目的相关的处理操作的必要性和相称性的评估；

---

〔22〕 For detailed insights in data protection imact assessment see Dara Hallinan ‘Biobank Oversight and Sanctions under the General Data Protection Regulation’ in this book.

（c）评估数据主体的权利和自由面临的风险；以及

（d）旨在解决风险的措施，包括保障措施、安全措施和机制，以确保对个人数据的保护，并在考虑到数据主体和其他相关人员的权利和合法利益的情况下证明遵守 GDPR 规则。

该影响评估的结果必须确定指导旨在保护数据主体权利和自由的措施，这些数据主体对在生物银行活动中进行的数据处理感到担忧。

要考虑的第一个措施是实现数据最小化原则的方法。

最小化原则在于只处理目的所必需的数据。收集研究目的无法直接证明的数据是毫无疑问的。这可能也是收集基因数据的情况。

GDPR 承认研究活动可能在一定程度上减损个人权利，但本书坚持认为，即使在这种情况下，也必须严格遵守必要性和最小化原则：

有关的条件和保障可能包括允许数据主体在适当情况下根据相关具体处理操作的目的行使这些权利的具体程序，以及旨在根据相称性和必要性原则将个人数据处理降至最低限度的技术和组织措施。

这意味着 GDPR 允许为了科学研究减损个人权利，但前提是研究人员严格遵守上游最小化原则（仅收集必要的信息，且仅在确实必要时收集）。

通常数据控制者应支持使用匿名数据。如果无法使用匿名数据进行科学研究，数据控制者必须使用编码或假名化数据。“假名化”是指以这样一种方式处理个人数据，即如果不使用额外信息，则无法将个人数据归属于某个特定的数据主体，但此类附加信息应单独保存，并采取技术和组织措施，以确保个人数据不属于已识别或可识别的自然人（GDPR 第 4 条第（5）款）。

在某种程度上，假名化数据是指那些通过使用额外信息（在这个意义上，见 GDPR 序言 26）可以归属于某个特定自然人的数据，如换算表。

显然 GDPR 鼓励研究人员至少处理假名化数据（见上文 GDPR 第 89 条第（1）款）。

GDPR 支持假名化，因为它可能会降低数据主体的风险，并帮助数据控制者和处理者履行其数据保护义务。然而，不应将使用假名化理解为排除了其他数据保护措施。[23] 换言之，假名化并不能免除 GDPR 规定的其他义务，

---

〔23〕 See recital 28，GDPR.

其实施并不意味着不应采取进一步行动。

GDPR 序言 29 补充道：

为了鼓励使用假名化处理个人数据，在允许进行一般分析时，如果同一控制者已采取必要的技术和组织措施，以确保相关处理过程遵守本条例的规定，则该控制者应采取假名化措施，并用于将个人数据归属于特定数据主体的附加信息分开保存。处理个人数据的控制者应指明同一控制者内的授权人员。

假名化是 GDPR 提倡的一项安全措施，但不应将其与匿名化（使其无法从数据中识别个人的过程）混淆。与被排除在外的匿名数据不同，假名化数据仍受 GDPR 的约束。

匿名可能是一种无须获得新同意而二次使用数据的好方法。然而，在科学研究背景下，为了使用新研究的结果来丰富数据，有必要能够识别特定数据主体。

假名化引发了几个问题：何时应该进行假名化处理（在数据收集之后或进一步处理之前），谁可能有权访问假名化密钥，去假名化又是怎样的，谁应该实现假名化（尤其是当它们是收集数据的多个来源时，谁是值得信赖的第三方）等。

如果无法使用编码或假名化数据，则数据控制者可以在某种程度上使用非编码或非假名化数据。

第二项措施是考虑任命一名数据保护专员，因为他们知道数据控制者的核心活动包括大规模处理特殊类别的个人数据，如基因数据或健康相关的数据，这是强制性的。

第三项需要考虑的措施（包括在数据保护影响评估的基础上）是充分填写处理活动的记录。例如，记录应包含是否处理假名化数据的理由、当数据主体的权利可能导致特定目的无法实现或严重影响该目的的实现时限制数据主体权利的理由，以及影响评估本身。向数据主体提供的信息也应附在记录中。

第四项有助于确保数据主体在生物银行活动框架内进行的数据处理方面的权利和自由的措施，包括研究如何实施的机制，为数据主体提供关于科学研究结果的一般或个别反馈（通过信息宣传活动，尤其是通过媒体），并将所有情况和数据保护影响评估结果考虑进去。

第五项措施可包括要求对参与科学研究活动个人数据处理的人员和负责监督其活动的人员进行特定的专业认证。

第六项措施可包括改进回应数据主体请求的程序，并考虑到生物银行的规模及其对数据主体权利和自由的影响，设立一个监督机构，负责审议生物银行运作的基本选项。

第七项措施可能包括确认数据主体拒绝参与研究的权利，以及在无正当理由的情况下随时退出的权利。[24]

最终，认证甚至制定具体的行为准则可以帮助生物银行统一其在数据保护领域的做法，并且不会忘记时刻准备接受数据保护监管机构的审查。

5 总结性思考

GDPR 定义了一个非常广泛的科学研究范围。卡特波尔梅斯特[25]认为，出于研究目的处理敏感数据的豁免允许在没有充分保证的情况下处理数据，因为豁免是指国家立法或欧盟法规。这是出于重要的公共利益，[26]大多数生物银行通常都属于这一框架范围，科学研究也是如此。[27]

事实上，GDPR 似乎已经证实了该领域以前存在的某些做法，并消除了通常根据国家法规处理健康数据的研究人员眼中可能存在的模糊性（各州之间的差异很大）。

OECD[28]于 2009 年发布了《人体生物银行和遗传研究数据库指南》（以下简称《2009 年指南》），其中列出了一些指导生物银行基因研究的原则。他们收集特别敏感的样本和数据，因为基因数据在一些欧洲国家，特别是在法国受到特殊制度的约束。这些建议不具有约束力，但可作为 OECD 成员（欧洲、北美和亚洲）的参考，这些国家的法规各异。

将 OECD《2009 年指南》中关于同意和目的变更的内容与 GDPR 的规定

---

〔24〕 See Article 15. 4 of recommendation CM/Rec（2019）2 of the Committee of Ministers on protection of data related to health, adopted on 27 March 2019.

〔25〕 Pormeister（2017）, pp. 137 – 146.

〔26〕 Article 9（2）（g）, GDPR.

〔27〕 Art 9（2）（j）, GDPR.

〔28〕 OECD 2009 Guidelines for Human Biobanks and Genetic Research Databases.

相协调是有趣的。在这方面，审查处理个人数据的目的、规范同意、二次使用和更改目的的规则以及数据保护问题至关重要。

首先，关于目的。很明显，对于 OECD 来说，人类遗传学生物银行的目的是促进科学知识进步的研究，同时尊重参与者的基本权利和隐私。操作员必须遵守文件化和透明的程序。应公布集体和一般研究成果。生物银行的目的，无论是现在还是在可预见的未来，都必须明确制定和传达。

这些目标与 GDPR 中定义的研究目标没有区别。

其次，关于同意。OECD《2009 年指南》第 4. B 段规定了自由和知情同意。然而，如果无法获得同意，则需要决策者的授权或其适当的替代者，或者是伦理委员会或主管当局根据适用于研究的法律框架授予的豁免，使得生物银行得以实施。

同意似乎不是 OECD 建立生物银行的必要先决条件，OECD 优先考虑促进生物银行的研究，而相关主体的权利是次要的，符合国家立法。

就 GDPR 而言，它在规定同意原则作为处理健康和基因数据的手段的同时，也提供了不征求受试者同意的有限条件。

再次，关于个人数据的二次使用及更改目的的规则。一些收集物和相关数据可用于样本的大规模流行病学或遗传学研究，来自不同收集模式和地点的数据将合并到一个新的数据库中。OECD《2009 年指南》第 3.1 条规定了监督同意条款的程序。如果在初次收集时获得了广泛的普遍同意，则建议建立适当的信息机制。但是，如果无法预测研究主题，则在收集时无法具体说明目的，在这种情况下，OECD《2009 年指南》第 4.6 条要求额外的保障措施，以确保对参与者的保护。

当个人医疗记录中有其他相关数据时，OECD《2009 年指南》第 5.1 条规定了访问程序和使用。原则上，除非伦理委员会或主管当局给予豁免，否则访问收集范围之外的医疗文件需要获得特定同意。

显然，OECD 通过其指南极大地促进了二次使用和交流，正如 GDPR 承认二次使用在任何情况下都是一种兼容的合法处理那样。

最后，关于数据保护。OECD《2009 年指南》第 6.1 条指定了一名数据保护和隐私专员。OECD《2009 年指南》第 6.3 条规定了具体的条款，如拒绝提供某些可再次识别数据的可能性，以及将那些可从其他数据直接识别受试者的数据与其他数据分离，特别是基因型数据。

OECD《2009 年指南》第 6.5 条提出了保护隐私和保密性的适当措施：安全存储、数据加密、样本和数据访问日志、防止未经授权访问的基础设施。

访问生物银行必须符合同意要求，请求必须附有科学和伦理上适当的研究计划（OECD《2009 年指南》第 7.B 条）。禁止第三方出于研究以外的目的访问生物银行（OECD《2009 年指南》第 7.F 条）。协议组织访问、用户签署保密（OECD《2009 年指南》第 7.5 条）或转让（OECD《2009 年指南》第 7.6 条）协议。

GDPR 第 14 条规定了未从数据主体处获得数据时应提供的信息：它涉及数据二次使用的可能性和可能的数据传输。这些信息可能会使个人在获得初步同意时反对随后的使用或转让。应事先提供明确、公正的信息。

GDPR 第 46 条授权数据传输，并提供适当的保障措施，包括具有约束力的公司规则、[29] 经批准的行为准则 [30] 或认证机制。[31]

参考文献

2009 Guidelines for Human Biobanks and Genetic Research Databases.

Article 29 Data Protection Working Party. Guidelines on consent under Regulation 2016/679. WP 259 rev. 01.

Article 29 Data Protection Working Party. Guidelines on Data Protection Officers（'DPOs'）. WP 243 rev. 01.

Article 29 Data Protection Working Party. Guidelines on Data Protection Impact Assessment（DPIA）and determining whether processing is "likely to result in a high risk" for the purposes of Regulation 2016/679. WP 248 rev. 01.

Article 29 Data Protection Working Party. Guidelines on the right to data portability. 13 December 2016 & revised on 5 April 2017. WP 242 rev. 01.

Article 29 Data Protection Working Party. Guidelines on transparency under Regulation 2016/679. 29 November 2017 & revised on 11 April 2018. WP 260 rev. 01.

Article 29 Data Protection Working Party. Opinion 03/2013 on purpose limitation. WP 203.

---

〔29〕 Article 47，GDPR.

〔30〕 Article 40，GDPR.

〔31〕 Article 42，GDPR.

Article 29 Data Protection Working Party. Opinion 05/2014 on Anonymisation Techniques. WP 216.

Article 29 Data Protection Working Party. Opinion 10/2004 on More Harmonised Information Provisions. WP 100.

Article 29 Data Protection Working Party. Opinion 15/2011 on the defnition of consent. WP 187.

Article 29 Data Protection Working Party. Opinion 4/2007 on the concept of personal data. WP 136.

Council of Europe Recommendation CM/Rec (2019) 2 of the Committee of Ministers on protection of data related to health, adopted on 27 March 2019.

de Terwangne C, Degrave E, Dusollier S, Queck R (dir.) (2018) Law, norms and freedoms in cyberspace. Droit, normes et libertés dans le cybermonde. Liber Amicorum Yves Poullet. Larcier, Bruxelles. Collection du CRIDS.

Herveg J (2018a) Data protection and Biobanks in 2018. Eur J Health Law: 515 –536.

Herveg J (2018b) Réfexions autour de la protection des données et des vulnérabilités. In: Jacquemin H, Nihoul M (coord.) Vulnérabilités et droits dans l'environnement numérique. Larcier, Buxelles. Collection de la Faculté de droit de l'UNamur, pp. 333 –392.

Herveg J, Van Gyseghem JM (2018) L'impact du Règlement général sur la protection des données dans le secteur de la santé. In: Rosier K, de Terwangne C (coord.) Le Règlement général sur la protection des données (RGPD/GDPR). Analyse approfondie. Larcier, Bruxelles. Collection du CRIDS, pp. 703 –762.

Modernised Convention for the protection of individuals with regard to automatic processing of personal data (Treaty n° 108 +).

Pormeister K (2017) Genetic data and the research exemption: is the GDPR going too far? Int Data Priv Law 7 (2): pp. 137 –146.

第五章

GDPR 视阈下的生物银行监管与制裁

达拉·哈里南

摘 要：本章深入探讨了 GDPR 中概述的与生物银行环境有关的监管与制裁机制的职能和问题。这些机制可以被视为元机制（即与实质性法律原则有关但不包含实质性法律原理的机制）协同运作，以确保生物银行遵守数据保护原则。每种机制至少在理论上概述了全面而令人印象深刻的合规架构，且都在扩大其与第 95/46 号指令相关的能力。因此，每种机制都可能对生物库和生物银行产生重大而持久的影响。然而，尽管有这种全面性特点，这些机制也不能免受批评。在为研究主体权利提供的保护标准、对与生物银行过程相关的合法利益特别是基因组研究利益的过度影响以及它们在生物银行中的实际可实施性方面，这些机制出现了一些问题。

1 引 言

监督机制和制裁机制是 GDPR 中最重要的两个机制。[1]这方面的证据可以从 2016 年年初生效、2018 年年初开始适用的 GDPR 之前和之后的数据保护

---

〔1〕 European Parliament and Council Regulation（EU）2016/679 on the protection of natural persons with regard to the processing of personal data and on the free movement of such data，and repealing Directive 95/46/EC（General Data Protection Regulation）. O. J. L119/1（2016）. This contribution asserts the applicability of the GDPR to biobanking encompasses all processing of biological samples，all associated genomic，health and lifestyle data as well as any individual level research results. See，for further clarification：Hallinan（2018），pp. 263 – 295；Hallinan and De Hert（2016），pp. 119 – 139.

合规活动中找到，包括在生物银行环境中。有些人可能会认为，这种活动的增加是由于GDPR的实质性、新颖性。[2]然而，鉴于GDPR与其前身第95/46号指令的实质相似性，这些论点很快被驳回。更可能的解释是，由于担心监管可能导致新的、严重的制裁，数据控制者合规活动增加。[3]

精明的读者可能会想，为什么这两个独立的机制属于同一种贡献。答案相对简单：它们就像盐和胡椒一样混合在一起。监督机制的作用是允许生成有关遵守GDPR的信息以及有关违反GDPR的信息。制裁机制随后发挥劝阻性威慑的作用，推动数据处理行为体实现合规，这通常是在监督机制的违规信息生成能力的支持下实现的。这两个系统协同工作，为合规服务。

监督和制裁机制并没有直接定义GDPR下生物银行公共利益的界限，也没有直接界定这一概念与其他权利和利益的关系，也没有界定允许在其服务中进行处理的条件。然而，它们以两种方式间接决定了这个概念。第一，作为确保符合GDPR实质性原则的元系统，它们是维护GDPR下生物银行公共利益的边界和相关条件的关键。第二，对监督和制裁的强调表明了立法者普遍重视对GDPR下公共利益的边界和条件进行必要性监管和控制。

考虑到上述情况，本章的结构如下。首先，本章对GDPR下与生物银行相关的监督和制裁机制的功能进行了描述性分析（分别为第2节和第3节）。其次，在描述性分析的基础上，本章对这些机制提出的问题进行了批判性分析。该批判性分析从以下三个角度识别并考虑了问题的严重性：机制对研究对象权利的负面影响，机制对研究利益的过度影响以及机制在生物银行环境中的实际可实施性（第4节）。

2 GDPR视阈下的生物银行监管

2.1 引　言

GDPR预见了与生物银行相关的广泛而复杂的监督机制。可以合理地认为，这种监督机制由事前评估、事先通知和批准、持续监督、一般监督四种

[2] See for example：Kuner（2012），pp. 1 – 2.

[3] There remains little empirical study of GDPR compliance activity. However，early work very much suggests sanctions are a driving factor in compliance efforts. See Martin et al.（2019）.

监督形式或阶段组成。GDPR 下的监督体系由几个监督机构组成，其中包括 GDPR 专门指定的机构、研究伦理委员会等国家机构和其他特殊机构如数据访问委员会。因此，本部分将首先考虑 GDPR 预见的四种监督形式或阶段，然后再考虑关键监督行为体之间的关系。

2.2　GDPR 下的事前评估

事前评估要求生物银行在参与处理之前进行数据保护影响评估。[4] 数据保护影响评估不是 GDPR 中的一般义务，而通常是生物银行的义务。GDPR 第 35 条第（3）款（b）项阐明，每当处理包括“大规模处理特殊类别的数据”时，始终需要进行数据保护影响评估。正如欧盟第 29 条数据保护工作组所澄清的那样，生物银行处理的所有个人数据，在计划整合到数据驱动的基因组研究中，将被视为敏感个人数据。[5] 反过来，似乎合理的是，大多数生物银行项目的规模，即使是相对较小的生物库项目，都已具备大规模处理此类个人数据的资格。

数据保护影响评估背后的基本原理是呈现有关数据主体权利风险的信息，从而提供一个信息库，在处理开始前提供减轻这些风险的信息库。[6] 在适用数据保护影响评估义务的情况下，GDPR 范围内的生物银行处理的各个方面都必须遵守数据保护影响评估。然而，对于一个数据保护影响评估来说，可能涵盖“一组具有类似高风险的类似处理操作”[7]。合乎逻辑的结论是，GDPR 允许将多个生物银行业务（甚至可能由多个不同的生物银行或外部研究人员操作）纳入一个数据保护影响评估。

---

〔4〕 The obligation is outlined in Article 35 of the GDPR. It is true that a DPIA is not oversight in the traditional sense—i. e. an external party checking and confirming behaviour corresponding to some standard. It is, however, so key to the information production process supporting subsequent forms of oversight it might, practically, be regarded as an aspect of oversight.

〔5〕 The Article 29 Working Party observe that all data involved in ‘medical research using big data’ —such as genomic research—will qualify as data concerning health and therefore as sensitive personal data under Article 9 (1) of the GDPR. Article 29 Working Party (2015), p. 3.

〔6〕 See, for example: Van Dijk et al. (2016), p. 289. For more on concrete data subject rights outlined in the GDPR relevant in the biobanking context, please see Ciara Staunton's contribution ‘Individual rights in biobank research under the GDPR’.

〔7〕 See Article 35 (1) GDPR.

虽然GDPR缺乏数据保护影响评估的程序和实质性细节，但概述了某些框架条件。[8]特别是，进行数据保护影响评估的生物银行必须描述处理操作，描述处理所依据的利益（如相关），评估计划处理的必要性和相称性，评估数据主体的风险规模，并详细说明为最大限度地减少已识别的风险而采取的步骤。在某些情况下（尽管具体时间尚不清楚），生物银行还必须寻求“数据主体的意见”。[9]最后，如果拟议处理过程发生任何重大变化，生物银行必须回去审查原始数据保护影响评估的持续相关性。[10]

2.3 GDPR下的事先通知和批准

事先通知和批准从时间和法律上都遵循事前评估。[11]事先通知和批准过程将涉及GDPR下的两类机构。一类是GDPR专门规定的一种机构——数据保护局。[12] 另一类机构将由欧盟成员国根据GDPR规定的确保科学研究有效保障的义务进行规定。[13] 这些国家机构通常是研究伦理委员会，但并不总是如此，或必然如此。

数据保护局事先通知和批准并不总是强制性的。事实上，它只在两种情况下才是必须的。首先，GDPR第36条第（1）款明确规定，只有当数据保护影响评估流程“表明在控制者没有采取措施减轻风险的情况下，该流程将

---

[8] See Articles 35（7）（a） - （d）for these conditions.

[9] See Article 35（9）GDPR.

[10] See Article 35（11）GDPR.

[11] See Article 36 of the GDPR.

[12] DPAs are the national authorities tasked with ensuring compliance with data protection law under the GDPR. They are given life and legal base in Article 51（1）of the GDPR. This clarifies that each State must ‘provide for one or more independent public authorities’. Whilst being national authorities, DPAs retain independence from national governments. Article 52（1）of the GDPR states：‘Each supervisory authority shall act with complete independence in performing its tasks and exercising its powers in accordance with this Regulation.’ When biobanking takes place in more than one EU Member State, multiple DPAs may be relevant. In this case, DPAs will collaborate under a specific set of rules. Article 56（1）requires one authority to be designated：‘lead supervisory authority’. This authority will be：‘the supervisory authority of the main establishment or of the single establishment of the controller’. See also：Article 29 Working Party（2016）.

[13] See the obligation, in Article 89（1）GDPR, for scientific research to be ‘subject to appropriate safeguards, in accordance with this Regulation, for the rights and freedoms of the data subject.’ See also the subsequent chapters in part Ⅲ of this book on the implementation of Article 89 by EU Member States.

导致高风险”时，才必须寻求事先批准。重要的是，正如德赫特和帕帕康斯坦蒂诺所观察到的那样，是否满足通知和批准的先决条件最终取决于生物银行（稍后将在第 2.4 节中论述），这一决定的合理性须经过事后检查和验证，以确保符合 GDPR。[14]其次，欧盟成员国明确澄清，生物银行在进行处理之前必须与数据保护局协商。[15]

当数据保护影响评估显示出高残留风险时，或者当欧盟成员国法律明确规定事先与数据保护局协商时，生物银行必须参与数据保护局的事先批准程序。该过程涉及向数据保护局提供与计划处理活动有关的所有相关信息。这些信息将特别包括有关数据保护责任（例如，数据主体权利的保护）如何在相关行为者之间分配的信息、关于处理“目的和手段”的信息、有关保障措施的信息、数据保护影响评估文件以及数据保护局特别要求的任何信息。[16]

在数据保护局对所提供的信息进行检查后，数据保护局将向生物银行发布关于拟议处理的决定。该决定应在程序开始后 8 周内作出。[17]该决定可采取三种形式：第一，如果处理没有问题，数据保护局将允许其根据数据保护影响评估的条件继续进行；第二，如果发现处理过程中存在特定的问题，数据保护局将仅允许其在特定条件下继续进行；[18]第三，如果处理存在无法弥补的问题，数据保护局将全面禁止处理。[19]

国家机构的事先通知和批准也并不总是必要的。这将取决于国家机构的事先监督是否构成成员国法律的先决条件。并非所有成员国都要求根据 GDPR 对所有或任何生物银行活动进行此类通知或批准。例如，德国系统中不存在此类全面义务。[20]这将取决于特定类型的处理是否需要国家机构的监督。例如，在英国，根据一般监督原则，某些生物银行活动可能不受特定研究伦理委员会监督：“英国国民医疗服务体系研究伦理委员会可以对研究组织

[14] De Hert and Papkonstantinou (2016), p. 192.

[15] See Article 36 (5) GDPR.

[16] See Article 36 (3) (a) – (e) for lists of types of information to be provided. Article 36 (1) (f) includes an open requirement to provide the DPA with ‘any other information requested’.

[17] See Article 36 (2) GDPR.

[18] See Article 58 (2) (d) GDPR.

[19] See Article 58 (2) (f) GDPR.

[20] Hallinan (2018), p. 191.

库的组织收集、存储和释放安排给予一般伦理批准”[21]。

在需要国家机构事先通知和监督的情况下，监督的过程和后果将取决于相关机构的章程条件以及国家法律赋予该机构的权力。例如，虽然一些研究伦理委员会事先通知和批准机制需要研究伦理委员会批准才能进行生物银行活动，但并非普遍如此。例如，爱沙尼亚生物银行研究伦理委员会的预先监督程序并非如此。根据《爱沙尼亚人类基因研究法》第 29 条第（1）款的规定，“［就处理是否进行而言］，伦理委员会的［预先］评估不具有约束力”[22]。

2.4 GDPR 视阈下的持续监督

GDPR 处理活动期间的持续监督由三种不同类型的机构执行。GDPR 具体阐述了其中两类机构：数据保护局和数据保护专员。[23] 如上所述，最终的机构类型将由欧盟成员国根据 GDPR 规定的确保科学研究有效保障的义务确定。[24] 如上所述，这些机构通常（尽管并不总是或必然）是研究伦理委员会。

原则上，没有严格要求数据保护局对所有或任何特定的生物银行活动进

---

〔21〕 https://www.hta.gov.uk/policies/information-research-tissue-banks. Accessed 4 Mar 2019.

〔22〕 Riigikogu RT I 2000 104 685 Human Genes Research Act (2000), Article 29 (1). Unoffcial English translation available at: https://www.riigiteataja.ee/en/eli/531102013003/consolide. Accessed 4 Mar 2019.

〔23〕 Ongoing oversight is outlined in Articles 39, 57 and 58 of the GDPR. A DPO is an employee of a data controller—or data processor—discussed in chapter IV, section 4, of the GDPR. Despite being an employee, the DPO is required by the GDPR to be allowed to act independently of the interests of their employer. Article 38 (3) clarifies: 'The controller and processor shall ensure that the data protection officer does not receive any instructions regarding the exercise of those tasks. He or she shall not be dismissed or penalised by the controller or the processor for performing his tasks. The data protection officer shall directly report to the highest management level of the controller or the processor.' It is true that DPOs are not a mandatory requirement for all data controllers and processors in the GDPR. However, Article 37 (1) (c) clarifies that they are obligatory whenever: 'the core activities of the controller… consist of processing on a large scale of special categories of data'. As discussed above, in Sect. 2.2, in relation to the DPIA obligation, this description will cover much biobanking activity. The obligation to employ a DPO may sound like an arduous and expensive one for many biobanking actors. In this regard, it should be noted, perhaps with a sigh of relief, that Article 37 (2) allows one DPO to be appointed to represent multiple biobanking actors. The Article specifically allows: '[a] group of undertakings [to] appoint a single data protection officer'.

〔24〕 See Article 89 (1) GDPR.

行监督。然而，GDPR 可授权数据保护局对他们看到的任何生物银行活动进行具体和详细的监督。[25] 如果处理属于 GDPR 的实质范围，那么生物银行处理的类型或任何其他类型的数据处理都不受这种形式的数据保护局监督范围的限制。然而，对于正在进行的数据保护局监督过程应该如何进行，GDPR 几乎没有提供实质性的指导。

如果数据保护局决定参与生物银行活动的监督，GDPR 将向其提供调查权力。[26] 这些权力包括命令生物银行参与者"提供［数据保护局］执行其任务所需的任何信息"的权力。[27] 如果在调查过程中发现问题，数据保护局将被赋予纠正权力。这些权力范围很广，[28] 包括命令生物银行参与者使处理符合 GDPR 的权力。[29] 数据保护局也有行政制裁权，这些将在下文第 3.3 节中讨论。

数据保护专员在持续监督方面具有双重职能。首先，数据保护专员具有与生物银行参与者相关的咨询作用。该角色要求数据保护专员"告知并建议［生物银行参与者］根据［GDPR］和其他数据保护条款所承担的义务"[30]。其次，数据保护专员通常必须参与与外部监督机构相关的活动，并监督生物银行参与者遵守 GDPR 的情况。在这方面，数据保护专员必须"监督本法规、其他欧盟或成员国数据保护条款以及［生物银行参与者］政策的遵守情况"[31]。

生物银行参与者有义务为数据保护专员开展监督活动提供所有相关支持。这项义务包括向数据保护专员提供所有必要的财务和行政支持以及信息资源和访问权限的义务。[32] 数据保护专员没有明确的权力补救他们发现的任何问题。值得注意的是，在违反监管的情况下，数据保护专员有义务在多大程度

---

〔25〕 This power is outlined in Article 57 (1) (a) GDPR, which states a DPA has the power to: 'monitor and enforce the application of this Regulation'.

〔26〕 These are outlined under Article 58 (1) GDPR.

〔27〕 See Article 58 (1) (a) GDPR.

〔28〕 See, for example, Article 58 (2) GDPR.

〔29〕 See Article 58 (2) (d) GDPR.

〔30〕 See Article 39 (1) (a) GDPR.

〔31〕 See Article 39 (1) (b) GDPR.

〔32〕 See Article 38 (2) GDPR.

上启动与外部机构尤其是数据保护局的协调和合作，目前尚不清楚。[33]

国家机构在持续监督方面将具有不同的能力。如上所述，这种变化将是由于各机构的章程和各自成员国法律赋予的权力不同所致。如上所述，成员国并不总是选择要求国家机构对生物银行活动进行持续监督。例如，《爱沙尼亚人类基因研究法》没有对爱沙尼亚生物银行的研究伦理委员会进行任何形式的持续监管。[34]

国家机构持续监督的过程和后果也将取决于有关成员国法律中的宪法条件和国家机构的权力。最重要的是，这些条件和权力将决定国家机构是否具有与数据保护局相当的主动监督能力，或者说它们是否只能对处理过程中的变化作出反应，即处理过程发生变化时，必须咨询它们关于处理操作的变化及该决定的后果。例如，虽然《英国人体组织法》第 2 部分和附表 2 中赋予了研究伦理委员会积极的监督能力，但挪威法律仅授权在生物银行处理操作发生变化后咨询研究伦理委员会。[35]

2.5 GDPR 视阈下的一般监督

与正在进行的监督程序不同，一般监督程序通常涉及生物银行活动，而不是具体的生物银行活动。[36] GDPR 预计有两类监督机构参与一般监督：数

[33] See, for example, Bergt (2018a). Art. 39, paras 17 – 20. The consequences of the resolution of this issue are likely to be significant for the role of the DPO in biobanking. In the case the DPO is eventually found to have no DPA collaboration obligation, it seems likely the DPO will become more trusted as a point of data protection reference within biobanks but will also become less trusted by external actors. If the DPO is found to have DPA collaboration obligations, it seems likely the DPO will be less trusted by biobanks as a point of data protection reference but will become more trusted by external entities.

[34] Riigikogu RT Ⅰ 2000 104 685 Human Genes Research Act (2000), Article 29. Unoffcial English translation available at: https://www.riigiteataja.ee/en/eli/531102013003/consolide. Accessed 4 Mar 2019.

[35] UK Parliament Human Tissue Act 2004 (2004), Part 2 and Schedule 2. http://www.legislation.gov.uk/ukpga/2004/30/introduction. Accessed 4 Mar 2019; Storting no. 44 Act on Medical and Health Research (2008), Article 11. Unoffcial English translation available at: http://www.ub.uio.no/ujur/ulovdata/lov-20080620-044-eng.pdf. Accessed 4 Mar 2019.

[36] The general oversight process is elaborated in Articles 57 and 70 GDPR.

据保护局和欧洲数据保护委员会。[37]

数据保护局没有义务进行一般监督。然而，他们可以选择进行一般监督，并有权“监测相关发展，只要它们对个人数据保护，特别是信息和通信技术的发展有影响”[38]。因此，数据保护局有权对生物银行业务进行一般监督，或对与生物银行部分重叠的特定类型的处理活动或技术开发进行监督。只要数据保护局的解释是合法的，数据保护局可以强制执行它们，参见下文第3.3节。

欧洲数据保护委员会也有权进行一般监督。数据保护局和欧洲数据保护委员会监督之间的关键区别在于欧洲数据保护委员会的监督是在欧盟层面上运作的。GDPR第70条第（1）款（e）项允许董事会：“应［其］成员或……委员会的要求，自行［审查］任何涉及该条例适用的问题。”结果将是指导方针或建议。[39]这些指导方针在技术上不具有约束力。然而，生物银行参与者可能很难忽视它们。正如德赫特和帕帕康斯坦蒂诺所观察到的，“这是一个强大的能够决定并执行意见的委员会”[40]。

2.6 GDPR生物银行监管生态系统中参与者的相互作用

如前文所述，GDPR视阈下的监管由GDPR组成的监督机构（最重要的

---

[37] The EDPB is the EU body tasked with providing interpretation and adaptation of the GDPR to ensure the ongoing EU level harmony and suitability of the GDPR. Its composition and function is discussed extensively in Chapter Ⅶ, section 3 GDPR.

[38] See Article 57（1）（i）GDPR.

[39] See also Article 70（1）（e）GDPR.

[40] De Hert and Papkonstantinou（2016）, p. 193. Whilst the EDPB—and its forerunner the Article 29 Working Party—have not yet adopted any guidance specifically targeted to biobanking, they have adopted numerous opinions and guidance documents touching aspects of the applicability of data protection law to biobanking. See, for example, the relevant opinions in the references section of this contribution. Whilst these documents are not always used or followed in Court of Justice of the European Union case law on data protection, they may nevertheless be regarded as significant pieces of guidance on EU data protection law. See their use in, for example: Wachter and Mittelstadt（2019）, p. 25. There are three reasons for this significance. First: the EDPB is populated by each of the national DPAs—i. e. the bodies tasked with interpreting and applying the GDPR at national level. Second: the EDPB itself has been given broad powers in interpreting and applying the Regulation to ensure EU level harmony. These powers bolster the normative power of anything the Board says, regardless of its format. Third: EDPB opinions can be issued much faster and with much greater flexibility than CJEU case－law. Accordingly, they cover many phenomena in relation to which CJEU jurisprudence is silent.

是数据保护局)，以及负责履行 GDPR 下欧盟成员国义务的国家监督机构组成。[41] 这些国家机构在形式、职能和法律构成方面存在很大的差异。最重要的参与者是研究伦理委员会，这在整个欧洲都很常见。在特定成员国的特定生物银行活动中，也可能会有特殊的合法和非合法组成的行为体加入，如数据访问委员会。[42] 鉴于欧盟的国家监督参与者缺乏同质性，虽然很难从整体上断言 GDPR 下生物银行监管生态系统中参与者之间的关系，[43] 但是，可能会有一些观察结果。

数据保护局通常比其他监督机构享有更高的法律地位。这是因为欧盟法律明确将其设为行政机关。[44] 由于欧盟法律优先于国家法律，这意味着数据保护局在法律层级上高于其他国家组成的生物银行监管机构，无论这些机构是通过法律还是其他方式设立。[45] 例如，英国数据保护局的法律地位高于英国人体组织管理局。[46] 这种法律优势的例外涉及与临床试验相关的生物银行中的研究伦理委员会。例如，《欧盟临床试验条例》第 4 条将研究伦理委员会

---

〔41〕 See Article 89 (1) GDPR.

〔42〕 Expert Group on Dealing with Ethical and Regulatory Challenges of International Biobank Research (2012), p. 43.

〔43〕 In terms of RECs: it should be noted that the form, precise oversight function and legal status of RECs will also vary between EU Member States. For example, in Estonia, they are legally obliged to play a role in the oversight of the Estonian biobank project—although not technically in oversight of other biobanks. Riigikogu Human Genes Research Act (2000), Art. 29. Unoffcial English translation: https://www.riigiteataja.ee/en/eli/531102013003/consolide. Accessed 4 Mar 2019. In the UK, their legal status in relation to biobanking is much more indirect—secured through institution requirements and executive agency decisions. In terms of other types of biobank oversight actors: in certain Member States, RECs are joined by other, sui generis bodies in biobank oversight. In the UK, for example, the Human Tissue Authority—the executive authority responsible for the oversight of the Human Tissue Act—plays a significant role. UK Parliament Human Tissue Act 2004 (2004), Arts. 13 – 15. http://www.legislation.gov.uk/ukpga/2004/30/introduction. Accessed 4 Mar 2019.

〔44〕 Indeed, their legitimacy stems not only under the GDPR but also directly—under Article 8—from the Charter of Fundamental Rights of the European Union. European Union Charter of Fundamental Rights of the European Union. O. J. C 326/02 (2012), Article 8.

〔45〕 It does, however, seem inevitable that hard cases will emerge in which national oversight entities, constituted by law as safeguards under Article 89 (1) GDPR and are better placed than DPAs—in terms of proximity to the object of biobanking oversight as well as in terms of expertise. In such cases, attempts to define hierarchical relationships will likely be difficult and counter-productive.

〔46〕 UK Parliament Human Tissue Act 2004 (2004), Arts. 13 – 15. http://www.legislation.gov.uk/ukpga/2004/30/introduction. Accessed 4 Mar 2019.

提升至欧盟级监督机构的地位。[47]

这种等级关系对于监督决策具有规范意义。在存在层级关系的情况下，如果数据保护局关于生物银行处理问题方面的决定与另一机构的决定相矛盾，则从技术上讲，数据保护局的决定优先。然而，一般来说，数据保护局确认处理是可以接受的，并不会推翻另一机构关于处理有问题的决定。这里，将采用累积逻辑。例如，如果德国数据保护局发现生物银行参与者提议的处理是可以接受的，但根据《医生职业规章制度》第 15 条第（1）款的规定，研究伦理委员会不同意，则处理不能继续。[48]

数据保护局执行的监督任务与其他国家机构执行的任务将有重叠。这种重叠首先源于某些生物银行监督机构已经承担的广泛职能。例如，研究伦理委员会传统上考虑数据隐私问题，并将根据 GDPR 继续考虑这方面的问题。[49]反过来，在许多成员国，由于缺乏对相关监督机构之间监督任务分配的正式澄清，这种重叠将加剧。从研究的角度来看，这种角色重叠可能会让人有些沮丧。然而，这并不仅仅是一个负面因素。下文第 4.3 节将讨论其优势。

数据保护局与其他监督机构之间的任务重叠和分工将如何准确运作，取决于具体情况。尽管如此，数据保护局很可能会在监督范围和手段上趋于克制。至少在英国，吉本斯根据第 95/46 号指令记录了这一点。[50]从这一角度来看，似乎没有理由认为这应该在 GDPR 下改变。人们对此可能会提出一些理由，其中两种可能性极高：基因组研究的难以获取性（至少对外行来说是这样）和数据保护局人员专业知识的局限性；数据保护局的政治性质以及他们

〔47〕 European Parliament and Council Regulation (EU) No 536/2014 on clinical trials on medicinal products for human use, and repealing Directive 2001/20/EC. O. J. L 158 (2014), Article 4.

〔48〕 Bundesärztekammer Musterberufsordnung für die in Deutschland tätigen Ärztinnen und Ärzte (1997 (updated 2018), Article 15 (1). https://www.bundesaerztekammer.de/fleadmin/user_upload/downloads/pdf-Ordner/MBO/MBO-AE.pdf. Accessed 4 Mar 2019.

〔49〕 Even if there are doubts as to their efficacy in this regard. See, for example, Dove and his observation that: 'the misalignment of data privacy laws and ethics review boards and committees is an ongoing challenge... [T] hese entities may impose higher standards of privacy protection than privacy laws require... Moreover, there is an inconsistent level or lack of privacy expertise, training, and oversight of many REC members.' Dove (2016), p. 682.

〔50〕 Gibbons (2012), pp. 74-75.

对于预规范合法和公开支持研究的厌恶。更多内容见下文第 4.3 节。

在 GDPR 下，数据保护局与其他监督机构尤其是研究伦理委员会之间的监督关系在其中一个方面特别有趣。据悉，根据第 95/46 号指令，许多研究伦理委员会已经开始通过要求生物银行和研究人员提供数据保护局授权来处理数据隐私问题。根据 GDPR 的规定，不再需要事先获得数据保护局授权。因此，这种方法将不再自动发挥作用，需要寻求新的方法。在某些不需要数据保护局监督的情况下，数据保护局、生物银行和基因组研究人员以及研究伦理委员会之间可能会形成非正式关系。而在其他情况下，研究伦理委员会只需将高级数据隐私监督流程内部化。

3 GDPR 视阈下的生物银行制裁

3.1 引　言

在生物银行参与者违反 GDPR 中概述的实质性原则的情况下，GDPR 设想了两种不同类型的制裁：责任和赔偿制裁以及行政制裁。GDPR 下的制裁机制也适用于更广泛的生物银行制裁生态系统。因此，本节将首先分别讨论 GDPR 中预见的两种制裁形式，然后再考虑它们与更广泛的生物银行制裁生态系统的关系。

3.2 责任和赔偿制裁

为了使责任和赔偿制裁[51]变得相关，必须提出投诉。这可能是通过研究对象到国家法院起诉来实现的。[52]重要的是，研究对象可以选择法院的地点。[53]他们可以在其居住国起诉，如果生物银行位于其他国家，则可以在该其他国起诉。这也可能通过研究对象授权非营利组织代表他们向国家法院提起诉讼来实现。[54]然而，只有“根据成员国法律适当组成的非营利组织……

〔51〕 Liability and compensation sanctions relevant for biobanking actors are elaborated in Articles 79, 80 and 82 GDPR.

〔52〕 See Article 79 (1) GDPR.

〔53〕 See Article 79 (2) GDPR.

〔54〕 See Article 80 (1) GDPR.

［可以］提出申诉”[55]。

如果生物银行参与者因违反 GDPR 原则而造成物质或非物质损害，则该行为人应向研究对象支付赔偿金。[56] GDPR 在序言 75 中明确列举一组非物质损害的例子作解释。与生物银行环境相关的是，赔偿可用于以下情况：“阻止数据主体对其个人数据进行控制时或非法处理敏感个人数据时。”

承认对非物质损害进行赔偿的可能性在生物银行背景下意义重大。劳里等人观察到，由于缺乏对第 95/46 号指令下这是否可行的明确性，在某些成员国（至少在英国），导致了“损害［简单地］等同于经济损失”[57]。因此，在 GDPR 之前，研究对象很难获得关于非法处理敏感个人数据方面的损害赔偿，而这正是生物银行环境中最可能发生的损害类型。

在发现应支付赔偿的情况下，GDPR 预见到过错可能会蔓延到多个生物银行参与者。在这种情况下，GDPR 赋予研究对象追究每一个有过错的参与者造成的全部损失的权力。[58] 幸运的是，GDPR 还允许任何负有完全责任的行为人通过追究其他责任行为人“与其对损害的责任部分相对应的赔偿”来弥补任何不成比例的损失。[59]

3.3　行政制裁

为了使行政制裁[60]变得相关，数据保护局必须通过以下三种方式之一启动调查。首先，数据保护局本身可能会根据其持续的监督权力开始调查，上文第 2.4 节中详细讨论了这一点。[61] 其次，研究对象可以通过向数据保护局投诉开始调查。[62] 最后，研究对象还可以委托非营利组织向数据保护局投

〔55〕 See Article 80 (1) GDPR.

〔56〕 See Article 82 (1) GDPR.

〔57〕 Laurie et al. (2014), p. 37.

〔58〕 See Article 82 (4) GDPR. '[E] ach controller or processor shall be held liable for the entire damage in order to ensure effective compensation'.

〔59〕 See Article 82 (5) GDPR.

〔60〕 Administrative sanctions relevant for biobanking actors are elaborated in Articles 57, 58, 77, 83 and 84 of the GDPR.

〔61〕 See Articles 57 (1) (a) and 58 (1) (b) GDPR.

〔62〕 See Article 57 (1) (f) GDPR.

诉。[63]在后两种情况下，数据保护局有义务调查投诉。[64]

在数据保护局调查中发现存在违反GDPR原则的情况下，他们将被赋予广泛的行政制裁权力。其中某些行政制裁权力被描述为纠正权力，这些权力已在上文第2.4节中讨论过。也许最重要的是，这包括“施加临时或最终限制，包括禁止处理”的能力。[65]然而，除这些权力外，数据保护局还有权施加行政罚款。这些罚款的数额巨大。正如怀比图尔所说，权力是“激烈的”[66]。可以说，这种权力是对GDPR所有反应的主要驱动力。

与生物银行参与者相关的罚款有两个级别。第一级：GDPR第83条第（4）款规定，对于违反某些实质性条款（例如数据控制者义务或认证义务）的相关罚款为“10000000欧元，或……高达……年营业总额的2%”[67]。第二级：GDPR第83条第（5）款规定，对于违反其他实质性条款（例如核心数据保护原则、敏感数据处理禁令和数据主体权利）的相关罚款为“20000000欧元，或……高达……年营业总额的4%”[68]。

然而，罚款不一定总是最高水平的。GDPR根据案件的具体情况为数据保护局提供了一定的回旋余地。GDPR提供了施瓦茨所说的“计算行政罚款的多因素测试”。欧洲数据保护委员会发布的指南随后对该测试进行了完善和阐明，要求数据保护局考虑侵权的严重性和意图等因素。[69]鉴于这些考虑，允许数据保护局就轻微侵权行为完全免除罚款或酌情处以罚款。[70]

3.4 生物银行制裁生态系统中的GDPR制裁机制

对于违反与欧盟成员国生物银行参与者相关的数据隐私原则的行为，有许多制裁机制。例如，根据《德国宪法》第253条或第823条对挪用生物样

---

〔63〕 See Article 80 (1) GDPR.

〔64〕 See Article 57 (1) (f) GDPR.

〔65〕 See Article 58 (2) (f) GDPR.

〔66〕 Translation by the author of ‘drastisch’. Wybitul (2016), p. 203.

〔67〕 See Articles 25 – 39 GDPR and Articles 42 and 43 GDPR respectively.

〔68〕 See Article 5 GDPR, Article 9 GDPR and Articles 13 – 20 GDPR respectively.

〔69〕 Schwartz (2013), p. 1997. See Article 83 (2) GDPR.

〔70〕 See Recital 148 and Recital 150 GDPR.

本实施的民事制裁在德国很常见，但在其他国家很少见。[71]由于欧洲各地实施的制裁和制裁机制多种多样，因此不可一概而论地确切断言 GDPR 的制裁机制将如何进入生物银行制裁生态系统。尽管如此，还是可以提出一般性意见。

尽管数据保护局有自由裁量权和各种制裁制度，但 GDPR 下的制裁旨在在整个欧盟产生协调作用。这是由于 GDPR 作为对所有欧盟成员国具有直接约束力的欧盟法律文书的性质，以及减损其制裁机制的直接能力有限。因此，成员国之间不打算有较大的偏差。这种偏差将导致成员国的数据处理条件在某些情况下优于其他成员国，从而带来“竞择法院”的风险。虽然与生物银行相比，竞择法院的危险似乎很小，但协调的基本原理仍然相关。

事实上，欧盟第 29 条数据保护工作组最近明确阐述了统一罚款的必要性。在对行政罚款的意见中，他们总结道：“［侵权］应导致实施‘同等制裁’。”[72]他们明确地将这一结论建立在以下认识的基础上：“所有成员国的同等制裁以及不同成员国监管机构之间的有效合作被视为‘防止那些阻碍个人数据在内部市场自由流动的分歧’，符合 GDPR 的核心目标之一。”[73]

无论基本协调理由如何，在某些情况下，欧盟成员国对违反 GDPR 生物银行原则的制裁仍会有所不同。有两点值得注意。首先，某些成员国的某些公共生物银行可能根本不会受到行政罚款。GDPR 阐明，成员国可以限制或排除与公共机构有关的罚款。[74]其次，在某些情况下，除 GDPR 中的规定外，还允许实施补充制裁。GDPR 阐明，成员国可以对行政罚款尚未涵盖的违反 GDPR 的行为进行制裁。[75]正如歌拉所观察到的，这包括对生物银行行为人进行刑事制裁的可能性。[76]

尽管作出了上述澄清，但目前尚不清楚成员国在多大程度上可以采取补充制裁，概述对行政罚款未涵盖的侵权行为的制裁，包括可以处理的违规类

---

〔71〕 Bundestag Bürgerliches Gesetzbuch 1896（updated 2002），Arts 253 and 283. http：//www. gesetze – im – internet. de/bgb/BJNR001950896. html#BJNR001950896BJNG000102377. Accessed 4 Mar 2019.

〔72〕 Article 29 Working Party（2017b），p. 5.

〔73〕 Ibid.

〔74〕 See Article 83（7）GDPR.

〔75〕 See Article 84 GDPR.

〔76〕 Gola（2017），Article 84，para 1.

型以及制裁的形式和程度。例如，相关条款只是简单地规定，成员国制裁必须“有效、适度和具有劝阻性”[77]。然而，关于这一概念没有共同的标准。这种变幻莫测的情况留下了相当大的回旋余地，成员国无疑会加以利用。

纵观监督和制裁机制，人们不禁钦佩它们的全面性，至少在理论上如此。事实上，当人们将其与国际和欧洲层面为生物银行概述的许多替代监督和制裁机制相比较时，这种全面性就变得十分明显。[78]尽管如此全面，但这些机制仍存在一些问题。其中最重要的将在下一节中讨论。

4 GDPR 视阈下生物银行监督和制裁机制存在的问题

4.1 引 言

监督和制裁机制的批判性分析框架可以从三个角度考虑：它们是否为数据主体权利提供了充分的保护；它们是否不成比例地影响了与生物银行过程相关的其他利益，尤其是研究利益；它们在生物银行环境中是否切实可行。从这些角度对机制进行批判性审视，可以发现一些问题。其中三个似乎特别值得讨论。[79]

4.2 问题一：数据保护影响评估义务缺乏明确性

GDPR 中有许多文本概述了数据保护影响评估的义务。不幸的是，这不足以消除生物银行环境中的不确定性。正如赖特观察到的那样，GDPR 中的规定仍然“相当粗略”。[80]这是一个实际执行的问题。

首先，数据保护影响评估的重点仍然不够明确，特别是尚不清楚数据保护影响评估是否代表了另一项符合 GDPR 的活动，或者它是否代表了一种超越 GDPR 具体实质性原则界限的努力，以识别和减轻对研究对象的所有潜在危害。[81] GDPR 的文本似乎暗示了后者，要求数据保护影响评估考虑并减轻

---

〔77〕 See Article 84 GDPR.

〔78〕 Hallinan（2018），p. 370.

〔79〕 Problems are dealt with according to the order in which the aspect of the oversight or sanction mechanism to which they relate was dealt with in the descriptive part of the contribution—parts 2 and 3.

〔80〕 Wright（2013），p. 307.

〔81〕 Hallinan and Martin（2020）.

所有“权利和自由”的风险。[82]然而，这种更广泛的方法对数据保护影响评估的行为和结果以及由此产生的法律义务的实际后果仍不清楚。[83]

其次，数据保护影响评估的方法和模式缺乏明确性。[84]在这方面，仍然存在四个重大问题。第一，数据保护影响评估可能解决的生物银行业务范围问题尚不清楚。GDPR 解释说，一个数据保护影响评估下可以有多个类似的操作，但对于不同的操作可能有多大的差异并未说明。[85]第二，用于数据保护影响评估的确切方法尚不清楚。GDPR 提供了一些指示，但这些指示远不是一种可操作的方法。[86]第三，改变处理方式的影响尚不清楚。GDPR 要求对数据保护影响评估进行审查，但对不兼容的后果保持沉默。[87]第四，为实施有效的数据保护影响评估而投入的资源问题仍未得到解决。[88]

最后，数据保护影响评估应如何与其他国家机构批准程序所需的文件相关联尚不明确。例如，将 GDPR 中数据保护影响评估的信息和程序与根据《临床试验条例》第 5 至 7 条提交研究伦理委员会批准申请的信息和程序进行比较，[89]会发现重叠非常严重，这两个过程都需要对预期的处理活动进行概述，并考虑研究对象的预期收益和风险。这两种程序都是法律上要求的，这样直截了当的回答在技术上是正确的，但很大程度上并不能令人满意，这至少可能需要低效率地使用资源。

尽管明显地存在很多问题，但我们有理由认为，数据保护影响评估义务缺乏明确性不会对生物银行产生重大影响。在此有两点很重要。其一，数据

---

〔82〕 See Article 35 (7) (c) GDPR.

〔83〕 Ibid.

〔84〕 See, for early reference to the significance of the lack of specificity of the scope of DPIAs in relation to medical research: Fears et al. (2014), p. 4.

〔85〕 See Article 35 (1) GDPR.

〔86〕 See Article 35 (7) GDPR. There are DPIA methodologies which seek to address this lack of clarity. It is, however, not certain that these are compatible with the GDPR or that the can be effectively used by biobanking actors. See, for example, Commission Nationale de l'Informatique et des Libertés (CNIL) (2015); Information Commissioner's Office (2018).

〔87〕 See Article 35 (11). Bieker et al. (2016), p. 24.

〔88〕 Wright et al. (2014), p. 10.

〔89〕 European Parliament and Council Regulation (EU) No 536/2014 on clinical trials on medicinal products for human use, and repealing Directive 2001/20/EC. O. J. L 158 (2014), Article 4.

保护影响评估本身最好被视为信息呈现过程。[90] 因此，不正确执行数据保护影响评估的实质性影响似乎很小，数据保护影响评估本身既不能确保也不能阻止遵守 GDPR。其二，数据保护影响评估义务对于所有生物银行行为体和执法行为体来说都是新颖的。因此，随着时间的推移，这一过程的不明确性（包括它与其他评估过程的关系）很可能会具体化。在那之前，数据保护局或其他国家监督机构似乎不太可能不热衷于执法。

同样，GDPR 确实有助于从内部和外部解决数据保护影响评估义务缺乏明确性的问题。就内部解决方案而言，GDPR 澄清了欧洲数据保护委员会可以采取行动阐明数据保护影响评估义务。[91] 事实上，欧洲数据保护委员会的前身欧盟第 29 条数据保护工作组已经在数据保护影响评估指南中使用了这一权力。[92] 就外部解决方案而言，GDPR 第 9 条第（4）款和第 89 条第（1）款都允许欧盟成员国制定补充条件，阐明生物银行中的数据保护影响评估义务，包括在实质过程和与其他类似过程的关系方面。[93]

4.3 问题二：缺乏寻求事先批准的义务

如前文第 2.3 节所述，监督机构的事先批准不是 GDPR 规定的义务。与国际规范相比，这代表着研究对象保护标准不足。正如下文将要讨论的，这是为研究对象权利提供保护标准的问题。

对所有基因组研究活动寻求事先批准的义务可能被视为所有有效生物银行法提供的研究对象保护的最低标准。这是有争议的，因为这项义务构成了

---

〔90〕 Gellert（2017），p. 216.

〔91〕 See Article 64（1）（a）GDPR.

〔92〕 Article 29 Working Party（2017a）. The EDPB would do well to look to the DPIA methodology developed in the context of the Datenschutz – Folgenabschätzung（DSFA）für die betriebliche und behördliche Praxis project. The goal of the project is：‘to…refine a process for implementing a DPIA…suitable for different technologies and data processing techniques…equally applicable to institutions of different sizes’. The methodology builds upon that developed by the Forum Privatheit project and appears to be the most legally comprehensive and methodologically sound available. https：//www. dsfa. eu/index. php/en/home – en/. Accessed 4 Mar 2019.

〔93〕 The wording of the article permits Member States to adopt derogations ‘including limitations’. How far this possibility to adopt limitations on the applicability of the Regulations’s provisions extends，is not clear. This would be ideally clarified as quickly as possible by the EDPB or by the CJEU.

所有生物银行相关国际文书的规范。[94]例如，《世界医学协会关于健康数据库和生物银行伦理考虑的台北宣言》第19条规定："伦理委员会必须批准数据和生物材料的使用。"

GDPR没有明确规定在进行生物银行处理之前有义务获得数据保护局的事先批准。诚然，GDPR包含了有关数据保护局事先批准生物银行处理的规定。这些规定仅在"数据保护影响评估……表明在数据控制者未采取措施的情况下处理将导致高风险时"才相关。[95]在此回顾德赫特等人的发现，是否触发该条款最终取决于生物银行参与者。[96]同样，GDPR预见到成员国有可能减损GDPR，并要求就特定类型的处理事先与数据保护局协商。[97]然而，有多少成员国将执行这一要求仍有待观察。

GDPR也没有预见到在进行生物银行处理之前有义务事先获得国家机构的批准。GDPR确实预见到在国家层面建立科学研究保障措施，这可能会转化为某些成员国让其生物银行在处理操作前有义务获得事先批准。[98]这可能是未来解决这一问题的灵丹妙药。然而，它现在并不是万能药。并非所有欧盟成员国都全面存在国家机构事先批准程序。即使有这样的事先批准程序，它们也不一定有权阻止生物银行处理的进行。对此可以回顾爱沙尼亚生物银行研究伦理委员会的决定不具约束力的例子。[99]

尽管这一问题明显很重要，但GDPR中缺乏义务的实质性后果实际上可能会降低其重要性。有两个因素很重要。第一，如上所述，GDPR要求在某

---

〔94〕 See Hallinan (2018), pp. 145 – 146 and the following instruments: Organization for Economic Co – operation and Development Guidelines on Human Biobanks and Genetic Research Databases, 2009. http: //www. oecd. org/sti/biotech/44054609. pdf. Accessed 4 Mar 2019; Council of Europe Recommendation CM/Rec (2016) 6 of the Committee of Ministers to member States on research on biological materials of human origin, 2016. Available at (2016). https: //search. coe. int/cm/Pages/result_details. aspx? ObjectId = 090000168064e8ff. Accessed 4 Mar 2019; World Medical Association Declaration of Taipei on Ethical Considerations regarding health databases and biobanks (2002 (updated 2016)). https: //www. wma. net/policies – post/wma – declaration – of – taipei – onethical – considerations – regarding – health – databases – and – biobanks/. Accessed 4 Mar 2019.

〔95〕 See Article 36 GDPR.

〔96〕 De Hert and Papkonstantinou (2016), p. 192.

〔97〕 See Article 36 (5) GDPR.

〔98〕 See Article 89 (1) GDPR.

〔99〕 According to Article 29 (1) of the Estonian Human Genes Research Act: '[the advance] assessment of the Ethics Committee is not binding [in terms of whether processing proceeds]'.

些情况下进行事先咨询，如在不确定数据保护影响评估是否充分解决了风险的情况下。第二，虽然从法律角度来看，支持国家监督机构并不意味着能够提供完美的预先批准环境的万灵药，但不应低估其普遍性和有效性。例如，虽然某些研究伦理委员会可能无权就是否可以进行生物银行处理发布具有约束力的决定，但实际上，忽视他们的决定也是非常罕见的。

同样，GDPR 确实通过内部和外部方法促进了问题的解决。就内部方法而言，毫无疑问，欧洲数据保护委员会可以发布指导意见，强调在进行生物银行处理之前需要事先获得批准。[100] 就外部方法而言，GDPR 第 9 条第（4）款、第 36 条第（5）款和第 89 条第（1）款赋予欧盟成员国就研究中敏感个人数据的处理制定补充规则的权限，以确保生物银行行为者有义务事先获得数据保护局或其他国家监督机构的批准。

4.4 问题三：行政罚款的数额

GDPR 中列出的巨额潜在行政罚款是合理的，因为需要让数据保护法在跨国互联网公司面前发挥作用。这是一个与大多数用于公共研究的生物银行完全不匹配的犯罪者形象。[101] 因此，对于此类生物银行，罚款是不成比例的。这是一个与生物银行程序相关利益产生不成比例影响的问题。

罚款金额高达 2000 万欧元或年营业总额的 4%，这一罚款规模背后的原因放在语境中是有道理的。在立法过程中，作为对跨国互联网公司违反GDPR的威慑，讨论了必要的罚款规模。[102] 某些法学家（如浮士德等人和百格特）承认，立法者在起草罚款时考虑到了这种目标犯罪者模式，罚款的规模和形

[100] Under the power to issue opinions in Article 70（1）（e）GDPR.

[101] This will also be true for many private biobanks. There are, however, certain companies building large scale biobanks with huge financial backing and operating with economic imperatives. For such biobanks, the fines seem less disproportionate. See, for example: https://www.23andme.com/about/biobanking/. Accessed 4 Mar 2019.

[102] See, for example, Jan Philipp Albrecht—EU Parliament Rapporteur for the GDPR: ‘Companies which violate the new rules must pay fines of up to four per-cent of their yearly turnover. That could be billions for the global internet companies’. Author translation of: ‘Unternehmen, die gegen die neuen Regeln verstoßen, müssen Strafen von bis zu vier Prozent ihres Jahresweltumsatzes zahlen, das können für die großen globalen Internetkonzerne Milliarden sein’. Albrecht, Jan Philipp. 2015. Starke Verbraucherrechte und mehr Wettbewerb: EU-Datenschutzreform. https://www.janalbrecht.eu/2015/12/2015-12-21-starke-verbraucherrechte-und-mehr-wettbewerb/. Accessed 4 Mar 2019.

式与欧盟垄断法中的罚款相同，该法涉及卡特尔和市场支配权的监管。[103]

然而，典型的公共生物银行参与者无法与此类犯罪者相比。那么，这种罚款应该如何相称呢？公共生物银行参与者在规模、财务影响力或目的上无法与大型互联网公司或垄断法所针对的任何组织相比。在这方面，参考一些关于欧盟生物银行金融构成的经验工作是很有启发性的，尽管这也是有限的。寨卡等人解释说，在他们的大规模调查中，只有 3% 的生物银行是私人所有的。[104]一个荒谬的立场是：欧洲生物银行罕见病网络的小型生物银行面临与谷歌同样的制裁。[105]

尽管罚款具有潜在的危害性和不成比例性，但实际上，有一些因素似乎可能会显著减少该问题对生物银行的影响，尽管巨额罚款的可能性仍将像达摩克利斯之剑一样悬在生物银行参与者的头上。如第 3. 3 节所述，数据保护局在确定罚款数量方面有很大的自由裁量权。出于多种原因，数据保护局似乎不太可能设定最高甚至接近最高数额的罚款。这样的行为除了很少相称之外，也不太可能符合数据保护局的最佳利益。数据保护局在政治化的环境中运作。按照西蒙等人的观察，他们可能没有意愿干涉具有规范合法性与公众支持的生物银行活动。[106]

同样，GDPR 和平行法也可以解决不成比例的罚款规模问题。就 GDPR 提供的解决方案而言，其第 70 条（k）项明确规定，欧洲数据保护委员会应“为监管机构起草关于适用和设置行政罚款的指导方针”。在平行法方面，GDPR 第 9 条第（4）款的灵活解释（特别允许成员国对 GDPR 中与敏感数据有关的原则进行“限制”）可能会使成员国对限制生物银行罚款规模的减损合法化。

5 结 论

本章涉及 GDPR 中概述的两个有关生物银行的关键机制：监督机制和制

---

〔103〕 Faust et al. （2016），p. 120；Bergt（2018b），Art. 83，para 2.

〔104〕 Zika et al. （2010），p. 19. http：//ipts. jrc. ec. europa. eu/publications/pub. cfm？id = 3259. Accessed 4 Mar 2019.

〔105〕 http：//www. eurobiobank. org/. Accessed 4 Mar 2019.

〔106〕 Simon et al. （2013），pp. 821 – 831.

裁机制。事实上，有争议的是，自GDPR于2016年年初生效并于2018年年初实施以来，制裁机制的规定，特别是潜在的巨额行政罚款，是推动人们对数据保护法日益关注与努力遵守的关键因素之一。

监督和制裁机制在界定GDPR下生物银行相关的公共利益概念中，或在与服务于该概念的处理相关的条件方面，没有发挥实质性作用。然而，它们在两个关键方面间接决定了这个概念。作为确保遵守GDPR中概述的实质性原则的元系统，这些机制确保尊重GDPR下公共利益的边界和附加条件。反过来，对每种机制的重视也反映了立法者对GDPR下公共利益边界和条件的监管和控制能力的普遍关注程度。

GDPR中适用于生物银行的监督机制至少在理论上是广泛的。[107]事实上，它由四种类型的监督组成。第一，事前评估，即生物银行参与者进行数据保护影响评估的必要性。第二，事先通知和批准，即某些生物银行参与者在处理前需要获得数据保护局和国家机构的批准。第三，持续监督，即生物银行参与者是否需要接受数据保护局、数据保护专员以及潜在的国家机构的调查。第四，一般监督，即数据保护局和欧洲数据保护委员会对生物银行部门发表一般意见的权力。然而，目前尚不清楚各监督机构，特别是数据保护局和国家机构，将如何协作。

参考文献

Article 29 Working Party（2015）‘health data in apps and devices’, Annex to Communication between the Article 29 Working Party and DG Connect.

Article 29 Working Party（2016）Guidelines for identifying a controller or processor's lead supervisory authority. http：//ec. europa. eu/information _ society/newsroom/image/document/2016 – 51/wp244_ en_ 40857. pdf. Accessed 4 Mar 2019.

Article 29 Working Party（2017a）Guidelines on Data Protection Impact Assessment（DPIA）and determining whether processing is "likely to result in a high risk" for the purposes of Regulation 2016/679. https：//ec. europa. eu/newsroom/article29/item – detail. cfm? item_ id

[107] Time will tell whether the legislator's presumptions as to the efficacy of the oversight mechanism will play out in practise. Moving forward, biobank oversight under the GDPR looks likely to be a fascinating subject for research.

=611236. Accessed 4 Mar 2019.

Article 29 Working Party (2017b) Guidelines on the application and setting of administrative fines for the purposes of the Regulation 2016/679. https://ec. europa. eu/newsroom/article29/itemdetail. cfm? item_ id =611237. Accessed 4 Mar 2019.

Bergt M (2018a) Art. 39: Aufgaben des Datenschutzbeauftragten. In: Kühling J, Buchner B (eds) DatenschutzGrundverordnung/BDSG. Beck, Munich, pp. 753 - 762.

Bergt M (2018b) Art. 83: Allgemeine Bedingungen für die Verhängung von Geldbußen. In: Kühling J, Buchner B (eds) Datenschutz Grundverordnung/BDSG. Beck, Munich, pp. 1122 - 1147.

Bieker F et al (2016) A process for Data Protection Impact Assessment under the European General Data Protection Regulation. In: Schiffner S et al (eds) Privacy technologies and policy. Springer, Dordrecht, pp. 21 - 38.

Commission Nationale de l'Informatique et des Libertés (CNIL) (2015) Privacy Impact Assessment: methodology (how to carry out a PIA). https://www. cnil. fr/sites/default/fles/typo/document/CNIL - PIA - 1 - Methodology. pdf. Accessed 4 Mar 2019.

De Hert P, Papkonstantinou V (2016) The new General Data Protection Regulation: still a sound system for the protection of individuals? Comput Law Secur Rev 32 (2): 179 - 194.

Dove E (2016) Biobanks, data sharing, and the drive for a global privacy governance framework. J Law Med Ethics 44 (4, part. 1): 675 - 689.

Expert Group on Dealing with Ethical and Regulatory Challenges of International Biobank Research (2012) Biobanks for Europe: a challenge for governance. https://www. coe. int/t/dg3/healthbioethic/activities/10_ biobanks/biobanks_ for_ Europe. pdf. Accessed 4 Mar 2019.

Faust S et al (2016) Milliardenbußgelder nach der DS - GVO: Ein überblick über die neuen Sanktionen bei Verstößen gegen den Datenschutz. Zeitschrift für Datenschutz 3: 120 - 125.

Fears R et al (2014) Data protection regulation and the promotion of health research: getting the balance right. Q J Med 107: 3 - 5.

Gellert R (2017) The Article 29 Working Party's Provisional Guidelines on Data Protection Impact Assessment. Eur Data Protect Law Rev 3 (2): 212 - 217.

Gibbons S (2012) Mapping the regulatory space. In: Kaye J et al (eds) Governing biobanks: understanding the interplay between law and practice. Hart Publishing, Oxford, pp. 51 - 93.

Gola P (2017) Artikel 84: Sanktionen. In: Gola P (ed) DS - GVO Datenschutz - Grundverordnung VO（EU）2016/679 Kommentar. Beck，Munich，pp. 756 – 758.

Hallinan D（2018）Feeding biobanks with genetic data：what role can the General Data Protection Regulation play in the protection of genetic privacy in research biobanking in the European Union? VUB Doctoral Thesis，Brussels.

Hallinan D，De Hert P（2016）Many have it wrong – samples do contain personal data：the data protection regulation as a superior framework to protect donor interests in biobanking and genomic research. In：Mittelstadt B，Floridi L（eds）The ethics of biomedical big data. Springer，Basel，pp. 119 – 139.

Hallinan D，Martin N（2020 Forthcoming）Fundamental Rights，the Normative Keystone of DPIA. European Data Protection Law Review.

Information Commissioner's Office（2018）Sample DPIA Template. https：//ico. org. uk/media/fororganisations/documents/1595/pia – code – of – practice. pdf. Accessed 4 Mar 2019.

Kuner C（2012）The European Commission's Proposed Data Protection Regulation：a Copernican revolution in European data protection law. Priv Secur Law Rep 11：1 – 15.

Laurie et al（2014）A review of evidence relating to harm resulting from the uses of health and biomedical data. http：//nuffeldbioethics. org/wp – content/uploads/FINAL – Report – on – Harms – Arising – from – Use – of – Health – and – Biomedical – Data – 30 – JUNE – 2014. pdf. Accessed 4 Mar 2019.

Martin N et al（2019）How data protection regulation affects startup innovation. Working Paper.

Schwartz P（2013）The EU – U. S. privacy collision：a turn to institutions and procedures. Harv Law Rev 126：1966 – 2009.

Simon C et al（2013）Active choice but not too active：public perspectives on biobank consent models. Genet Med 13（9）：821 – 831. https：//doi. org/10. 1097/GIM. 0b013e31821d2f88.

Van Dijk N et al（2016）A risk to a right? Beyond data protection risk assessments. Comput Law Secur Rev 32（2）：286 – 306.

Wachter S，Mittelstadt B（2019）A right to reasonable inferences：re – thinking data protection law in the age of inferences and big data. Columbia Bus Law Rev 2：1 – 130.

Wright D（2013）Making Privacy Impact Assessment more effective. Inf Soc 29：307 – 315.

Wright D et al（2014）A guide to surveillance impact assessment—how to identify and prioritise risks arising from surveillance systems. SAPIENT Project Deliverable 4. 4. https：//zenodo. org/record/1182874#. Wpf3RqjOXIU. Accessed 4 Mar 2019.

Wybitul T（2016）Was ändert sich mit dem neuen EU – Datenschutzrecht für Arbeitgeber und

Betriebsräte? Anpassungsbedarf bei Beschäftigtendatenschutz und Betriebsvereinbarungen. Zeitschrift für Datenschutz 5：203 –209.

Zika E et al（2010）Biobanks in Europe：prospects for harmonisation and networking. http：//ipts. jrc. ec. europa. eu/publications/pub. cfm? id =3259. Accessed 4 Mar 2019.

第三部分

国家实施

第一章

比利时适用于生物银行研究的立法及其与数据保护规则的关系概述

特奥多拉·拉洛娃　阿纳斯塔西亚·内格鲁克　洛朗·杜勒
索菲·北卡尔特　安妮莉丝·德布奎　吉恩－雅克·德雷兹
佩吉·瓦尔克　埃尔斯·吉·金特　伊莎贝尔·休斯

摘　要：本章旨在简明扼要地介绍比利时生物银行研究的复杂法律框架。在第 1 节中，笔者描述了比利时的生物银行基础设施，重点介绍了生物银行的概念。在第 2 节中，笔者概述了适用的法律框架，即 2008 年 12 月 19 日《比利时人体材料法案》及其修正案。重点关注的是自我监管的一个重要方面，即联邦药品和健康产品管理局发布的《生物银行简编》。此外，笔者还描述了其与相关数据保护规则的相互作用。第 3 节专门介绍生物银行领域的主要研究监督机构。在第 4 节中，笔者列举了"法律在语境中"的几个例子，特别讨论了与推定同意、与人体材料相关的个人数据处理以及向人体材料捐献者提供信息有关的问题。第 5 节和第 6 节阐述了 GDPR 的影响，提出了进一步研究的思路，并概述了比利时生物银行的未来可能性。

1 生物银行基础设施

1.1 什么是生物银行

《比利时人体材料法案》将生物银行定义为“为了科学研究的目的，在排除人体医学应用研究的情况下，获取、处理、存储和提供人体材料，以及在适当情况下与人体材料和捐赠者有关的数据架构”（见图 3-1-1）。[1]为科学目的开展上述活动之一就足以被视为生物银行。[2]此类架构可在经认可的医院或医学和健康科学学院内建立，也可在医院外建立，如由私人组织（如制药公司）建立。[3]法律进一步要求伦理委员会就生物银行的目标和活动发表积极意见。[4]

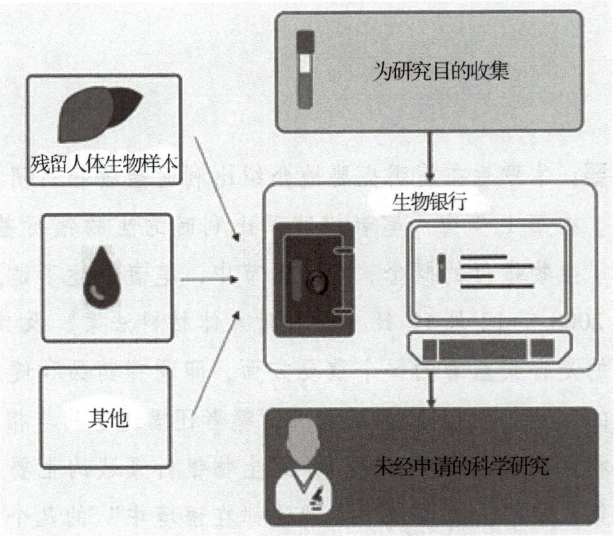

图 3-1-1 生物银行的概念：人体材料和残留人体生物样本的收集

---

〔1〕 Article 2 (27) of the Act of 19 December 2008 regarding the procurement and use of human bodily material destined for human medical applications or for scientific research applies, hereafter the Act on HBM.

〔2〕 For the sake of completeness, it must be noted that the Belgian Act on HBM defines three additional structures that collect HBM and associated data. These are the bank for HBM, the intermediate structure of HBM and the production establishment, all for therapeutic purposes, see Article 2 (24) (25) and (26). The rules for biobanks do not apply to these structures, and vice versa.

〔3〕 Sterckx and Van Assche (2011), p. 249.

〔4〕 Article 22 (1) (3) of the Act on HBM.

人体材料被定义为“任何人类生物材料，包括人体组织和细胞、配子、胚胎、胎儿以及由此衍生的物质，无论其转化程度如何，非人类来源的物质除外”[5]。

比利时大多数生物银行是在一个机构（如医院或大学）的框架内，由中央一级组织的。在这种情况下，这些医院/大学要求其研究人员使用中央生物库基础设施。然而，即使是单独的研究人员也可能被视为生物银行，必须严格地遵守适用的法律。如果他的活动正式属于比利时生物银行立法的范围，情况就会如此。[6]

生物银行经理（文献中通常被称为保管人）是比利时生物银行基础设施的中央负责机构。[7]保管人必须是符合《比利时医疗保健专业执业法》第25条规定条件的医生，或者是欧盟成员国之一的国民，有权在比利时以外的成员国行医。[8]《比利时人体材料法案》规定的保管人的权利和责任对开展生

[5] Article 2 (1) of the Act on HBM.

[6] Examples are provided in the Compendium, issued by the Federal Agency for Medicines and Health Products (FAMHP) in order to address the most pertinent questions in regards the biobank legislation. For instance, if HBM is stored by a researcher for future research and he has not concluded an agreement with a biobank for the storage of the samples, the research himself would be under an obligation to notify himself as a biobank. See the FAMHP Compendium (2018), p. 4 and 9.

[7] However, the legislation features another figure that is entrusted with responsibility vis – à – vis specific biobank activities. This is the so called ‘operator’ (‘exploitant’ or ‘uitbater’ in the French, respectively Dutch language versions of the Act on HBM). Firstly, a biobank that deals with gametes, embryos or foetuses shall be exclusively operated by the operator of an approved laboratory on research on in – vitro embryos, see Article 3 (4) (9) of the Act on HBM. Secondly, and more generally, it is required from the operator to conclude the agreement with the third persons or institutions to which HBM is made available, as established in Article 22 (2) (3) of the Act on HBM.

[8] Article 2 (28) of the Act on HBM.

物银行活动和转化生物医学研究至关重要。[9]

1.2 比利时生物银行及生物银行网络的类型

在更广泛的欧洲层面上，有许多不同类型的生物银行，其建立目的和原因各不相同。欧洲委员会发布的一份报告提供了生物银行的分类，可以翻译成比利时的情况。[10]据报告作者称，有一些生物库特征可以用来区分不同类型的生物库。其中包括规模、研究设计、采集的生物样本类型、样本采集、处理和存储方法以及疾病/研究重点。[11]因此，生物银行包括以下类型：大型生物银行、小型生物银行、基于人群的生物银行、以疾病为导向的生物银行、病例对照生物银行、人体组织生物银行、临床试验背景下的生物银行，以及其他特定的生物银行格式，如格思里试验（新生儿筛查）、脐带血或干细胞。[12]

很难对比利时的生物银行类型进行详尽的论述，因为比利时立法者尚未就此发表声明，也没有官方记录。[13]唯一的例外是在临床试验背景下创建的

---

〔9〕 Some specific responsibilities are further elaborated in the Royal Decree of 9 January 2018 on biobanks, in implementation of Article 22 of the Act of December 2008 (hereafter the Royal Decree of 9 January 2018), for instance duties to keep a register on the specific subject of the scientific research (using a predefined template) and responsibilities related to the processing of personal data in the biobank. Opinion No 45 of 19 January 2009 of the Belgian Advisory Committee on Bioethics brings attention to some of the most important custodian duties. These include, inter alia, checking whether the conditions required prior to obtaining HBM are satisfied, whether the associated personal data are limited to those required for research, and whether the data is coded or anonymized in the most suitable way. Furthermore, it is the custodian's responsibility to keep a register of the samples available and an overview of the transfer of HBM made. Finally, he or she is the one responsible for the management of the biobank and for ensuring that the biobank abides to all relevant legal rules, professional directives, and international codes of conduct. The custodian responds to supervisory authorities and to the management committee of the biobank in case a breach of the applicable rules occurs.

〔10〕 Gottweis et al. (2012).

〔11〕 Gottweis et al. (2012), p. 13.

〔12〕 Gottweis et al. (2012), pp. 15 – 16.

〔13〕 However, the Belgian Federal Agency for Medicines and Health Products (FAMHP) is currently working on publishing a list of all notified biobanks, which will shed clarity on the matter, as required by Article 22 (1) (8) of the Act on HBM. At the time of preparation of this Chapter, said list is not yet publicly available, though all historical biobanks (meaning the ones who have been conducting biobanking activities prior February 2018) had to be notified before 1 May 2019 to the FAMHP in order to legally pursue their activities.

生物银行与一般生物银行之间的区别。

在人用药品临床试验的背景下对人体材料进行的采样和操作不属于《比利时人体材料法案》规范的范围。[14]在临床试验框架内创建的生物库的规定被包含在2014年4月10日的法案中。必须注意最初在临床试验中收集的人体材料和相关数据后来被用于临床试验方案中定义的目的以外的目的的情况。在这种情况下，收集的数据和材料将属于《比利时人体材料法案》的范围。[15]

除上述内容外，还必须讨论生物银行网络的概念。该术语在立法中没有定义，但在文献中确定了一个有效的定义，并对此类网络进行了分类。生物银行网络可以被描述为“一组机构，它们自由承担在生物银行领域进行合作的承诺，（通常）共享相同的程序和质量政策，并且在服务方面得到（或可能得到）中央生物库基础设施的协助”。[16]在欧洲，生物银行和生物分子研究基础设施即BBMRI－ERIC[17]是生物银行网络的最大和最重要的例子，因为它连接了20个国家的生物银行和研究人员。[18]比利时的BBMRI－ERIC节点自2013年以来一直以BBMRI. be的名义运行。它联合了历史上建立的比利时生

〔14〕 Article 3（3）（f）of the Act on HBM. Note that this applies only to clinical trials as defined in the Act of 7 May 2004 or Regulation（EU）536/2004.

〔15〕 Article 3（3）（f）of the Act on HBM.

〔16〕 Morente et al.（2011），p. 188.

〔17〕 See also the definition provided for BBMRI－ERIC as a biobank network，namely ‘a distributed research infrastructure of biobanks and biomolecular resources，which provides［for its Member States］expertise and services（…）and facilitates access to collections of paner biobanks and biomolecular resources’，as found on http：//www. bbmri－eric. eu/faq/.

〔18〕 Most of the countries participating in BBMRI－ERIC have the status of full Member states（e. g.，Austria，Belgium，Bulgaria），while several participate as observers（e. g.，Turkey，Switzerland，Cyprus）. More information about the national nodes and contact points at http：//www. bbmri－eric. eu/national－nodes/.

物银行网络，[19]其中一个已不复存在。[20] 2013 年至 2019 年，BBMRI. be 已成为比利时生物银行的坚实合作伙伴网络，并已被证明能够接触到创始合作伙伴之外的更广泛社区。从 2019 年起，BBMRI. be 邀请所有具有转化研究潜力的比利时生物银行，以及寻求与 BBMRI. be 网络进行结构研究合作的生物银行用户加入 BBMRI. be 网络。

2 比利时生物银行研究的监管环境

2.1 生物银行的法律框架

2.1.1 2008 年 12 月 19 日《比利时人体材料法案》

《比利时人体材料法案》适用于基于人类应用或科学研究目的的人体材料和人体材料衍生的制造产品的捐赠、收集、获取、控制、处理、储存、分销

〔19〕 All historical Belgian network initiatives could be perceived to fall within the type of a catalogue network. According to literature, a catalogue network consists of a central database from which researchers can obtain information whether the participating biobanks provide access to specific HBM and associated data, see e. g., Verlinden (2015), p. 11. See also Shickle et al. (2010) for a detailed distinction between different types of biobank networks, namely storage networks, bring – and – share storage networks, catalogue networks, partnership networks, contribution networks, expertise networks, and networks in population cohorts.

〔20〕 These are the Belgian Virtual Tumourbank (BVT), Biothèque de la Fédération Wallonie – Bruxelle (BWB), and the Flemish Biobank Network (which is officially no longer in operation). The BVT is coordinated by the Belgian Cancer Registry and within it 11 hospitals (including all major Belgian university hospitals) cooperate. Within this network, a standardized set of oncological data is collected centrally in an online catalogue that can be consulted by researchers in the field of oncology to identify samples of interest for their research, see more at http://virtualtumourbank. kankerregister. org/tumourbank. aspx? url = BVT_ home. The Biothèque de la Fédération Wallonie – Bruxelle (BWB) unifies eight biobanks from the territory of the Walloon and Brussels capital regions. BWB is an inter – university collaboration platform, stated by the Université Catholique de Louvain (UCL), Université Libre de Bruxelles (ULB) and the University of Liège (ULg). At the time of preparation of this Chapter, BWB is funded by Innoviris. The BWB network has an online catalogue providing rapid access to high – quality specimens and associated medical/biomolecular data, compliant with international quality standards and regulations. See more about BWB at http://bwb. creatix. be/. Finally, the partners of the former Flemish Biobank Network are united within BBMRI. be as well. The Flemish Biobank Network was organized between the four Flemish University hospitals and five universities, and established five central biobank facilities, a harmonized quality and ethical – legal framework, and a central catalogue.

和使用。[21]

关于其属事管辖范围，《比利时人体材料法案》的规则适用于任何人类生物材料。[22]尽管存在例外情况，[23]但其适用范围仍然非常广泛。例如，所有衍生物质，无论其转化程度如何，都属于这一范围。[24]由此可见，《比利时人体材料法案》原则上也适用于DNA和蛋白质。[25]配子、胚胎和胎儿，即使在有限的范围内，也属于立法范围。[26]属事管辖权法律的广泛范围受到了该领域利益相关者的批评，因为它没有对不同类型的人体材料进行适当的细微区分，因此在所有情况下都实施了过于严格的规定。当考虑到最近关于修订《比利

[21] This act was designed to implement Directives 2004/23/EC, 2006/17/EC and 2006/86/EC, as stipulated in Article 1. 1 therein. The directives, in contrast to the Act on HBM, relate to human tissues and cells intended solely for application on humans and treatment purposes (see e. g., Article 1 of the Directive 2004/23/EC), and not for scientific research use.

[22] Article 2 (1) of the Act on HBM.

[23] Pursuant to Article 3 (3) (a) – (e) of the Act on HBM, separate legal frameworks are in force as regards organ transplantations; blood; sampling and operations with HBM for autologous use in the context of a single intervention; sampling and operations carried out for the exclusive purpose of diagnosis for the benefit of the person from whom the body material was collected, and finally, hair, nails, urine, mothers milk, tears and sweat. It should be noted, however, that the Act provides for exceptions to the exceptions. Namely, the collection, storage and making available of blood would still fall under the scope of the Act on HBM, when these activities are carried by a biobank, see Article 3 (3) (b). The same applies for the use of hair, nails and other regenerative material, when the intended purpose is scientific research, see Article 3 (3) (e).

[24] Article 2 (1) and 3 (2) of the Act on HBM. 'Transformation' is defined in the law as 'any manipulation that substantially modifies the genetic code of the cells that make up the human body material so that the material does not show a link with the donor and can no longer provide meaningful information about the health status of the donor', see Article 2 (3) (7) of the Act on HBM, as translated into English in the FAMHP Compendium (2018), p. 16. Transformation can occur only in the case that the donor of the HBM has consented to that. Human body material can be transformed if the donor has agreed to this.

[25] Verlinden (2015), p. 78.

[26] Article 3 (4) of the Act on HBM.

时人体材料法案》[27] 的提案时，就会得出这样的结论。

关于其属地管辖范围，《比利时人体材料法案》首先适用于在比利时领土上移除的人体材料，[28]但也适用于从国外进口并在比利时使用的样本。[29]

关于属人法的范围，将任何实体视为生物银行必须同时满足三个条件：（1）该实体必须执行法律中列举的一项或多项活动（获取、处理、存储和提供人体材料或相关数据）；（2）必须为科学研究目的使用人体材料；[30]（3）为了建立生物银行，该实体必须执行的活动包括获取、处理、存储和提供人

---

〔27〕 Proposal for legislation, deposited to the Belgian House of Representatives on 21 February 2019, publicly available at: http: //www. dekamer. be/FLWB/PDF/54/3589/54K3589001. pdf A critical discussion of the proposal is not within the scope of this Chapter, however in order to better elucidate the challenges that the current law poses in practice, it is of importance to bring attention to some of the changes sought. In the preamble, it is acknowledged that the current scope of the biobank rules is too strict vis – à – vis the nature of some type of HBM. Hence, it is proposed that the scope of application of the law is limited to certain key provision when it comes to some materials. Key example is the revision of the notion of 'transformed material'. The proposal introduces two new terms, namely 'artificial' and 'extracted' material, which allow for better nuancing of the nature of the HBM, see Article 3 of the Proposal. 'Artificial material' is to be understood as material that is produced outside the human body, with the main focus being on cell lines, where cells from a human donor have been replaced by 'manufactured' cells. 'Extracted' material, on the other hand, is material that has been cell or tissue extract, but no longer consists of cells, e. g. ribosomes, mitochondria, etc. The legal regime envisaged for these two types of material is less strict, as long as the material is not intended for genetic research. In all cases, however, the proposal maintains the obligation for an ethics committee check of the use of the material. Further, the proposal seeks to remedy problems of interpretation of the law. Finally, it creates a legal basis for the digital sharing of data concerning the health of the patient with the patient himself or healthcare providers, see Chapter 6 of the Proposal, that further builds up on the already existing Belgian eHealth platform, and more specifically on the so – called Personal Health Viewer, available to Belgian citizens on https: //www. masante. belgique. be/#/.

〔28〕 Verlinden (2015), p. 79.

〔29〕 The FAMHP Compendium (2018), p. 6. When that is the case, all imported samples must be registered by a Belgian biobank with which a framework agreement or a contract must be concluded.

〔30〕 Article 2 (32) defines 'scientific purposes' as 'any use of human body material with a view to development of the knowledge specific to the exercise of the health care profession as referred to in the law concerning the exercise of health care professions, coordinated on 10 May 2015'. The definition requires to treat operations with HBM with caution, as, for instance, from the moment that HBM enters into a biobank, it will no longer be available for direct clinical use, as stipulated in Article 8 (2) (1) of the Act on HBM.

体材料用于科学研究。[31]

《比利时人体材料法案》的最初文本包含了关于生物银行为研究目的获取和使用人体材料的法律规则，这些规则在 10 年内没有生效，同时进行了多次修订。首先，对 2013 年 3 月 19 日的法案进行了修改，其中包含有关健康的各种规定。其次，2014 年 4 月 10 日的法案包含了关于健康的各种规定，为在临床试验框架内创建的生物库制定了具体规则。最后，2016 年 6 月 22 日的法案对法律框架进行了进一步修改。这三项法案都计划在一项或多项皇家行政法令公布后生效。[32] 随着 2018 年 1 月 9 日《皇家法令》的通过，上述法案最终生效。[33]

最近需要关注的是 2018 年 10 月 30 日的《比利时人体材料法案修正案》。随着该法案的生效，比利时生物银行的属事管辖权的范围扩大到专门用于制成品的人体材料的捐赠、获取、控制和进口，尤其是医药产品、先进治疗药物产品[34]或医疗器械。[35] 新修正案带来的另一个重大变化是在联邦药品和健康产品管理局内设立一项新的服务，该服务应提供有关获得人体材料[36]的建议。

---

[31] Article 2 (27) of the Act on HBM. In cases where HBM is temporarily stored in the context of ongoing scientific research, such temporary storage would not require a researcher to notify himself as a biobank, on the conditions that the researcher has concluded an agreement with a biobank and that the research is conducted within a defined time frame or for a specific purpose, see the FAMHP Compendium (2018), p. 4.

[32] Article 124 of the Act of 19 March 2013, Article 139 of the Act of 10 April 2014, and Article 45 of the Act of 22 June 2016.

[33] Article 15 of the Royal Decree of 9 January 2018.

[34] Belgian legislation refers directly to the definition for advanced therapy medicinal products provided at European level, namely 'any of the following medicinal products for human use: —a gene therapy medicinal product as defined in Part Ⅳ of Annex Ⅰ to Directive 2001/83/EC, —a somatic cell therapy medicinal product as defined in Part Ⅳ of Annex Ⅰ to Directive 2001/83/EC, —a tissue engineered product', see Article 2 (1) of Regulation (EC) No 1394/2007 on advanced therapy medicinal products.

[35] Article 3 (1) of the Act on HBM as modified by Article 3 of the Act of 30 October 2018.

[36] The service is titled 'Commité d' allocation du matériel corporel humain' (CAMCH) in French and 'Allocatiecomité voor menselijk lichaamsmateriaal' (ACMLM) in Dutch, translated into English as 'Human Body Material Allocation Committee', see Article 21 (3) /1 of the Act on HBM, as amended by Article 15 of the Act of 30 October 2018.

2.1.2 2018年1月9日的《皇家法令》

《皇家法令》[37]规定了与下列有关的规则：生物库通知程序、人体材料的收集、伦理委员会的批准并向其报告、生物库登记的组织、生物银行与人体材料接收者之间的协议内容等。

2.1.3 联邦药品和健康产品管理局发布的《生物银行简编》

《生物银行简编》是一种自我规范，[38]旨在明确如何解释和实施复杂的法律要求体系。在编写期间，联邦药品和健康产品管理局征求了相关利益攸关方的意见，即学术和工业生物银行、伦理委员会和司法专家代表的意见。通过对47个综合问题的回答，该文件涵盖了广泛的主题，如生物银行立法的范围、同意、通知程序、人体材料的转换、可追溯性和匿名化、伦理委员会。

2.1.4 比利时数据保护立法

当涉及生物银行活动时，必须始终考虑数据保护立法，原因在于获取相关数据[39]对于大多数生物医学研究的正确进行至关重要。对此类数据的有限访问可能导致研究结果缺乏再现性和被曲解的风险。[40]

2.1.5 "关联数据"作为个人数据

比利时隐私委员会[41]提请注意，即每次对人体材料进行处理时，都必须提供捐献者的一些特征信息。[42]这符合《比利时人体材料法案》第2条第

〔37〕 The Royal Decree of 9 January 2018 on biobanks in implementation of Article 22 of the Act of 19 on HBM, entered into force on 01. 11. 2018.

〔38〕 To be taken as meaning that the relevant stakeholders have voluntarily committed to abide by the guidelines as established in the document.

〔39〕 Associated data includes data related to the donor, such as demographic data, e. g. age and gender, or data on previous diseases or family history, and data about the quality characteristics of the HBM, see Verlinden (2015), p. 4. However, it should be born in mind that personal data is not only collected upon procurement of HBM, but it can also be generated when samples are being processed. Pursuant to Recital 35 of the GDPR, 'personal data concerning health should include (...) information derived from the testing or examination of a body pa or bodily substance, including from genetic data and biological samples'. This brings another layer of complexity to the matter of associated data (as the new generated personal data necessarily will always fall within the special categories of data provided for in the GDPR). Hence, the crucial importance of taking into consideration data protection legislation when conducting biobank activities.

〔40〕 Verlinden (2015), p. 4.

〔41〕 Operating as the Belgian Data Protection Authority since 25 May 2018, as reformed by a law of 16 November 2017 and.

〔42〕 Opinion No 10/2009.

(27)款的规定，即在法律范围内，还“酌情提供与人体材料和捐赠者相关的数据”。比利时生物银行立法涉及个人数据，尽管它未对该术语本身作出定义。然而，比利时隐私委员会进一步规定，根据1992年12月8日关于保护隐私的法案第7条的规定，捐赠者的此类生物和医学特征（相关数据）必须被视为与捐赠者健康有关的个人数据。[43]

2.1.6 2018年7月30日法案

1992年12月8日法案被2018年7月30日法案所取代。[44]可以说，比利时隐私委员会过去发布的权威指南也适用于新的立法。

2018年7月30日法案规定，GDPR中的定义直接适用。[45]因此，诸如“个人数据”“数据控制者”“数据处理者”等核心概念，或者在生物银行背景下，“健康相关数据”和“基因数据”，应按照GDPR中的定义来理解。[46]

2.1.7 比利时数据保护和生物银行规则之间的相互作用

除上述提及的个人数据外，比利时生物银行立法还基于以下几个其他理由规定了其与数据保护规则的相互作用。

第一，生物银行研究背景下的数据控制者和数据主体：生物银行框架内处理个人数据的责任分配给生物银行保管人。[47]从逻辑上讲，数据主体是人体材料的捐赠者。[48]

第二，处理活动记录：一方面，2018年7月30日法案第191条列出了在出于科学目的处理数据的情况下，数据控制者应将额外元素添加到处理活动记录中。除此列表外，立法没有为该记录提供任何进一步的指导或模板。另一方面，《比利时人体材料法案》规定，生物银行应保存一份“登记册”，其中包含有关存储人体材料的性质、来源和目的地的信息，[49]2018年1月9日的《皇家法令》提供了此类登记册的模板。这两种记录互为补充，缺乏统一

---

[43] Opinion No 10/2009.

[44] Act of 30 July 2018 on the protection of natural persons with regard to the processing of personal data, which implements the EU General Data Protection Regulation (GDPR).

[45] Article 5 of the Act of 30 July.

[46] See Articles 4 (1), 4 (7), 4 (8), 4 (13), and 4 (15) of the GDPR.

[47] Article 11 (3) of the Royal Decree of 9 January 2018.

[48] Verlinden (2015), p. 85.

[49] Article 22 (2) of the Act on HBM.

的格式可能会给数据管理员或生物银行保管人带来额外的负担。

第三，存储期：个人数据的最长存储期为人体材料获取后 50 年。[50]

第四，个人数据的可追溯性与识别：[51] 可追溯性是生物银行的一个重要概念。它包括生物银行流程的任何阶段，从获取到分发使用或销毁，定位和识别人体材料及其相关个人数据的能力。[52] 关于从活体捐赠者获得的人体材料，可追溯性取决于捐赠者或人体材料合法获取许可人的同意。[53] 对于从患者身上获得的残留人体材料，可以由几个人来确定材料是否可追溯，法律以有限的方式对其进行了规定，包括生物银行保管人。[54] 因此，此类人体材料是根据推定（非明确）同意程序收集的。由于可追溯性必然与个人数据的处理相关，因此所讨论的条款也会影响捐赠者对其隐私的控制程度。[55]

第五，个人数据的进一步处理：根据 2018 年 7 月 30 日法案第 194 条的规定，如果未从数据主体处收集个人数据，数据控制者应与原数据控制者签订协议。第 195 条列出了协议的基本要素：原数据控制者和进一步处理数据控制者的联系方式；在某些数据主体的权利（访问权、更正权、限制处理权和反对权）被减损的情况下，行使这些权利可能会使进一步处理的目的无法实现或严重阻碍其实现。

这些规则与《比利时人体材料法案》第 21 条第（1）款、第 22 条第（2）款和第（3）款以及 2018 年 1 月 9 日的《皇家法令》第 10 条直接相关。根据这些规定，生物银行对人体材料的每项规定，无论人体材料是转移给另

[50] Article 22 (8) of the Act on HBM. This provision of Belgian law is directly related to the principle of storage limitation, as established in Article 5 (e) of the GDPR. However, the Act on HBM does not contradict the principle of storage limitation, as it benefits from the exception provided for personal data processed solely for scientific research.

[51] Article 22 (9) of the Act on HBM establishes that the rules on traceability and identification of the donor (outlined in Article 22 (37)) are to be further worked out in a Royal Decree, with the aim of guaranteeing data protection in accordance with the applicable Privacy legislation. The relevant Royal Decree was finally adopted in 2018, hence at the current moment they are enforceable.

[52] Article 2 (23) of the Act on HBM.

[53] Article 22 (4) (1) of the Act on HBM.

[54] Article 22 (4) (2) of the Act on HBM.

[55] Moreover, regard shall be held of Article 11 of the GDPR, according to which ‘if the purposes for which a controller processes personal data no longer require the identification of a data subject by the controller, the controller shall not be obliged to maintain, acquire or process additional information in order to identify the data subject for the sole purpose of complying’ with the GDPR.

一个生物银行还是第三方，都应与接收材料的个人或机构签订书面协议。该协议应规定接收材料的实体对捐赠者个人数据的可能处理方式。[56] 生物银行立法要求此类协议包含比数据保护规则中规定的内容更多的内容。例如，提供人体材料的科学研究主题；确保可追溯性的责任；在个人数据也被传达的情况下，要采取的适当技术和组织措施的说明；捐赠者同意书的编码副本。

第六，2018 年 1 月 9 日的《皇家法令》第 11 条明确禁止向第三方传输个人数据，但允许在生物银行之间传输。

在实际执行上述规定方面仍然存在问题。例如，比利时现行的数据保护立法缺乏对个人数据传输过程中应采取的适当技术和组织措施的详细说明。

2.2 样品采集程序

2.2.1 理论上

《比利时人体材料法案》规定了样本采集程序。为了科学研究的特定目的而移除人体材料是被允许的。[57] 目的应具体、准确且与科学研究相关。

同样，应再次注意，相关数据尤其是个人数据是与样本一起收集的。因此，在人体材料获取背景下，数据保护规则也适用。根据 GDPR 第 5 条第（1）款（b）项规定的目的限制原则，个人数据必须用于“具体、明确及合法目的”。因此，目的限制原则符合《比利时人体材料法案》中关于样本获取的条件。然而，与《比利时人体材料法案》相比，只要提供伦理监督，GDPR 允许对研究进行广泛同意。GDPR 序言 33 规定：“在收集数据时，通常不可能完全确定处理个人数据的目的是否出于科学研究目的。因此，在符合公认的科学研究伦理标准的情况下，应允许数据主体同意某些科学研究领域。”

第一，知情同意。样本采集程序中的一个核心要求是获得知情同意。[58] 同意也是有效处理相关个人数据的可能法律依据之一。[59] 根据生物银行立法的规定，应在不影响适用数据保护规则的情况下，对生物银行研究给予知情

---

〔56〕 Article 22（2）（3）of the Act on HBM.

〔57〕 Article 8（1）（1）（1）of the Act on HBM.

〔58〕 Article 10（1）of the Act on HBM stipulates that as a general principle ‘the removal of human body material from a living person can only be carried out on an adult donor（…）who has previously consented thereto in accordance with the provisions of Article 10（5）’.

〔59〕 As stipulated in Article 6.1（a）, read in conjunction with Article 9（2）（a）of the GDPR.

同意。[60]根据《比利时人体材料法案》，捐赠者对生物银行研究的同意必须以知情、有意识和自由的方式作出，并且必须书面、注明日期并签字。[61]

第二，GDPR和生物银行规则间一个有趣的相似之处就是撤回权。《比利时人体材料法案》规定，在人体材料被处理之前，数据主体有权随时撤回同意。《哈佛商学院法案》规定，在哈佛商学院获得任何行动之前，可以随时撤回同意。[62]无须激励撤回同意。在文献中，这种撤回权被认为是极具象征性的，因为一旦保管人存储或处理人体材料，捐赠者就会丧失这种权利。[63] GDPR也规定了撤回同意的权利，[64]这一权利比《比利时人体材料法案》的规定具有相对更大的影响力。因此，数据主体可以随时撤回对处理相关数据的同意。如果这样做，就意味着保管人必须删除所有处理过的数据，除非可以基于其他法律理由处理这些数据。然而，GDPR规定的撤回权并不影响撤回前处理的合法性。

第三，人体材料的主要使用和二次使用的区别。与比利时生物银行法律框架有关的另一个重要考虑因素是人体材料的主要使用和二次使用的区别。主要使用被定义为“捐赠者在收集过程中明确同意的任何人体材料的使用”[65]，而二次使用是“除捐赠者在收集过程中明确同意以外的任何人体材料的使用”[66]。在《比利时人体材料法案》第20条第（1）款中，二次使用人体材料需要获得知情和明确的同意。然而，根据同一条款的规定，在无法寻求同意或这种请求特别不合适的情况下，伦理委员会的积极意见足以允许收集样本。

第四，剩余人体材料的使用。剩余人体材料是指为“捐献者的诊断或治疗而收集的材料，在根据新的科学数据为建立、完善或完成捐献者的诊断和治疗而储存了足够的相关部分后，这些材料在这些目的方面是多余的，因此

---

〔60〕 See Article 10（7）of the Act on HBM.

〔61〕 Article 10（5）of the Act on HBM.

〔62〕 Article 10（5）（4） of the Act on HBM.

〔63〕 See Verlinden（2015），p. 81 and Panis and Van Gelder（2008）.

〔64〕 Article 7（3）of the GDPR.

〔65〕 Article 2（29）of the Act on HBM.

〔66〕 Article 2（30）of the Act on HBM.

可能被销毁"[67]。对于剩余的人体材料，除非在对材料进行任何处理之前，捐赠者宣布拒绝，否则应推定同意。[68]拒绝必须向《比利时人体材料法案》第4条第（1）款中所述的医学专家或采集样本的医院的首席医疗官提出。

第五，谁获得同意。负责获得同意的人必须是医学专家。[69]

第六，从未成年人和无行为能力人身上采集样本。《比利时人体材料法案》规定，只有在采集样本不会对捐赠者造成严重后果并移除涉及再生细胞和组织的情况下，或在出于自身目的进行移除的情况下，才有可能从未成年人或无行为能力人身上采集人体材料（定义见《比利时民法典》第492条）。[70]根据2002年8月22日《比利时患者权利法案》的规定，这需要获得知情同意，并应由捐赠者的代表给予。

第七，从患者身上采集样本。《比利时人体材料法案》规定，1986年6月13日《人体器官摘除和移植法案》第10至14条中确立的一项推定原则也适用于研究生物银行。[71]根据相关规定，任何在比利时居住6个月的人，在死后都被推定同意采集其样本，除非他表达了反对意见[72]（口头或书面反对，与市政当局、他们的全科医生或通过 MaSante. Belgique. be 在线反对）。这被称为"选择退出"机制。2020年2月9日颁布的一项新皇家法令进一步详细规定了有关尸检人体材料和器官的遗嘱声明登记规则。该法令于2020年7月1日生效。有趣的是第11条，该条引入了一个敏感化步骤。也就是说，在达到成年年龄前一个月，所有人都会收到一封信，告知他们可以选择退出机制，以及他们选择退出或明确选择加入的权利。这项法律的未来后果无法预测。人们可能会认为新一代人将更加了解这种选择退出机制。然而，如果公众在认知结构上不了解这些规定，就可能会在获取人体材料进行研究方面造成另

---

[67] Article 2 (33) of the Act on HBM.

[68] Article 20 (2) (1) of the Act on HBM.

[69] Article 10 (5) (6) of the Act on HBM.

[70] Article 10 (3) of the Act on HBM.

[71] Article 12 of the Act on HBM.

[72] Soon after the adoption of the Act on HBM, the logic of the Belgian legislator in constructing the cited rule was heavily criticized in literature. For example, Sterckx and Van Assche discuss the illegitimacy of extrapolation of presumed consent for uses of HBM for therapeutic purposes to consent for research uses (see Sterckx and Van Assche 2011). However, at the present moment presumed consent has become accepted in practice.

一个障碍。它们的关键在于开展政府尚未预见到的信息宣传活动。

第八，无（商业）利益规则。《比利时人体材料法案》禁止以任何经济或物质利益换取人体材料的捐赠。[73] 捐赠者只能获得捐赠直接导致的成本或收入损失的补偿。[74]

第九，谁有权删除样本。《皇家法令》第2条列出了有权实际获得人体材料的卫生专业人员类别。这些人包括医生、牙医、护士、助产士、药剂师和被授权进行临床生物学分析的化学科学持牌人或硕士，最后是专业头衔“医学实验室技术员”的持有者。只要保证环境健康、安全和谨慎，从活体捐献者处收集人体材料可能发生在医院外。[75]

2.2.2 实践中

一般来说，生物银行和科研机构会严格遵守上述规则。使用剩余人体材料依赖于推定同意的情况尚未普遍。由于需要明确适用的规定，对于剩余人体材料，通常也会要求明确同意，因为在大多数情况下，此类材料不是匿名的。

此外，可以说，匿名化本身只有在捐赠者同意的情况下才有可能，原因在于《比利时人体材料法案》第11条的规定。根据该条的规定，如果在对可追踪的人体材料进行处理期间产生了有关捐赠者健康状况的重要信息，则生物银行就有义务将这一发现告知捐赠者。

当为次要目的获取人体材料时，实践表明，在大多数情况下，不可能获得捐赠者的同意，或者寻求同意是非常不合适的。

3 生物银行研究监管

3.1 一般说明

在比利时，除比利时数据保护监管局外，生物银行领域的研究监督由三个主要机构提供。根据2018年7月30日法案的要求，这些机构是伦理委员会、联邦药品和健康产品管理局、数据保护专员。

---

〔73〕 Article 6 of the Act on HBM.

〔74〕 As confirmed by the FAMHP Compendium (2018), p. 38.

〔75〕 FAMHP Compendium (2018), p. 29.

3.2 伦理委员会

建立一个已通报的生物银行需要伦理委员会的积极意见。[76]根据《比利时人体材料法案》第22条第（1）款和第（3）款的规定，此类意见只能由具有完全权限的伦理委员会做出。[77]

一旦根据生物银行的总体目标和活动获得了积极的伦理意见，生物银行也可以将其作为涵盖特定项目的批准。[78]因此，生物银行可以减轻为每次新获取人体材料[79]寻求伦理建议的负担。

此外，在人体材料的任何二次使用之前，伦理委员会必须提供有利的意见。[80]伦理委员会决定二次使用的相关性及其目的、向捐赠者提供信息的充分性，以及捐赠者同意的充分具体性和范围。[81]

在无法获得捐赠者同意的情况下，或在此类请求特别不合适的情况下，伦理委员会的积极意见足以允许收集人体材料。如果出现这种情况，伦理委员会也有责任评估获得捐赠者同意是否看起来不可能或特别不合适。[82]

3.3 联邦药品和健康产品管理局

比利时的所有生物银行都必须向联邦药品和健康产品管理局提交其活动

---

〔76〕 Crucial role is in this respect is played by the Belgian Association of Research Ethics Committees (BAREC). Among its objectives is the provision of support to Belgian ethics committees involved in health care. See more at http://barec.be/index.htm.

In addition, note that an exception from the general rule exists for biobanks created in the framework of a clinical trial. In such cases, the ethics approval given as regard the clinical trial as a whole is also considered sufficient for the valid establishment of biobank activities. See Article 22 (1) (6) of the Act on HBM.

〔77〕 In accordance with the Act of 7 May 2004 relating to experiments on humans. For a list of all 25 recognized ethics committees in Belgium, see here https://www.famhp.be/sites/default/flies/content/lijst_ ecs_ -_ liste_ ce_ 4.pdf.

〔78〕 Article 22 (1) (3), (4), and (5) of the Act on HBM.

〔79〕 Note, however, that the usage of HBM by academic or industrial end - users is still subject to approval by a local ethics committee.

〔80〕 Article 21 (1) of the Act on HBM.

〔81〕 Article 21 (3) of the Act on HBM.

〔82〕 Article 21 (3) (3) of the Act on HBM.

通知（见图 3－1－2）。[83]

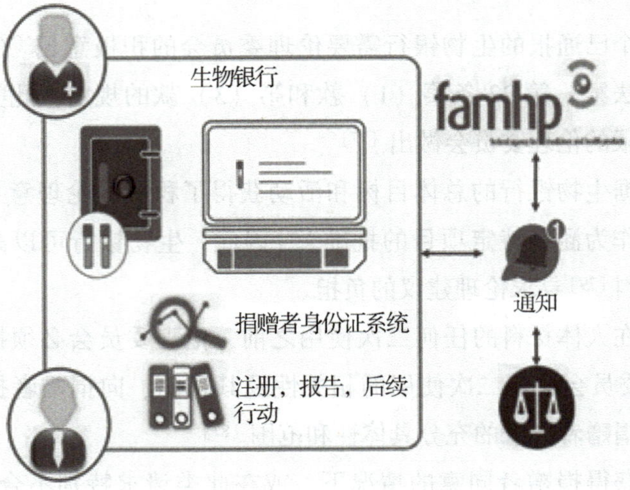

图 3－1－2　通知义务

对于在《皇家法令》生效之前已经运行的生物银行（意味着样本已经在2018 年 11 月之前采集），通知程序必须经过 6 个月的宽限期后于 2019 年 5 月 1 日之前完成。

对于所有新的生物银行，必须在开始任何样本采集之前进行通知。

3.4　数据保护专员

GDPR 第 37 条第（1）款规定，如果数据控制者或处理者的核心活动包括根据 GDPR 第 9 条大规模处理特殊类别的数据（基因数据、生物特征数据和健康相关数据），则应指定一名数据保护专员。考虑到生物银行活动和人体材料及其相关数据的敏感性，可以得出结论，大多数生物银行必须任命此类数据保护专员。可以认为，数据保护专员在生物银行研究的监督中发挥着关键作用。

数据保护专员的任命必须基于其专业素质，尤其是数据保护法律和实践

[83] Article 22 (1) of the Act on HBM and Article 3 of the Royal Decree. An exception to this rule exists for biobanks that are created in the framework of a clinical trial. In such cases, the approval of the clinical trial itself by the FAMHP replaces the requirement to notify the establishment of the biobank, see Article 22 (1) (2) of the Act on HBM.

方面的专业知识。[84]数据保护专员的任务包括：通知和建议数据控制者或处理者以及执行处理的人员根据 GDPR 和其他相关国家规定承担义务，监测欧盟和相关国家对数据保护规定以及生物银行内部政策的遵守情况，就数据保护影响评估提供建议，与数据保护监管机构合作。

2018 年 7 月 30 日法案也规定了数据保护专员的任命，特别是在为科学研究目的处理个人数据且处理可能导致高风险的情况下。[85]当为科学目的处理个人数据时，数据控制者必须在收集后进行匿名或假名化。在进一步处理的情况下，只有在研究目的需要时，以及在适用情况下咨询数据保护专员后，才有可能对个人数据进行假名化。[86]此外，根据 2018 年 7 月 30 日法案第 204 条的规定，数据保护专员必须就所使用的各种假名化和匿名方法的使用发表意见。然而，立法者制定这项义务的决定可能会受到怀疑，因为目前还没有足够的保证，证明数据保护专员有足够的能力和知识来提供此类意见。

4 语境中的法律：个人权利和公共利益

4.1 一般说明

关于如何在实践中应用上述法律规则，更具体地说，比利时如何在个人权利与科学发展之间取得平衡，可以提供一些例子。

4.2 与获得人体材料的（推定）同意有关的问题

如上所述，知情同意是生物银行研究中有效获取人体材料和相关数据的一般原则。然而，只有在采集样本用于主要用途的情况下，才绝对需要征得同意。

对于用于研究目的的人体材料的二次使用，比利时立法允许在未经同意的情况下获取人体材料。如果无法获得捐赠者的同意（例如捐赠者已故），或者这种请求特别不合适时，伦理委员会的积极意见足以允许收集样本。[87]

更重要的是，推定同意使用剩余人体材料的概念是比利时法律的一部分。

---

[84] Article 37（5）of the GDPR.

[85] Article 190, read in conjunction with Article 32 of the Act of 30 July 2018.

[86] Article 198 – 200 of the Act of 30 July 2018.

[87] Article 21 of the Act of HBM.

除非捐赠者在对样本进行任何处理之前明确拒绝，否则通常假定已经同意。[88]这可以被视为一种独特的“选择退出”同意制度，具有非常实际的根源。

知情和明确同意的概念自首次被纳入《纽伦堡法典》以来，就在生物医学研究中占据了核心地位。[89]它与人的尊严和自主原则以及保护个人隐私密不可分，被视为自主权的实际落实。[90]乍一看，比利时的推定同意制度似乎与保护基本权利相矛盾。事实上，根据一些作者的说法，选择退出同意制度是“非常有问题的”。[91]然而，在讨论实践中获取人体材料以及相关利益之间的平衡时，应考虑以下因素。

当前生物医学研究的性质要求建立大型样本库，以确保基因代表性，从而正确测试研究假设。随着精准医学方法的日益普及，这一点尤为突出。如果生物库储存的人体材料不能代表整个社会，那么未来对那些没有代表的病人的治疗可能会变得越来越稀缺。[92]处理代表性不足问题的一个实际方法是推定同意。当用于诊断或治疗用途的人体材料已经获取同意时，出于研究目的再次向捐赠者获取同意将导致额外成本（因为这将需要更多的时间和精力），或者可能无法获得。因此，比利时的推定同意促进了科学的发展。科斯拉基迪斯等人进一步认为，选择退出机制可能被视为“利他主义社会义务”的一部分，有利于共同利益。[93]这直接涉及团结原则，这是多年来围绕移植的更广泛的生物伦理讨论的一部分。例如，比利时于1986年根据《人体器官摘除和移植法案》确立了器官捐赠的推定同意。因此，生物银行研究框架中的选择退出制度可以被视为长期传统的合理延续。[94]

---

〔88〕 Article 20（2）（1）of the Act on HBM.

〔89〕 The Nuremberg Code（1996）313 BMJ 1448. See also，Kosta（2011）for an overview of the evolution of the concept of consent in the bioethics field，and an elucidation of consent under data protection rules.

〔90〕 Allen and McNamara（2011）.

〔91〕 Sterckx and Van Assche（2011），p. 254.

〔92〕 Kozlakidis et al. （2012），p. 115.

〔93〕 Kozlakidis et al. （2012），p. 118.

〔94〕 The adoption of a presumed consent possibility for the valid procurement of HBM offers grounds for a broader critical discussion about the drawbacks and positives of such a system. Such discussion，however，although highly significant from a theoretical point of view，falls outside scope of the present Chapter.

4.3 与人体材料相关数据处理有关的问题

关于个人数据的处理，GDPR 和 2018 年 7 月 30 日实施的法案适用。

有效处理个人数据需要法律依据。选择正确的法律依据是数据控制者的责任。[95] 在实践中，对于选择最合适的法律依据方面缺乏足够的权威指导，仍然存在许多不确定性。

最近，欧洲数据保护委员会发布了第 3/2019 号意见，该意见涉及《欧盟临床试验条例》和 GDPR 之间的相互作用。目前，这是欧洲数据保护委员会讨论生物医学研究的首个意见。生物银行既没有在欧盟层面上得到协调，也没有在《欧盟临床试验条例》中得到监管，然而，与之相关的一些重要结论仍然可以在第 3/2019 号意见的基础上通过类比得出。

首先，欧洲数据保护委员会明确规定，明确同意[96]不应始终被视为进行科学研究的首选法律依据。在临床试验中，当出于可靠性和安全目的进行处理时，尤其如此，如国家主管部门的安全报告或检查。欧洲数据保护委员会确立的适当法律依据是 GDPR 第 9 条第（2）款（i）项，即“出于公共卫生领域的公共利益原因，处理是必要的”，这应与 GDPR 第 6 条第（1）款（c）项“数据控制者应承担的法律义务”一起解读。

其次，对于在临床试验框架内进行的纯研究活动，欧洲数据保护委员会明确地承认，参与试验的知情同意不得与作为数据处理法律依据的同意相混淆。类推到生物银行背景中，在获得人体材料用于主要用途所需的知情同意方面作出类似区分似乎是合理的。

此外，欧洲数据保护委员会提请注意试验参与者和试验研究者或赞助商之间的权力失衡，这可能会影响有效数据处理同意的一个条件，即必须“自由给予”。在临床试验之外进行的生物库研究中，可以认为权力失衡的性质并不相同，因为样本捐赠不涉及与可能的机构或层级依赖性相关的风险，这些风险可能会不适当地影响患者参与临床试验的决定。然而，当同意被视为处

---

〔95〕 As biobank research deals with sensitive data, the applicable provisions of the GDPR are to be found in Article 9 (2) read in conjunction with Article 6.

〔96〕 Article 9 (2) (a) of the GDPR.

理的适当法律依据时，仍应谨慎对待。[97]

4.4 与向人体材料捐赠者提供的信息相关的问题

如上所述，根据《比利时人体材料法案》的规定，数据控制者必须询问捐赠者是否同意其获取人体材料。此外，对于有关的个人数据，GDPR第13条规定了数据控制者的信息义务。在获取个人数据时，数据主体，即捐赠者，必须收到GDPR第13条第（1）款和第（2）款规定的所有信息。

比利时生物银行的做法是通过患者手册提供生物库研究的一般信息。一般信息以后不会向个人捐赠者重复收集。可以说，根据GDPR第13条和第14条的规定，对人体材料进行的每一项研究以及对个人数据的每一次相关处理，都应单独通知捐赠者。

此外，当获得捐赠者的知情同意时，生物银行会提供更具体的信息。目前正在开展一项全国宣传运动，目的是让公众了解生物银行研究的性质和目的，类似于过去的器官捐赠运动。

在比利时背景下，对于剩余人体材料的使用可能存在一个实际挑战，因为采用推定同意，所以捐赠者无法获得通常在知情同意程序中提供的更具体的信息。另一个尚未解决的问题是，根据目前的法律框架，捐赠者无法表示他们不想收到关于其人体材料使用的信息。这点与正在进行的关于生物医学研究中研究结果的回馈和一些捐赠者承受的心理压力的争论有关。[98]

---

[97] In the case of use of residual HBM, for instance, the opt – out consent system for the procurement of samples applies in Belgium. Contacting the data subject for consent under GDPR could be seen as an undue burden posed on the biobank custodian. In such instances, another legal basis could be seen as more suitable, e. g. Article 6 (1) (e) of the GDPR, which allows data processing ‘necessary for the performance of a task carried out in the public interest’ or Article 6 (1) (f) — ‘for the purposes of the legitimate interests pursued by the controller or by a third pay, except where such interests are overridden by the interests or fundamental rights and freedoms of the data subject’. The logic expressed here follows the one established in the EPDB Opinion No 3/2019. It could be argued that following such reasoning would be beneficial for striking the right balance between individual rights and public interest. However, an in – depth elaboration on this topic is outside the scope of this Chapter, and it provides ground for a separate study.

[98] De Clercq et al. (2017).

5 GDPR 对生物银行的影响及未来可能性

5.1 GDPR 对比利时生物银行的影响

除了本章已经提出的要点外，还可以选择与 GDPR 对比利时生物银行的影响有关的其他几个问题进行讨论。本节旨在为当前法律框架所带来的理论和实践挑战开辟辩论空间，并为进一步研究提出问题。

5.2 根据生物银行和数据保护规则分配责任

GDPR 第 5 条第（2）款规定了问责制原则，根据该原则，数据控制者应负责并能够证明其遵守了所有其他数据保护原则。在比利时生物银行框架内，建立了独特的保管人概念。根据法律规定，保管人只能是自然人，更具体地说是医生，并应满足一套特定的严格资格条件。[99] 保管人被特别委托承担数据控制者的责任。[100] 根据生物银行的法律框架，保管人承担着一系列额外的义务。

对数据控制者和生物银行保管者的数据进行深入的比较研究，更具体地说，保管人如何最适当地行使这两套适用规则分配给他的双重责任，超出了本章的范围。然而，进一步研究的一个有意义方面可能涉及数据控制者的概念对保管人实际履职的影响。反之亦然，深入了解保管人的概念如何影响比利时数据控制者的概念将是有益的。这样的研究将有助于数据保护和生物库规则之间急需的协调。

在临床试验和其他介入研究领域，责任分配还存在更多的复杂性。如上文第 1.2 节所述，《比利时人体材料法案》不适用于对临床试验框架内人类用药进行的取样和操作。然而，当涉及为测试医疗器械而进行的研究、[101] 体外医疗器械的研究[102] 或其他类型的研究（如外科研究）时，没有规定此类例

---

〔99〕 Article 2（28）of the Act on HBM.

〔100〕 Article 11 （3）of the Royal Decree of 9 January 2018.

〔101〕 Regulated in Belgium by the Royal Decree of 15 July 1997 governing the active implantable medical devices, implementing Directive 90/385/EEC, and by the Royal Decree of 18 March 1999 governing medical devices, implementing and by Directive 93/42/EEC.

〔102〕 Regulated in Belgium by the Royal Decree dated 14 November 2001 governing medical devices for in－vitro diagnostics, implementing Directive 98/79/EEC.

外，生物银行立法完全适用。这类研究的发起人、生物库保管人和数据控制者的概念可能会发生冲突。根据生物银行规则，保管人在任何情况下都是数据控制者。[103] 在调查研究中，可以认为研究发起人将是数据控制者，即确定与人体材料相关的个人数据处理目的和方法的自然人或法人。[104] 在这种情况下，有必要对发起人和保管人的责任以及联合控制的可能性进行更深入的讨论。此外，上述情况要求进一步调查国家立法者仅排除一种类型的干预性研究的原因，即将人类用药的临床试验排除在《比利时人体材料法案》的范围之外。

如果临床试验范围内收集的数据和样本后来被用于其他研究（二次使用），那么讨论《比利时人体材料法案》适用于这些数据和样本这一事实也很有意义。为了说明这一点，笔者使用了一个假设案例（见图3-1-3）。第一，人体材料和相关数据是在临床试验范围内收集和使用的，比利时生物银行法不适用，临床试验赞助商将是数据控制者。存储组织、样本和相关数据的生物银行将是赞助商的分包商，也是代表赞助商的数据处理者。第二，在试验结束几年后，赞助商可能会决定使用之前收集的人体材料和数据进行新的研究。只要符合数据二次使用的所有法律和伦理要求，这是可能的。在这种情况下，比利时生物银行法将可能适用。关于角色和责任，虽然赞助商仍是原完整数据集的数据控制者，但生物银行管理者将转变为生物银行中存储和处理的子数据集的联合控制者。此时潜在的问题出现了。例如，生物银行仍然是分包商，但根据《比利时人体材料法案》，生物银行管理者现在有权同意或不同意公开用于研究的样本和数据。关于进一步处理数据和样本的协议也存在不确定性，如根据《比利时人体材料法案》第2.1.7条的规定，因为尚不清楚赞助商与人体材料新接收者之间的合同是否足够，或者生物银行是否必须签署自己的协议。

---

[103] Article 11（3）of the Royal Decree of 9 January 2018.

[104] Article 4（7）of the GDPR.

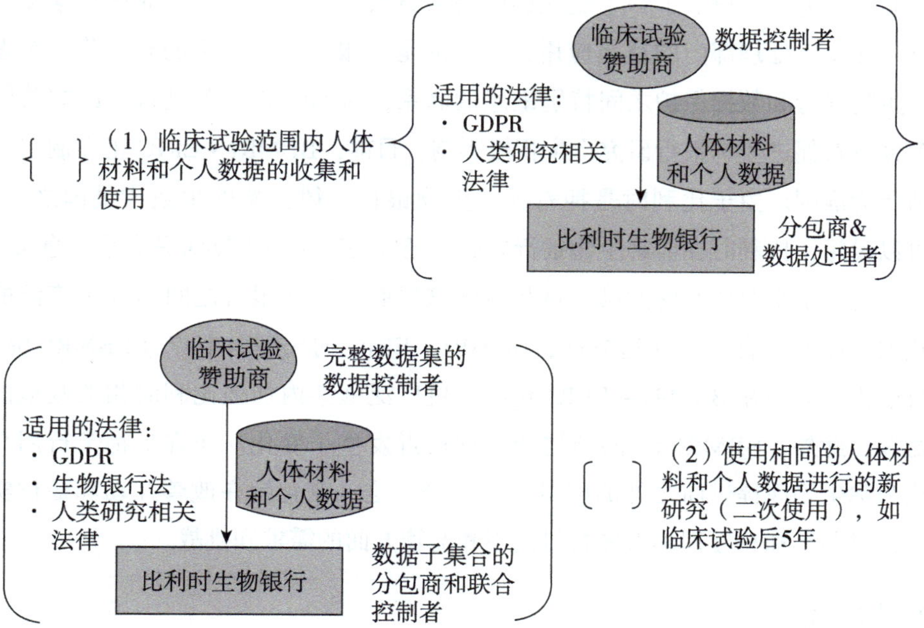

图 3－1－3　人体材料和个人数据在临床试验范围外的二次使用

5.3　数据保护专员和伦理委员会之间的研究监管责任分配

另一个尚未调查的问题是数据保护专员和伦理委员会之间研究监管责任的分配，这可能会在未来带来实际挑战。委托数据保护专员承担的一些权利和责任似乎需要伦理操守方面的专业知识，尤其是当数据处理活动处于生物银行环境中时。例如，数据保护专员在收集个人数据之前提供意见的可能性可能会引起混淆。[105] 在这种情况下，通常认为数据保护专员会征求伦理委员会的意见。然而，在数据保护问题上，伦理委员会本身往往缺乏特定的专业知识。因此，在这两个重要行为者之间寻求适当的平衡至关重要，此外，还需要在教育和经验交流方面作出努力。

6　生物银行未来的可能性

关于相关法律规则解释中仍存在许多的不确定性，GDPR 第 40 条通过鼓

[105] Article 22 of the Act of 30 July 2018.

励制定行为准则提供了一个受欢迎的解决方案。行为准则旨在促进数据保护立法在特定处理部门的适当应用，其目的是克服执行过程中的碎片化。考虑到生物银行和数据保护之间特别敏感的联系，对GDPR规范进行全面的共同解释将对促进生物银行研究产生积极影响。目前，BBMRI－ERIC正在制定一项行为准则。由于比利时是拥有独特生物银行法律框架的少数成员国之一，可以设想，比利时在监管生物银行方面的经验在起草该准则时具有重要意义。

讨论未来时要考虑的第二点是在国家层面（生物银行之间）和更广泛的欧洲层面上的合作。在这方面，BBMRI－ERIC的比利时节点（BBMRI. be）目前正致力于在BBMRI－ERIC政策的更广泛框架内加强比利时相关政策的协调。此外，BBMRI. be的结构和治理最近发生了变化：允许生物银行用户成为除生物库提供商之外的网络的一部分。这一变化旨在改善互动和最佳实践，以共享和相互理解人体材料使用和监管方面的需求和挑战。

7 结 论

本章旨在阐明比利时生物银行研究的复杂法律框架及其与数据保护规则的相互作用。笔者概述了该领域的关键立法法案和软法律指导，并批判性地讨论了它们的实际应用。比利时是欧洲为数不多的几个通过专门法律进行生物银行研究的国家之一。然而，差距和不确定性依然存在，特别是在生物银行和数据保护法的联合应用方面。制定一套适用于日常研究实践的行为准则可能是切实执行所有相关法律和监管框架的途径。本章系统地提出了今后对该专题相关问题进行调查和讨论的进一步建议。

致谢：特奥多拉·拉洛娃的博士学位获得了法兰德斯研究基金会（项目编号：11H3720N）的资助，并与欧洲癌症研究与治疗组织（EORTC）合作进行。

图解：

图3－1－1和图3－1－2由洛朗·杜勒博士创作，并在布鲁塞尔瓦洛尼生物技术（Biothéque Vallonie Bruselles）的官方网站使用。

参考文献

Allen J，McNamara B（2011）Reconsidering the value of consent in biobank research. Bioethics

25 (3): 155 - 166.

Belgian Advisory Committee on Bioethics. Opinion No 45 of 19 January 2009.

Belgian Privacy Commission. Opinion No 10/2009.

De Clercq E, Kaye J, Wolf S M, Koenig B, Bernice E (2017) Returning results in biobank research: global trends and solutions. Genet Test Mol Biomark 21 (3): 128 - 131.

European Data Protection Board. Opinion 3/2019 concerning the Questions and Answers on the interplay between the Clinical Trials Regulation (CTR) and the General Data Protection regulation (GDPR).

Federal Agency for Medicines and Health Products (2018) Compendium Biobanken. Available at https: //www. bbmri. be/wp - content/uploads/2018/08/compendium_ 20072018_ 0. pdf.

Gottweis H et al (2012) Biobanks for Europe: a challenge for governance. Report of the Expert Group on Dealing with Ethical and Regulatory Challenges of International Biobank Research. Directorate - General for Research and Innovation, European Commission. Brussels. https: //www. coe. int/t/dg3/healthbioethic/Activities/10 _ Biobanks/biobanks _ for _ Europe. pdf. Accessed 25 Mar 2019.

Kosta E (2011) Untravelling consent in European data protection legislation: a prospective study on consent in electronic communications. PhD Dissertation, KU Leuven.

Kozlakidis Z, Cason R, Mant C, Cason J (2012) Human tissue biobanks: the balance between consent and the common good. Res Ethics 8 (2): 113 - 123.

Morente MM, Cereceda L, Luna - Crespo F et al (2011) Managing a biobank network. Biopreserv Biobank 9 (2): 187 - 190.

Panis S, Van Gelder N (2008) De Wet Menselijk Lichaamsmateriaal van 19 December 2008: eengrondige analyse. Tijdschr voor Gezondheidsr (4): 217 - 253.

Shickle D, Griffn M, El - Arif K (2010) Inter - and intra - biobank networks: classification of biobanks. Pathobiology. Shickle, D, Academic Unit of Public Health, Institute of Health Sciences, University of Leeds, Leeds, 77 (4): 181 - 190.

Sterckx S, Van Assche K (2011) The new Belgian law on biobanks: some comments from an ethical perspective. Health Care Anal 19 (3): 247 - 258.

Verlinden M (2015) Legal framework applicable to access to biobanks. PhD Dissertation, KU Leuven.

第二章

丹麦生物银行监管中个人权利与研究利益的平衡

梅特·哈特利

摘　要：丹麦为生物银行研究提供了很好的机会。该国有大量结构良好、全面的生物材料集合与“研究通用的”立法，为生物银行研究提供了良好的环境。然而，丹麦的生物银行环境和监管环境都相当复杂。与其他一些国家相比，丹麦没有具体的生物银行法案。相反，各种监管制度相互作用，使在法律环境中找准方向变得困难。对于个人来说，从谁那里采集样本、样本用于什么目的以及它们如何影响样本用于研究，也是相当不透明的。根据 GDPR 和《丹麦数据保护法》的规定，丹麦法律似乎略微削弱了研究参与者的权利。然而，有人认为，GDPR 有可能确保研究参与者更多地意识到研究的社会和科学利益。

1　引　言

丹麦拥有依靠人类生物材料和综合数据集进行生物银行研究和其他形式研究的绝佳机会。生物银行和基于数据的研究是通过使用一个独特的个人民事登记号码来促进的，该号码于 1968 年引入，在公共和私营部门都得到了广泛使用。众所周知，丹麦立法也促进了生物银行研究，因为丹麦对将组织样本用于研究目的持开放态度，假定民众愿意通过提供数据和组织样本为研究做出贡献。[1]一般来说，数据和生物库资源也被视为吸引和留住丹麦外国研究和投资的重要竞争资产，特别是在个性化医疗领域。[2]鉴于生物库的数量和对促进生物银行研究的强烈兴趣，丹麦没有具体的生物银行法案出人意料。相反，出于各种目的的组织样本的收集、储存和使用受到许多不同法律的监管，从而造成了相当复杂的法律状况。

2　生物银行基础设施和监管环境

2.1　丹麦生物银行概览

丹麦生物银行由大量不同规模和用途的公共和私人生物库组成。生物库包括以下不同的类别：临床生物库、研究生物库、供体生物库和商业生物库。临床生物库存储从临床环境中获得和存储的人体组织样本。在该环境中，患者在医疗保健服务中接受了测试和治疗。研究生物库的建立是为了研究，从研究参与者或其他（临床）生物库中获取样本。供体生物库的目的是储存和提供用于治疗患者的人体组织样本。商业生物库为个人提供储存设施，这些个人希望储存在公共卫生保健服务中无法储存的生物材料。[3]在某些情况下，生物库似乎可以分为两类。例如，当在临床环境中收集剩余材料时，明确表示要将其专门用于研究目的。在这种情况下，样本是在临床环境中从患者（而非研究参与者）处获得的，因此仍将其视为临床生物库。

丹麦没有一个囊括所有生物库的中央登记册，因此，生物库和储存的生物样本的确切数量不得而知。丹麦有许多较大的生物库，其中大多数位于公共部门，具有不同的功能（治疗、质量保证、研究）。在私营部门，大多数生物库与私营研究项目或私营公司有关，这些公司将样本用于研究（例如制药行业）或商业目的（精子或干细胞生物库）。

丹麦国家生物银行成立于2012年，旨在加强丹麦生物银行研究的基础设

[1] For a more comprehensive description of the Danish healthcare system and biobank landscape see Hartlev (2015), pp. 743 – 753.

[2] See Danish Ministry for Business and Growth (2013). https://www.welfaretech.dk/media/3018/2013_06_04_v_kstplan_for_sundheds_og_velf_rdsl_sninger.pdf.

[3] It could be storage of e.g. sperm and stem cells obtained from newborns umbilical cord, where there is no clinical justification of the storage.

施，为丹麦和国际研究人员提供更容易获取样本的概览。从组织上讲，它是卫生部下属的公共机构，州立血清研究所下属的一个部门。丹麦国家生物银行有三个支柱：（1）一个登记册，其中载有参与生物库中可用样本的详细信息，[4]并且可在个人层面上与国家行政登记册中的疾病代码和人口统计信息相关联；（2）一个为研究人员存储和检索样本的物理生物库；（3）一个为研究人员和外部生物库提供专门知识的协调中心。丹麦国家生物银行并不存储所有参与研究的生物库的样本，但生物库定期向上述登记册提交数据。这将为希望从所涉及的生物库和数据库获取数据的研究人员提供便利。

丹麦国家生物银行的登记册包含13个生物库的信息，其中最大和最重要的是：

（1）丹麦帕图生物银行（Patobank）（来自丹麦医院病理科的1700多万份组织样本）。

（2）自1982年以来（丹麦）所有新生儿的血液样本（超过200万份样本）。

（3）癌症生物库（癌症患者的血液和组织样本）。

（4）丹麦出生队列（来自孕妇和新生儿的60多万份样本）。

2.2 样品收集

与其他国家相比，丹麦没有专门的生物银行立法。丹麦对生物银行研究的监管依赖于一系列法案，其中最重要的是《健康研究项目研究伦理审查法》[5]和《丹麦数据保护法》[6]。《卫生法》[7]也是相关的。

为了更好地理解不同的立法是如何相互作用的，了解组织样本是如何收集的，以及它们如何最终进入生物银行研究是很重要的。这里的重点将放在临床和研究生物库上，这是生物银行研究中最重要的组织集合。大多数组织

---

[4] It is only a selection of the Danish biobanks, which takes part of the Danish National Biobank.

[5] Consolidated Act no. 1083 of 15 September 2017 on Research Ethics Review of Health Research Projects.

[6] Act no. 502 of 23 May 2018 on supplementary provisions to the regulation on the protection of natural persons with regard to the processing of personal data and on the free movement of such data (the Data Protection Act).

[7] Consolidated Act no. 903 of 26 August 2019 on Health.

样本是在患者向医疗服务机构寻求诊断和治疗时收集的。在丹麦，自决权是患者的一项重要权利，根据《卫生法》第15节和第16节的规定，[8]采集组织样本通常需要患者的知情同意，因为这涉及对身体的侵犯。在达到临床目的后，一些组织样本被储存在生物库中，随后可用于研究或其他目的。组织样本的存储不需要单独的同意，因为它被认为是《丹麦数据保护法》第7条第（3）款授权的，该款引用了GDPR第9条第（1）款的规定（详见下文）。

关于知情同意的一般规定涉及对治疗和医疗干预的同意，并不意味着医疗服务机构有义务告知患者个人组织样本的储存和未来可能的使用情况。然而，医疗服务机构提供一般信息被视为对患者负有的一般行政服务义务的一部分，例如在一般患者信息传单中提供一般信息。GDPR还可能规定数据控制者告知患者的义务（见下文）。

《卫生法》第29节承认患者在储存样本方面的自决权。该法赋予患者选择不进一步使用临床环境中获得的样本用于研究的权利。这可以通过注册一个特殊的“组织使用登记”来完成。生物银行没有义务向患者提供有关使用组织登记册的个人信息，但预计可以获得有关该登记册的一般信息，例如在一般患者传单中。[9]自2004年引入该登记册以来，约有3000人注册。[10]此外，患者通常有权取回样本或要求销毁样本（《卫生法》第33至34节）。这使患者能够对在临床环境中获得的样品的进一步使用进行一些控制。此外，《卫生法》还规定生物银行有义务确保患者在“组织使用登记册”上登记时，样本不会被用于研究目的。

生物银行也可以从死者身上获取组织样本，这通常还需要死者（事先指示）或亲属（当他们同意尸检时）的知情同意。在同意尸检之前，研究人员必须告知该人或其亲属，死者的身体部分可能被用于研究目的（《卫生法》第187节）。

---

〔8〕 Ibid.

〔9〕 The Ministry of Health has recently（April 2018）committed itself to provide significantly better information being to patients about the options for signing up in the Use of Tissue Register. See answer to question no. 10，13 April 2018，in connection with the reading of Bill no. 146/2017 on the establishment of a National Genome Center https：//www. ft. dk/samling/20171/lovforslag/L146/spm/1/svar/1480847/1880410. pdf.

〔10〕 The specific number was 3070 28 May 2019.

收集组织样本的另一个重要环境是研究项目，即从研究参与者身上采集组织样本。研究参与者的权利遵循《健康研究项目研究伦理审查法》。[11]研究参与者必须对参与研究和参与干预措施提供书面知情同意书，并且必须事先向他们提供有关该项目的适当和全面的信息，包括收集组织样本的目的、预计的未来用途和储存期。因此，在这种情况下，组织样本的收集、储存和进一步使用都需要获得特定的同意。

组织样本也越来越多地在特定研究项目之外收集，也就是说，收集组织样本的工作在临床和研究环境中进行，要求患者捐献多余的样本，专门用于未来的研究。丹麦关于健康研究项目研究伦理审查的立法不适用于这种情况，因为它仅限于评估实际研究项目。然而，这些生物库的样本采集必须符合《卫生法》以及《丹麦数据保护法》中关于知情同意的规定。

除了《卫生法》和《健康研究项目研究伦理审查法》外，《丹麦数据保护法》[12]和GDPR也对组织样本的收集产生了影响。《丹麦数据保护法》在国家有自由裁量权的领域补充了GDPR。与GDPR一起，《丹麦数据保护法》取代了之前的基于欧盟《个人数据处理指令》的《个人数据处理法》。当《个人数据处理法》于2000年生效时，经过辩论并决定，可能与可识别个人有关的组织样本应被视为个人数据。

《丹麦数据保护法》并没有在该法或准备工作中明确说明它是否普遍适用于人体组织样本的处理。然而，该法有一项关于组织样本处理的具体规定[第10条第（3）款]。因此，人们普遍认为，《丹麦数据保护法》与之前的《个人数据处理法》一样，适用于组织样本的处理（例如收集和存储），这可能与可识别的个人有关。[13]《丹麦数据保护法》第7条第（3）款授权在卫生保健服务中收集和存储组织样本。该条规定，如果处理是“出于预防医学、医疗诊断、提供护理或治疗、医疗保健、医疗保健服务管理的目的所必需的，并且这些数据是由依法负有职业保密义务的卫生专业人员处理的，则参见

〔11〕 Consolidated Act no. 1083 of 15 September 2017.

〔12〕 Act no. 503 of 23 May 2018 on supplementary provisions to the regulation on the protection of natural persons with regard to the processing of personal data and on the free movement of such data (the Data Protection Act).

〔13〕 For a possible different opinion, see Blume and Herrmann (2018), pp. 266, 269.

GDPR 第 9 条第（1）款（h）项”。这意味着，采集和储存样本不需要明确的同意。但是，有义务将个人数据的收集和存储告知个人。[14]

总之，组织样本的收集始终需要患者或研究参与者的知情同意。在研究项目中采集样本时，将样本存储在生物库中需要知情同意，而在临床环境中采集的样本可以在未经同意的情况下存储。然而，根据《卫生法》的规定，患者在某些情况下有权取回样本或要求销毁样本。研究参与者有权获得全面的信息，包括关于样品储存和储存期的信息。根据《卫生法》的规定，患者无权获得此类信息，但 GDPR 要求向所有数据主体提供此类信息。

2.3 生物银行研究的监管

关于样本收集法律框架的复杂性也存在于生物银行研究监管方面，在这方面，相同的立法相互作用。

《健康研究项目研究伦理审查法》规定在地区和国家层面设立研究伦理委员会，并规定了健康研究项目的伦理评估和授权规则，还包括对出于科学目的收集和储存数据和组织样本的知情同意的监管（第 3 至 6 条），[15] 以及对先前收集的组织样本用于科学目的的进一步使用（第 10 条）。该法仅适用于健康研究项目，不适用于其他学科的研究。大多数生物银行研究将被归类为健康研究项目。[16]

根据该法第 14 条第（1）款的规定，所有涉及人体研究对象或生物库中人体组织的健康研究项目必须在开始之前获得研究伦理委员会的事先授权。[17]《健康研究项目研究伦理审查法》的总体目标是确保研究对象的利益和保护与社会和科学利益之间的平衡。因此，其重点是科学质量、风险评估和尊重研究参与者的自主性和自决权。该法第 1 条强调，在平衡各自利益时，应优先考虑研究参与者的利益。数据保护问题在该法中没有明确提及，但它

---

〔14〕 GDPR Articles 13 – 14.

〔15〕 The informed consent requirements are further detailed in Executive Order no. 498 of 13 May 2018 on informed consent to participation in a health research project and notification and supervision of health research projects, see especially sections 6 – 9.

〔16〕 Biobank research could e. g. also be relevant in archeological research.

〔17〕 If the research involves clinical trials of medicines or of medical devices, the special rules in Consolidated Act No. 99 of 16 January 2018 on Medicines also applies.

们是风险评估的一部分，在该法为法律依据发布的行政命令中也涉及了这些问题。[18]

在涉及个人作为研究参与者的研究项目中，收集和储存组织样本需要获得研究参与者的知情同意，研究者还必须提供关于预期未来用途和储存期的信息（见上文第 2.2 节）。然而，研究项目也可以完全基于生物库中的组织样本，此类项目还需获得研究伦理委员会的事先授权。《健康研究项目研究伦理审查法》的正常规则适用于生物银行研究项目，这意味着需要组织捐赠者的知情同意。然而，关于生物银行研究，该法第 10 条规定了对这一法律原则的减损，如果项目不具有任何风险，或者如果不可能或极难获得同意或代理同意，研究伦理委员会可以决定例外。[19]

这意味着，基于临床生物库样本的生物银行研究可以在未经采集样本的患者同意和知情的情况下进行。然而，如上所述（第 2.2 节），患者可以通过在组织使用登记册中登记来防止将样本用于研究目的。生物银行研究也可以基于研究生物库中的样本，这些样本是为另一个研究项目（和目的）收集的。尽管组织捐赠者已同意为原始项目收集和储存样本，但该同意并不一定涵盖随后将样本用于另一个项目。研究伦理委员会将对该项目进行评估，但从中采集样本的研究参与者与患者没有相同的选择权，无法通过在组织使用登记册中登记来阻止对样本的进一步研究。[20]

所有涉及研究参与者和组织样本的研究项目都意味着个人数据的处理。《丹麦数据保护法》利用了 GDPR 第 89 条规定的研究豁免。根据《丹麦数据保护法》第 10 条第（1）款的规定，“如果处理数据仅用于进行对社会具有重要意义的统计或科学研究，并且为了进行这些研究而有必要进行此类处理，则可以对 GDPR 第 9 条第（1）款和第 10 条中提到的数据进行处理”。这意味着，个人数据（包括可能与某人相关的组织样本）可用于研究目的，而无须

---

〔18〕 Sections 6 – 8 of Executive order No. 498 of 13 May 2018 on right to information and consent to participation in a health research project and on notification and control of health research projects.

〔19〕 If the data subject has used the right to opt – out in regards to the further use of tissue samples according to Article 29 of the Health Act, the samples cannot be used for research purposes. See more above in Sect. 2. 2.

〔20〕 The option to register in the Use of Tissue Register is only available for patients, from whom samples have been taken in a clinical context.

数据主体的事先明确同意。一般来说，数据和组织样本的处理必须遵守GDPR和《丹麦数据保护法》，但数据主体的权利有一些豁免（见下文第3节）。为了保障数据主体的权益，《丹麦数据保护法》第10条第（2）款规定，用于研究目的的数据不得随后用于其他目的。《丹麦数据保护法》第10条第（3）款规定，如果披露涉及人体组织样本，或者如果数据被披露给GDPR管辖范围以外的第三方，则向第三方披露数据需要事先获得数据保护局的授权。[21]一般认为，数据和组织样本应尽可能匿名或假名化，研究项目的结果不应以可识别组织样本被采集人的形式传达。

一般来说，研究人员有责任遵守法律。然而，一些机构拥有监督权。区域研究伦理委员会以及国家研究伦理委员会和丹麦医学管理局拥有对健康研究项目方的监督权。丹麦医学管理局监督临床试验，区域研究伦理委员会和国家研究伦理委员会监督他们批准的其他健康研究项目。[22]一般监督职能确保研究项目的结果在完成后报告，如果项目不能在授权规定的时间内完成，研究人员应申请延期。根据从研究参与者或第三方收到的信息，或者某个特定研究项目在规则和条例遵守方面引起担忧，国家研究伦理委员会则启动更有针对性的监督。国家研究伦理委员会还充当区域研究伦理委员会决定的投诉委员会。丹麦数据保护局是一个独立机构，其职责在GDPR第6章和第7章中规定，以监测《丹麦数据保护法》、GDPR和其他立法所涵盖的数据和组织样本的处理情况。它还可以接收投诉并进行检查。[23]有一些对研究项目进行监督的例子引起了数据保护局的批评。

3　个人权利和保障

个人在将其组织样本用于研究目的方面拥有重要的利益和权利，如自决权和隐私权。GDPR第5条中规定的一般数据保护原则强调了数据和组织样本处理的相称性和透明度的重要性。此外，GDPR还概述了数据主体更具体的权利（第13至22条），并要求在国家法律允许将敏感个人数据用于研究目的

---

〔21〕 In addition, prior authorization from the Data Protection Authority is also needed, when disclosure is made for the purpose of publication in a recognized scientific journal or similar [section 10 (3) (3)].

〔22〕 Sections 28 – 29 of the Act on Research Ethics Review of Health Research Projects.

〔23〕 Sections 27 – 36 of the Data Protection Act.

时采取保障措施［第 89 条第（1）款］。

从生物银行研究监管框架的分析和描述中可以清楚地看出（本章第 2 节），为研究提供组织样本的个人的权利和保障取决于样本的收集方式。一般来说，无论是在诊所采集样本还是作为研究项目的一部分，隐私保护似乎都得到了遵守。关于自决权，研究参与者的权利似乎比患者的权利得到更好的保护。与患者不同，每个研究参与者都有权获得关于组织样本储存和进一步使用的全面书面和口头信息，并且必须明确书面同意参与研究。这既支持自决权，又有助于确保透明度。相比之下，患者无权获得有关组织样本储存和进一步使用的个人信息，当然，研究人员公开提供一般信息就足够了，如在传单或网站上。

然而，关于储存在临床或研究生物库中的组织样本的进一步使用，患者的自决权可能比研究参与者的权利得到更好的保护。如果患者意识到自己有权取回并要求销毁组织样本，他们可以保留对样本的控制权。此外，患者有权通过在组织使用登记册中登记，选择不再将样本用于研究目的。相比之下，研究参与者可能会经历组织样本被交给其他研究人员或用于其他研究目的，而没有与患者相同的选择退出权，这是因为组织登记册的使用仅适用于临床生物库中存储的样本。因此，患者和研究参与者最终可能会陷入自决权保护不力、缺乏透明度的境地。

GDPR 中规定的数据主体的某些特定权利在这方面可能会有所帮助，例如，当数据并非直接从数据主体处收集时，告知数据主体的义务（第 14 条）。但是，如果履行这项义务是不可能的或需要付出不成比例的努力，则这项义务不适用［第 14 条第（5）款（b）项］。根据 GDPR 第 89 条第（1）款规定的条件为研究目的处理数据就是一个具体的例子。同样，访问权（第 15 条）可以为患者或研究参与者提供一定的透明度，他们希望知道自己的数据和组织样本被用于何种目的。然而，《丹麦数据保护法》第 22 条第（5）款根据 GDPR 第 89 条第（2）款明确减损了 GDPR 第 15 条中规定的数据主体的权利，同样的减损也适用于 GDPR 第 16 条（更正权）、第 18 条（限制处理权）和第 21 条（反对权）。因此，研究豁免似乎是对数据主体其他权利的“全权”减损。

GDPR 第 89 条第（1）款要求，当出于科学目的处理敏感数据时，必须采取某些保障措施。这些保障措施应包括技术和组织措施，以确保尊重数据最小化原则。例如，在不妨碍研究目的的情况下，尽可能使用匿名或假名化数据。根据《丹麦数据保护法》，应尽可能使用匿名或假名化数据。此外，《丹麦数据保护法》还禁止将为研究目的获得的数据用于其他目的（如行政目的）。然而，在为保障数据主体的重大利益而有必要进行此类处理的情况下，可以通过卫生部长制定的规则来减损这一禁令［《丹麦数据保护法》第10条第（5）款］。例如，可能适用于基因研究揭示偶然发现的情况，这可能对个人健康具有重要意义。

《丹麦数据保护法》第10条第（3）款概述了进一步的保障措施，其中规定，当数据被转移到GDPR领土范围之外的第三方时，以及在组织样本被转移到第三方（GDPR的领土范围之内和之外）的所有情况下，都需要数据保护局的授权。此外，在数据将被转移以便在广泛认可的科学期刊（或类似期刊）上发表的情况下，该行为也都需要获得授权。

4 语境中的法律：个人权利和公共利益

《健康研究项目研究伦理审查法》在强调研究主体的利益优先于社会和科学利益时（第1节），将个人置于关注的中心。然而，关于生物银行研究，该法允许减损同意要求，在实践中减损似乎是主要规则，而不是例外。这反映了一种观点，即生物银行研究比其他类型的研究危害更小，如果只是研究对象的隐私受到保护，数据不能用于其他目的，那么应该担心什么？这种看法忽视了个人在使用敏感数据方面对透明度和自决权的利益，这是尊重个人尊严的重要因素。还可以补充一点，在大数据和基因研究（作为个性化医学）中，保护研究对象隐私的可能性可能会减少或消失。国家健康研究伦理委员会发布了基因组研究（包括生物银行研究）指南，以确保更好地了解研究参与者的利益。[24]

如上所述（第2.3节），《健康研究项目研究伦理审查法》仅适用于涉及研究参与者和人体组织样本的研究，完全基于数据的研究项目不属于该法的

〔24〕 National Committee on Health Research Ethics（2018）Guidelines on Genomic Research June 2018. http：//en. nvk. dk/～/media/NVK－EN/General－guidelines/Guidelines－on－Genomics Research. pdf.

范围。事实证明，这对组织样本的综合遗传分析（例如使用 WGS 或 GWAS 技术）产生的数据来说是有问题的。尽管样本分析需要研究伦理委员会授权，但对检索数据（生物信息学数据）的后续研究最近已免于伦理审查。由于这些数据反映了样本中嵌入的信息，并且与实际样本一样敏感和值得保护，最近对《健康研究项目研究伦理审查法》（2019 年 12 月）的修订要求对基于敏感生物信息学数据的研究项目进行强制性伦理审查，因为它们存在再次发现的风险。[25]这反映了主体和数据之间的边界越来越模糊。

5 GDPR 对生物银行的影响及未来可能性

迄今为止，除了稍微削弱以前的保障措施外，GDPR 尚未对丹麦生物银行研究的法律监管产生任何重大影响。根据之前的法案，向第三方（包括丹麦和欧盟境内的第三方）披露任何类型的数据都需要数据保护局的授权。然而，GDPR 可能会对丹麦的监管环境产生影响，特别是在激发人们对数据主体权利的认识方面。例如，令人感兴趣的是，欧盟法院是否会要求减损数据和组织样本用于研究的个人权利提供更实质性的理由（例如，假名化和通知要求、访问权和被遗忘权）。《丹麦数据保护法》表达了这样一种看法，即赋予研究主体的任何权利都会阻碍研究进程。这种看法可能会受到挑战，以确保对数据主体的权利有更普遍的认识。此外，GDPR 还可以鼓励开发和使用技术解决方案，通过设计促进隐私和信息自主。

6 结 论

很明显，丹麦生物银行研究的监管框架可以被描述为“研究友好型”。只有在直接招募个人作为研究参与者的项目中，才需要获得研究参与者的明确同意。在其他情况下，假设以前参与过研究的患者和个人愿意为研究提供样本。如果不是这样，个人必须主动选择退出，在某些情况下，甚至不可能选择退出。这就提出了一个问题，即法律状况是否符合《健康研究项目研究伦理审查法》第 1 条的要求。该条规定，在平衡社会、科学和个人研究参与者

〔25〕 Act no. 1436 or 17 December 2019 on amendment of the Act on Research Ethics Review of Health Research Projects (Strengthening citizens confidence and trust in health research).

的利益时，应优先考虑研究参与者的权益。

然而，这也引发了一个问题，即个人对社会负有什么责任，尤其是在丹麦这样一个福利社会的背景下。尊重个人权利无疑是重要的，然而，也需要以团结为基础的研究方法，以确保所有人都能从医疗技术的进步中获益。[26]

参考文献

Blume P，Herrmann JR（2018）Ret，privatliv og teknologi. Jurist－ og Økonomforbundets Forlag 4th edn. Copenhagen.

Danish Ministry for Business and Growth（2013）Danmark i arbejde. Vækstplan for sundheds－og velfærdsløsninger. Copenhagen.

Hartlev M（2015）Genomic databases and biobanks in Denmark. J Law Med Ethics 43（4）：743－753.

National Committee on Health Research Ethics（2018）Guidelines on Genomic Research.

Prainsack B，Buyx A（2017）Solidarity in medicine and beyond. CUP，Cambridge.

[26] Prainsack and Buyx（2017）.

第三章

爱沙尼亚生物银行的监管环境

卡特波尔梅斯特

摘　要：爱沙尼亚生物银行的监管框架是分散的。虽然有一项特定的法律适用于整个爱沙尼亚人口的生物银行，但其他从事生物银行的实体受到来自各种法律规则的约束。就人口生物库而言，参与者应公开同意将其数据和组织样本用于基因研究。大多数其他实体在使用个人数据时无法获得公开研究许可。然而，国家数据保护法允许在未经个人同意的情况下在研究中使用个人数据。

相比之下，由于没有制定更严格的要求，当直接从个人那里获得组织样本用于研究目的时，可以使用开放同意书。然而，如果组织样本最初是出于其他（研究）目的获得的，那么对于血液，如果要进一步研究使用则需要书面同意，而对于大多数其他类型的组织样本，适当的通知就足够了。

1　引　言

爱沙尼亚法律没有界定“生物银行”这一术语。正如哈里南所观察到的，“这一术语已成为一个总括术语，用于描述支持基因组研究的所有生物样本和相关数据的集合”[1]。从这个广泛的角度来看，不能仅通过“机构”这一三棱镜来界定生物银行或生物库，任何为研究等目的收集和保存生物样本和相

〔1〕 Hallinan（2018），p. 64.

关数据的实体都可以被称为生物库。例如，医院和直接面向消费者的基因检测服务提供商收集生物样本和相关基因组数据，分别用于临床护理和私人检测服务。然而，这些样本和数据可能会被存储起来，以备将来研究之用。因此，医院和基因检测服务提供商可以被视为运营生物库，尽管这不是他们的主要或唯一活动。

由于爱沙尼亚法律没有界定"生物银行"，而且有关生物银行活动的监管环境在很大程度上不取决于从事此类活动的实体的机构性质，本章将采用一般和广泛的定义，即"用于研究的生物样本和基因数据的集合"来定义生物银行。

本章首先简要阐述爱沙尼亚生物银行（The Estonian Biobank，EBB）的法律和监管环境，然后介绍爱沙尼亚人口生物库。随后将对生物银行参与者的权利和保障进行分析。本章第 4 节将探讨爱沙尼亚法律在生物银行研究中的公共利益与个人权益之间取得的平衡。最后，笔者将评论 GDPR 的影响以及 EBB 未来的可能性。

2 生物银行基础设施和监管环境

2.1 EBB 和《人类基因研究法案》

EBB 是一个以人口为基础的生物库，成立于 2002 年，是一个国家基金会。[2] 自 2007 年以来，它一直是塔尔图大学的一部分。[3] 截至 2019 年，在约 130 万人口中，EBB 拥有超过 15.7 万个基因捐赠者。[4]

为了吸引新的捐赠者，EBB 已尽可能方便地开展招募程序。例如，自 2018 年 3 月 20 日起，可以在网上提供知情同意书。[5] 在获得知情同意后，可以在不同地点捐献血样，如所有主要医院、与全国各地的 EBB 合作的某些实

---

〔2〕 Order no. 177 of the Government of the Republic of Estonia, Sihtasutuse Eesti Geenivaramu Asutamine, adopted 13 March 2001. – RTL 2001, 37, 512.

〔3〕 Official website of the Estonian Biobank. https://www.geenivaramu.ee/en/access – biobank.

〔4〕 Offical website of the Estonian Biobank. Available only in Estonian. https://www.geenivaramu.ee/et/doonorile/olen – geenidoonor.

〔5〕 See www.geenidoonor.ee. On this website, informed consent can be provided with a digital signature, either via using the national ID card or mobile – ID (both official means for providing a valid digital signature).

验室，[6]甚至一些药店。[7]

EBB的活动受《人类基因研究法案》[8]监管，该法案于2000年通过，专门用于EBB的运作。除了一些一般条款外，该法案不规范其他实体的生物银行活动。

关于普遍适用的条款，最值得注意的见《人类基因研究法案》第5章，其中规定了对基因歧视的一般禁止以及对就业和保险关系的具体禁止。这些禁令普遍适用。

2.2 EBB以外的生物银行活动

《人类基因研究法案》对EBB以外的实体（如其他研究机构、医院、基因检测服务提供商等）的生物银行业务没有具体规定。《人类基因研究法案》指出，该法案第2章至第4章不适用的EBB活动之外的基因检测"可以根据程序和法律规定的目的进行"。[9]然而，爱沙尼亚没有相应的法律规范基因检测，无论是用于研究还是其他目的。[10]

因此，EBB以外实体的生物银行活动受许多不同法律的约束。首先，《爱沙尼亚个人数据保护法》适用于基因和健康（以及其他相关的个人）数据，只要这些数据构成GDPR[11]意义上的"个人数据"。[12]其次，就生物样本而

---

[6] Official website of the Estonian Biobank. Available only in Estonian. https://www.geenivaramu.ee/et/geenidoonorile/soovin-saada-geenidoonoriks.

[7] As of September 2019 there were three pharmacies that cooperated with the EBB in obtaining blood samples from new gene donors. Geenidoonoriks saab nüüd mugavalt hakata juba kolmes apteegis. 20 Sept 2018 Postimees: Tervis. https://tervis.postimees.ee/6409353/geenidoonoriks-saab-nuud-mugavalt-hakata-juba-kolmes-apteegis.

[8] Human Genes Research Act (HGRA), RT I, 13.03.2019, 64. English translation available at https://www.riigiteataja.ee/en/eli/508042019001/consolide (22 June 2020).

[9] § 6 (2) HGRA, ibid.

[10] Regulation (EU) 2017/749 on in vitro medical devices, which shall apply from 26 May 2022, will establish a few basic rules in regard to genetic testing in the healthcare setting. However, this will have no impact on genetic testing for research purposes. See Art. 4 of Regulation (EU) 2017/746 of the European Parliament and of the Council of 5 April 2017 on in vitro diagnostic medical devices and repealing Directive 98/79/EC and Commission Decision 2010/227/EU. OJ L117/176.

[11] Regulation (EU) 2016/679 of the European Parliament and of the Council of 27 April 2016 on the protection of natural persons with regard to the processing of personal data and on the free movement of such data, and repealing Directive 95/46/EC (General Data Protection Regulation). OJ L119/1.

[12] Recital 26 and Arts. 1 (1), 4 (1), 4 (13) and 4 (15) GDPR, ibid.

言，国际法和一些国家法律为不同类型的组织制定了一套零散的规则。

2.3 数据保护和生物银行

与可能的具体法规并行，数据保护规则适用于任何涉及使用个人数据的研究，包括为从事生物银行活动和研究的实体收集和使用个人数据。因此，GDPR 和《爱沙尼亚个人数据保护法》[13] 是与任何生物银行设施相关的监管工具。

2019 年《爱沙尼亚个人数据保护法》[14] 的解释性说明引用了 GDPR 序言 159 来定义“研究”，这表明这一概念将被广泛解释。这与 2007 年《爱沙尼亚个人数据保护法》[15] 的做法形成了鲜明对比。根据旧法，通常只有某些实体或机构可以依赖研究豁免。[16] GDPR 序言 159 的方法似乎侧重于研究活动本身，而不是开展活动的实体或机构的性质。因此，就生物银行而言，任何从事此类活动的实体都必须遵守 GDPR 和《爱沙尼亚个人数据保护法》的一般条款和研究条款。

就人口生物库 EBB 而言，《人类基因研究法案》确实规定，就编码组织样本、DNA 编码描述和健康状态编码描述的处理而言，只要它们作为一组至少五个基因供体的数据进行处理，数据保护规则就不适用于 EBB。[17] 该条款可追溯到 2000 年，由于 GDPR 明确将假名化数据定义为“个人数据”，该条款是否符合 GDPR 是值得怀疑的。[18]

---

〔13〕 Personal Data Protection Act (DP Act), RT I, 04. 01. 2019, 11. Official English translation. https: //www. riigiteataja. ee/en/eli/523012019001/consolide. The new Estonian DP Act that came into force on 15 January 2019 regulates personal data protection to the extent of specifying and complementing clauses of the GDPR (including but not limited to matters related to research), and implementing Directive (EU) 2016/680.

〔14〕 Explanatory note to the (2019) DP Act. Available in Estonian. https: //www. riigikogu. ee/download/b7c9371a-7768-46b5-9d33-9eb4e3b98125, at § 6.

〔15〕 Explanatory note to the (2007) DP Act. Available in Estonian. https: //www. aki. ee/et/eraelu-kaitse/oigusaktid, at § 16.

〔16〕 Namely, those that met the conditions set for research and development institutions under § 3 of the Organisation of Research and Development Act. RT I 1997, 30, 471. Official English translation. https: //www. riigiteataja. ee/en/eli/513042015012/consolide.

〔17〕 § 7 (2) HGRA, supra n 8.

〔18〕 Recital 26 GDPR, supra n 11.

2.4 研究监管

爱沙尼亚的研究监管很少。爱沙尼亚数据保护监察局[19]就数据保护问题对研究进行监管。[20]然而，除非有个人投诉，否则该局实际上不太可能进行监管。

根据2019年1月15日前适用的《爱沙尼亚个人数据保护法》的规定，未经个人同意在研究中使用个人数据需要获得爱沙尼亚数据保护监察局的许可。[21]这项任务现在大部分分配给了伦理委员会，因此，伦理委员会也可以被视为研究监督系统的一部分。然而，除少数例外情况外，爱沙尼亚的伦理委员会并没有根据法律系统地设立或受法律规范。立法修订导致社会事务部于2019年9月成立了一个中央伦理委员会，该委员会将监督与EBB研究相关的伦理问题以及健康信息系统中数据的研究使用（医疗保健专业人员向该州数据库提交的患者数据）。[22]所有其他伦理审查都留给机构伦理委员会，这些委员会不受法律规管。

根据爱沙尼亚法律的规定，EBB的运作、[23]健康信息系统中数据的研究使用，[24]以及《药品法》下的临床研究必须进行伦理审查。

除了对健康信息系统、EBB和临床试验中数据的研究使用提出明确的伦

---

〔19〕 For more information on the Estonian Data Protection Inspectorate (Andmekaitse Inspektsioon), see their official website. https://www.aki.ee/en.

〔20〕 This includes oversight of the EBB, see § 29 HGRA, supra n 8.

〔21〕 § 16 (3) of the Personal Data Protection Act (2008), RT I 2007, 24, 127. Available in Estonian. https://www.riigiteataja.ee/akt/12802623.

〔22〕 See § 29 (5) HGRA and § 59 (index 4) (6) Health Services Organisation Act (HSOA). In March 2019, the HGRA and the HSOA were revised in parts. Amongst other things, the revisions included the establishing of a central research ethics committee via a ministerial regulation. This committee consists of expert representatives of a list of different academic and practical fields, and in addition to reviewing ethical matters related to the research of the EBB also oversees the ethics of using data of the Health Information System for research purposes. See Regulation No. 60 of the Minister of Social Affairs of 24 September 2019, 'The establishing of a research ethics committee, its rules of procedure, number and appointment of members and the rates for reviewing applications' (as translated by the author of this chapter) —RT I, 26.09.2019, 1.

〔23〕 § 29 HGRA, supra n 8.

〔24〕 § 59 (index 4) (6) Health Services Organisation Act (HSOA), RT I, 17.05.2020, 12. English translation available at https://www.riigiteataja.ee/en/eli/518052020003/consolide (23 June 2020).

理审查要求外，对于任何其他从事生物银行活动的实体，《爱沙尼亚个人数据保护法》规定了一项伦理审查要求，该要求适用于在未经个人同意的情况下将个人数据用于研究这一非常有限的情况。[25]这将在下文进一步讨论。

然而，《爱沙尼亚个人数据保护法》并没有对伦理委员会进行规范，只是假定它们存在。根据该法，如果某一领域没有伦理委员会，则爱沙尼亚数据保护监察局将进行审查，以评估数据保护规则的遵守情况。

3 个人权利和保障

3.1 生物银行的参与

3.1.1 组织样本在研究中的应用

爱沙尼亚法律对组织样本的使用几乎没有规定。关于这一点，可从适用的国际法中得出两条一般性规则，也有一些国内法涉及这一点。

2004 年，爱沙尼亚批准了奥维耶多《人权和生物医学公约》（以下简称《奥维耶多公约》）。[26]根据《奥维耶多公约》第 5 条和第 16 条（v）项的规定，为获取组织样本而进行的物理干预，包括为研究目的而进行的物理干预，必须事先征得个人的知情同意。关于现有组织样本的进一步使用，如为了诊断试验等临床护理目的，该公约第 22 条规定了适当通知的最低限度。[27]这两条规则适用于爱沙尼亚国内法没有具体规定的任何情况。[28]

---

〔25〕 § 6（4）DP Act，supra n 13；and § 6 of the explanatory note to the（2019）DP Act，supra n 14.

〔26〕 Convention for the Protection of Human Rights and Dignity of the Human Being with regard to the Application of Biology and Medicine：Convention on Human Rights and Biomedicine. Oviedo，4. IV. 1997. ETS No. 164.

〔27〕 Explanatory Report to the Convention for the protection of Human Rights and Dignity of the Human Being with regard to the Application of Biology and Medicine：Convention on Human Rights and Biomedicine，at para 137.

〔28〕 § 123（2）of the Estonian Constituion establishes that 'When laws or other legislation of Estonia are in conflict with an international treaty ratified by the Riigikogu，provisions of the international treaty apply.' The Constitution of the Republic of Estonia，RT 1992，26，349. Referring to § 123（3）of the Constitution，the Estonian Supreme Court has established in its case law that a legal rule contained in an international treaty can also be directly applied if there is no respective legal rule under national law. The direct applicability of an international treaty presumes that the rule in the treaty is aimed at regulating national relationships，and that the rule is specific enough in order not to need clarification in national law. Judgment no 3 – 3 – 1 – 58 – 02 of 20 December 2002 of the Estonian Supreme Court. See also Pormeister（2018）.

爱沙尼亚法律仅具体处理了少数关于组织样本研究用途的案例，如在研究中使用胚胎需要两个配子供体的同意。[29] 此外，在使用血液（不包括其他类型的组织样本）的情况下，《血液法》[30] 第10条规定，从捐赠者或患者身上采集的血液经书面同意后可用于研究目的。随后在研究过程中对这些血液中的DNA进行测序，这不是一个受法律直接规范的问题，而是一个伦理问题。

《人类基因研究法案》规定："未经个人具体知情和自愿同意，禁止采集组织样本并准备健康状况或家谱描述。"[31] 然而，所提及的条款是《人类基因研究法案》第2章的一部分，该章专门规定了EBB基因捐赠者的权利。《人类基因研究法案》明确指出，第2章至第4章不适用于EBB以外的基因检测（或研究）。[32] 因此，该法案禁止EBB在未经个人具体知情和自愿同意的情况下获取其组织样本。

在国内法中未明确规定组织样本进一步研究使用的情况下，应适用适当通知的最低要求。因此，根据爱沙尼亚法律，将组织样本纳入生物银行研究并不一定需要征得同意，这里有两个明显的例外，即需要书面同意的血液和未经同意不能获取组织样本的EBB。

然而，鉴于对组织样本的主要研究利益在于从中获得的信息，数据的使用规则实际上是首要问题。

3.1.2 使用个人数据的知情同意

就EBB而言，同意将组织样本和个人数据用于"基因研究、公共卫生研究和统计目的"必须是书面的，并由捐赠者签署。[33] 因此，EBB的同意是一种开放或广泛的研究同意，允许捐赠者的组织样本和数据基本上用于任何伦理上可接受的科学研究。

---

〔29〕 § 32（2）of the Artificial Insemination and Embryo Protection Act. Official English translation. https://www.riigiteataja.ee/en/eli/504012018005/consolide.

〔30〕 Blood Act, RT I 2005, 13, 63. Official English translation. https://www.riigiteataja.ee/en/eli/510042015002/consolide.

〔31〕 § 9（1）HGRA, supra n 8.

〔32〕 § 6（2）HGRA, ibid. This is also evident from the text of the HGRA in Chapters 2 to 4 as it refers clearly to the gene donors and processing activities of the EBB.

〔33〕 § 12（1）HGRA, supra n 8.

在数据保护的知情同意方面，适用 GDPR 的一般规则。因此，根据 GDPR 第 9 条第（2）款（a）项的要求，当涉及使用基因或健康数据等特殊类别的数据时，必须在同意书中规定处理的具体目的。尽管 GDPR 第 33 条似乎赋予成员国在研究中允许获得更广泛同意的自由裁量权，但《爱沙尼亚个人数据保护法》并未确立一个单独的、更广泛的研究知情同意概念。

EBB 的知情同意仍然是爱沙尼亚国家法律规定的数据研究使用的唯一开放或广泛的知情同意。尽管《爱沙尼亚个人数据保护法》的解释性说明未提及 EBB 的同意以及与 GDPR 第 9 条第（2）款（a）项的关系，但可以认为，EBB 的批准应被视为行使 GDPR 第 33 条所述的自由裁量权。另一种解释是，EBB 使用个人数据是基于法律而非同意。2019 年 3 月 15 日，《人类基因研究法案》的一系列修改生效。[34] 其中一项修改是第 29 条中关于伦理委员会的条款，该条款要求伦理委员会审查是否符合《爱沙尼亚个人数据保护法》第 6 条的规定。然而，后者规定了未经同意在研究中使用个人数据。这就引出了一个问题，即 EBB 使用个人数据是否应被视为基于国家法律的数据处理，而不是基于捐赠者同意的处理。由于没有获得与《人类基因研究法案》中的这些最近变化相关的工作文件，目前还没有对这个问题的确切答案。

总之，《爱沙尼亚个人数据保护法》没有选择对研究采用更广泛的知情同意以便于开展生物银行活动，而是为未经个人同意在研究中使用个人数据创造了简单的选择。这可以说比广泛或开放的研究同意更能促进生物银行活动。

3.1.3 未经同意使用个人数据

《爱沙尼亚个人数据保护法》第 6 条为未经同意在研究中使用个人数据提供了法律依据。[35] 以下两种例外情况适用于所有类型的个人数据。

首先，个人数据可以在未经同意的情况下用于研究目的，只要数据已假名化或已采用任何其他同等有效的方法（要求技术中立）。[36] 在研究中使用假名化数据，无须事先获得伦理委员会或爱沙尼亚数据保护监察局[37] 的批准。

---

〔34〕 The latest version of the HGRA（in force as of 15 March 2019）is currently only available in Estonian. Human Genes Research Act，RT I，13. 03. 2019，64.

〔35〕 DP Act，supra n 13.

〔36〕 § 6（1）DP Act，ibid.

〔37〕 For more information on the Estonian Data Protection Inspectorate（Andmekaitse Inspektsioon），see their official website. https：//www. aki. ee/en.

尽管 GDPR 第 89 条第（1）款明确提到了将假名化作为一种保障措施，但尽早对数据进行假名化处理是 GDPR 的基本原则。[38] 因此，有争议的是，爱沙尼亚将个人数据假名化作为一项独立的、“适当”的保障措施[39] 的做法是否符合 GDPR 的规定。

此外，根据《爱沙尼亚个人数据保护法》的解释性说明，假名化或匿名化（作为 GDPR 意义上的处理活动）都不需要单独的事先批准。[40] 这意味着，如果个人数据可用，则可以在未经个人同意或伦理委员会或爱沙尼亚数据保护监察局事先批准的情况下，将其假名化（或匿名化）用于研究。为了进一步研究的目的，允许对此类数据进行去假名化处理。[41]

其次，当使用直接标识符处理个人数据时，应满足以下三个条件，个人数据也可以在未经同意的情况下用于研究：

（1）在删除能够进行识别的数据后，无法再实现数据处理的目的，或者实现这些目的将面临不合理的困难；

（2）经从事科学和历史研究或编制官方统计数据的人员评估，处理个人数据具有压倒一切的公众利益；

（3）数据主体的义务范围不会因处理后的个人数据而改变，或者数据主体的权利不会以任何其他方式受到过度损害。[42]

对于特定的特殊类别数据，还需进行伦理审查，如将特殊类别数据以直接标识符处理后用于研究，则需要获得爱沙尼亚数据保护监察局的批准。[43]

然而，即使在这种情况下，《爱沙尼亚个人数据保护法》的解释性说明也强调，只有在整个研究（包括数据分析）都要使用直接标识符进行的情况下，才需要事先审查，[44] 这种情况很少发生，因为大多数研究项目不要求在数据

[38] See, e. g., Recital 78 GDPR which mentions ‘pseudonymising personal data as soon as possible’ as one of the measures to demonstrate compliance with the GDPR and in particular with the principles of data protection by design and data protection by default.

[39] See Recital 156 GDPR which labels pseudynomisation of data as an ‘appropriate safeguard’ in the research context.

[40] § 6 of the explanatory note to the (2019) DP Act, supra n 14.

[41] § 6 (2) DP Act, supra n 13.

[42] § 6 (3) DP Act, ibid.

[43] § 6 (4) DP Act, ibid.

[44] § 6 of the explanatory note to the (2019) DP Act, supra n 14.

的实际分析中包含直接标识符。《爱沙尼亚个人数据保护法》解释性说明中的这一评论与法律文本不一致，法律文本要求在研究中使用特殊类别的数据时进行审查。[45]

3.2 参与者的权利

3.2.1 EBB 的基因捐赠者

EBB 基因捐赠者的权利根据《人类基因研究法案》第 2 章确定。一旦个人成为 EBB 的基因捐赠者，EBB 就有权保密，基因捐赠者的身份只能由基因捐赠者披露或经其同意披露。[46] 基因捐赠者有权知道或不知道 EBB 中保存的关于他们的信息。然而，为了保护其他基因捐赠者的隐私利益，基因捐赠者无权查阅他们的家谱。如果基因捐赠者希望获得其信息，该捐赠者有权进行咨询。[47]

必须强调的是，基因捐赠者的同意允许 EBB 从所有可能的州数据库中收集所有基因捐赠者的健康数据。但是，基因捐赠者有权禁止 EBB 进一步访问其健康数据，否则 EBB 可以对已获得的数据进行补充、更新和验证。[48]

如果基因捐赠者想退出 EBB，基因捐赠者有权要求销毁编码信息。[49] 尽管选择退出不会产生追溯效力，收集的组织样本和数据仍保留在 EBB 中，仍可用于研究，但基因捐赠者无法再被重新识别。基因捐赠者有权要求彻底销毁 EBB 已获得的组织样本和数据，但前提是基因捐赠者的身份已被非法

---

〔45〕 § 6 (4) DP Act reads: 'If scientific and historical research is based on special categories of personal data, the ethics committee of the area concerned shall first verify compliance with the terms and conditions provided for in this section. If there is no ethics committee in the scientific area, the compliance with the requirements shall be verified by the Estonian Data Protection Inspectorate. With regard to any personal data retained at the National Archives, the National Archives shall have the rights of the ethics committee.'

〔46〕 § 8 HGRA, supra n 8.

〔47〕 § 11 (1) – (4), ibid. On 15 March 2019, amongst other changes in the HGRA, § 11 (4) was altered so that the donors' right to 'genetic counselling' was reduced to the right to 'counselling', i. e. not specifically genetic counselling. Regrettably, no explanatory notes, impact assessments or other working documents are publicly available regarding this change.

〔48〕 § 11 (6), ibid.

〔49〕 § 10 (1), ibid.

泄露。[50]

3.2.2 其他生物银行参与者

尽管根据《人类基因研究法案》确立的基因捐赠者的权利是专门为 EBB 的基因捐赠者设计的，但许多类似的原则来自涵盖所有生物银行设施的数据保护法。例如，根据 GDPR 的规定，所有个人都有访问权、[51] 被遗忘权、[52] 限制处理权[53] 以及反对使用其数据的权利。[54]

然而，《爱沙尼亚个人数据保护法》利用 GDPR 第 89 条第（2）款的规定，创造了减损所有这些权利的可能性，但被遗忘权除外，因为上述条款未提及这一权利。尽管如此，在研究背景下，这项权利的例外直接源于 GDPR 本身。[55]

根据《爱沙尼亚个人数据保护法》，当涉及个人数据的研究使用时，只要 GDPR 第 15、16、18、21 条提及的数据主体权利可能导致特定研究目的无法实现或严重损害该目的的实现，并且这些减损对于实现这些目的是必要的，[56] 数据控制者或处理者就可以限制这些权利。[57]

3.3 GDPR 第 89 条和《爱沙尼亚个人数据保护法》下的保障措施

《爱沙尼亚个人数据保护法》的解释性说明提到《爱沙尼亚个人数据保护法》第 6 条和 GDPR 第 89 条和第 6 条第（1）款（e）项，规定科学和历史研究以及统计是为了后一条意义上的公共利益而开展的任务。[58] 在提及 GDPR 第 89 条时，解释性说明指出，《爱沙尼亚个人数据保护法》第 6 条旨在确立该条所述的例外情况以及保障措施。然而，除了 GDPR 第 89 条第（1）款已

---

〔50〕 § 10（2），ibid.

〔51〕 Art. 15 GDPR，supra n 11.

〔52〕 Art. 17 GDPR，ibid.

〔53〕 Art. 18 GDPR，ibid.

〔54〕 Art. 21 GDPR，ibid.

〔55〕 Art. 17（3）（d）GDPR，ibid.

〔56〕 There is no comment in the explanatory note to the DP Act as to why the processor is afforded the right to decide upon derogations from the rights of data subjects.

〔57〕 § 6（6）DP Act，supra n 13.

〔58〕 § 6 of the explanatory note to the（2019）DP Act，supra n 14. Oddly，there is no reference to Article 9（2）（j）GDPR that grants discretion to Member States to regulate the research use of special categories of data in particular，although § 6 of the DP Act clearly regulates this matter as well.

经直接提到的内容（假名化）外，国家法律或其解释性说明中没有明显的其他保障措施。

GDPR 第 89 条第（1）款提到，在个人数据的研究使用方面，假名化是一种可能的保障措施。如上所述，《爱沙尼亚个人数据保护法》允许在未经同意或任何审查程序的情况下，在研究中使用所有类型的个人数据，前提是这些数据“采用假名格式或提供同等保护的格式”。[59]因此，假名化或提供同等保护的任何技术基本上是《爱沙尼亚个人数据保护法》提到的一项保障措施。

伦理审查和爱沙尼亚数据保护监察局的批准也可被视为 GDPR 第 89 条第（1）款提及的保障措施。然而，如上所述，根据《爱沙尼亚个人数据保护法》的解释性说明，只有在未经同意且在数据分析过程中使用直接标识符的特殊类别数据进行研究的情况下，才满足伦理审查要求。这意味着，至少根据《爱沙尼亚个人数据保护法》的解释性说明，只有在非常有限的情况下才需要进行伦理审查，[60]而爱沙尼亚数据保护监察局只有在某一特定领域没有伦理委员会的情况下才会参与，而在爱沙尼亚，这种情况实际上不太可能发生。

关于爱沙尼亚法律和 GDPR 第 89 条第（1）款规定的保障措施，必须强调的是，后者要求在研究背景下实施保障措施，无论处理的法律依据是什么（是同意还是国内法）。然而，《爱沙尼亚个人数据保护法》仅提及在未经个人同意的情况下在研究中使用个人数据时使用假名化数据，就研究而言，基本上所有假名化数据都是免费的。此外，如上所述，为了进一步研究目的，允许对数据进行去假名化处理。

因此，GDPR 第 89 条在《爱沙尼亚个人数据保护法》中的实施是有限的。在保障措施方面，《爱沙尼亚个人数据保护法》提到在未经同意或任何审查程序的情况下对个人数据进行研究使用时使用假名化或同等措施。《爱沙尼亚个人数据保护法》规定的审查程序仅适用于有限的情况，而在数据主体权利的减损方面，《爱沙尼亚个人数据保护法》充分利用了 GDPR 第 89 条第（2）款。

---

〔59〕 § 6（1）DP Act，supra n 13.

〔60〕 As noted earlier，however，this extremely narrow approach laid out in the explanatory note to the DP Act is dubious and ethically questionable. Furthermore，it is at odds with the text of the law，See supra n 47.

4 语境中的法律：个人权利和公共利益

从本章的前一部分可以得出结论，《爱沙尼亚个人数据保护法》对个人数据的研究使用采取了相当自由的方法，只有“知情同意”这一方面是例外。

如上所述，2019 年《爱沙尼亚个人数据保护法》的起草者未使用 GDPR 第 33 条赋予他们的自由裁量权。[61] 因此，就特殊类别的数据而言，作为一般规则，研究中的知情同意必须符合 GDPR 第 9 条第（2）款（a）项的规定。这意味着知情同意必须规定处理的具体目的（数据将被用于的具体研究项目[62]）。根据欧盟法律，这一一般规则的一个明显例外是药物临床试验。[63] 根据国家法律，研究中特定同意的这一一般规则的唯一例外仍然是根据《人类基因研究法案》为 EBB[64] 确立的同意。

这种同意的方法与生物银行的本质背道而驰，因为将组织样本和数据收集到生物库中是为了使其能够用于整个研究领域，而不是特定的单个项目或特定领域的项目（尽管一些专门的生物银行可能侧重于特定领域）。

无法获得开放或广泛知情同意的实体仍可利用《爱沙尼亚个人数据保护法》第 6 条建立生物库。如果已经获得了必要的数据（从个人处获得），则可以将其用于进一步的研究目的，而不管最初获得这些数据的目的是什么。即使数据最初是基于特定目的的知情同意而获得的，它们仍然可以被用于（不同的）研究。GDPR 规定数据不受存储和用途限制［第 5 条第（1）款（b）

[61] In the inital version of the draft law for the new DP Act (published in November 2017), the explanatory note of the law referred to Recital 33 GDPR, emphasizing the need for a broader consent in research. However, the draft law itself made no mention of consent in research. In a letter to the Ministry of Justice, the author of this chapter drew attention to this discrepancy, explaining that the consent issue must either be addressed within the law itself or the reference in the explanatory note should be removed. As a result, the reference to Recital 33 GDPR was removed from the explanatory note without any explanation for this choice in the later version.

[62] For arguments supporting this conclusion regarding the approach to (research) consent under the GDPR, see Pormeister (2018).

[63] Article 28 (2), Regulation (EU) No 536/2014 of the European Parliament and of the Council of 16 April 2014 on clinical trials on medicinal products for human use, and repealing Directive 2001/20/EC. OJ L158/1. See Pormeister (2020), pp. 47 – 54.

[64] However, the reference to § 6 of the DP Act introduced into the HGRA on 15 March 2019 leaves room for doubt as to whether in terms of data protection law the data processing of the EBB should be regarded as processing based on national law instead of consent.

项和（e）项]，《爱沙尼亚个人数据保护法》为未经同意的处理提供了必要的法律依据。

如上所述，如果国家法律有相应要求（例如，在研究中使用患者和捐献者血液的书面同意），则使用现有组织样本并将其纳入生物库必须遵守适当通知或同意的一般规则。当然，从个人身上获取组织样本，需要征得同意，但不需要像同意数据的研究使用一样来阐明具体的研究目的。

例如，具有临床遗传学能力的临床机构积累了大量患者的组织样本和基因数据，这些患者已被转介给遗传学家，并为临床护理目的进行了基因检测。血样的进一步研究使用需要书面同意（不限于特定目的）。基因数据的进一步研究使用可以基于对特定研究项目的最初有限同意，然后根据《爱沙尼亚个人数据保护法》在不同的研究项目中使用。或者，可以跳过获得初始特定同意的步骤，并将数据用于基于该数据保护法的研究。伦理委员会可能会询问研究人员决定不获得同意的原因，并将他们的处理活动建立在法律基础上。然而，在基因研究中，大量的个人数据被处理，往往导致获得个人同意具有不切实际的困难，因此，为使用现有数据而无须获得同意，将法律作为处理的法律依据是可接受的。

对于广泛/开放同意或具体同意，哪种方法更能考虑个人的权利和利益是有争议的。一方面，可以说，广泛或开放同意不利于基因捐赠者充分了解他们的组织样本和数据在未来的研究中可能会如何使用；另一方面，爱沙尼亚目前的做法导致了这样一种结果，即个人可能会对某些研究项目给予具体同意，但同样的数据可以在未来的研究项目中进一步使用，而无须再次同意。因此，《爱沙尼亚个人数据保护法》规定的具体同意不会使个人处于比广泛或开放同意更有利的地位。相反，通过给予广泛或开放的同意，个人必须至少意识到，同意不限于特定项目或研究领域，而相同数据后来可能用于不同研究项目的特定同意，可能被视为对个人的某种欺骗，因为最初的特定同意可能会产生一种错误的确定感。

除此之外，《爱沙尼亚个人数据保护法》允许数据控制者和处理者减损 GDPR 第 15、16、18 和 21 条规定的数据主体的权利［除 GDPR 本身的减损外，如第 17 条第（3）款（d）项］，爱沙尼亚的做法似乎正在将个人权利和公共利益之间的平衡强烈地转向后者。这一态度也反映在《爱沙尼亚个人数据保护法》的解释性说明中。该说明强调，一般而言，研究被视为 GDPR 第 6 条第（1）款（e）项意义上的为公共利益而进行的任务。

5 GDPR 对生物银行的影响及未来可能性

GDPR 本身不能被视为对爱沙尼亚的生物银行活动产生了重大影响。与欧洲议会和理事会第 95/46/EC 号指令一样，[65] 就研究用途而言，GDPR 规定可用数据不受目的和存储限制，而《爱沙尼亚个人数据保护法》通过为独立于同意的处理提供法律依据，为此类数据的（进一步）研究使用提供了便利。

尽管 2019 年《爱沙尼亚个人数据保护法》并没有像 GDPR 第 33 条所规定的那样，为研究建立更广泛的知情同意，但它确实通过为未经个人同意将现有数据纳入（生物库）研究提供了替代法律依据，使生物银行活动得以开展。这使从事研究的实体可以积累大量数据，这些数据可以用于各种研究项目，而无须获得每个项目的具体同意或任何类型的同意。尽管《爱沙尼亚个人数据保护法》的解释性说明中没有明确提及，但鉴于爱沙尼亚的医疗保健面向个性化医疗，立法者的目标很可能是积累大量数据。[66]

考虑到所有医疗数据（包括基因数据和其他健康数据）都是以电子方式存储的，在爱沙尼亚，未经同意在研究中使用个人数据的可能性更大。除了机构电子健康记录外，健康数据还存储在州健康信息系统中，也称为全州电子健康记录系统。DNA 测序数据还不能通过这个中央系统获得，但其以电子方式存储在机构数据库中。然而，电子健康系统的部分战略愿景是最终将基因数据纳入电子健康记录，并创建一个数据库，以积累可用于科学研究和进一步商业发展的假名化健康和基因数据。[67] 这意味着，即使在今天，除了 DNA 测序数据外，基本上整个人口的所有其他健康数据都可以随时用于研

---

〔65〕 See Recital 29 and Art. 6（1）（b）and（e）of Directive 95/46/EC of the European Parliament and of the Council of 24 October 1995 on the protection of individuals with regard to the processing of personal data and on the free movement of such data. OJ L281.

〔66〕 See, e. g. , the official website of the Ministry of Social Affairs regarding personalized medicine. ht-tps：//www. sm. ee/en/personalised – medicine.

〔67〕 E – Health vision 2025. E – Health strategic development plan 2020（E – tervise visioon 2025. E – tervise strateegiline arengukava 2020）. Estonian Health Strategy 2020. Government Office, 29 – 31. Available in Estonian. https：//www. sm. ee/sites/default/flies/content – editors/eesmargid_ ja_ tegevused/Eesti_ e_ tervise_ strateegia/e – tervise_ strateegia_ 2020. pdf.

究，并且可以在未经个人同意（或知情）的情况下用于研究目的。[68]

因此，生物库的创建不再取决于潜在捐赠者的意愿，而是更多地取决于可用的组织样本和数据。尽管除 EBB（根据国家法律）和临床试验赞助商［根据（EU）第 536/2014 号法规］[69]外，没有其他实体有可能就数据的研究使用获得开放或广泛同意，但获得特定同意并不限制现有数据的未来研究使用。这进一步促进了研究合作和可用数据的交换。这种做法在个人权益方面是否相称和平衡，还有待商榷。

6 结 论

为了将组织样本和数据直接从个人转移到生物库中，获取组织样本所需的物理干预需要征得同意。除少数例外情况外，对现有组织样本的进一步使用须经适当通知。将献血者和患者的血液（不包括其他类型的组织样本）纳入研究需要书面同意。由于爱沙尼亚法律没有对这种同意作出任何进一步规定，因此它不限于特定项目甚至研究领域。然而，在未经个人具体知情和自愿同意的情况下，禁止人口生物库 EBB 采集组织样本。这意味着，像医院这样在患者临床护理期间获得大量组织样本的临床机构，可以通过提供适当的通知（或在使用血液的特定情况下获得书面同意）将这些样本纳入生物银行研究。

至于核心研究利益涉及的数据，可以根据同意或国家数据保护法将其纳入研究。对于生物银行来说，同意是一个不切实际的选择，因为对于基因和健康数据等特殊类别的个人数据，GDPR 要求同意基于具体的处理目的，而爱沙尼亚法律并没有像本可以做的那样建立单独的、更广泛的研究同意。然而，《爱沙尼亚个人数据保护法》为未经同意在研究中使用任何类型的个人数据提供了法律依据。因此，可以在未经个人同意的情况下将可用数据纳入生物库。例如，出于与研究无关的目的从中获取组织样本和序列 DNA 的医院和

〔68〕 Art. 14（5）（b）GDPR creates an exception to the controller's obligation to inform data subjects of the processing of their data where the provision of information would ‘involve a disproportionate effort’, in particular for processing for, inter alia, research purposes. In the context of biobanking, the high number of data subjects involved is likely to enable controllers to invoke the exception (See Recital 62 GDPR). See also Pormeister (2020).

〔69〕 Pormeister (2020), pp. 47 – 54.

基因检测服务提供商可以在未经同意的情况下，依据《爱沙尼亚个人数据保护法》，将数据存储并随后用于研究目的。以同样的方式，研究人员在某些项目中基于特定同意从中获得组织样本和序列 DNA，以后可能仍可以将其用于不同的研究。

参考文献

Hallinan D（2018）Feeding biobanks with genetic data：what role can the general data protection regulation play in the protection of genetic privacy in research biobanking in the European Union? Vrije Universiteit，Brussel.

Pormeister K（2018）Genetic research and consent：on the crossroads of human and data research. Bioethics 33（3）：347 – 356. https：//doi. org/10. 1111/bioe. 12475.

Pormeister K（2020）Transparency in relation to the data subject in genetic research – an analysis on the example of Estonia. Doctoral thesis defended 13 january 2020，University of Tartu. Available online at https：//dspace. ut. ee/bitstream/handle/10062/66697/pormeister _ kart. pdf? sequence = 1&isAllowed = y. Accessed 22 June 2020.

第四章

芬兰生物医学研究材料的获取和数据保护权

汤姆·索瑟林顿

摘　要：本章从数据保护的角度描述了芬兰主要涉及非介入性生物医学研究的监管情况，特别是研究对象的权利。GDPR 只是影响个人权利的众多立法之一，它允许欧盟成员国之间存在重大差异。近年来，芬兰有关生物医学研究的法律发生了重大变化，一些变化仍悬而未决。总的来说，立法者的目标是增加负责任的研究机会，促进与研究相关的创新生态系统，但也对平衡数据处理实施了相当严格的限制。现在评估立法改革的影响还为时过早。因此，本章主要是描述性的内容。

1 引　言

芬兰在生物医学研究方面比其他国家具有优势，例如具有全国性的组织样本集合，具有电子健康记录和其他可供研究的国家登记册的公共卫生保健，以及可以将不同来源的信息联系起来的国家识别号。由于人口瓶颈，芬兰的基因组研究特别有趣。[1]芬兰人民普遍对研究持积极态度，[2]立法提供了开展研究所需的架构。近年来，芬兰大幅度更新了有关生物医学研究的立法，这项工作仍在进行中。新立法的核心部分是于 2013 年 9 月生效的《生物银行法

---

〔1〕 See, for example, Kääriäinen et al. (2017).

〔2〕 For a critical review, see Snell and Tarkkala (2019).

案》，但现在可能会发生变化，部分原因是GDPR。新的《芬兰数据保护法》补充了GDPR，于2019年1月生效。最近更新的是《社会和医疗保健数据二次使用法》（以下简称《二次使用法案》），自2019年5月起生效。[3]数据保护和数据安全一直是立法过程中的中心主题，因此，该法在某些方面变得相当严格，同时也创造了新的机会。立法措施与不同权利和自由之间的平衡以及立法的实际效果值得密切监测。

2 生物银行基础设施和监管环境

2.1 生物银行基础设施

2020年6月，芬兰有11个已注册的生物库。本章中的“生物银行”一词仅指根据《生物银行法案》进行的组织样本和数据收集。[4] 7个生物库以医院为基础，其中6个由公立医院运营，1个由私人医疗服务提供商运营。芬兰国家卫生与福利研究所和奥卢大学运营着2个生物库，用于收集群组研究中积累的数据。芬兰红十字会运营着另外2个生物库，即血液服务生物库和血液学生物库。生物库控制着数百万主要用于诊断或研究目的的组织样本以及相关数据的研究使用。[5]为了向研究人员提供生物库，他们还收集组织样本和数据。公立医院的生物库从二级和三级护理患者那里收集了大量的组织样本，而私立医院则为数十万职业健康客户提供特定的患者档案，并从他们那里获取组织样本等。芬兰国家卫生与福利研究所和奥卢大学拥有高质量的群组集合，芬兰红十字会提供血液捐献者组织样本，并提供血液病专业样本集合以及详细的患者数据。

《生物银行法案》允许对组织样本或相关数据进行研究使用，而无须对每个研究项目进行（重新）同意。芬兰大量的生物库样本可以用相关的纵向患者数据和其他数据来丰富，包括诊断、实验室值、成像数据和药物细节等。

[3] See, for example, Southerington et al. (2019).

[4] Code 688/2012. Unofficial translation available at www. fnlex. f/f/laki/kaannokset/2012/en20120688_20120688. pdf.

[5] The biobank register is available at www. valvira. f/terveydenhuolto/toimintaluvat/biopankit. See also www. biopankki. f/en/finnish - biobanks/ for information on each biobank.

越来越多的基因组数据正在积累，也可以根据要求从组织样本中获得。[6] 公共生物库运营商建立了芬兰生物库合作组织，负责国家协调和集中访问芬兰的组织样本集合。[7]

除了为支持研究而建立的注册生物库外，还有许多未被称为生物库的组织样本和数据集合。研究人员可以根据《生物银行法案》以外的其他立法从他们中获得研究材料。这些额外的组织样本集合包括当前生物库中未包含的医疗保健样本档案和个人研究项目中收集的组织样本集合。可从几个卫生和社会保健登记册中获得数据，用于科学研究应用。

2.2　法律框架概述

在芬兰，规范生物库和获取组织样本或数据的基本立法是 GDPR 和《芬兰数据保护法》[8]《生物银行法案》《二次使用法案》[9]《人体器官、组织和细胞医疗使用法》。[10] 干预性研究主要受《医学研究法》管辖，[11] 该法因《欧盟临床试验条例》[12] 和《欧盟医疗器械条例》[13] 而有待修改，新的临床试验法正在起草中。其他相关立法包括《病人地位和权利法》[14] 和《政府活动公开法案》。[15] 表 3－4－1 概述了国家法案的适用范围，但需要注意的是，其中一些法案可能适用于同一研究，例如，根据生物库组织样本和数据筛选潜

〔6〕 A large amount of genomic data from biobanks samples has accumulated, for example, in the FinnGen study (www. finngen. f/en) and has been made available for further studies. See, for example, Palotie (2018).

〔7〕 www. finbb. f.

〔8〕 Code 1050/2018. www. finlex. f/f/laki/alkup/2018/20181050.

〔9〕 Code 552/2019. www. finlex. f/f/laki/alkup/2019/20190552.

〔10〕 Code 191/2001. Unofficial translation available at www. finlex. f/f/laki/kaannokset/2001/en20010101_20130277. pdf.

〔11〕 Code 488/1999. Unofficial translation available at www. finlex. f/en/laki/kaannokset/1999/en19990488. pdf.

〔12〕 Regulation 2014/536. eur－lex. europa. eu/legal－content/EN/TXT/? uri＝celex%3A32014R0536.

〔13〕 Regulations 2017/745 and 2017/746. eur － lex. europa. eu/legal － content/EN/TXT/? qid ＝1559211487967&uri＝CELEX：32017R0745 and eur－lex. europa. eu/legal－content/EN/TXT/? qid ＝1559211487967&uri＝CELEX：32017R0746.

〔14〕 Code 785/1999. Unofficial translation available at www. finlex. f/en/laki/kaannokset/1992/en19920785_ 20120690. pdf.

〔15〕 Code 612/1999. Unofficial translation available at www. finlex. f/en/laki/kaannokset/1999/en19990621. pdf.

在参与者的药物试验。

表 3－4－1　影响健康研究的芬兰国内立法概览

法律文书	研究范围	注意点
《芬兰数据保护法》[a]	补充 GDPR 的国家通用法。科学研究的法律依据及其减损	GDPR 第 6 条第（1）款（e）项适用于科学研究所需的处理，并与追求的公共利益相称。GDPR 第 9 条第（1）款不适用于科学研究［基于第 9 条第（2）款（j）项］。处理特殊类别数据的保障要求。GDPR 第 15 条、第 16 条、第 18 条和第 21 条规定的有具体保障措施的可能减损
《生物银行法案》[b]	生物库的注册和运营要求。从生物库获取生物样本和相关数据，用于促进健康、了解疾病以及开发健康和医疗保健产品和治疗方法的研究	正在起草新的生物银行法案。生物银行处理数据预计将根据 GDPR 第 6 条第（1）款（e）项和第 9 条第（2）款（g）项进行阐释。生物库的运营通常依赖于该法案规定的广泛同意或通知和选择退出程序，以便将旧样本和数据收集转移到生物库。有关研究中处理的法律依据，请参阅上面的《芬兰数据保护法》
《二次使用法案》[c]	将社会和医疗保健数据用于若干次要目的，包括科学研究和非科学研发。 建立一个新的集中权限机构（www. findata. f），用于在需要多个控制者、延迟权限的控制者以及任何私人医疗或社会护理提供者提供数据时获得权限。 该机构还将汇编数据，并在安全的处理环境中提供	集中权限和访问多个健康和社会护理登记册的数据。除汇总统计数据外，数据只能在经过认证的安全处理环境中被访问和处理。 权限管理机构对匿名化进行垄断并创建汇总统计数据以供研究或研发。对拟发表研究成果进行匿名化控制
《人体器官、组织和细胞医疗使用法》[d]	在许多其他目的中，如果不能从注册的生物库中获得人体组织的话，它规定了人体组织在研究中的二次使用	不规范数据的访问或使用，仅规范人体组织。适用于不同情况或组织样本的几个研究相关章节（尸检、未使用的移植、诊断样本）

续表

法律文书	研究范围	注意点
《医学研究法》[e]	涉及干预人、人类胚胎或人类胎儿完整性的研究，目的是增加对健康、病因、疾病的症状、诊断、治疗和预防或一般疾病性质的了解。建立法定的医学研究伦理委员会	规定为特定研究项目（干预性研究）目的获取和使用人体组织。药物试验将部分从该法案中分离出来，由《欧盟临床试验条例》和新的《国家临床试验法》调整
《病人地位和权利法》[f]	除其他事项外，还规范医疗记录的获取、保密性、存储时间和使用	根据该法案，在征得患者同意的情况下，可以共享机密记录
《政府活动公开法案》[g]	关于公共部门信息自由和保密基础的一般法律。包括为科学研究目的提供查阅公共记录的规则。为了获取个人数据，申请人必须有有效的法律依据	《二次使用法案》规定了获取公共部门记录进行研究的权限。访问《二次使用法案》未涵盖的公共记录主要是根据该法决定的

[a] Code 1050/2018. www. finlex. f/f/laki/alkup/2018/20181050

[b] Code 688/2012. Unofficial translation available at www. finlex. f/f/laki/kaannokset/2012/en20120688_20120688. pdf

[c] Code 552/2019. www. finlex. f/f/laki/alkup/2019/20190552

[d] Code 191/2001. Unofficial translation available at www. finlex. f/f/laki/kaannokset/2001/en20010101_20130277. pdf

[e] Code 488/1999. Unofficial translation available at www. finlex. f/en/laki/kaannokset/1999/en19990488. pdf

[f] Code 785/1999. Unofficial translation available at www. finlex. f/en/laki/kaannokset/1992/en19920785_20120690. pdf

[g] Code 612/1999. Unofficial translation available at www. finlex. f/en/laki/kaannokset/1999/en19990621. pdf

芬兰药品管理局〔16〕负责管理国家生物库登记册，并根据《生物银行法案》监督和监测生物库。它有权将生物库从登记册中删除，这实际上意味着撤销其运营许可，并推翻生物库运营商的个人决定。此外，国家数据保护机构，即数据保护监察员办公室，在个人数据处理方面享有数据保护制度规定的权利。

〔16〕 www. fimea. f

对新立法的两项举措正在准备中，这可能会对研究组织样本和数据的获取产生重大影响：

（1）一项新的生物银行法案正在起草中，以取代现有的法案。预计将更新个人数据处理的法律基础。根据《二次使用法案》，对数据的访问可以部分转移。

（2）基因组法正在起草中。该草案包括要求医疗保健提供者和生物库将基因组数据存储在基因组中心，该中心将是芬兰国家卫生与福利研究所内成立的一个新的专家组织和公共机构。

2.3 生物银行和生物银行研究中个人数据处理的法律基础

目前的《生物银行法案》依赖于两种机制将样本和相关数据带到生物库：广泛的生物库同意（第 11 条），以及作为旧诊断或研究收集的替代方案，具有选择退出可能性的个人或公共通知程序（第 13 条）。与收集或转移的组织样本相关的数据也可以被存储在生物库中（第 14 条）。[17]《生物银行法案》赋予生物库保留组织样本和相关信息记录的权利，包括个人数据（第 20 至 23 条）。一旦合法获得，生物库运营商可以在《生物银行法案》规定的范围内为研究项目提供组织样本集合的渠道，即利用生物库样本或数据进行研究，以促进健康、了解疾病机制或开发用于健康和医疗保健的产品和治疗方法。研究可以由学术界或行业驱动。科学家可以在其科学研究项目需要时从其他登记处获得额外数据，如芬兰社会保险机构的社会经济数据或处方药报销数据。

根据《生物银行法案》第 26 条和第 27 条的规定，对生物库样本或数据的访问始终基于每个研究项目的个案决定。研究提案必须与生物库注册的研

〔17〕 Based on guidance from the supervisory authority Valvira and the data protection ombudsman (available at www. valvira. f/terveydenhuolto/toimintaluvat/biopankit), this data can include generic information on the sample donor (like identification data, dates of birth and death, cause of death), information related to the sample (like type, date stamps, diagnostic information, DNA analyses, etc.), health information closely related to the sample donor (relevant diagnoses, medication, treatments obtained etc.) and research results related to the sample (results from research to which samples were provided). Based on this, biobanks have accumulated fairly broad clinical data collections from which they can provide data with (or even without) samples for research. Based on discussions with the Ministry of Social Affairs and Health, this may change with the new biobank act. Decisions concerning the majority of the data would be taken in accordance with the Secondary Use Act instead of the Biobank Act.

究领域相对应。该提案还必须符合有关研究类型的所有法律要求以及组织样本处理的标准和条件，其中一些标准和条件也可能由生物库设定。接收人员必须具有处理组织样本和信息的适当专业和学术资格，并且访问必须与其职业职责相关。生物库和接收者之间必须签订组织样本转让协议，包括公开研究结果的义务。

为了获得访问权限，根据《生物银行法案》第27条的规定，申请人必须提供研究计划、伦理评估和计划处理的说明。生物库可以拒绝访问（仅）基于：（1）生物库的研究领域和其他访问标准；（2）需要确保与早期研究相关的知识产权以便完成正在进行的研究项目或保存组织样本或收集组织样本；（3）与数据保护相关的原因；（4）与研究伦理有关的原因。

在为科学研究处理个人数据方面，芬兰法律支持其他可用的法律依据，而不仅仅是同意，特别是基于 GDPR 第6条第（1）款（e）项和第9条第（2）款（i）和（j）项。这有望扩展到干预性研究，在这些研究中，一般同意是处理的法律基础，同时同意是进行身体或心理干预的基础。[18] 这一趋势似乎是有道理的，因为 GDPR 规范的同意越来越像是研究中处理个人数据的一个不稳定且在许多情况下无法实现的前提，特别是考虑到数据主体随时撤回的权利，这可能会极大地影响研究项目及其结果的有效性，以及对能够获得有效同意的情况的要求。[19]

3 与数据保护相关的个人权利和保障措施

个人根据 GDPR 和国内法享有权利和保障，这在一定程度上也对 GDPR

---

〔18〕 For appropriate legal bases in clinical trials, see the EU Commissions Question and Answers on the interplay between the Clinical Trials Regulation and the GDPR, ec. europa. eu/health/sites/health/flies/flies/documents/qa_ clinicaltrials_ gdpr_ en. pdf.

〔19〕 See Guidelines on Consent under Regulation 2016/679 (wp259rev. 01), endorsed by the European Data Protection Board. Basing data processing on the law rather than consent seems unproblematic and warranted from the legal point of view, but for those emphasising data subject control or the so - called right of informational self - determination, a concept introduced by the German Bundesverfassungsgericht in 1983, the strict limitations for the possibilities to validly consent, which make it necessary to restrict, even exclude, self - determination by law to enable necessary processing, may seem less desirable. For an overview of the 1983 decision and the newly invented right, see, for example, Hornung and Schnabel (2009).

确立的权利进行了限制。科学研究在 GDPR 和全国范围内具有特殊地位。在芬兰，生物库本身不被视为像 GDPR 第 89 条那样的科学研究条款范围，但基于生物库样本的科学研究则本身如此。

《生物银行法案》第 39 条规定，每个人都有权要求生物库提供以下信息：

（1）与他们有关的样本是否被存储在生物库中；

（2）储存组织样本所依据的标准（同意或有选择退出可能性的个人或公开公告程序）；

（3）有关他们的数据来源；

（4）从他们身上获取样本的接收者以及相关数据的接收者。

此外，《生物银行法案》第 39 条还规定，样本捐赠者有权应其请求，从其组织样本中获得与健康相关的信息。当生物库提供这些信息时，它还必须为捐赠者提供一个机会，让他们了解这些信息的重要性。生物银行可以收取提供该账户的成本费用。

除了《生物银行法案》规定的权利外，数据主体在 GDPR 下的权利也将适用，如获取其所有个人数据副本的权利。然而，《芬兰数据保护法》第 34 条对这项权利提供了一些豁免，如当提供数据可能严重危害数据主体的健康或其护理或数据主体或其他方的权利时，允许数据控制者拒绝提供数据。[20]

GDPR 的更正权（第 16 条）、数据删除权（第 17 条）、限制处理权（第 18 条）和反对处理权（第 21 条）在生物库内的处理方面也或多或少保持不变，但根据《芬兰数据保护法》，这些权利可因科学研究而被减损，这将在下文进一步讨论。《生物银行法案》第 12 条规定，生物银行同意可以随时撤回、更改或限制。然而，根据该法案，已经为特定研究项目形成的数据集和研究结果中包含的信息可继续被用于生物银行研究。在实践中，任何形成但未提供给研究人员的数据集都会被修改，以删除任何撤回同意的人的数据。然而，对于已经提供或用于研究的数据集，可能并不总是能够做到这一点，并且有继续处理的法律依据，如根据 GDPR 和《芬兰数据保护法》进行的符合公共利益的科学研究。

〔20〕 The Data Protection Act makes use of the possibility provided in the GDPR article 23 to nationally derogate from any of the GDPR articles on data subject rights.

数据可携权（GDPR 第 20 条）可能适用于生物库中存储的部分数据，即数据主体在同意的情况下提供的数据（如有）。数据主体自身提供的数据的范围并不完全清楚。[21]

与数据主体有关的决策，包括任何自动化决策（GDPR 第 22 条）。《生物银行法案》第 19 条规定，不得允许访问生物库样本或数据，也不得将其用于刑事调查或与样本捐赠者有关的行政或任何其他决策。该条款还特别禁止用于确定个人的工作能力以及信贷和保险机构的决策。

至于保障措施，根据《生物银行法案》第 16 条的规定，生物库样本和数据必须用假名化的代码来替代直接标识符，并且代码密钥必须被单独存储。对生物库信息系统也有要求，这些系统必须是安全的，并能够对任何再识别事件进行验证。当向研究项目提供组织样本或数据时，通常必须使用第二个特定于项目的代码进行重新编码。例如，如果有必要将生物库外部的额外数据链接到样本供体材料，生物库可以例外地提供可识别材料。在这种情况下，获得可识别材料的数据控制者必须在为研究项目提供（或使用）该组合材料之前，使用生物库提供的代码对其进行假名化处理。

因此，在大多数情况下，从生物库获得材料的研究人员将无法获得任何可识别信息，尽管这些数据仍可能包括个人数据，但 GDPR 第 11 条规定豁免适用。此外，《芬兰数据保护法》根据 GDPR 第 89 条规定了科学研究中数据主体权利的例外情况。根据《芬兰数据保护法》第 31 条，如果需要，可以减损 GDPR 的第 15、16、18 和 21 条，前提是：（1）处理是基于适当的研究计划；（2）某一特定个人或团体负责这项研究；（3）个人数据的处理和传输仅用于历史或科学研究或其他兼容目的，并防止未经授权的披露。如果处理涉及健康数据或其他特殊类别数据或 GDPR 第 10 条的数据，则作为额外的安全措施，研究人员必须：（1）执行符合 GDPR 第 35 条的数据处理影响评估，然后在处理之前将其提供给数据保护监察员；（2）遵守 GDPR 第 40 条的合规行为准则，适当地考虑对数据主体权利的减损。

---

〔21〕 See, for example, Chassang et al. (2018).

《二次使用法案》不适用于生物库（样本或）数据，[22]然而，《二次使用法案》将规范对许多类型信息的访问。这些信息通常与生物库样本和数据相结合，如额外的临床数据或药物处方和使用数据。当需要一个公共社会或医疗保健服务提供商（和数据控制者）提供这些数据时，该服务提供商将决定对这些数据的权限。当需要多个公共社会或医疗服务提供商或任何私人社会或医疗保健服务提供商提供数据时，新的公共行政机构 Findata 将作为访问请求的中央许可办公室。[23] Findata 还将收集和合并原始登记册中的数据，并将合并后的数据集提供给研究人员。[24]根据《二次使用法案》，这些数据将仅供研究人员在 Findata 的安全处理环境中使用，或者在 Findata 允许的情况下，由批准的认证机构认证的另一个安全处理环境中使用，除非数据是聚合统计数据，以确保其匿名性，而这一限制在某些研究项目中可能具有挑战性。[25]数据处理环境要求似乎也意味着，任何要与《二次使用法案》所规范的数据合并和分析的数据都需要被纳入该环境。[26]另一项新要求是，Findata 将控制基于注册数据获得的结果的发布，以确保其匿名性。它可以将结果本身匿名化，也可以让研究人员自行完成，无论何种情况，研究人员必须在事后将他们的

---

[22] This is actually not evident from the Act itself but based on discussions with officials at the Ministry of Social Affairs of Health who plan to clarify this in the renewed Biobank Act being drafted. The scope of the Secondary Use Act is defined by different sections of the Secondary Use Act, in particular Section 2 'Scope' referring to Sections 1 'Objectives', 6 'Authorities and organisations responsible for services and data collection limitations' and 7 'Exceptions concerning statistics authorities'. In addition to what can be deduced from these sections, the Act governs access to private health and social care providers' personal data records for secondary purposes (see Sections 35 and 44 in particular).

[23] See Section 44 for division of powers.

[24] Section 5 and 14.

[25] Consider for example EU or multinational research projects which would like to control and analyse their data combined from different countries.

[26] Some requirements for the secure environments are described in sections 17 – 24. The Act places major expectations for the secure data environments, which will need to be able to facilitate research on any kind of data in many different formats, medical imaging formats, text, video, audio, genomic data formats, etc., combine them from various sources, include the required analytics tools and provide a user – friendly remote access interface.

匿名结果提供给当局。[27]

4 语境中的法律：个人权利和公共利益

《生物银行法案》提高了使用组织样本和数据进行研究的透明度，并为样本捐赠者引入了新的信息权。[28] 该系统基于同意和一种替代选择退出机制，信息可单独或公开提供。由于对获得有效同意的严格要求，以及对数据处理的同意范围的限制，同意作为生物库和一般研究相关目的的法律依据将变得不那么有用。这似乎违反了基本的医学研究伦理要求，但基于适当颁布的法律进行处理，具有透明度和实际影响的可能性，在伦理上不应受到怀疑，也不影响获得干预同意的必要性。预计在新的生物银行法案中，生物银行活动的法律依据将根据 GDPR 第 6 条第（1）款（e）项和第 9 条第（2）款（g）项以实质性公共利益为基础进行处理。获取组织样本的干预仍然需要征得同

---

〔27〕 Section 52. Data protection and security concerns were considered so critical that the centralised permissions authority was given exclusivity over anonymisation of data. Anonymised data were considered as data with residual risk of re – identification as opposed to aggregated statistics, also exclusively produced by the permissions authority and presumed absolutely anonymous. Despite the centralised anonymisation to ensure adequate anonymity, even anonymised data obtained under this Act cannot be handled freely but only in certified secure environments and only aggregated statistics can be handled elsewhere (even though in reality also statistics can reveal information about identifiable persons when complemented with other data). The concern over publications arose fairly late in the process and the argumentation for increased control was that even when the research data are well secured, publication of the results could reveal identifiable data. This was apparently considered an unbearable risk that needed to be avoided, although there is evidence that when discussing the act in session, the parliament or at least some of the MPs did not actually realise that the restrictions to the right to publish scientific results were actually included in the final proposal they decided on—See MP Puska's statement from March 6th 2019 plenary session, www. eduskunta. f/FI/vaski/Puheenvuoro/Sivut/PUH_ 171 + 2018 + 5 + 1 + 1. aspx. For the travaux preparatoires and expert opinions collected during the parliamentary process, see www. eduskunta. f/FI/vaski/KasittelytiedotValtiopaivaasia/Sivut/HE_ 159 + 2017. aspx. All in all, the parliament seems to have aimed at absolute universal anonymity, going far beyond the requirements of the GDPR for data not to be considered as personal data and discarded considerations for balance between fundamental rights. This could present a major threat to the freedom and autonomy of science and also for other justified uses of social and health care data. For example, there is probably no way of irrevocably, universally anonymising X – ray (or similar) images so that no – one, in no circumstances, could even in theory identify anyone from them. Yet sharing this kind of data is customary, necessary and presumably in most cases of little or no actual risk to anyone's rights or freedoms, or at least represents a good balance between different rights and interests.

〔28〕 See, for example, Soini (2013) and Forsberg (2013).

意，但这不会扩展到数据处理。与目前的情况相比，这可能会在一定程度上减少对样本捐赠者的控制，目前的处理至少部分基于广泛的生物库同意，但有了对干预、保障和其他数据主体权利的同意，各种权利和利益似乎是平衡的。

《二次使用法案》为保护数据而采取的措施超出了 GDPR 的要求，并与其实现数据在欧洲自由流动的目标相矛盾。与发表结果有关的限制会妨碍《芬兰宪法》第 16 条和《欧盟基本权利宪章》第 10 条所保护的科学自主权和自由，并可能引发对科学发现的适当报告的担忧。《二次使用法案》在实践中的影响将在很大程度上取决于新的许可机构 Findata 的资源、效率和心态。希望该法案将在新的集中许可和数据收集流程、对社会和医疗保健服务提供商提供数据的新要求以及新的支持服务的基础上做出重大改进。在该法案之前，研究人员可以获得来自不同社会和医疗保健登记册的数据，但访问通常由几个不同的数据控制者决定，他们对同一研究提案的决定可能会有所不同，应用过程也可能非常长，而且并不总是有足够的服务来实际编译来自数据控制者的许多信息系统的数据。

个人权利和公共利益有时被视为对立，但这些紧张关系可能被夸大。首先，生物银行或研究通常既符合公共利益，也有利于私人利益。生物库样本可能被证明对一个人以后的医疗保健有价值，或者研究中的偶然发现可能提供重要的、可操作的信息。它甚至可以被视为患者参与生物银行和研究的权利。其次，研究本身通常不是针对个人，而是针对统计的、可概括的现象。在许多情况下，研究是在没有任何必要、合适或合理的机会访问标识符的情况下进行的，也没有使用数据影响数据主体的权利。似乎很少有人对出于医疗目的的献血有重大担忧，尽管这也需要捐献者的准确健康信息，而生物库与之有几个相似之处。一些被认为的紧张关系可能是由于对个人数据保护权的起源或理由以及将这一权利视为一种财产权的模糊性造成的。但数据不是个人所有的，如果有权利，这些权利可能会在不同的人之间传播，并传播到每个数据的每个副本上，从而使个人控制成为一种幻想。[29]

---

〔29〕 Expanding on these themes is beyond the scope of this book. Cf. Koops (2014) who states that the aim to give individuals control over personal data is a delusional fallacy.

5 GDPR 对生物银行的影响及未来可能性

GDPR 似乎已经将同意作为处理的法律基础转向为以法律合法化为基础，以服务于公共利益。这可能有利于研究并明晰研究项目的合法性。然而，同意仍然是处理的一个可能基础，在使用同意的情况下，一方面，GDPR 序言 33 承认“广泛同意”，这可能会扩大目前各国对同意边界的解释，因为在无法获得同意时，有关研究的所有信息都不可用。另一方面，GDPR 序言 159 可能会扩大目前国家对科学研究的解释，明确包括技术开发、示范和应用研究，而不仅仅是学术基础研究。即使不是法律依据，同意也可以作为一种保障形式，尽管这可能会让数据主体（和数据控制者）感到困惑。

总的来说，GDPR 可能会给研究中的数据保护带来更好的实践，尽管在健康研究方面，由于健康数据的保密性以及医疗保健专业人员经常进行研究，人们的意识可能已经持续了一段时间。对数据保护问题的高度认识和如何最好地遵守的不确定性可能导致不必要的过度数据保护措施，如《二次使用法案》的情况。GDPR 继续承认科学研究是一种特殊的处理目的，即使其本身不是研究的法律依据，并进一步阐明什么应该被视为科学。然而，GDPR 未能通过适当协调数据保护规则来支持欧洲的研究领域。从法律基础到数据主体权利的所有核心条款都可能受到国家立法或缺乏立法的影响，尤其是在科学研究领域，这使跨境合作具有挑战性。数据保护制度仍然是欧盟和国家规则的复杂组合，理解权利和要求仍然是当局、数据控制者、数据处理者和数据主体面临的挑战。

6 结 论

芬兰在复杂的欧洲和国际环境中为生物银行以及组织样本和数据的研究使用不断发展其全面的立法环境。它利用 GDPR 第 89 条来减损科学研究中的某些数据主体权利，但也实施了严格的保障措施，甚至适用于非个人数据。虽然其目的是促成和便利数据使用，但也颁布了新类型的限制，有些限制超出了 GDPR 的要求，甚至违背了其实现数据自由流动的目标。国家应仔细监测新立法对研究和创新以及数据主体权利和自由的终极成效和影响。然而，凭借其生物库和其他研究基础设施、新的立法、新的支持服务和不断改进的信息系统，芬兰完全有能力支持和提供高效、合法、合乎伦理和高质量的研究。一个可能需要更谨慎关注的领域是适当的国际监管协调。

参考文献

Chassang G，Southerington T，Tzortzatou O，Boeckhout M，Slokenberga S（2018）Data portability in health research and biobanking：legal benchmarks for appropriate implementation. Eur Data Protect Law Rev 4（3）：296－307.

Forsberg J（2013）Finsk biobankslag till fördel för alla. Uppsala Universitet.

Hornung G，Schnabel C（2009）Data protection in Germany I：the population census decision and the right to informational self－determination. Comput Law Secur Rev 25（1）：84－88.

Kääriäinen H，Muilu J，Perola M，Kristiansson K（2017）Genetics in an isolated population like Finland：a different basis for genomic medicine? J Community Genet 8（4）：319－326，Published online 2017 Jul. 20. https：//doi. org/10. 1007/s12687－017－0318－4.

Koops B－J（2014）The trouble with European data protection law. Int Data Priv Law 4（4）：250－261.

Palotie A（2018）FinnGen－tutkimus luo perustaa genomitiedon hyödyntämiseksi terveydenhuollossa：Lähes joka kymmenes suomalainen osallistuu. Duodecim 134（16）：1545－1547.

Snell K，Tarkkala H（2019）Questioning the rhetoric of a ‘willing population’ in Finnish biobanking. Life Sci Soc Policy 15：4. https：//doi. org/10. 1186/s40504－019－0094－5.

Soini S（2013）Finland on a road towards a modern legal biobanking infrastructure. Eur J Health Law 20（3）：289－294.

Southerington T，Vainio S，Pitkäranta A（2019）Biopankkilainsäädännön muuttuva kenttä：uhkat ja mahdollisuudet. Duodecim 135（10）：973－974.

第五章

法国生物银行研究、个人数据保护和GDPR的实施

考蒂尔·查桑，迈克尔·西斯伯格斯
伊曼纽尔·里尔－塞巴格

摘　要： 自1978年和最初的《法国数据保护法》（1978年1月6日《第78－17号数据保护法》）出台以来，关于个人健康数据保护的连续修改，特别是在2004年、2016年和2018年，为处理敏感个人数据（包括用于研究目的）建立了严格的法律制度。近年来，法国法律与欧盟在制定GDPR方面的工作同步发展。本章对法国生物银行研究法律框架和适用于生物银行的数据保护规则，特别是与数据主体权利和GDPR第89条有关的规则进行了最新分析（截至2019年7月1日）。首先，本章提供了法国活跃的生物银行研究的最新信息（第1节）。其次，本章探讨了法国法律如何体现GDPR带来的发展，以及如何在生物银行研究的背景下设想个人权利（第2节和第3节）。再次，本章分析了对个人权利的现有及潜在的国家豁免，包括与GDPR第89条有关的豁免，以及法国如何看待“公共利益”的处理活动（第4节）。最后，本章讨论了法国围绕生物伦理法正在进行的辩论，并主张制定一项专门的法案，重点关注生物库，以此作为一种手段，将数据保护规则以及与样本相关的其他活动（无论是否为人）整合、阐明和发展为一项独特、可操作和紧凑的法案（第5节）。

1 引 言

法国以其在个人数据保护方面拥有世界上最严格的法律制度而闻名。自 1978 年以来，法国定期更新个人数据保护规则，以保持对个人权利和自由的高度保护，这在民主国家是必要的。

自 2006 年以来，这一监管动态不断增强，尤其是考虑到导致 2012 年欧盟委员会提议通过 GDPR 并于 2016 年正式通过的辩论。2016 年至 2018 年，法国政府和议会机构与法国国家信息自由委员会合作，仔细审查了现有的个人数据保护法，并通过了几项修改信息和自由法的法案，即《第 78 – 17 号数据保护法》（以下简称《法国数据保护法》）[1]，该法案涉及健康数据处理。这些监管进展不可避免地影响了整个科学研究实践，在一定程度上包括生物银行研究。事实上，处理、存储和控制用于研究目的的生物资源共享的生物库是人类生物样本及其相关数据收集的管理者。[2]

在本章中，笔者首先描述根据法国法律和相关程序适用于生物银行活动的最新制度。然后，笔者专注于 2018 年引入的、自 2019 年最后一次修订以来未修改的《法国数据保护法》的相关规定，这些规定影响健康研究和生物银行的个人数据处理。笔者特别考虑了 GDPR 第 89 条的实施，该条允许国家在研究背景下豁免若干数据主体的权利。

2 生物银行基础设施和监管环境

2.1 法国生物银行概况如何？

20 年来，政府通过其相关部委（研究和卫生部）支持并构建了法国生物资源中心（Biological Resource Center）的格局。国立圣特医学研究所作为国家运营商，与各国家利益攸关方合作，发挥了主导作用。这些行动促成了法国 BRC 网络的建立。这仍然处于欧洲国家的前列，因为自 2008 年以来，法

---

〔1〕 Loi n°78 – 17 du 6 janvier 1978 relative à l'informatique, aux fichiers et aux libertés (LIL), 2019 version. https://www.cnil.fr/fr/loi-78-17-du-6-janvier-1978-modifee.

〔2〕 E. g. clinical and biological personal data qualifying the sample.

国一直是唯一一个拥有生物银行质量管理国家标准［NFS 96#900］的国家。[3] 2011年，法国又迈出了一步，建立了国家基础设施，以支持生物银行的质量保证和认证进程，支持技术创新，提供伦理和监管方面的专业知识，并参加国际工作组。法国生物银行基础设施一直坚定地面向欧洲，积极参与建立欧洲基础设施 BBMRI－ERIC。[4]

2001年，卫生保健机构建立了58个肿瘤生物库，以改善护理组织，加快癌症研究。现在，法国卫生和研究机构中确定的生物资源中心网络由分布在全国各地的96个生物或微生物资源中心组成，这些中心被组织成15个主题或区域网络。巴黎地区是生物库集中的"热点"（44%），这与大型机构和医院集团的历史分布一致。其余56%分布在13个行政区。[5]

法国网络的独特之处在于，它在早期实施了一个质量管理系统（基于 NFS 96#900），使几乎70%的网络获得了认证（见脚注5）。法国标准化协会定义了个人、材料和专用生物银行流程的资格标准。生物银行支持合格人员准备生物资源中心认证流程。法国生物资源中心的类型在规模、专业知识和治疗领域方面有很大差异，这使其丰富而复杂。

法国网络中的大部分生物资源中心是多主题的。根据 ICD－10 命名法，[6]这些生物资源中心网络结构中的数据集和相关数据的治疗领域按代表性排序为肿瘤学、中枢神经系统疾病、心脏和血管疾病以及传染病、寄生虫病和 HIV 疾病。此外，近40%的人参与了大规模国家队列（基于人口或特定疾病）生物样本和数据的收集和保存，其中大多数包括临床收集。

一般来说，《法国数据保护法》适用于任何生物库的具体情况。关于生物库的可持续性和所附监管制度的明确性方面的挑战已在文献[7]中确定，需要采取进一步的政治行动。

---

〔3〕 AFNOR. NFS 96－900 for Biological Resource Centers. https：//certification. afnor. org/qualite/certifcation－des－centres－de－ressources－biologiques－nf－s96－900.

〔4〕 Biobank and BioMolecular Research Infrastructure－European Research Infrastructure Consortium.

〔5〕 Hisbergues M（2019）. Analysis of the French BIOBANQUES Network Characteristics. Unpublished.

〔6〕 World Health Organisation，International Statistical Classification of Diseases and Related Health Problems，10th Revision. https：//www. who. int/classifications/icd/en/.

〔7〕 Clément et al.（2019）.

2.2 法国如何监管生物银行研究？

法国法律没有使用“生物库”一词，但采用了“任何组织”这一类似的概念。它指的是“确保为科学目的保存和制备人体组织和细胞、器官、血液及其成分和衍生产品”，其“活动包括人体生物样本采集的组成和使用”。[8]“人体生物样本采集”是指“出于科学目的，根据一个或多个群体成员的临床或生物学特征，将从一组已确定和选定的人身上采集的生物样品以及这些样品的衍生产品收集起来”[9]。

法国没有独特、全面的生物银行法案。政府和当局相继颁布的法律、法令和监管法案直接或间接影响了生物银行研究和生物资源中心。这些逐渐构成了目前的法律框架。简而言之，这一框架由生物伦理法[10]、生物医学研究法[11]以及确定数据主体为研究目的处理个人数据的权利和特殊条件的数据保护法[12]构成。这些主要法案相互参照，并在一些主题上相互作用。它们由适用的伦理、技术和科学准则构成，旨在确保研究的高质量和安全。[13]该框架主要编入《公共卫生法》和《法国民法典》中，但法国生物银行法律制度仍

---

[8] Article L. 1243 – 3 and 4 PHC. Unofficial translation.

[9] Ibid. footnote 8.

[10] Protecting human dignity, human body integrity, non – availability, non – patrimoniality and rules regarding the procurement, collection, storage and use of human samples for research purposes. Adopted in 1994, 2004, 2011. Re – examined at the latest every 7 years after publication of the last bioethics law, presently under revision. For a summarised history of French bioethics laws, see CCNE (2018). Etats Généraux. Rapport de synthèse. Opinions du Comité Citoyen. Fig. 1.

[11] Regulating research involving human person, fixing research participants' rights, rules and procedures to set up, submit, pilot and implement interventional or non – interventional research projects since 1988. Currently: Loi n°2012 – 300 du 5 mars 2012, JORF 6 mars 2012.

[12] Loi n°78 – 17 ibid. footnote 1, as modified by Loi n°2004 – 801 du 6 août 2004, JORF 7 août 2004, implementing the European Data Protection Directive 95/46; Loi n°2016 – 41 du 26 janvier 2016 de modernisation de notre système de santé, JORF 27 janvier 2016. Loi n°2016 – 1321 du 7 octobre 2016 pour une République numérique, JORF 8 octobre 2016. And lastly, for implementing the GDPR, by Loi n°2018 – 493 du 20 juin 2018 relative à la protection des données personnelles. JORF 21 juin 2018. Décret n°2018 – 687 du 1er août 2018, JORF 3 août 2018, texte n°12. Ordonnance n°2018 – 1125 du 12 décembre 2018, JORF 13 décembre 2018, texte n°5. Décret n° 2019 – 536 du 29 mai 2019, JORF n°0125 du 30 mai 2019, texte n° 16.

[13] E. g. Good clinical practices in clinical trials on medicinal products for human use. Décision du 24 novembre 2006 fixant les règles de bonnes pratiques cliniques pour les recherches biomédicales portant sur des médicaments à usage humain, JORF 30 novembre 2006, texte n°64.

然复杂而零散。此外，下文提到的一些条款可能会根据目前关于修订上一部生物伦理法的辩论而演变。

用于研究目的的生物银行通常被包括在更广泛的健康研究项目中，但也可以单独设想，如作为与医疗保健平行的活动以服务于未来未定义的研究。这些不同的背景涉及不同的法律考量。今天，生物银行活动的适用规则是根据具体情况确定的，具体取决于活动的性质、[14] 研究项目的目的、[15] 有关个人、[16] 样本的性质，[17] 以及收集和使用的数据的性质（个人、匿名化或匿名数据）。

关于研究中个人数据处理的法律程序（由《法国数据保护法》规定）和适用于生物银行和建立生物银行的法律程序（由《公共卫生法》规定，与生物医学研究法密切相关）依赖于两个具体框架。两者最终都必须得到尊重。这里我们集中讨论建立研究型生物银行的程序。下一节将介绍研究型生物银行中有关个人数据处理的程序。

建立生物银行有两种程序，这取决于组织样本的收集环境和收集的预期用途，无论收集是否匿名。

第一个程序：收集是在涉及人类的研究（Research Involving Human Person, RIHP）项目框架内进行的。2016 年，关于 RIHP 的第 2012#300 号法律[18] 及其

---

[14] Samples procurement, non－invasive collection or reuse of existing biosamples and data.

[15] Involving human persons or not according to the French law criteria.

[16] Patients, healthy participants, minors, adults, vulnerable people and deceased persons.

[17] Organs: Articles L. 1232－1 to L. 1232－3, third paragraph of Article L. 1235－1 and Article L. 1235－2 PHC.

－Blood: Articles L. 1221－4, L. 1221－8－1 and second paragraph of Article L. 1221－12 PHC.

－Tissues, cells, liquids and other body products such as stool: Articles L. 1241－5, L. 1243－3, L. 1243－4, L. 1245－2, L. 1245－5 and L. 1245－5－1 PHC.

－Embryos, fetuses and derived cells: Articles L. 2151－2 and L. 2151－5 to L. 2151－7 PHC.

－Micro－organisms of human origin, such as viruses, parasites: for these samples, specific biosecurity and biosafety rules could apply to their storage, handling and use, for proper protection of staff and society. See Société Française de Microbiologie (2014).

[18] Loi n°2012－300 du 5 mars 2012 relative aux recherches impliquant la personne humaine, JORF 6 mars 2012. Consolidated version.

相关法令[19]、条例[20]和“政令”[21][22]的实施影响了生物医学研究和生物银行的规则，主要是通过新的研究分类和基于研究类型向主管当局提交的相关程序，以及关于个人参与研究活动的最新知情同意要求（《公共卫生法》要求的研究参与同意不应与《法国数据保护法》提及的个人数据处理同意相混淆）。

《公共卫生法》将 RIHP 定义为对人类组织开展的研究，以发展生物或医学知识。[23]根据研究参与者的风险，定义了三种类型的 RIHP，[24]从风险较高或干预性较高的研究（RIHP1）到风险较低或干预性较低的研究（RIHP 3）。如果在研究协议中有正当理由和详细说明，则与生物样本和所附数据的采购、收集、保存和使用相关的活动可分为三类。[25]

首先，每个 RIHP 项目在提交主管当局之前都需要注册。[26]《欧盟临床试验条例》[27]涵盖的药物临床试验需要临床试验登记号 EudraCT 进行编号。

---

〔19〕 Décret n°2016 – 1537 du 16 novembre 2016, JORF 17 novembre 2016, texte n°27.

〔20〕 Ordonnance n°2016 – 800 du 16 juin 2016, JORF 17 juin 2016, texte n°19.

〔21〕 Arrêté du 12 avril 2018 fixant la liste des recherches mentionnées au 2°de l'article L. 1121 – 1 du code de la santé publique, JORF 17 avril 2018, texte n°10.

〔22〕 Arrêté du 12 avril 2018 fixant la liste des recherches mentionnées au 3°de l'article L. 1121 – 1 du code de la santé publique, JORF 17 avril 2018, texte n°11.

〔23〕 Article L. 1121 – 1 PHC.

〔24〕 – RIHP1: interventional research involving an intervention upon the person that is not justified by his or her usual care. It aims to deal with risky research such as clinical trials on experimental drugs or other health products (e. g. cell therapies' products; products in the field of human feeding).

– RIHP2: interventional research involving only minimal risks and constraints whose list is fixed by the Minister of Health, after consulting with the Director General of the National Agency for the Safety of Medicines and Health Products (ANSM). It includes research that uses health products used in their usual way and research including minimal invasive acts (blood procurement by drawing, medical imagery, etc.). See footnote 21 for a list of activities qualifying as RIHP2.

– RIHP3: non – interventional research involving no risk nor constraints and in which all acts are performed, and products are used in the usual manner. It includes for example observational research on treatment observance, on healthcare practices, the use of surveys and the collection of small quantities of supplementary samples during routine acts in healthcare or through non – invasive acts. See footnote 22 for a list of activities qualifying as RIHP3.

〔25〕 Clear information on the nature of the interventions, attached risks, samples and data nature, sources, flows, storage and expected uses shall be, among others, presented and argued.

〔26〕 https: //ansm. sante. fr/Services/Obtenir – un – numero – d – enregistrement – pour – une – RIPH.

〔27〕 Regulation (EU) n°536/2014 on clinical trials on medicinal products for human use, and repealing Directive 2001/20/EC. OJEU L. 158/1. 27 May 2014.

RIHP1（如医疗器械的干预性研究）需要获得在国家药品和保健品安全局注册的 ID#RCB 编号。该项目必须由主管研究伦理委员会（个人数据保护委员会）审查和批准。个人数据保护委员会应审查项目,[28] 特别是关于尊重研究参与者的权利、知情同意程序、形式、计划活动的必要性和相称性，包括数据保护措施，尤其是数据最小化。个人数据保护委员会是随机指定的。[29] 个人数据保护委员会的决定可以通过相同的随机程序上诉一次。仅 RIHP1[30] 需要国家药品和保健品安全局授权。在 RIHP2 中，仅向国家药品和保健品安全局告知项目详情和个人数据保护委员会意见。RIHP3 未涉及国家药品和保健品安全局。对申报要素的任何实质性修改[31] 必须提交个人数据保护委员会审批，如有必要，还必须提交国家药品和保健品安全局授权。

其次，个人数据保护委员会有 45 天的时间批准或拒绝项目提案。沉默意味着接受。如果需要国家药品和保健品安全局授权，延迟可能因所用产品而异；如果延迟过后有沉默，则意味着拒绝。

在项目结束后，如果有关个人已获得适当的信息并能够行使其反对权，则允许储存生物样本。研究人员必须提供足够明确的指示，说明存储期限、条件、提供样本和数据的科学目的以及在何处查找更多信息。只有在这种情况下，研究项目获得的最初伦理批准和授权才足以在项目结束后继续存储在研究生物库中。然而，如果个人无法为长期储存提供有效的知情同意，发起人应咨询个人数据保护委员会以获得适当批准，并遵循第二个程序。

第二个程序：收集不在 RIHP 项目内，或在 RIHP 结束后延长储存期，以放弃用于研究用途的材料的权利，包括未经适当知情同意。

该程序涵盖了在任何特定 RIHP 项目之外创建新的生物集合或生物银行网站的项目（为未来研究系统收集残余手术样本或重复使用现有样本，而无须

---

〔28〕 Article L. 1123 – 7 PHC fixing the non – limitative list of assessment criteria used by CPP.

〔29〕 Article L. 1123 – 14 PHC.

〔30〕 Article L. 1123 – 12 PHC fixing the non – limitative list of assessment criteria used by ANSM.

〔31〕 As defined in Article R. 1123 – 42 PHC. See examples in clinical trials where ANSM authorization is required: ANSM (2015). Avis aux promoteurs d' essais cliniques de médicaments – Tome 1 – Annexe 14: Exemples de modifications substantielles et non substantielles pour l'ANSM. V. 01/06/2015. https://ansm. sante. fr/var/ansm_ site/storage/original/application/564a06fb30def9d36ad3f0c17e3bd0b9. pdf.

对人采取任何额外行动或纯粹的技术项目)。本程序还涉及生物银行活动，其中计划长期储存以供第三方使用,[32] 并且根据新的个人数据保护委员会批准，RIHP 参与者在初始同意过程中未得到关于项目结束后材料储存或转让的适当通知。

在这些情况下，负责收集的组织要么向研究部提交一份声明,[33] 表明其收集的样本将用于其自身的研究计划需要，要么根据 2017 年法令[34]（CODE-COH 程序)[35]，在个人信息缺乏的情况下获得授权，希望将样本转移给第三方用于研究用途。[36] 研究部和医院所在的地区卫生局有 2 个月的时间批准一项声明，沉默表示批准；有 3 个月时间批准一项授权，沉默表示拒绝。声明没有有效期限。授权有效期为 5 年，必须在提交活动报告后更新。[37] 对申请文件中的要素[38]进行的任何实质性修改必须提交给研究部，并在相关情况下提交给地区卫生局。[39] 这可能需要个人数据保护委员会新的批准。

无论采用何种程序，生物银行希望出口或进口人体生物样本[40]用于研究用途都需要获得研究部的特别授权。研究部将检查免费捐赠原则、知情同意规则以及标签[41]和包装危险品的运输标准是否得到遵守。此授权最迟在 3 个月内发出。

使用伦理上敏感的生物元素（如人类胚胎、配子或死者器官）进行研究的发起人需要获得生物医学局的特别授权。

生物银行必须能够随时响应主管当局的请求，特别是关于储存组织样本

---

[32] 'Cession' can be defined as a particular transfer of the samples including to cede rights upon the material to a third recipient, for its own uses. It shall be differentiated from collaboration with the biobank where the latter keeps custodianship and attached management rights on the material.

[33] Articles L. 1243 - 3 and R. 1243 - 49 to R. 1243 - 56 PHC.

[34] Décret n°2017 - 1549 du 8 novembre 2017 relatif à la conservation et à la préparation à des fins scientifques d' éléments du corps humain, JORF du 10 novembre 2017, texte n°30.

[35] Ministry Online Application: https://appliweb.dgri.education.fr/appli_web/codecoh/IdentCodec.jsp.

[36] Articles L. 1243 - 4 and R. 1243 - 57 to R. 1243 - 66 PHC.

[37] Article R. 1243 - 63 PHC.

[38] Articles R. 1243 - 54 regarding declared activities and R. 1263 - 64 PHC regarding authorised activities.

[39] Article R. 1243 - 55 PHC.

[40] Article L. 1221 - 12 PHC for import/export for scientific uses of blood, blood components and derived products; Article L. 1235 - 1 for organs and Article L. 1245 - 5 for tissues and cells.

[41] Article R. 1235 - 3 PHC.

的性质和特点、使用组织样本的研究项目、来自个人的同意或不反对以及组织样本的用途，并对此负责。在所有情况下，必须遵守《法国数据保护法》为健康研究目的制定的关于个人数据收集、存储和其他处理的具体规则和程序。

3 生物银行研究中的保障措施和个人数据主体的权利

3.1 生物银行研究如何整合到数据保护框架中

《法国数据保护法》并不关注生物银行，甚至没有提及它们，但它直接适用于生物银行以及参与生物银行活动的各类操作者，这些活动属于《法国数据保护法》第 2 篇第 3 章的范围。[42]

从数据保护法的角度来看，负责生物银行的人是数据控制者、共同控制者、处理者或第三方，具体取决于处理环境。事实上，生物银行基本上起着控制访问和共享生物样本及相关个人数据的平台的作用，以供外部研究使用，尽管它们也可以制定适当的内部研究方案。在这两种情况下，使用个人数据（包括假名化数据）进行的活动均被视为追求一个或多个当前或未来研究目的的数据处理。与 GDPR 一样，所涵盖的研究活动包括科学、历史研究、统计和公共利益存档[43]，包括技术研究（如医疗器械）和创新。

2018 年修订后的《法国数据保护法》并未从根本上改变现有框架，而是纳入了 GDPR 的一些条款，尤其是更新信息权的规定，以及关于数据保护专员[44]、数据保护影响评估[45]、数据传输[46]和法国国家信息自由委员会职权范围的规定。《法国数据保护法》在几个条款中直接引用了 GDPR。新规则载于关于为研究目的访问国家卫生数据系统数据库的第 3 章。

---

〔42〕 Articles 57 – 79, Section 4 fixing specific rules for health research, study or evaluation purposes.

〔43〕 Articles 44（3）and（6）LIL.

〔44〕 CNIL（2018）Referentials for the certification of DPOs’ skills. https://www.cnil.fr/fr/certifcation – des – competences – du – dpo – la – cnil – adopte – deux – referentiels.

〔45〕 CNIL（2018）List of activities requiring DPIA: https://www.cnil.fr/sites/default/files/atoms/fles/liste – traitements – avec – aipd – requise – v2.pdf; DPIA guidelines and tools: https://www.cnil.fr/fr/PIA – privacy – impact – assessment.

〔46〕 Title Ⅲ, Chapter Ⅳ LIL.

“个人数据”和“处理”[47] 的定义与GDPR中的定义相同。敏感个人数据[48]是一类特殊的个人数据，原则上禁止处理，但有有限的例外，包括科学研究所需的处理。[49]敏感个人数据包括GDPR中定义的与健康、遗传学或生物特征相关的数据。法国国家信息自由委员会采用一种灵活的方法来处理健康数据的概念，由于其性质、交叉处理或目的地的不同，可以对其进行限定。[50]这允许资格认证的操作，合法性、公平性和透明度、目的限制、数据最小化、准确性、完整性和保密性、问责制和存储限制的原则[51]与GDPR相同。

《法国数据保护法》为生物银行业务保留了重要条款。首先，关于目的限制原则[52]，只要符合规则和程序[53]，就可以假定将个人数据进行处理后可以重新用于科学或历史研究和统计。其次，根据GDPR第89条第（1）款的规定，达到最初处理目的后的个人数据存储限制的具体例外情况仅限于公共利益、科学、历史研究或统计目的的存档目的。[54] 在这两种情况下，数据应至少假名化处理，且不会为个人决策服务。

生物银行作为样本和数据存储库，在保存、管理和访问生物资源的法律和道德合规性监测方面发挥着重要的作用。[55][56]保密和安全的数据管理至关重要，尤其是通过访问权的定义和考虑数据性质或敏感性的程序（匿名化/匿名数据，假名化数据，直接可识别数据），以及通过有效的机制来检查申请人处理目的的充分性。[57]生物银行确保数据库安全的义务适用于存储、处理和

〔47〕 Article 2 LIL.

〔48〕 Article 6 （Ⅰ）LIL.

〔49〕 Article 6 （Ⅱ）and（Ⅲ）referring to Article 9 （2）GDPR for the list of exemptions to the initial prohibition of processing.

〔50〕 CNIL. Qu’est – ce qu’une donnée de santé? See：https：//www. cnil. fr/fr/quest – ce – ce – quune – donnee – de – sante.

〔51〕 Article 4 LIL.

〔52〕 Article 4 （2）LIL.

〔53〕 Under Title Ⅰ, Chapter Ⅳ, Ⅴ and Title Ⅱ Chapter Ⅲ LIL.

〔54〕 Article 4 （5）LIL.

〔55〕 This presupposes the existence of a right of biobanks to refuse deposit or access requests based on legal or ethical non – compliance or uncertainties and of attached responsibilities they could endorse.

〔56〕 E. g. Borella et al. （2006）.

〔57〕 For the biobank entry/exit points.

提供数据的设施和信息通信技术系统，包括针对外部数据用户的措施。[58]法国生物资源中心质量标准 NFS 96#900 和 ISO 标准，特别是生物技术和生物银行的 ISO 20387：2018 以及个人数据保护的潜在新标签[59]，允许管理实践有一定的一致性。此外，生物银行可以向部长级法国医疗信息系统机构申请健康数据库托管的特定认证。[60]

自 2006 年以来，法国国家信息自由委员会一直遵循基于运营者问责任的 GDPR 方法，并修改了申报/授权系统，以创建简化的程序，旨在确保对数据主体的保护，同时有利于研究、创新和竞争力。法国国家信息自由委员会采用了参考方法（Méthodologies de Référence，MR），具体规定研究环境中的数据保护规则。MR 范围内的处理可在承诺遵守法国国家信息自由委员会标准之后实施。我们将集中讨论与生物银行特别相关的 MR001[61]、MR003[62]和 MR004[63]。特定 MR 的使用取决于研究活动的资质。在任何情况下，组织样本和数据收集都必须合理。MR 阐明了《法国数据保护法》和《公共卫生法》。超出 MR 范围的处理需要法国国家信息自由委员会授权。[64]接收组织样本和数据的生物银行将成为检查点。

对于每个选定的 MR，表 3－5－1 总结了影响生物银行储户和用户的数据保护规则。

---

〔58〕 Articles 99－102，121－122 LIL.

〔59〕 https：//www. cnil. fr/fr/les－labels－cnil. Since March 2018，personal data protection labels are no longer issued by the CNIL itself but by certified organisations.

〔60〕 Article L. 1111－8 CSP. See Agence Française de la Santé Numérique（ASIP）website：https：//esante. gouv. fr/labels－certifications/hebergement－des－donnees－de－sante.

〔61〕 Délibération n°2018－153 du 3 mai 2018，JORF 13 juillet 2018，texte n°108.

〔62〕 Délibération n°2018－154 du 3 mai 2018，JORF 13 juillet 2018，texte n°109.

〔63〕 Délibération n°2018－155 du 3 mai 2018，JORF 13 juillet 2018，texte n°110.

〔64〕 Article 66（Ⅲ），76 LIL.

表3－5－1　CNIL MR001、MR003、MR004关于健康研究中敏感个人数据处理的适用范围和基本规则

	MR001关于需要事先知情同意的健康研究	MR003关于不需要同意的健康研究	MR004关于不涉及人类的研究、健康研究和评估
研究类型可能包括生物库或获取生物库材料	—RIHP 1 —RIHP2 —基因研究	—人用药物的集群临床试验 —RIHP3 —RIHP2，只会提供一般公共资料，并获得个人数据保护委员会批准 —基因研究	其他研究和评估，包括进一步使用现有组织样本和来自临床或研究活动的数据，例如现有数据库/生物银行/国家卫生数据系统
对参与者医疗负责制的影响	允许。已识别风险并附有应对方案的新的法令和补充措施	极少量。在日常工作中可以包括一些辅助措施，例如限制额外的血液采集	不允许
数据最小化	鉴于每个研究目的对个人数据处理的必要性和相称性的严格应用		
用途限制	只以公共利益为目的的研究		
研究规程	纪律标准方面的要求		
不包含数据的类型	任何未列入的数据，包括地理编码数据、国民身份证号码、与宗教有关的数据、违规数据		
与生物银行有关的潜在活动	—样本采集（有创的）或样本收集（无创的） —设立生物银行 —获取和重新使用储存的样本和数据	—样本采集（微创的）或样本收集（无创的） —有限的样本数量 —设立生物银行 —获取和重新使用储存的样本和数据	—获取和重新使用储存的样本和数据 —样本轮询（现有资料） —设立生物银行
数据管理者（声明人）	研究发起人		研究经理
行政程序	—事先获得个人数据保护委员会的审查和批准 —承诺遵守法国国家信息自由委员会的相关规定 —在数据保护专员登记处记录处理过程 超出MR范围的研究：须经过法国国家信息自由委员会的授权		—承诺遵守法国国家信息自由委员会的相关规定 —在数据保护专员登记处记录处理过程 —在国家卫生数据研究所特别公共登记处记录该项目 超出MR范围的研究：带有法国国家信息自由委员会潜在建议的国家卫生数据研究所授权

3.2 数据主体在生物银行研究中的权利概述

一般来说，在法国，参与生物银行研究的数据主体与经典生物医学研究项目的参与者享有类似的权利。法国法律的作用类似。

《法国数据保护法》研究方法基于选择退出（非反对）机制。参与其他法律（例如，RIHP1 和 RIHP2；MR001），可能需要选择加入同意。对出于多种目的的敏感个人数据处理的同意，只要这些目的被清晰、易懂且明确地呈现给个人，且个人可以选择或拒绝每一个处理目的，则可以接受。[65] 基因数据处理仅被授权用于医疗或科学目的，并根据《法国数据保护法》第 75 条的要求，需基于选择加入、书面、自由和知情同意。尽管如此，《公共卫生法》第 L. 1131 –1 –1 条明确允许在基因分析基于已收集样本重复使用的情况下选择退出同意。只有在获取新样本进行基因分析的情况下，才需要重新获得个人同意。该法条的范围可能会受到质问，因为它没有明确涵盖没有附加样本的基因数据库的二次使用。笔者赞成对基因数据的二次使用采用同样的选择退出机制进行广泛解释。

表 3 –5 –2 概述了 3 个 MR 数据保护原则以及样本存储人和生物库生物资源访问申请人应尊重的个人权利。生物银行核实有关适用的伦理法律框架的存储或访问请求的充分性，并确保存储组织样本的连续性。该表显示，GDPR 第 89 条第（1）款规定的回旋余地并未在 MR 中用于特别减损数据主体在研究中的权利。

一旦个人数据进入生物银行，数据主体必须能够持续行使其权利。隐私政策应易于公众获得。如在保持有关样本集合的可用性、获取条件和质量措施的外部沟通方面，大多数通过 NFS 96#900 认证的法国生物银行都符合透明度的具体要求。

---

〔65〕 CNIL. Conformité RGPD：comment recueillir le consentement des personnes? See：https：//www.cnil.fr/fr/conformite – rgpd – comment – recueillir – le – consentement – des – personnes.

表3－5－2　CNIL MR001、MR003、MR004关于健康研究中个人敏感数据处理的数据主体权利与数据保护措施

	MR001关于需要事先知情同意的健康研究	MR003关于不需要同意的健康研究	MR004关于不涉及人类的研究、健康研究和评估
事先信息	是。一般信息（如现场信息），和符合GDPR第13、14条及有关未成年人或法律上无行为能力参与者的MR规定的个人信息	是。一般信息（如现场信息），和符合GDPR第13、14条及有关未成年人或法律上无行为能力参与者的MR规定的个人信息。在特殊情况下，仅在获得方法论证明且经过研究伦理委员会批准的情况下，只提供一般信息	是。一般信息（如现场信息），和符合GDPR第13、14条及有关未成年人或法律上无行为能力参与者的MR规定的个人信息。对于样本的再使用，当参与者已经接收到进一步用于科学研究的信息以及可用于了解任何新进展的特定设备（如生物银行网站）时，不需要个人信息
同意规则	自由、知情、明确的书面同意（选择加入）参与研究或进行基因检测的研究	自由、知情、不反对（选择退出）参与研究和进行个人数据处理。基因数据的初步处理需要同意选择加入	
拒绝、撤回或反对权	是	是（拒绝/反对）	
删除权	是		
限制处理权	是		
访问权	是		
可携权	MR无明确说明。根据GDPR第20条有条件地进行申请		
数据接收者	用于与研究相关的特定任务时，可直接访问识别数据： —研究专业人员和质保人员需遵守职业保密规则 —数据管理组织的团队以及仅代表其个体的数据处理团队 —参与研究的研究中心团队 有一个通用规则，即禁止同一数据处理者同时直接处理同一个人的身份数据和健康数据		

续表

	MR001 关于需要事先知情同意的健康研究	MR003 关于不需要同意的健康研究	MR004 关于不涉及人类的研究、健康研究和评估
存储限制	患者个人数据： —直到产品商业化 —直到最后公布结果后 2 年 —直到签署研究最终报告 专业人员个人数据：直到研究结束后 15 年 之后所有数据根据适用法律进行归档		
假化名处理	是		
数据保护影响评估	是		
传输	仅在研究目的所需时 仅使用假化名处理后的数据（参与者或专业人员） 在特定任务所需的情况下，专业人员的身份信息可以传输		
地区适用性	当处理的数据涉及居住在法国的人员时，可适用于法国或该人员的国家。设立在法国境外的管理者也可以进行合规操作		

[a]法国国家信息自由委员会（CNIL）创建了一个开源免费软件，有英语和 18 种语言版本，以按照 GDPR 执行和管理 DPIA：https：//www. cnil. fr/en/pia - software - 20 - available - and - growth - pia - ecosystem。

4 个人权利的国家例外和公共利益的作用

4.1 数据主体在研究中处理个人数据的权利的例外情况

生物银行需要采取特殊措施，以便能够长期处理个人数据，以供未来广泛使用。GDPR 为成员国在某些条件下出于科学发展的利益减损个人权利提供了几种手段。法国法律保留了 GDPR 的灵活性。

特别是关于访问权，《法国数据保护法》包括一项特殊的减损，“如果个人数据以明显排除隐私和数据保护风险的形式存储”。这项豁免仅在达到统计或研究处理目的所需的期限内有效。[66] 然而，由于每个处理环境、目的、保护身份的技术和组织措施不同，以及可能合理用于（重新）识别数据主体的

〔66〕 Article 49（Ⅱ）LIL.

手段不同，很难确定哪些情况是符合的，这是否提出了一个“相对匿名”或“事实上匿名”[67] 的概念？

与GDPR一样，《法国数据保护法》明确规定了处理前信息权的例外情况，即当对该权利的尊重被证明是不可能的或与处理的风险相比需要付出不成比例的努力时。这些减损仅在间接数据收集和进一步使用已收集数据的情况下进行，无论这些数据是用于存储、历史、统计或科学目的，还是用于统计目的的进一步处理。[68] 因此，这些例外情况可以在将间接收集的数据纳入生物库之前或之后援引，在访问生物资源时，用于在研究中重复使用现有生物库的样本或数据库，包括用于基因研究。还可以决定不告知数据主体那些会影响诊断或对病情进行预断的信息。[69] 这种特殊情况需要正当理由，并且对于研究发起人来说，可能触发法国国家信息自由委员会的授权程序、要求告知数据主体的MR以及研究伦理委员会批准在RIPH中的重复使用。

《法国数据保护法》第110条允许对反对处理的权利进行减损，如果后者符合对数据控制者或处理者施加的法律义务，或者授权处理的法案明确规定了这一权利。

最近，律师们批评了[70] GDPR强制在临床试验中向数据主体提供的信息通知中传达研究发起人的数据保护专员联系信息的方式，声称数据保护专员的参与可能会泄露唯一研究者作为担保人的医疗秘密。此外，他们声称，《临床试验条例》是一项特殊法律，使研究人员成为参与者行使权利的唯一联系人。因此，他们认为不应提供数据保护专员的联系方式。到目前为止，法国国家信息自由委员会没有违反GDPR。

《法国数据保护法》指的是GDPR关于实施其他权利的规定，特别是关于限制处理权、数据可携权、反对权和数据泄露通知程序的规定。

在法国，对个人权利的研究豁免并不是完全固定的。第2018#1125号法令提到，未来将通过一项法令，确定GDPR第89条第（2）款关于其第15条（访问权）、第16条（删除权）、第18条（限制处理权）和第21条（反对

---

〔67〕 Sariyar and Schlünder (2016).

〔68〕 Articles 116 (Ⅱ) and (Ⅲ), 79 LIL.

〔69〕 Article 69 LIL.

〔70〕 Roche (2018).

权）计划的数据主体权利豁免的条件和保障。[71]同时，对这些权利仍有可能根据具体情况规定某些例外情况。正如GDPR所规定的那样，如果出于科学研究目的需要进行处理，并严格遵守数据最小化原则，则是合法的，只要行使这些权利可能导致特定目的无法实现或严重阻碍特定目的的实现，并且这些减损是实现这些目的所必需的，则可以接受此类减损。[72]

4.2 法国法律关于处理的公共利益目的

自2016年以来，“公共利益”的概念一直是健康研究中处理个人数据的核心。该领域的任何处理都必须有助于公众利益，[73]包括使用简化程序（上述MR）。公共利益目的是减损个人数据处理的一些一般原则的可行手段。关于最初禁止处理敏感数据的规定，《法国数据保护法》第6条第（2）款和第（3）款允许控制者在研究处理符合第2篇第3章公共利益的情况下处理个人健康数据，包括公共健康。研究过程的公共利益目的还明确规定删除权[74]和信息权基础改编的合理例外，以及反对参与某些类型研究的未成年人访问数据（下文第5.1节进一步详述）。[75]在存档之外，在研究环境中，没有提及公共利益目的以免除存储限制原则。出于公共利益目的进行存档的数据控制者可以减损[76]GDPR第15、16和18至21条规定的权利。

但这种模糊的概念是有问题的，特别是当主管当局可以根据这一标准拒绝数据处理请求时。2016年，在国家卫生数据研究所的主持下，对这一概念进行了法律解释，[77]从而确定了避免误解的有用规范。这一专业知识表明，“公共利益”是“一般利益”和“集体利益”的同义词。因此，任何本质上出于私人目的或旨在重新识别患者，或将医疗专业人员的处方行为用于商业目的（例如为了推广医疗产品）的用途，都被排除在公共利益之外。通过考

---

〔71〕 Ordonnance n°2018 - 1125, JORF 13 décembre 2018, Article 78.

〔72〕 Décret n°2018 - 687 du 1er août 2018, op. cit. Article 23, Section 5; Article 100 - 1 of the consolidated version.

〔73〕 Article 66 LIL; Article L. 1460 - 1 PHC.

〔74〕 Article 78 LIL; see previous 40 (Ⅱ) old LIL.

〔75〕 Article 70 LIL.

〔76〕 Article 78 LIL.

〔77〕 Polton and Caillé (2017). In particular pp. 48 - 49 list forbidden or admissible acts regarding the requirement of public interest.

虑专门用于国家卫生数据系统的《公共卫生法》第L. 1461－1（Ⅲ）条提供的细节，可以进一步理解这一概念，该条款仅允许追求公共利益的申请人使用。本条未明确提及，但规定国家卫生数据系统提供健康数据，以帮助提供有关健康和保健服务的信息，医疗社会护理及其质量，公共卫生和社会保护政策的定义、实施和评估，了解卫生、社会保障和医疗社会支出，向专业人士、机构和卫生或医疗社会机构提供有关其活动的信息，健康监测和安全，在卫生和医疗社会责任领域进行研究、评估和创新。此外，《法国数据保护法》第66条第（1）款明确规定，为确保医疗保健、药品和医疗设备的高质量和安全而实施的个人数据处理属于公共利益目的。法国国家信息自由委员会可以随时咨询国家卫生数据研究所以评估公共利益目的。

5 GDPR对生物银行的影响及未来可能性

5.1 法国规范

法国法律整合了GDPR，并在与研究人员相关的几个方面进一步发展了个人权利。

首先，《法国数据保护法》规定，在道义方面，作为研究结果存储的个人数据只能由数据控制者授权的人员访问和修改。作为研究结果的个人数据在与第三方通信之前必须匿名，除非第三方对信息的利益超过了数据主体的利益。在这方面，法国国家信息自由委员会可以批准匿名机制。[78]然后，匿名数据不再受《法国数据保护法》的约束。

其次，虽然GDPR排除了其对死者的适用，但《法国数据保护法》确保了数据主体死亡后的隐私保护，赋予了编写和记录个人数据管理高级指令的新权利。该指令将由数据主体生前确定的受托人或法律指定的人员执行。在这里，法国立法者将个人隐私视为一个不受死亡影响的连续体并加以保护。因此，数据主体可能会要求限制处理或删除，或者有趣的是，将各种来源的个人数据捐赠给包括生物库在内的研究机构。这些指令应具有法律效力。

引入了数据主体的权利调整，以便于实施RIHP2、T3和卫生领域中追求

〔78〕 Article 8（Ⅱ）（i）LIL.

公共利益目的并涉及未成年人的其他研究或评估。通过减损，《法国数据保护法》第 59 条允许在无法通知另一方或无法在与研究目的的具体方法要求相一致的时间范围内咨询另一方时，仅向父母权力的其中一方提供有关处理的事先信息。这并不限制父母权力的每个持有者日后行使其依法享有的数据主体权利。《法国数据保护法》第 70 条还规定了新的权利，增加了未成年人在此类研究中的自主权。如果需要披露有关预防、筛查、诊断、治疗或干预措施的信息，而未成年人明确反对咨询父母权威持有者，[79] 或当家庭关系破裂而未成年人个人从适当的保险中受益时，未成年人（15 岁或以上）可能反对父母权威持有者事先获得有关参与研究的信息。未成年人还可能反对父母权威持有者对项目期间收集的个人数据进行数据访问。未成年人单独行使其权利或由其选择的专业人员陪同行使其权利。

5.2 关于研究和生物银行的观点

虽然预计将颁布一项关于国家减损 GDPR 第 89 条规定的某些数据主体权利的法令，但法国于 2016 年启动了其基因组医学国家计划[80]，目标是每年完成 20 万个人类基因组序列。这将需要在样本、数据存储和处理能力方面作出努力，但也需要一个明确和适当的法律和伦理框架。这些新活动，加上目前对《生物伦理法》的修订，凸显了生物银行研究面临的新挑战。

第一组挑战涉及基因组学新技术的发展，以及以全基因组/外显子组测序的形式存储和使用更大基因组数据集的未来能力。国家伦理咨询委员会[81] 和国务委员[82] 在这一问题上采取的立场，都支持基于有能力和独立可信的第三方[83] 对基因研究的监督职能，特别是为了重复使用数据，采取“扩大知情同意”或“授权同意”的做法。当然，双方都承认有必要确保参与此类研究的

---

〔79〕 In application of articles L. 1111 – 5 and L. 1111 – 5 – 1 PHC.

〔80〕 Aviesan. Genomic Medicine France 2025. https://www.aviesan.fr/mediatheque/fchiers/version – anglaise/actualites – en/genomic – medicine – france – 2025 – web.

〔81〕 CCNE, Avis 129, 2018. https://www.ccne – ethique.fr/sites/default/fles/avis_129_vf.pdf. See p. 67.

〔82〕 Conseil d' Etat (2018). Révision de la loi de bioéthique: quelles options pour demain? 28 June 2018. https://www.conseil – etat.fr/ressources/etudes – publications/rapports – etudes/etudes/revision – de – la – loi – de – bioethique – quelles – options – pour – demain. See p. 157.

〔83〕 E. g. Research ethics committees. Biobanks' internal independent review mechanisms could qualify.

个人的基本权利得到尊重，并且在研究期间执行这些权利会有一些困难。因此，他们建议依靠新的机制，包括研究伦理委员会或独立可信的第三方，同时提供参与者的高水平信息。然而，理事会拒绝了诸如未指明的广泛同意和动态同意等解决办法，因为它们涉及法律或技术问题（见脚注 10）。

第二组挑战涉及对人类胚胎的研究，特别是在研究中创造转基因嵌合胚胎，诱导多能干细胞的使用及其对“天然”人类胚胎使用的伦理影响以及需要通过法律承认限制研究中胚胎培养的 14 天期限。最后一个挑战是，即将从集体角度对通过人工智能或基因测试/测序生产和使用大型数据集的影响进行辩论。这些数据集将在医疗保健系统和/或商业上常规提供，应该考虑到它们对团结、平等、基因简化论、污名化和歧视的风险的负面影响。

6 结 论

目前，由于要遵守的立法的分散性，法国生物银行研究的监管环境仍然复杂而分散。《法国数据保护法》是任何类型的健康研究和生物银行处理个人数据的共同特征，无论个人数据是附在生物样本上还是从生物样本中产生的，都采用基于风险的方法来确定研究人员和生物银行需要满足的要求。GDPR 已全面实施，其第 89 条提供了进一步发展的潜力。笔者感谢法国国家信息自由委员会为运营商提供解释性和实用的工具包所做的努力，这些工具包可以简化程序和提高 GDPR 的合规性。法国国家信息自由委员会的行动是务实和积极的，可以用来促进对数据保护文化的理解和采用，这是数据保护专员网络的良好品质，并将导致数据保护方面的创新。

尽管如此，笔者认为生物银行监管仍然存在重大缺陷。生物银行的特殊作用尚未得到充分解决或认可，生物银行的某些背景需要进一步的监管阐明。因此，笔者呼吁制定一项法国生物银行管理法，以进一步汇编和发展适用于生物银行研究的规则，并考虑运营者遇到的现有和新问题以及公民的意见。

参考文献

Borella L，Dupont M，Hebert JC，Janin A，Lubin R. Pour l’INCA（2006）Charte Ethique des Tumorothèques. Ed. 2010.

Clément B，Duyckaerts C，Hauw JJ，Ardaillou R（2019）Rapporteurs au nom de la Commission Biologie – génétique – technologie biomédicales. Académie Nationale de Médecine. Rapport. Sustainability of biological resource centres: a major challenge for biomedical research.

Polton D, Caillé Y (2017) Cabinet Simmons & Simmons, pour l'INDS. Expertise juridique sur l'intérêt public dans le contexte des données de santé. V. 2.

Roche T (2018) Delsol Avocats. Article. ePub. Les coordonnées du DPO du promoteur ne doivent pas fgurer sur les fches d'information destinées aux personnes se prêtant à des recherches cliniques! http://www.delsolavocats.fr/sdv/en/les-coordonnees-du-dpo-du-promoteur-ne-doi-vent-pas-fgurer-sur-les-fches-dinformation-destinees-aux-personnes-se-pretant-a-des-recher-ches-cliniques/.

Sariyar M, Schlünder I (2016) Reconsidering anonymization-related concepts and the term "identifcation" against the backdrop of the European legal framework. Biopreserv Biobank 14 (5): 367-374.

Société Française de Microbiologie (2014) Manuel de Sécurité et de Sûreté Biologiques, 1st edn. ISBN: 978-2-87805-030-1.

第六章

德国的生物银行监管

尼尔斯·霍普

摘　要：德国的生物银行目前不受特殊监管。相反，来自不同法律领域的大量规范形成了适用于生物银行的一系列监管束。监管束的确切形状和范围取决于生物银行的确切配置。在数据保护方面，GDPR的直接影响是在一定程度上缓解了法规的零散性。特别是，德国的联邦数据保护系统被一套全面平等适用的规范简化了。虽然这是德国生物银行监管部分值得欢迎的系统化，但该法规的实施本身就提出了新的问题。在本章中，笔者将概述德国生物银行监管的分散性，在德国人口生物库（Nationale Kohorte，NaKo）的基础上说明这些问题，然后讨论GDPR在生物银行方面提出的一些更重要的问题。

1　引　言

尽管德国2010年至2012年进行了漫长的公开辩论和协商，随后又试图引入针对生物银行的立法，但德国对人体组织和生物银行的监管仍然没有具体的法律依据。[1]相反，历史上存在各种谱系和权重的规范。在许多情况下，这些规范来自相关领域，只是简单地应用于生物银行语境。在其他情况下，非常抽象的民事责任或隐私保护规范适用于研究中的组织样本。在本章中，

---

〔1〕 Herbst（2016），p. 371.

笔者将简要概述一般监管环境，然后将注意力转向德国大型的人口生物库NaKo，将之作为德国监管领域生物银行运作的例证。接下来，笔者将简要介绍生物银行的一般问题，然后将注意力集中在监管生物银行研究的语境中。在这里，笔者将讨论数据保护、隐私和信息自决等问题，继而讨论个人权利。最后，这些权利将被置于 GDPR 第 89 条规定的减损权利的背景下讨论。

2 生物银行与监管环境

2.1 概 述

由于缺乏与生物银行相关的具体立法，评论员们经常求助于德国伦理委员会随时间发展而制定的定义，以确定生物银行的构成范围。鉴于这一领域监管的不同性质，为本分析的目的确定一个定义是有意义的。最常见和最广泛的定义是与相应的个人数据相关的组织样本的集合。[2] 在没有具体立法的情况下，正是这种有形和无形的人工制品的结合为确定当前的监管环境提供了起点，并进一步界定了这一领域所带来的法律挑战。[3] 传统上，法律倾向于将对有形和无形资产的监管和与这些资产相关的权利划分开来。[4] 人体组织样本对法律所期望的明确的二分法提出了挑战，这就是为什么生物银行是一个特别吸引人的监管目标。

如果我们接受这一宽泛的定义，生物银行可能纯粹用于研究目的，也可能用于临床和诊断目的，这一事实进一步加剧了由此产生的法规的庞大规模所造成的困难。对于上述任何一种情况，监管框架都是特定的，不容易改变。[5] 在临床背景下，特别是在生物银行明确存储用于未来人类治疗的组织样本的情况下，德国实施的《欧盟人体组织指令》（2004/23/EC 号指令）包含了与药品相关的法律条款。这将使讨论的复杂性增加一个数量级。因此，出于本章的目的，笔者将专注于研究生物银行的监管，将在下文第 2.2 节概述其他类型生物银行的基本监管要求。

---

〔2〕 Ethikrat（2004）.

〔3〕 Albers（2013），p. 486.

〔4〕 Hoppe（2009）.

〔5〕 Robienski（2010），pp. 57ff.

2.2 德国人口生物库NaKo

对NaKo的研究仍然是概述德国生物银行监管方法最具信息量的案例研究。NaKo的目标是在遍布德国的18个中心招募20万名年龄在20岁至69岁之间的参与者，其在2014年就成功做到了这一点。其采集并储存了生物样本，并就参与者的生活方式进行了访谈，第二轮访谈（以确定变化）即将到来。[6]多达20%的参与者提供了扩展的健康数据，约3万名参与者接受了全身医学成像。因此，NaKo运营的是一项规模庞大的业务，其范围引发了一系列具有说明性的监管问题。

NaKo的目标是在较长的时间（25至30年）里跟踪个体参与者的健康状况，因此它是长期性的。生物银行是一个由董事会（类似于受托人）领导的慈善实体。NaKo的慈善目标是支持和发展符合社会利益的流行病学长期研究。NaKo的内部监管框架（如数据访问和使用政策）由慈善机构的成员决定。尽管主要设施是慕尼黑的亥姆霍兹中心，但样本和数据在18个中心生成、存储和处理。个人数据是假名化或编码的，NaKo追求代码托管的可信第三方概念（Treuhandstelle）来控制解码数据集的密钥。

NaKo作为慈善机构注册对相关法规的管制范围产生了直接影响，因为慈善机构的控制权属于公共机构，这使NaKo本身成为一个公共机构。如果生物银行没有处理个人数据的特定法定权利，则必须完全获得个体知情同意。[7]在技术上尽可能减少可识别个人数据量的首要义务[8]要求对绝大多数数据点的数据进行托管编码。数据的完全匿名化将使拟议的研究变得不切实际。德国法律知道保护所谓的“社会数据”（为提供健康和社会护理相关服务而处理的数据）的其他监管来源。这些都包含在特定的法定保密义务中。[9]任何与第三方共享数据的行为都必须得到个人参与者的明确同意，[10]并符合相关机

---

〔6〕 https：//nako. de/blog/2019/05/03/die – nako – gesundheitsstudie – geht – in – die – zweite – runde/.

〔7〕 §4（1）BDSG（German Federal Data Protection Act）.

〔8〕 §3（a）BDSG.

〔9〕 §35 SGB I（German Social Security Act）.

〔10〕 §67b SGB X.

构授予的许可。[11] NaKo 的员工也有保守个人秘密的法定义务。[12] 此外，尽管个别参与者签署了一份声明，放弃治疗医生对 NaKo 保密的责任，但所有注册医疗专业人员都受其专业保密义务的约束（取决于他们所属的专业）。

NaKo 的同意最初有 5 年的时间限制。除非参与者在此期间撤回同意，否则该期限将永久性地 5 年一延长。在每个同意时间跨度内，即使参与者丧失行为能力或死亡，同意仍然有效。5 年规则的一个例外是正在进行的健康和登记数据的持续处理，这些数据必须定期重新获得同意。

NaKo 已将其同意书文件确定为具有不同质量和范围的个人同意书。对于初次访谈和健康数据收集，数据处理和数据存储，与资助者共享数据的许可，生物样本的采集、存储和使用，偶然发现的反馈，健康和社会数据（二级和登记数据）的进一步采集，重新接触和商业用途的排除，均需单独征求同意。

参与者可以撤回任何或所有这些个人同意，然后根据仍然允许的情况使用数据和材料。参与者的退出必须以书面形式通过 NaKo 提供的特定表格进行，尽管该过程可以通过电话或电子邮件进行。然后将该撤回通知所有中心以及编码密钥的保管人，并记录在 NaKo 的信息管理系统中。如果对参与者退出的确切程度有疑问，NaKo 将以尽可能广泛的方式解释退出。NaKo 的规模使生物银行能够建立一些开创性的流程，这些流程可能成为其他同类机构的最佳实践模式。在将注意力转向生物银行研究中的个人权利之前，有必要简要介绍一下生物银行的监管挑战。

2.3 生物银行概述

组织学和病理学样本收集的一般监管框架不足以反映生物银行研究工作的复杂性，如上文所述。事实上，这正是生物银行监管面临的主要法律挑战。[13] 然而，一开始概述的生物银行的定义非常宽泛，也涵盖了其他类型的生物银行，[14] 在此简要概述这些定义是有用的。

《欧盟人体组织指令》（2004/23/EC 号指令）通过《德国组织法》的一

---

〔11〕 §75 SGB X.

〔12〕 §203 StGB (German Penal Code).

〔13〕 Albers (2013), p. 486.

〔14〕 Robienski (2010), pp. 57ff.

系列修正案被转化为德国国内法。这种实施途径，不是通过单一综合的工具，而是导致了无益分散的结构化监管。例如，组织机构的许可已被纳入《德国药品法》。组织机构的范围遵循该指令的规定，包括组织库，医院部门和所有其他从事人体组织和细胞加工、保存、储存或分销活动的机构。这也包括此类组织样本的采集和测试。根据德国伦理委员会对生物银行的定义，如果机构基于临床目的（包括诊断）收集组织、血液或器官，这些都属于指令定义的组织机构的范围。考虑到监管方法的这种困难，有必要明确界定研究型生物银行（遵循2013/701/EU号指令中的定义），以使不同的规范框架系统化。当遵循这一生物银行定义（我们将为本章的目的作这一定义）时，越来越清楚的是，德国对生物银行研究的具体监管还有很长的路要走。[15]

2.4 生物银行中的数据保护、隐私和信息自决

《欧洲人权公约》第8条规定保护个人的私人和家庭生活。这一基本原则自然也适用于德国，它与生物银行中的隐私和信息自决问题直接相关：欧洲人权法院认为，该第8条的权利也适用于生物特征数据的收集。[16]欧洲委员会确实在《人权和生物医学公约》（以下简称《奥维耶多公约》）第10条中提供了额外保护。虽然《奥维耶多公约》没有直接影响，因为德国既没有签署也没有批准它，但有一个令人信服的论点是，当适用于生命科学案件时，源自斯特拉斯堡的公约判例也总是可能充满奥耶维多的考虑、假设和先例。公约权利只能针对国家而不是针对私人实体强制执行。在生物银行是私人或准私人实体的情况下，任何基于公约权利采取的与隐私有关的行动都是繁琐的，甚至是不可能的（这进一步强调了生物银行是否符合国家或准公共机构的问题。见上文关于NaKo的讨论）。

此前，OECD《理事会关于保护个人数据隐私和跨境传输准则的建议》

---

〔15〕 Herbst (2016), p. 371; Schmidt am Busch et al. (2016), p. 365; Albers (2013), p. 484; Robienski (2010), p. 63.

〔16〕 S and Marper v. The UK [2008] ECHR 1581, (2009) 48 EHRR 50, 25 BHRC 557, 48 EHRR 50, [2009] Crim LR 355.

(1980 年)[17] 和欧洲委员会《关于个人数据自动化处理的个人保护公约》(1981 年)[18] 引入共同的数据保护规范。1995 年，颁布了《欧盟委员会关于在个人数据处理方面保护个人和此类数据自由传输的指令》（第 95/46/EC 号指令）。评论家将其描述为“迄今为止最具影响力、最全面、最复杂的国际政策文书，旨在体现欧洲一体化项目最古老的两个目标，即内部市场和保护基本权利和自由”[19]。由于欧盟指令不直接适用于成员国，必须通过颁布国家立法的方式予以实施，成员国必须在 1998 年 10 月 24 日之前制定适当的国内规定。

广泛的基石在整个欧盟都很常见：收集的任何数据都必须准确；样本集合必须合法化（例如通过适当的同意或法定权利）；必须让数据主体获得关于其自身的信息，并有权提出反对意见；数据必须安全且保密；对数据的收集、存储和处理必须通知公共监督机构。此外，该指令规定了享有特殊保护的某些类别的数据：揭示种族或族裔血统、政治观点、宗教或哲学信仰、工会成员身份以及健康或性生活的数据。就公约权利而言，欧洲人权法院此前认为，基因信息尤其属于这类敏感数据，[20] 没有合理的理由表明，根据第 95/46/EC 号指令，基因数据并非如此。GDPR 的广泛生效并没有明显改变数据保护法的这些基本考量，但其通过允许成员国制定特殊规定，这奠定了基因和生物特征数据具有特殊性的法律共识。[21]

其目的是在数据保护法方面创造一定程度的一致性，但成员国的结果是“关于数据保护的法律文书和准法律文书”[22] 的折中组合。因此，该指令的效果是，各成员国在隐私保护方面仍存在显著差异。此外，德国对隐私权的实施体现在宪法和数据保护规范的结合中，其早在欧盟层面的任何立法举措之前就以非常相似的形式存在。德国宪法规范经过几十年的精细调整，不容

---

[17] OECD：Recommendation of the Council Concerning Guidelines Governing the Protection of Privacy and Transborder Flows of Personal Data of 23 September 1980，available at http：//www. oecd. org/sti/ieconomy/oecdguidelinesontheprotectionofprivacyandtransborderfowsofpersonaldata. htm.

[18] Council of Europe：Convention for the Protection of Individuals with regard to Automatic Processing of Personal Data，available at http：//conventions. coe. int/Treaty/en/Treaties/Html/108. htm.

[19] Schmidt am Busch et al. （2016），p. 365.

[20] Marper（at no. 16 above），at para. 75.

[21] Recital 53，GDPR.

[22] Forgó et al. （2010），at no. 245.

易屈服于超国家的改革努力。因此，预计欧盟 GDPR 等较新立法干预措施的影响都将微乎其微。

针对德国现有的国内环境，依据《德国宪法》第 2 条第（1）款和第 1 条第（1）款，隐私概念在德国宪法中占据重要地位。《德国宪法》第 2 条第（1）款规定了个人的"一般人格权"，第 1 条第（1）款规定了个人尊严的不可剥夺性。根据德国联邦宪法法院 1983 年的裁决，这两项宪法原则共同构成了个人信息自决权的基础。在德国全国人口普查引起的一项具有里程碑意义的裁决中，[23]法院认为，大规模收集、存储和处理个人数据的活动有可能侵犯个人的基本隐私权，从而侵犯其尊严。每个人都有权自主决定是否提供有关自己的信息，以及随后如何使用这些信息。这些基本概念和信息自决原则同样适用于生物银行背景下的数据存储，并大大限制了生物银行在未经特定同意或撤回同意的情况下处理数据的能力。

超国家、宪法和普通国内框架的结合意味着德国的数据保护法在各种文书和司法管辖区中是分散的。GDPR 的生效在一定程度上减少了这种碎片化，但并没有消除这种分裂。同时，概述的现有原则已经与普遍接受的隐私保护概念重叠，因此，相关文书之间没有表面上的冲突：必须告知数据主体数据处理的范围和质量，只有在绝对必要的情况下才应收集尽可能多的数据，任何数据的使用都必须是相称的，数据只能用于其收集目的，数据主体对数据有重大控制权，必须有正当程序处理与数据有关的争议，并且数据必须保密。这些基本要求反映在发挥相关作用的所有文书和司法管辖区中。

2.5 其他监管来源

尽管缺乏对生物银行的具体监管，但在适用于这一背景的各种文书中可以找到大量的治理规范。如上所述，欧洲地理和政治范围内的国际和超国家规范为保护隐私提供了强有力的基于人权的框架，个人可以就国内未能实施这些保护向斯特拉斯堡的欧洲人权法院起诉（就公约权利而言），或作为侵权诉讼向欧盟委员会提出投诉，欧盟委员会随后可能会向欧洲法院提起诉讼。[24]

---

〔23〕 BVerfG, Judgment of 15. 12. 1983, Az. 1 BvR 209, 269, 362, 420, 440, 484/83.

〔24〕 Article 258 of the Treaty on the Functioning of the European Union.

德国国内框架部分由与国际监管工作并行制定的规范组成，部分由超国家立法的实施组成。它深深植根于《德国宪法》和《德国数据保护法》，这两部法律都为个人隐私提供了高度保护。其为个人提出投诉并通过法院和监管机构行使权利提供了一些可能的补救措施。德国数据保护法的分散性导致了监管法的发展，其监管法最初由各州的个人数据保护法以及各州的数据保护办公室监管和执行的附加二级规范组成。此外，民法（如关于财产权和责任）和刑法（如关于保密）中普遍适用的规则为这一框架注入了更多的权利和义务。

3 个人权利

3.1 概 述

与其他司法管辖区一样，提供数据和材料的个人的有效同意是处理生物银行中个人权利的起点。在德国，这一分析来源于《德国宪法》第2条第（1）款和第1条第（1）款，正如我们已经看到的，这两条保障了个人人格权利的自由表达，以及个人尊严的不可剥夺性。这也意味着，患者是对自己身体进行处理的最终仲裁者。在德国民法中，这意味着患者可以根据一般补偿规范允许或拒绝互动。[25]这同样适用于与生物银行的互动，从组织样本和数据的获取到组织样本和数据的持续存储和处理。此外，在许多情况下，医生有一项私人合同义务，即确保患者充分了解情况，并充分同意拟议的程序。[26]只有个人充分、有效的同意，才能否认触碰行为的犯罪性，否则触碰行为将构成侵犯人身罪。[27]

3.2 专业法规

此外，个人权利可以在一系列专业法规中找到，这些法规涵盖注册医疗专业人员获取和记录知情同意的确切职责。这些类型的专业规范仅对医生和其他受监管的医疗专业人员具有约束力，从而使生物医学研究人员（非医生）

---

〔25〕 § § 823ff BGB（German Civil Code）.

〔26〕 Deutsch and Spickhoff（2014），no. 103ff.

〔27〕 § § 223ff StGB.

不在其职权范围内。在分析生物银行的监管背景时，这一点尤其重要，因为大多数工作人员可能不是注册医生。德国联邦医疗委员会的《医生行为准则》[28] 第 8 条规定了明确告知患者并获得同意的义务。对于预性的临床需求越低，为获得充分同意而提供具体信息的义务就越高。如果组织样本的获取纯粹是为了生物银行研究的目的，那么医生的信息义务也相应较高。《医生行为准则》第 15 条纳入了《赫尔辛基宣言》的规定，以及在研究涉及可识别个人的组织样本和数据时，要求从适当的伦理委员会处获得建议。

3.3　宪法权利

在德国，关于隐私保护的公开辩论由来已久。受 20 世纪两个完全无视个人自由的政权压迫的经历的影响，人们对个人私人领域的不可侵犯性非常敏感。1983 年，德国联邦宪法法院不得不决定个人对作为国家人口普查收集的一部分个人信息有多大的控制权。[29] 在这一决定中，德国联邦宪法法院发展了基本宪法权利的信息自决原则。

3.4　数据主体权利

最近德国将欧盟的 GDPR 纳入零散的国内立法框架，巩固并阐明了现有的数据主体权利，其中包括获取个人健康信息的权利。[30]

根据《德国人类基因检测法》的规定，如果涉及的数据是基因数据，则可能会有法律禁止向数据主体披露这些信息，除非经过专门培训的遗传学家能够传达和解释这些信息。[31]《德国人类基因检测法》仅适用于先天性或在受精过程中获得的遗传信息。[32] 如果数据涉及其他类型的存储组织，例如肿瘤生物库，则这些规定不适用。此外，这些保障措施仅适用于首次向数据主

---

〔28〕 BÄK (2018) (Muster –) Berufsordnung für die in Deutschland tätigen Ärztinnen und Ärzte. https: //www. bundesaerztekammer. de/fileadmin/user_ upload/downloads/pdf – Ordner/MBO/MBO – AE. pdfhttps: //www. bundesaerztekammer. de/fileadmin/user_ upload/downloads/pdf – Ordner/MBO/MBO – AE. pdf. Accessed 10 Sep. 2020.

〔29〕 Volkszählungsurteil, BVerfG, Judgment of 15. 12. 1983, Az. 1 BvR 209, 269, 362, 420, 440, 484/83.

〔30〕 § 630g BGB; § 16 NDSG; § § 34, 57 BDSG; Article 15 Regulation (EU) 2016/679.

〔31〕 § 11 GenDG.

〔32〕 Erbs (2017), GenDG (German Genetic Diagnostics Act) § 3 no. 1.

体传达数据的情况，而不适用于之后的情况。[33] 目前尚不清楚《德国人类基因检测法》是否明确区分原始基因数据和基于原始数据诊断或发现的数据，尽管考虑到患者只需通过有针对性的互联网搜索就可以向我们提供原始数据来确定可能的突变，原始数据受这些限制似乎也是合理的。[34]

如果所涉数据仅由生物银行在研究背景下生成，那么根据德国联邦数据保护立法，数据主体仍有权访问这些数据。一些评论员还建议，数据处理者和数据主体之间存在并行的合同义务（基于《德国民法典》第810条），这使数据主体有权检查这些数据。[35] 对于附属于临床环境的生物银行（基于医院的生物库），通过研究活动（而非诊断过程）产生的数据可被视为患者健康记录的一部分，[36] 这在讨论与生物银行偶然发现某些数据相关的义务时具有重要意义。因此，GDPR 的条款以及先前存在的德国宪法和民法都假定了强大的数据主体权利。要求数据主体放弃这些数据主体权利的做法（有时通过一般条款和条件，或作为同意文件的一部分）是不被允许的。[37] 然而，基于提供数据访问的过程过于繁琐，有可能减损数据主体的权利。[38] 正是这些条款试图在数据主体的权利［《德国宪法》第2条第（1）款和第1条第（1）款］与研究人员相应的学术自由宪法权利［《德国宪法》第5条第（3）款，也包括《欧盟基本权利宪章》第13条，以及在一定程度上的《欧盟运作条约》第179条］之间取得艰难的平衡。无论是在纯研究生物库环境中，还是在基于医院的生物库环境中，都有强大的数据主体权利使个人有权访问其个人数据，尽管法律依据不同。另外的复杂性在于基因诊断的结果。数据主体权利和生物银行的社会理想研究活动之间的充分平衡需要高度细致的合同、同意、信息文件以及适当的协议。根据这些规范，很明显，生物银行中的数据应该始终是可重新识别的，否则，根据请求有针对性地删除个人数据或授予访问数据的权限将因设计而受阻。向第三方传输数据也是如此，即必须确保数据主体的权利不会因此类传输而受挫。在某些情况下，个人的数据已经被包含在

---

〔33〕 Fleischer et al.（2016），pp. 481ff.

〔34〕 Fleischer et al.（2016），p. 484.

〔35〕 Fleischer et al.（2016），pp. 481 – 491.

〔36〕 § 630g BGB.

〔37〕 § 56 BDSG.

〔38〕 § 27（2）BDSG.

汇总数据集中，被用于分析和后续发布。人们普遍认为，定义一个务实的“不可退还点”是可以接受的，在此之后，从此类数据集中删除个人数据将变得异常繁琐，因此不再必要。

4 GDPR 第 89 条及其影响

GDPR 生效后，出现了许多问题。特别是，就生物银行的目的而言，一些重要术语在德国国内法中仍然没有定义。这涉及“研究”[39] 一词，其在德国联邦数据保护立法中没有相应的解释，以及“个人数据”[40] 或“假名化”的确切范围也不明确。[41] 德国对 GDPR 的实施也没有规定任何目的限制。[42] 在这种情况下，GDPR 的规定直接适用于德国。与个体生物库参与者的同意相关的规则与既定的知情同意相关，GDPR 的影响仅限于一项更明确的要求，即尽可能容易地撤回同意。[43] 就给予广泛同意而言，GDPR 序言 33 开辟了对某些研究领域给予同意的可能性，并提到了“公认的伦理标准”。这在一定程度上偏离了具体知情同意的典型原则，迄今为止，这对数据驱动的生物医学研究来说是一个特别的挑战。鉴于生物银行在大多数情况下是储存库，而不是研究活跃实体，关于生物银行是否属于“研究”一词的范围的争论似乎毫无意义。从 GDPR 第 89 条的起草中可以清楚地看出，生物银行作为归档和科学研究便利化的结合，完全属于 GDPR 设想的豁免范围。GDPR 序言 158 使欧洲立法者心目中的档案更为清晰，因为它将范围限制在履行公共义务的档案，因此是公共实体。

与此同时，信息自决权（如上所述）和学术自由权之间几乎不可避免地存在冲突。最重要的是，GDPR 严格条款中以研究为重点的减损，如 GDPR 第 5 条第（1）款 e 项和第 89 条中的规定，可以在德国联邦法律中找到。[44]

德国对 GDPR 的实施立即减损了 GDPR 第 9 条第（1）款的规定，使个人异议情况下出于科学和历史研究目的处理个人数据是合法的，只要此时这样

---

〔39〕 Recital 159 GDPR.

〔40〕 Article 4（1）GDPR.

〔41〕 Article 4（5）GDPR.

〔42〕 Articles 5（1）b，and 6（4）GDPR.

〔43〕 Articles 9（1）a，89，recital 33 GDPR；§ § 51，27 BDSG.

〔44〕 § 27 BDSG.

做是相称的，并且有技术措施保护数据主体的权利。[45]有趣的是，《德国数据保护法》仅对 GDPR 第 15 条（“数据访问权”）、第 16 条（“更正权”）、第 18 条（“限制处理权”）和第 21 条（“反对权”）规定的权利提供了减损的可能性。就 GDPR 第 15 条而言，还有一个明确的限制，即在科学上有必要保存个人数据且提供信息过于繁琐的情况下，免除提供个人数据信息的义务。[46]用于科学研究的数据应匿名化，这不违背拟议研究的目的或特定个人数据主体的权利。[47]例如，后者是指数据可能会产生必须反馈给数据主体的信息（如严重的、与临床相关的偶然发现的信息）。在其他情况下，数据集应该有效地使用假名，除非在这种情况下无法实现研究目的。

“被遗忘权”和“数据可携权”没有被减损，这对生物银行有影响。德国生物银行究竟应该如何实现数据可移植性，尤其是在组织样本和数据独特结合的背景下，这一问题仍然悬而未决。

5 结 论

生物银行活动是一种明显符合社会需求的活动，也是解决社会面临的一些十分棘手的健康问题的关键。与此同时，（特别是大规模的）生物银行活动涉及一些基本的个人权利。这些机构持有的数据密度可能对信息自决权以及数据主体及其家庭成员的福祉构成重大风险。因此，生物银行领域没有吸引到明确和系统的专门立法，这有点不寻常。尽管 GDPR 自上而下的强有力治理在一定程度上有助于清理该领域的监管丛林，但其仍存在严重的碎片化和持续缺乏法律确定性的问题。特别是，为有形和无形组织样本储存库找到一种综合法律的挑战仍未得到解决，这是监管不明确的剩余灰色地带之一。NaKo 等大规模基于人口的生物库在建立治理机制方面处于有利地位，这些机制可以用新颖独特的方法填补这些空白，有可能成为最佳实践模式。与此同时，即使是像 NaKo 这样的机构，也只是诊断、存档、治疗和研究数据以及组织样本库的复杂生态系统中的一种生物库，每种配置都吸引着其自身的监管混合物。国际和超国家规范以及德国国内宪法规范的同时发展意味着，迄今

〔45〕 § 27（1）BDSG.

〔46〕 § 27（2）BDSG.

〔47〕 § 27（3）BDSG.

为止，哪些规范在何种情况下适用还没有绝对的明确性。如果说 GDPR 有望为德国国内法律问题提供答案的话，那么 GDPR 第 89 条的实施表明，虽然其提供了一些答案，但也出现了新的问题，例如为什么一些生物银行必须为实施研究参与者的数据可携权作出规定。显然，这仍然是一个需要辩论和解释法律的领域；法律创造确定性的主要义务仍未得到充分履行。

参考文献

Albers M（2013）Rechtsrahmen und Rechtsprobleme bei Biobanken. Medizinrecht 31：483 - 491.

Deutsch E，Spickhoff A（2014）Medizinrecht，7th edn. Springer，Heidelberg.

Erbs G，Kohlhaas M，Häberle P（2017）Strafrechtliche Nebengesetze 224. EL（March 2019）.

Fleischer H，Schickhardt C，Taupitz J（2016）Das Recht von Patienten und Probanden auf Herausgabe ihrer genetischen Rohdaten. Eine rechtliche und ethische Analyse samt einer Empfehlung für die Praxis. Medizinrecht 34：481 - 491.

Forgó et al.（2010）Ethical and legal requirements for transnational genetic research. CH Beck，Munich，No. 245.

Herbst T（2016）Rechtliche und ethische Probleme des Umgangs mit Proben und Daten bei großen Biobanken. Datenschutz und Datensicherheit 6：371 - 375.

Hoppe N（2009）Bioequity - property and the human body. Ashgate Publishing，Farnham.

Nationale Kohorte. Die NAKO - Gesundheitsstudie geht in die zweite Runde.

Nationaler Ethikrat（2004）Biobanken für die Forschung.

OECD. OECD Guidelines on the Protection of Privacy and Transborder Flows of Personal Data. http：//www. oecd. org/sti/ieconomy/oecdguidelinesontheprotectionofprivacyandtransborder - fowsofpersonaldata. htm. Accessed 14 April 2019.

Robienski J（2010）Die Auswirkungen von Gewebegesetz und Gendiagnostikgesetz auf die bio - medizinische Forschung. Verlag Dr. Kovac，Hamburg.

Schmidt am Busch B，Gassner UM，Wollschläger F（2016）Der Augsburg - Münchner - Entwurf eines Biobankgesetzes. Datenschutz und Datensicherheit 6：365 - 37.

第七章

绘制希腊的生物银行景观

奥尔加·佐尔扎图　阿纳斯塔西亚·西亚普卡

摘　要：希腊的生物银行主要由临床实践过程中创建的组织样本和收集的数据来定义，这些组织和数据的样本随后被重新用于研究。鉴于希腊没有具体的生物银行法律，迄今为止，这些样本集合都是根据其国内民事和宪法法律中有关（生物医学）研究的规定以及欧盟和国际法的软性和硬性规定进行管理的。本章提供了希腊生物银行的经验概述，以非详尽的方式描述了可能用于研究的现有生物银行和组织样本集合。接下来，本章探讨了《希腊个人数据保护法》如何在生物银行研究的背景下设想个人权利，以及这些权利如何与公共利益相权衡。最后，本章评估了 GDPR 对希腊生物银行的潜在影响。

1 引　言

希腊的生物银行主要由临床实践过程中创建的组织样本和收集的数据组成，其样本随后被重新用于研究。鉴于希腊没有具体的生物银行法律，迄今为止，这些样本集合都是根据其国内民事和宪法法律中有关（生物医学）研究的规定以及欧盟和国际法的软性和硬性规定进行管理的。这些条款旨在保护研究参与者的权利，主要是他们的隐私权和自主权，以及公共利益。在保留这些保护措施的同时，希腊法律将 GDPR 转化为国内法，同时预计将创建一个国家人口生物库，这有可能促进希腊的生物银行研究。

2 生物银行基础设施和监管环境

2.1 生物银行基础设施：希腊现实

在希腊立法语料库中，既没有生物银行一词的定义，也没有对其进行任何提及。根据OECD提供的定义，生物银行是可用于遗传研究目的的结构化资源，包括：（1）人类生物材料或通过分析产生的信息；（2）广泛的相关信息。[1]同样，有人认为，生物银行的定义应明确说明其研究目的，[2]而组织样本收集的规模或数据的丰富性等问题应是次要的。[3]下文的分析考虑了OECD和肖伯纳等人的定义要求。因此，组织样本的收集，以及更广泛地说，在临床常规过程中创建的数据（临床生物库），如果没有特定的研究目的或将这些组织样本应用于人类，将不属于生物银行组织样本范围。

在希腊，当临床生物库中的组织样本被重新用于研究活动时，患者在组织采集时未被告知其样本用于未来研究的可能性，通常会引发有关回顾性研究的问题。目前为止回顾性研究是合法的，即使没有患者的知情同意，只要有三个授权决定即可：一个来自审查研究中产生的伦理和义务问题的主管研究伦理委员会；另两个来自希腊数据保护局，向数据控制者或法律实体和充当数据控制者的研究人员发出的授权决定。[4]当GDPR生效及随后没有数据保护局授权时，研究伦理委员会在确保合法追溯研究方面的作用得到了加强。

总的来说，希腊的生物库研究人员遇到了实际困难，这阻碍了他们建立和管理生物库。首先，为了获得患者的知情同意，研究人员需要与临床医生和患者合作，前者因临床实践中缺乏术前反应而受到阻碍，后者因希腊公众对生物银行研究缺乏认识而很少发生。其次，所有外围实验室都需要被告知所需的处理，这在实践中很困难，因为所有实验室都需要采用单一的处理协议。再次，医院的记录保存不够彻底，导致患者临床病程的历史数据不完整，

---

〔1〕 Tzortzatou（2015）.

〔2〕 Hallinan（2018）.

〔3〕 Shaw et al. （2014）.

〔4〕 On the DPA's double authorization see Decisions ΑΠΔΠΧ 31/2013，46/2004，47/2004. However, the law did not apply for retrospective research on data from deceased.

包括长期监测。后者因患者经常改变其首选医生和/或医疗实践而进一步受挫，同时希腊国家卫生系统没有中央记录或指导。最后，假名和组织登记的前提是有合格工作人员提供生物信息学支持。研究资金的缺乏使这一要求成为生物医学研究的主要障碍之一，从而使生物库的互操作性和可持续性变得复杂。在这个方面，希腊个性化医疗基础设施等举措加强了研究人员之间的合作、未来生物银行活动的互操作性，以及在希腊合法开展回顾性研究。

希腊各地的医院、医科大学和研究机构都有相当数量的研究生物库，但尚未全部正式注册。[5]具体而言，除了雅典和塞萨洛尼基这两个希腊的主要城市外，这些生物银行都是由大学医学院专门开发和维护的。希腊的大多数研究生物库包括用于或可能用于分析的生物材料（例如心血管、多种类型的癌症、代谢材料、呼吸材料、遗传材料、神经变性材料、传染性材料）。它们最初是在临床实践中作为临床生物库组织样本材料被开发的，用于存储异质生物样本。在采集时，这些组织样本将用于临床或诊断活动，但随后通常通过患者对任何研究目的的广泛同意被重新利用。在某些情况下，研究生物库包括来自普通人群的组织样本，即健康个体的数据作为对照样本。现有的组织集合，包括研究生物库，受希腊卫生部，教育、研究和宗教事务部，特别是其研究和技术总秘书处的监督[6]。

最大的组织标本集合是第一病理学系，其样本主要用于诊断服务，但可能用于研究目的，该系隶属于1850年成立的雅典国立卡波迪斯特里亚大学医学院。它是希腊最古老的病理解剖学实验室，同时满足研究和教育需求。该实验室每年进行的检查总数为3万例，其中大多数涉及恶性疾病患者。样本储存在实验室的石蜡块中，并附有“莱科”医院以及希腊其他30家医院的相

[5] Due to the lack of any official documentation, Dr. Tzortzatou acknowledges the existence of more biobanks in Greece but has chosen to include only those for which confirmed data was received. This study does not include the charting of biobanks from the private sector which are mainly paraffin – tissue blocks in private pathology clinics, in large centers of analysis (BIOMATRIKI, EUROMEDICA etc) and in private hospitals with a Pathological Laboratory (Health Medicine Metropolitan, Medical ThessalonikiMedicine, Euromedica General Clinic of Thessaloniki.

[6] See also http://biobank.bioacademy.gr/.

应诊断记录。[7]收集组织样本时，患者同意使用其组织样本进行研究，然后存档。在过去的 10 年中，该部门一直积极参与欧洲脑组织库网络（欧洲临床和基础神经科学脑和组织库网络）项目，该项目由欧盟第六框架计划资助。

雅典大学医学遗传学实验室（Horemeio），也主要提供诊断服务，位于儿童医院"Agia Sofa"。由于其经验丰富，它是希腊各地有关遗传病诊断、治疗和预防问题的参考中心。自 2010 年以来，它拥有一个重要的遗传疾病组织库，通过知情同意程序储存 DNA 样本用于研究目的。与医学遗传学实验室类似，地中海贫血报告中心提供地中海贫血的诊断检查，并在收集时获得个人同意使用其组织进行研究，前提是他们的数据是匿名的。

此外，希腊肿瘤合作小组（the Hellenic Cooperative Oncology Group，HeCOG）从 1990 年开始收集自己的组织样本，拥有 1.4 万个福尔马林固定的石蜡包埋块，所有这些块都用网络中心治疗的患者的临床数据进行了充分注释，并附有用于研究目的的同意书。塞萨洛尼基有一个 HeCOG 分子肿瘤学实验室，雅典有第二个较小的实验室。[8]设在雅典大学医学院的国家逆转录病毒参考中心（the National Retrovirus Reference Center，NRRC）拥有一个活跃的生物库，里面有 37 万个保存的组织样本（血浆、血清、活检、DNA、干样本），包括 1991 年保存在液氮中的组织样本。NRRC 专门从事人类致病微生物（艾滋病、乙型和丙型肝炎、其他病毒感染）以及病毒性癌症的病毒学研究。[9]

1994 年，通过欧洲癌症前瞻性调查研究建立了一个临床实践之外的研究生物库，目前保存在希腊健康基金会（雅典）的馆内，其中包含来自希腊各地 28572 名成年人的组织样本，代表了广泛的社会人口特征。[10]该生物库的数据收集是在参与者知情同意的情况下，在基线检查期间通过两份问卷完成的，其中记录了以下信息：病史和生殖史、社会人口和生活方式因素以及习惯性

---

〔7〕 See also https：//www. laiko. gr/index. php? option = com_ content&view = article&id = 74&Itemid = 113.

〔8〕 See also https：//www. hecog. gr/el/.

〔9〕 See also http：//www. mednet. gr/archives/2018 -3/pdf/358. pdf.

〔10〕 See also http：//epic. iarc. fr/centers/greece. php.

饮食。测量了人体测量数据和血压，同时还采集了血样。[11]

从 1998 年起，希腊国家科学研究中心“Demokritos”运营着遗传型癌症的分子诊断生物库，其中约有 1.5 万份种系 DNA 样本，并附有描述该疾病家族史的谱系（例如 BRCA1、BRCA2、TP53、PALB2 基因）。[12] 自 2009 年起，分子肿瘤学实验室与 HeCOG、塞萨洛尼基亚里士多德大学合作，运营了一个生物库，其中包括来自 1.5 万多名参与临床试验并知情同意将组织样本用于研究目的的患者的组织样本。[13]

自 2007 年以来，约阿尼纳大学主办了癌症生物库，收集了 600 名血液肿瘤患者和未登记数量的实体器官肿瘤患者的样本。[14] 研究参与者已经签署了一份知情同意书，由于在现场设立了 GDPR 合规办公室，该同意书正在接受审查，以变得更加细致、分层，并完全符合 GDPR 的要求。数据收集针对每个研究项目，但通常侧重于疾病及其状态以及 DNA 和 RNA 的提取数据。另一个重要的生物库是特发性中间型肺疾病和特发性肺纤维化的生物库。该生物库收集临床和流行病学数据以及生物材料（血液、血浆、活检等）。[15]

雅典科学院生物医学研究基金会自 2008 年起成为 BBMRI - GR 网络的中心节点，它是泛欧生物医学基础设施联盟（BBMRI - ERIC）的正式成员。[16]

---

〔11〕 The first phase of the study consists information provided upon filling of specific questionnaires. In the lifestyle questionnaire there are included socio - demographic characteristics and sensitive information related to them such as the medical, family as well general information such as the professional history, the level of physical activity and how the volunteer lives. Reported diagnoses of interest are further ascertained through consultation of medical files in hospitals and clinics all over Greece or, in case of death, through the collection of death certificates from the regional death registries. The dietary questionnaire describes the dietary habits of the volunteer e. g. the frequency and quantity of consumption of alcoholic and non - alcoholic beverages and intake nutritional supplements. The second phase involves the somatometric examination of the volunteer and the third and final phase of the baseline examination includes blood sampling. The collected fractions of blood samples (serum, plasma, leucocytes, erythrocytes) are kept at - 2000C on a specially formulated biological basis.

〔12〕 http: //www. ipretea. demokritos. gr/index. php? option = com_ content&task = view&id = 23&Itemid = 40.

〔13〕 See also https: //www. eliek. gr.

〔14〕 See also http: //old. uoi. gr/services/lab - net/net - web/Cancer_ Biobank_ gr. pdf.

〔15〕 See also http: //www. pneumon. org/assets/fles/789/fle578_ 166. pdf and http: //ipf. feming. gr/ipf_ biobank/.

〔16〕 See also https: //www. tovima. gr/2008/11/25/science/epiteloys - biotrapeza/.

在 BRFAA 内部，其针对帕金森病患者运营希腊帕金森病生物库。[17] 它包含 708 个帕金森病患者组织样本和 351 个对照样本，这些组织样本都是与人口统计、环境影响史、临床史和相关临床量表等临床信息相对应的编号和分配的假名编码。所有信息，包括知情同意书，都存储在硬拷贝中，并上传到生物库的数据库中。BRFAA 还收集了正常人群样本生物库（胎盘结缔组织）用于研究目的。希腊脐带血库在 BRFAA 的临床、实验外科和转化研究中心内运作，并获得父母的知情同意，以便对其孩子储存的生物样本进行进一步研究。雅典科学院生物医学研究基金会与弗莱明研究所也是希腊精准医学研究基础设施（the Greek Research Infrastructure for Precision Medicine，pMedGR）的一部分。这一基础设施由雅典大学协调，“旨在汇集跨部门合作伙伴”，如生物技术中小企业、诊断开发商、生物医学和临床研究人员以及政策制定者，以推进希腊的精准医疗。它可能会被证明对希腊的生物银行活动有明显的支持，因为它表示“将确定收集、编目和储存样本和标本（新鲜、冷冻或 FFPE 样本）的战略并实施最佳实践”。[18]

自 2013 年以来，样本（包括血清、血浆和 DNA）从“Aghia Sophia”儿童医院（雅典）“儿童和青少年超重和肥胖预防和治疗门诊”的患者身上采集。该研究生物库在“国家预防和治疗儿童和青少年超重和肥胖计划”中发挥作用，约 3000 名儿童和青少年在门诊接受了随访。所有数据和样本均经参与者明确书面知情同意并经当地研究伦理委员会批准后提供。另一个生物库是希腊研究与技术中心应用生物科学研究所的生物库，该研究所隶属于塞萨洛尼基吉·帕帕尼科乌拉医院的血液科和 HCT 部门。它收集了来自 24 种血液病的不同类型生物样本的 6 万份组织样本。[19]

从不同机构收集的现有组织样本集合的国家 BBMRI. GR 网络已经建立，该网络将以雅典科学院生物医学研究基金会为基础。一旦投入运行，该生物银行将符合欧盟基础设施 BBMRI – ERIC 的质量标准。这一全国性的努力将开创希腊生物医学研究的新纪元，在此期间，对收集的患者和健康个体的大

〔17〕 See also http：//www. bioacademy. gr/lab/stefanis/H8yK/research？ lang = en.

〔18〕 See also https：//www. precisionmedicine. gr/units.

〔19〕 See also https：//directory. bbmri – eric. eu/menu/main/app – molgenis – app – biobank – explorer/biobankexplorer？ country = GR.

规模高质量组织样本进行分析，不仅采用最新技术，如下一代测序（Next－generation Sequencing，NGS），还采用包括全套组学技术的综合分析，这对于在精密医学的背景下使新的治疗成为可能是必要的。[20] 此外，希腊对 BBMRI－ERIC 基础设施的贡献及其对 BBMRI－ERIC 行为准则的遵守旨在创建一个希腊生物库网络，并将其与基础设施连接起来，以加快希腊融入欧洲研究区法规。[21]

2.2　监管框架

在希腊法律背景下，生物医学研究的一般规则适用于生物银行研究，作为一种更具体的研究类型。关于研究参与者个人数据和自主权的规定源自以下软法律文书和硬法律文书：

（1）欧洲委员会《关于个人数据自动化处理的个人保护公约》（第 108 号公约）。

（2）《奥维耶多公约》。

（3）批准《奥维耶多公约》的第 2619/1998 号法律。

（4）第 3418/2005 号法律（医学伦理/义务规范），特别是第 24 条第（2）款（d）项，要求在医院主管科学委员会或伦理委员会同意意见后，由主管行政当局批准研究项目。[22]

（5）关于人用药品临床试验的第 536/2014 号欧盟法规。

（6）执行第 2001/20/EC 号指令的部长级决定 DYG 3/89292/2003，该指令与欧盟成员国关于在人体用药临床试验中实施良好临床实践的法律、法规和行政规定相似。

（7）关于研究条例的第 4386/2016 号法律和其他规定，规范研究的行政方面。

（8）第 4624/2019 号法律，个人数据保护局，执行 2016 年 4 月 27 日欧洲议会和理事会关于在个人数据处理方面保护个人的第 2016/679 号条例（欧

〔20〕 See also https：//www. precisionmedicine. gr/.

〔21〕 More information about this initiate can be found at http：//code－of－conduct－for－health－research. eu/.

〔22〕 Research on human is specifically regulated in Article 21－27，Law 3418/2005.

盟）的措施，并将其纳入欧盟议会和理事会 2016 年 4 月 27 日第 2016/680 号指令的国家法律立法和其他规定。

（9）其他规定，包括样品质量、标准操作程序、ISO 认证（如 ISO/IEC 17025）和良好实验室规范。[23]

在结构和可操作性方面，希腊以系统方式提及组织收集的唯一相关法律是第 26/2008 号总统令。该法令执行了希腊立法中欧洲议会和欧洲理事会的第 2004/23/EC 号指令。该法令为捐赠、采集、检测、处理、保存、储存、处置危险物质以及人体组织和细胞的分配制定了质量和安全标准。一般来说，该法令不适用于研究生物库，因为它只涉及组织和细胞在人体上的应用。[24] 然而，它适用于储存干细胞用于移植的公共和私人生物库，在这种情况下，希腊移植组织（Hellenic Transplant Organization，HTO/EOM）以及精子和体外受精生物库负责授权。

此外，生物库内的研究人员还必须遵守职业保密义务，[25] 以这种方式保护参与者的隐私。当在医疗保健/服务实践中收集到有关健康的个人信息时，

---

〔23〕 The following framework applies：

i. PD. 273/2000/2000（Government Gazette 1370/B' /9. 11. 2000）Implementation of Good Laboratory Practice Principles（GLP），GLP Compliance Monitoring in Controlled Data Studies and Inspection and Accreditation System for GLP Testing Units and Testing Sites.

ii. Ministerial Decision 452/1997/1998（Government Gazette 294/B' /26. 3. 1998）Implementation of Good Laboratory Practice（GLP）principles，GLP testing in the Chemicals—Chemicals Studies and Inspection and Accreditation System of Experimental Of GLP Units.

iii. Ministerial Decision 22/94/1994（Government Gazette 706/B' /20. 9. 1994）Accreditation and control system for laboratories of good laboratory practice.

iv. Ministerial Decision 1282/91/1992（Government Gazette 669/B' /13. 11. 1992）Amending and supplementing the 1285/89 CFD Decision in compliance with Directive 90/18/EEC on the inspection and verification of good laboratory practice（republication of Government Gazette 80/B/92）

v. Decision 1285/1989 Harmonization of Directive 88/320/EEC on the inspection and verification of good laboratory practice（GLP）.

vi. Decision 1146/88/1988（Official Gazette 669/B' /12. 9. 1988）Approval of the application of the principles of good laboratory practice and control of their application during tests of chemical substances—chemical products.

〔24〕 It should however be noted that in several cases the collections described in the law may proceed to research activities on the donated tissues，provided that specific informed consent has been provided. Of paramount importance is the example of the Hellenic Cord Blood Biobank（HCBB）http：//hcbb. bioacademy. gr/，where specific informed consent is required for parents who donate blood at the Unrelated Cord Blood Bank，in order for the latest to be used for research purposes.

〔25〕 Article 13（1）Law 3418/2005.

应遵守医疗保密规定。在受试者同意的情况下，可以解除这种保密性。此外，《希腊刑法典》（第 371 条）规定了医疗保密以及对违反保密规定的处罚。在实践中，不遵守医疗保密义务的研究人员仍然受到与数据控制者签订双边法律行为的保密义务约束，如保密或保密披露协议。[26]

就研究参与者而言，他们的隐私通过适用与基因和健康数据保护相关的 GDPR 条款得到了进一步保护。早在 GDPR 之前，生物医学研究中使用以及作为文件一部分的健康相关数据就已根据第 2472/1992 号法律（《个人数据处理个人保护法》）作为敏感数据受到保护，该法律已在希腊实施了第 95/46/EC 号指令（数据保护指令）。第 2472/1992 号法律第 7 条第（1）款禁止处理敏感数据，包括健康和基因数据，只有在特定的例外情况下才允许处理第 7 条第（2）款，同意是合法处理的法律基础之一。

3 个人权利和保障

生物银行参与者可以在希腊获得对其权利的多层次保护。首先，在私法领域，《希腊民法典》确立了人格权（第 57 条）。根据主流学术观点，人格权的一个更具体的方面是受试者有权监测和允许使用其健康数据（信息自决）。同时，一系列直接适用于生物银行研究的宪法条款在更高级别上保障了个人的隐私和自主权。[27]

此外，生物银行参与者的自主权受到第 4521/2018 号法律的保护，该法律第 5 章在所有大学和研究机构中设立了研究伦理和道义委员会。资助的研究项目涉及对人类或源自人类的组织样本（如遗传物质、细胞、组织和个人数据）的研究，在启动之前需要事先获得研究伦理和道义委员会的授权。研究伦理和道义委员会审查研究项目是否尊重人类的内在价值以及参与者的自主性、私人生活和个人数据。然而，关于后者，目前尚不清楚研究伦理和道义委员会如何审查数据保护问题。因为一方面，研究伦理和道义委员会的董

---

[26] Such agreements contain provisions regarding the duration of the confidentiality agreement, the liability of the researcher, the scope of the research, the description of the exact confidentiality duties etc.

[27] Greek Constitution Article 9A on the right to data protection; Article 2 (1) on the protection of human dignity; Article 9 on the right to private life; and Article 5 (1) on the free development of personality. The Article 5 (5) on the right to the protection of one's health and genetic identity could also be interpreted as protective of the aforementioned informational self - determination.

事会通常不包括数据保护专家；另一方面，他们在 GDPR 生效之前的职责是核实数据控制者是否获得了希腊数据保护局的所需授权。无论如何，这一规定不应被解释为表明在研究中由研究伦理和道义委员会取代数据保护局的职责的立法意愿，因为研究伦理和道义委员会仍然全权负责评估数据保护违规行为。[28]

最近，GDPR 以及第 4624/2019 号法律或《希腊个人数据保护法》（共包含 42 个条款）将减损和留给国家立法者自由裁量权的要点转化为希腊立法，直接适用于参与者隐私的保护。他们带来的最重要的变化之一是废除了希腊数据保护局的授权。具体而言，GDPR 在希腊生效之前，数据保护局为个人数据的收集和处理提供了“双重授权”：一项授权给拥有数据的控制者，另一项授权给在数据不归其所有的情况下出于科学研究目的的请求获得这些数据的研究人员，使后者也成为数据控制者。[29]

GDPR 和《希腊个人数据保护法》第 30 条的规定适用于出于科学或历史研究目的或为收集和维护统计数据而处理个人数据的行为。《希腊个人数据保护法》没有对研究进行进一步定义，但在 GDPR 生效之后，它在科学和历史类型中被提及。欧洲研究区的目标也没有被提到或暗示，因为跨境处理只针对与犯罪有关的数据进行审查。此外，根据 GDPR 第 9 条第（4）款，《希腊个人数据保护法》第 23 条规定了对基因数据的处理的进一步限制，即严格禁止出于健康和人寿保险目的处理基因数据。然而值得注意的是，希腊的国家立法者选择不禁止处理在预测性基因测试过程中产生的基因数据。

上述突破性条款对生物银行中参与者的隐私权极为重要，该条款涉及数据控制者的“利益”，在涉及研究目的的数据处理时，必须根据具体情况仔细审查。[30] 更具体地说，《希腊个人数据保护法》规定：“如果出于科学或历史研究或收集和维护统计数据的目的而有必要，并且数据控制者的利益高于数据主体不处理其个人数据的利益时，未经数据主体同意处理特定类别的个人

〔28〕 The role of REDCs in ensuring participants' autonomy is further established in Code of Medical Ethics/Deontology Article 24 (2) (d).

〔29〕 Particularly, as far as the extraction of health data from hospitals for the purpose of carrying out scientific research is concerned, the concurring opinion of the scientific council of the hospitals and Committees of Deontology of the institutions who will carry the research, is additionally required.

〔30〕 Greek law Article 30.

数据应被允许。数据控制者应被要求采取适当和具体的措施来保护数据主体的合法利益。这些可能特别包括：（1）对数据控制者和处理者访问数据的限制；（2）个人数据的假名化；（3）个人数据加密；（4）数据保护专员的任命。”通过这项规定，希腊立法者首次允许研究人员在未经研究参与者同意或数据保护局授权的情况下处理研究参与者的个人信息。这无疑是生物银行研究的积极一步，迄今为止，生物银行研究严格遵循书面知情同意的模式，尽管其从一定程度上阻碍了研究活动。[31]

然而，上述规定应被解释为出于研究目的寻求参与者知情同意的“例外”，而不是数据控制者在处理其数据时仍有义务寻求受试者知情同意的规则，尤其是在前瞻性研究的情况下。否则，这项规定有可能被错误地用作“全权委托”，使研究人员能够在没有事先通知他们进行预期数据处理的情况下，通过个人数据使用而凌驾于个人的自主权之上。因此，在个案基础上审查研究人员的利益是否确实受到损害，对于正确解释这一条款至关重要。此外，研究人员寻求研究参与者对数据处理知情同意的义务不应与请求参与者同意参与研究本身的义务混为一谈。因此，研究人员有责任保证向参与者提供与研究相关的所有信息，包括个人数据处理信息，这仍然是既定义务的一部分，即向研究参与者提供关于每个研究协议的所有必要信息。[32]

《希腊个人数据保护法》规定，[33] 除其他原因外，出于“预防医学”的目的，允许处理特殊类别的数据。假设生物银行研究的技术进步将很快有助于直接惠及普通人群的健康，并且鉴于生物银行已被描述为“技术发展和预防医学的推动力”[34]，不排除上述规定在不久的将来可能直接适用于生物银行。这意味着生物银行将成为医疗保健系统不可或缺的一部分，同时也为预

〔31〕 Tzortzatou (2015).

〔32〕 Relevant provisions in Greek legislation for research involving humans in research apply such as the Chapter IIa. 5 and IVa. 16 of the Law 2619/1998 transposing the Oviedo Convention into Greek legislation where it is specifically stated that research with human participants can only take place after the person concerned gives his/her specific consent, upon prior informed notice and that the consent can be freely withdrawn at any time.

〔33〕 Greek law Article 22.

〔34〕 Dabrock (2012).

防医学服务。[35]因此，在没有数据主体知情同意的情况下，生物银行研究中的个人数据处理是合法的，前提是有额外的（与研究过程的规定相比）具体措施和保障措施。其主要包括以下内容："（1）确保处理符合 GDPR 的技术和组织措施；（2）采取措施确保能够进行事后核查，并确定个人数据是否以及由谁输入、修改或删除；（3）采取措施提高参与个人数据处理的工作人员的意识；（4）对数据控制者和处理者访问的限制；（5）个人数据的假名化；（6）个人数据加密；（7）确保与个人数据处理相关的处理系统和服务的能力、机密性、完整性、可用性和持久性的措施，包括在发生物理或技术事故时快速恢复可用性和访问的能力；（8）定期测试、评估以及评估技术和组织措施有效性的程序，以确保处理安全；（9）为其他目的进行传输或处理时，确保遵守本法案和 ISG 的具体规则；（10）数据保护专员的任命。"因此，很明显，上述两项规定（分别为《希腊个人数据保护法》第 30 条和第 22 条）违反了希腊在处理健康和基因数据方面依赖书面知情同意的法律传统，并形成了一种未经个人同意进行研究的新模式，只要数据控制者的利益优于受试者的利益。[36]支持生物银行研究的另一个事实是，《希腊个人数据保护法》没有关于储存限制的进一步规定或补充。因此，就研究而言，仅适用 GDPR 第 5 条第（1）款（e）项的相关规定。

---

〔35〕 Notably, Article 22 (1) (b) and (3) imposing additional safeguards in comparison to Article 30, is the appropriate legal basis for Biobanking research as biobanks have a higher risk for the individual's privacy from data processing in such settings where data are stored for indefinite periods and unknown at the time of collection purposes.

〔36〕 Something, which also the former draft of the Greek law recognized as a necessary precondition when it came for processing specific categories of personal data for research purposes. Specifically, draft of the Greek law Article. 19 (1) posited: 'Personal data processing for scientific or historical research is allowed provided that: a) data subjects have granted their consent; b) the data controller already posses-ses the relevant data from respective previous researches and data subjects have consented to further use or use for related purposes. [...]'. Similarly, draft Article 19 (2) posited: 'Processing personal data that are included in the special categories of Article 9 GDPR or concern criminal proceedings, security measures or convictions for scientific or historical research purposes or for statistical purposes is allowed in the following cases: a) data subjects have granted their explicit consent. Provided that participation in scientific research activities in the context of clinical trials is concerned, provisions of Articles 28 to 34 of the Regulation EU No. 536/2014 of the European Parliament and of the Council on clinical trials on medicinal products for human use, and repealing Directive 2001/20/EC shall apply. b) the data controller already has access to the relevant data from related previous scientific or statistical researches and data subjects had consented to further use or use for related purposes.'

如上所述，根据GDPR第89条第（1）款的规定，《希腊个人数据保护法》第30条列举了若干保障措施，要求数据控制者制定这些保障措施，以使数据处理符合个人权利和自由。与之前的数据保护制度相反，在GDPR生效之后，现行法律在希腊立法中引入了假名化的概念。更具体地说，是进一步引入了数据加密的概念，将其作为加强数据保护的一种技术手段，但没有对该术语进行定义。尽管法律中没有对匿名化的定义，但《希腊个人数据保护法》第30条第（3）款提到了匿名化，其中规定数据控制者必须在科学或统计目的允许的情况下尽快对数据进行匿名化，除非这与数据主体的合法利益相悖。此外，希腊立法者规定，在匿名化之前，可用于关联已识别或可识别个人的个人或实际情况的特征必须单独存储。此外，只有在研究或统计目的需要时，才能将这些特征与个人详细信息结合，从而为数据主体的保护提供进一步的保障。[37]

在公布科学研究成果方面，《希腊个人数据保护法》要求公布或披露个人数据符合特定条件。特别是，在研究背景下处理的个人数据可以由数据控制者公开发表，前提是相关数据主体已明确书面同意，或者公开发表是呈现历史研究结果所必需的；在后一种情况下，所有个人数据都要假名化。[38]

此外，《希腊个人数据保护法》允许凌驾于数据主体访问、更正、限制和反对处理的权利之上（GDPR第15、16、18、21条）。更具体地说，它允许这样一种例外情况：一方面，行使这些权利可能会使科学或历史研究的目的变得不可能或受到严重损害；另一方面，为了实现上述目的，限制这些权利是必要的。出于同样的原因，如果个人数据是科学目的所必需的，并且向数据主体提供信息需要付出不成比例的努力，则访问权（GDPR第15条）不适用。数据可携权（GDPR第20条）可能适用于生物库中存储的至少部分数据，即数据主体自己在同意的情况下提供的数据（如有）。然而，什么应该被视为此类数据并不完全清楚。[39]最后，《希腊个人数据保护法》没有具体规定

---

〔37〕 However, it is worth noticing that the concept of anonymization is not new in relation to data protection of research participants in the Greek legislation. In fact, it is a provision consistent with the former Data Protection Law 2472/1997 where anonymization of data was a prerequisite for research.

〔38〕 Greek law Article 30 (4).

〔39〕 Chassang et al. (2018).

或补充规定对删除权（被遗忘权）的特定研究豁免；因此，GDPR 的规定按其现状适用。

4 语境中的法律：个人权利和公共利益

生物银行的最终目标是通过改善公众健康来服务于公众利益。然而，这一目标可能与保障个人权利的必要性形成冲突，如前一部分所述。研究领域中个人权利和公共利益之间的这种紧张关系见于《希腊宪法》，特别是该法第16 条，该条规定了研究权，并赋予其消极地位（从国家不干涉研究的义务这一意义上讲），以及积极地位（从国家协助研究人员开展工作的义务这一意义上讲）。

在解决这一宪法规定的研究或科学权利与上述同样受宪法保护的个人权利之间的冲突时，比例原则成为关键。更直接的情况是，科学研究违反了公共利益或第三方的基本权利。在这种情况下，根据《希腊个人数据保护法》的合法性原则，禁止处理个人数据。

《希腊个人数据保护法》中没有关于研究的私人或公共性质的规定。然而，法律允许在保护数据主体的相关保障措施到位的情况下，访问为公众利益存档而持有的特殊类别的个人数据。然而，仅仅是对公众利益的呼吁就被认为足以允许获得健康和基因数据，例如在登记的背景下，这一事实大大削弱了个人的地位，可能会被证明是有问题的。

由于希腊数据保护局的授权程序被废除，控制者应在数据保护影响评估的框架内考虑可能对公众利益造成的风险。这就是为什么，特别是在生物银行背景下，数据保护影响评估应被视为一个动态过程，需要根据相关技术发展不断更新。至关重要的是生物银行数据保护专员的作用，根据法律规定，数据保护专员负责向数据控制者（作为法律实体的生物银行）和员工（研究人员）告知和建议 GDPR 规定的义务；监测其遵守 GDPR 的情况；就数据保护影响评估的发展提供建议并监测其执行情况；与数据保护局合作，并作为处理相关问题的联络点，包括 GDPR 第 36 条规定的事先协商。

总而言之，在特定技术手段和保障措施到位的情况下，希腊的监管和实证研究格局首次与知情同意模式略有差距。然而，我们仍远远没有看到知情同意模式向基于信任、团结、互惠、公民身份甚至对人类同胞和更大社会利益的道德义务的同意模式的“社群主义转向”。[40]此外，值得注意的是，无论是《希腊宪法》《希腊个人数据保护法》，还是GDPR，都没有关注对隐私和自治的群体层面的威胁。在数据保护中采用严格的个人主义视角，意味着整个社会群体可能会因其遗传倾向而受到污名化和处于不利地位，或者可能会忽视未成年人或无行为能力者等弱势社会群体的特殊性。

在生物银行研究的背景下，这种担忧变得更加迫切，其过程和结果主要是基于群体和人群的。相反，这些问题可以通过有针对性的法律文书加以解决，例如《爱沙尼亚人类基因研究法》（其中包括关于基因歧视的条款）或《瑞典医疗保健生物银行法案》（包含关于新生儿样本的具体规则）。[41]此外，对数据保护的集体考虑并不一定与更大的个人自主权相冲突。相反，通过指示性地采用康德式的自主观念，他人的福利可以作为实现个人自主的指导原则。[42]

因此，在实践中，国家数据保护局将如何应对这种社会和意识形态的特殊性，并在个人和群体或公共利益之间取得平衡，有待观察。或者，缺乏与生物银行相关问题有关的法律规定，包括基于健康和基因数据处理的歧视、特定社会群体的待遇、数据所有权、利益共享和同意撤回、生物库或其研究结果商业化所产生的风险、偶然发现和研究结果的披露，可以为希腊制定适合、统一的生物银行法奠定基础。

5 GDPR对生物银行的影响及其未来可能性

GDPR给希腊的数据保护框架带来了重大变化，其总体影响可被视为进一步推动了生物银行活动。通过含蓄地将研究确立为数据处理的法律基础，它解决了回顾性研究的主要障碍之一，并满足了希腊科学界最持久的要求之一。同样，通过消除希腊数据保护局的事先授权，它简化了研究过程。在GDPR生效之前，所有类型的数据处理，甚至数据传输都需要数据保护局的双重授权，这意味着现在研究人员已经摆脱了繁重的官僚负担。然而，这并

〔40〕 Kongsholm and Kappel（2017）and Knoppers and Chadwick（2005）.

〔41〕 Swedish Act can be accessed at http：//biobanksverige. se/wp - content/uploads/Biobanks - inmedical - care - act - 2002 - 297. pdf.

〔42〕 Wood（2009）.

不是以牺牲个人保护为代价的，因为他们配备了加密、数据假名化和数据保护专员的任命等保障措施，这是对他们权利的保障。

此外，欧盟所有成员国都必须遵守 GDPR 要求的最低保护保障水平，尽管存在国家偏差，但这将使希腊更容易参与跨境财团和生物银行研究项目。最后，GDPR 引入了新的数据保护立法术语“假名化”，以对抗匿名化，从而使一些术语更加清晰。此外，通过推广假名化来代替希腊研究人员普遍拒绝的匿名化，它可以提供大量信息，从而获得更安全的科学结果，进而使生物银行研究更加有效。希望 GDPR 的出现与预期的希腊国家人口生物库相结合，这将引导公众舆论积极接受生物银行研究。

6 结 论

本章提供的简要概述并非详尽无遗，但其可作为提供希腊生物银行经验和监管情况的第一份文件。由于没有特别法律，迄今为止，希腊的生物银行一直由一系列规范生物医学研究和数据保护的法律管理，其中包括宪法和民法条款，一方面保护研究自由，另一方面保护个人隐私。在参与者的数据保护权利方面，《希腊个人数据保护法》利用了 GDPR 第 89 条，因为其已经提出了对科学研究的特定主体权利的减损，并且在实施具体保障措施时，允许在未经主体事先同意的情况下处理个人数据。然而，如上所述，许多现有的实际困难阻碍了研究人员建立生物库。因此，研究界预计，希腊国家人口生物库网络一旦建立，将为阐明生物银行的具体法律框架带来最前沿的讨论。通过补充或具体规定希腊目前的数据保护制度，该框架将大大有助于生物银行研究领域的法律确定性。因此，它可以处理储存在生物库中用于研究目的的大量组织样本和数据，最终造福于整个希腊社会。

参考文献

Chassang G，Southerington T，Tzortzatou O，Boeckhout M，Slokenberga S（2018）Data portability in health research and biobanking：legal benchmarks for appropriate implementation. Eur Data Prot Law Rev 4（3）：296 – 307.

Dabrock P，Taupitz J，Ried J（2012）Trust in biobanking：dealing with ethical，legal and social issues in an emerging field of biotechnology. Springer Editions.

Hallinan D (2018) Feeding Biobanks with Genetic Data: What role can the General Data Protection Regulation play in the protection of genetic privacy in research biobanking in the European Union? Dissertation thesis at Vrije Universiteit Brussel.

Knoppers BM, Chadwick R (2005) Human genetic research: emerging trends in ethics. Nat Rev Genet 6 (1): 75 – 79.

Kongsholm NCH, Kappel K (2017) Is Consent Based on Trust Morally Inferior to Consent Based on Information? https://www.ncbi.nlm.nih.gov/pubmed/28240791.

Regulation (EU) 2016/679 of the European Parliament and of the Council of 27 April 2016 on the protection of natural persons with regard to the processing of personal data and on the free movement of such data, and repealing Directive 95/46/EC (General Data Protection Regulation).

Regulation (EU) No 536/2014 of the European Parliament and of the Council of 16 April 2014 on clinical trials on medicinal products for human use.

Shaw D, Bernice E, Colledge F (2014) Clinical genetics. https://pdfs.semanticscholar.org/6214/09329391228dbfdc8937a5a75e3fe09350ad.pdf.

Tzortzatou O (2015) The protection of sensitive data in the field of biomedical research. Sakkoulas Editions, Athens.

Wood A (2009) Duties to oneself, duties of respect to others. Wiley – Blackwell.

第八章

GDPR 生效后的意大利生物银行研究之路：平衡个人保护和研究自由的混合规范解决方案

西蒙·佩纳萨，玛尔塔·托玛西

摘　要：意大利生物银行由大量的样本集合组成，在某些情况下，这些样本组织良好，并在良性网络中相互连接，而在另一些情况下，它们则无法被识别为结构化的生物银行。从比较的角度来看，意大利的生物银行相关规范可以被视为一个混合模式，介于拥有完整和详细的生物银行立法的国家和仅依赖国家伦理委员会或专业协会发布的没有约束力法律价值的指导方针的国家之间。在意大利等更迫切需要具体监管的国家，GDPR 的生效文本可以提供一个机会来填补立法中关于医学科学研究生物银行的空白。本章强调了意大利取得的进步和持续存在的障碍。

1　引　言

意大利生物银行由大量的样本集合组成，在某些情况下，这些样本组织良好，并在良性网络中相互连接，而在另一些情况下，它们则无法被识别为结构化的生物银行。意大利缺乏对生物银行研究活动的特别监管。因此，对参与者和基因捐赠者权利的保护必须来自不同的法律渊源，尤其涉及个人数据保护时。其中，行政机关在经立法者授权通过的非立法条例中发挥了关键作用。这种方法创造了一种混合保护模式，将意大利定位在具有完整和详细的生物银行立法的国家和只依赖国家伦理委员会或专业协会发布的没有约束力力法律价值的指导方针的国家之间。意大利的主要参考点是意大利数据保护局发布的一般授权：关于基因数据处理的第 8/2016 号授权，以及关于出于科学研究目的处理个人数据的第 9/2016 号授权。

GDPR 为意大利立法者提供了重新考虑整个体系并设计更全面的保护框架的机会。意大利立法机构决定利用 GDPR 赋予成员国对某些类型的数据的处理提出进一步限制的权利，[1] 并指示数据保护局确定处理健康和基因数据的特殊条件。[2] 为了更新过去通过的一般授权，数据保护局开展了一次公众咨询，希望能够为参与生物银行活动的不同利益相关者提供一个有效的工具，以突出现有监管框架的不足并提出结构改进的建议。

2 生物银行基础设施和监管环境

2.1 意大利生物银行概况

意大利生物银行景观由大量的组织样本和数据组成，并不总是可识别和组织为结构化的生物库。生物库的主要类别是临床生物库和研究生物库。临床生物库是储存在临床环境中的人体组织样本的沉积物，这些样本是从在医疗服务中接受过测试和治疗的患者身上获得的。研究生物库是出于研究目的而建立的，其样本来自研究参与者或其他（临床）生物库。

国家层面唯一的官方样本集合是意大利 DNA 数据库，该数据库的建立由第 85/2009 号法律即“意大利共和国加入普吕姆条约：建立国家 DNA 数据库及其中央实验室”规定，以便识别可能犯罪的人。[3] 关于临床和研究生物库，没有中央登记册。因此，生物库和储存的生物样本的确切数量是未知的。

为了改善和加强意大利生物银行研究的基础设施，并为意大利和国际研究人员提供概览和更容易获取组织样本的机会，意大利通过卫生部和大学与研究部的共同努力，建立了意大利节点 BBMRI - IT，其汇集了国家卫生研究

---

[1] See Article 9. 4 of the GDPR which allows Member States to maintain or introduce further conditions, including limitations, with regard to the processing of genetic data, biometric data or data concerning health.

[2] See Penasa et al. (2018), pp. 1 – 15.

[3] Act no. 85/2009, 14 July 2009, published on the Official Journal (G. U.) no. 160 Supp. Ord. no. 108/L G. U. General series.

所、国家研究中心、18所大学、22所护理研究所、与转化研究密切相关的住院和护理机构以及患者协会。BBMRI－IT有两个主要目标：为意大利生物库社区提供新的共同服务，并为泛欧研究基础设施BBMRI－ERIC做出贡献。[4]

根据网站信息，该节点研究人员已经设计了一项调查，从样本和数据的质量和丰富性方面评估和选择成熟的意大利生物库，并确定可为BBMRI－IT网络提供服务的生物库。事实上，根据网站信息，“意大利节点拥有特定的科学技能，可以与其他国家节点分享信息学、档案组织的分子分析和ELSI”[5]。BBMRI－IT包括90个生物库/生物资源中心/集合，主要以疾病为导向（肿瘤学、遗传学、多方面专家），并组织成专题和区域网络。

关于参与作为伙伴关系组织的活动，这些活动催生了专注于特定目标的国家和国际网络，一个相关的例子是遗传生物库Telethon网络。它成立于2007年，是Telethon基金会资助的一个研究项目。它目前由11个生物库组成，储存了约10万个生物样本，代表了约950种不同的罕见遗传病。[6]

意大利生物银行的格局是通过在区域一级开展的网络举措完成的：事实上，意大利在某些情况下参与了一系列与生物银行相关的组织活动，并负责认可地区认可的生物银行。[7]

人口生物库也是一个重要的现实生物库，因为在意大利存在可以被视为基因分离株的种群。最近一个被广泛报道的例子涉及影响撒丁岛地区生物样本和数据采集的事件。[8]这些样本集合属于萨德纳（Shardna）公司，该公司于2000年通过公私合作创建，是意大利基因组学研究领域的第一家此类公司。萨德纳公司的研究重点是通过对撒丁岛奥里亚斯特拉地区孤立社区的基因同质群体的研究，确定易患常见多因素疾病的遗传和环境因素。该生物库包括来自该地区近1.3万名完全有亲缘关系的居民的23万份生物样本。该公司成立近10年后，一桩有争议的破产案件席卷了该公司，引发了参与者的担忧。该案件导致国家数据保护局和卡利亚里法庭作出了几项裁决，这是一个

---

〔4〕 More information at https：//www. bbmri. it.

〔5〕 http：//www. bbmri－eric. eu/national－nodes/italy/.

〔6〕 More information at http：//biobanknetwork. telethon. it/.

〔7〕 More information at https：//www. bbmri. it/regioni.

〔8〕 See Piciocchi et al. （2017）, pp. 1－14.

有趣的参考点，可以用来调查如何在意大利监管框架内评估参与者利益和研究自由。[9]

2.2 生物银行研究和样本采集的监管

与许多国家相比，意大利没有专门的生物银行立法。其生物银行研究的监管规范可以根据一般数据保护法以及生物样本的处理来制定。

更准确地说，意大利可以被视为“混合模式”,[10] 正如前文所述。意大利模式的混合性质主要是由于国家数据保护局发挥的作用，这是一个独立的行政机构，也是负责监督 GDPR 应用的监督机构。在主要与个人数据保护相关的意大利立法更广泛的框架中，由数据保护局实施 GDPR，并负责确定某些个人数据处理可能引发的条件。特别是，数据保护局发布了一份关于基因数据处理的一般授权，被认为是一个值得特殊保护的条件类别（第 8/2016 号一般授权），以及一份用于科学研究目的的个人数据处理的一般授权（第 9/2016 号一般授权）。数据保护局规定的条件主要涉及使用目的、收集和存储要求以及通信和信息职责。然而，如下文所述，根据 GDPR 生效后创建的新框架，意大利需重新考虑这两项授权的内容。

一般来说，在意大利，可以为临床目的或研究目的采集样本。由于程序涉及侵入身体，通常需要患者或参与者的知情同意。除了国际和欧洲的规定（如《奥维耶多公约》[11] 第 5 条和《欧盟基本权利宪章》[12] 第 3 条）外，《意大利宪法》第 32 条第（2）款也规定了同意原则，该原则最近在普通立法

---

〔9〕 See Italian Data Protection Authority, decision no. 389, 6 October 2016; Tribunal of Cagliari, Sez. I, decision no. 1569, 18 May 2017; Italian Data Protection Authority, decision no. 561, 21 December 2017.

〔10〕 Macilotti et al. (2015), pp. 53 – 77.

〔11〕 Convention for the Protection of Human Rights and Dignity of the Human Being with regard to the Application of Biology and Medicine: Convention on Human Rights and Biomedicine, Oviedo, 4 April 1997, Article 5—General rule: ‘An intervention in the health field may only be carried out after the person concerned has given free and informed consent to it.’

〔12〕 Charter of Fundamental Rights of the European Union, article 5: ‘1. Everyone has the right to respect for his or her physical and mental integrity. 2. In the fields of medicine and biology, the following must be respected in particular: the free and informed consent of the person concerned, according to the procedures laid down by law.’

中得到了加强。[13]

在达到临床目的后，一些组织样本可储存在生物库中，随后可用于研究或其他目的。在这种情况下，除非发生匿名化，否则适用与个人数据处理相关的规则。生物样本被视为“支持”，基本上遵循与个人数据处理相关的规则。

在 GDPR 生效之前，《意大利隐私法案》[14] 规定，披露健康和性生活的数据应与任何其他个人数据分开，未经数据主体书面同意，[15] 不得传播。[16] 该法案严格规定了在事先获得数据保护局授权的情况下，以及当目的涉及第三方或社区时，在法律明确规定的情况下即使未经数据主体同意，也可以被允许处理健康数据的情况。[17] 关于基因数据，《意大利隐私法案》规定，只有在数据保护局授权规定的条件下，对其进行处理才是合法的。为实施 GDPR 的规定而通过的第 101/2018 号法令引入了《意大利隐私法案》第 2 条第（7）款，该条规定了对处理基因、生物特征和健康相关数据的特殊保障，并修改了《意大利隐私法案》的第 110 条。这项改革所引入的规范性变化维护了由数据保护局发布的一般授权机制，但其内容也正在通过公众咨询进行修订和重新考虑。[18]

用于科学研究的个人数据处理的一般授权（第 9/2016 号一般授权）允许出于医学、生物医学或流行病学部门的科学研究目的，在没有数据主体同意的情况下，处理适合披露健康的数据，但必须遵守同一授权书规定的限制和条件，并且只能在数据对于实现研究目的必不可少的情况下进行。该授权特别规定了四项要求：（1）进行研究时必须进行必要的处理；（2）研究项目不应对数据主体本身产生任何重大的个人影响；（3）研究项目应依赖于事先出于医疗保健目的收集的数据或组织样本，或应实施先前的研究项目；（4）项

---

〔13〕 Law no. 219/2017 on informed consent and advanced directives.

〔14〕 Legislative decree no. 196 of 30 June 2003.

〔15〕 Legislative decree no. 196 of 30 June 2003, Article 76.

〔16〕 Legislative decree no. 196 of 30 June 2003, Article 22.

〔17〕 Legislative decree no. 196 of 30 June 2003, Article 110.

〔18〕 The process was concluded, after this Chapter was submitted for publication, with the approval by the DPA of Document no. 146/2019, which confirms most of the contents of the previous Authorisations.

目必须获得主管伦理委员会的合理及有利意见。[19]

就基因数据而言，第8/2016号一般授权要求“相关人员”的书面知情同意，该人员可随时自由撤回同意。关于用于科学和统计目的的具体处理，该授权要求数据主体了解数据或组织样本是否将被保留并用于其他科学和统计研究目的，对此也应适当规定。如果无法通知数据主体，并且已尽一切合理努力与他们联系，则允许将数据或组织样本进一步保留和使用于最初项目以外的研究项目。然而，只有在以下情况下，才能这样做：（1）无法通过处理与能够或已经能够提供知情同意的个人有关的数据来进行类似目的的研究；（2）处理不允许识别数据主体；（3）没有证据证明数据主体曾提出反对；（4）在获得主管伦理委员会的合理和有利意见后，国家数据保护局发布临时授权。

显然，这两项授权都没有直接涉及生物银行的条款。因此，它们的监管应基于关于样本和数据的储存以及出于研究目的二次使用的可能性的一般规定。

3 个人权利和保障措施

3.1 概 述

参与者利益和研究利益之间的平衡配置方式可以从联合阅读GDPR带来的变化后引入的一些立法条款和国家数据保护局通过的一些条款中推断出来。

3.2 “进一步条件”和国家数据保护局的作用

第101/2018号法令在《意大利隐私法案》中引入了第2条第（7）款，该条为基因、生物特征和健康相关数据的处理提供了特殊保障。它具体实施了GDPR第9条第（4）款（特殊类别个人数据的处理）的规定，根据该款，“成员国可以保留或引入有关基因数据处理的进一步条件，包括限制”。特别是，必须在国家数据保护局发布的授权中找到进一步的条件。

在立法层面，第101/2018号法令对《意大利隐私法案》第110条进行了

〔19〕 Section 2.1 of Authorization no. 9/2016.

修订，以使其符合 GDPR。该条规定，根据 GDPR 第 9 条第（2）款（j）项，出于医学、生物医学或流行病学领域的科学研究目的处理其健康数据，当研究是在法律或欧盟法律的基础上进行时，不需要数据主体的同意。[20] 根据同一规定，当出于特殊原因无法通知相关方，或通知需要付出不成比例的努力时，或有使研究目标无法实现或严重损害其实现的风险时，也无须征得同意。该法令没有阐明无法联系相关人员的“特殊原因”的概念的确切范围，因此留下了相当大的解释空间。

同时，为了平衡未经同意与其他条件之间的关系，《意大利隐私法案》第 110 条规定，在这种情况下：（1）数据控制者采取适当措施保护数据主体的权利、自由和合法利益；（2）该研究方案是地区一级主管伦理委员会积极支持的对象；（3）根据 GDPR 第 36 条，研究必须提交担保人事先协商。[21]

3.3 缺乏同意与进一步的“适当保障措施”之间的平衡：数据和样本的二次使用

通过建立一套实质性和程序性的要求来平衡绕过获得数据主体书面同意的可能性。这些应该是保护权利和自由的“适当措施”[22]，包括地方一级的伦理委员会（赞成意见）和国家层面的当局（协商）。

---

〔20〕 According to art. 9, para. 2, letter j), ‘processing is necessary for archiving purposes in the public interest, scientific or historical research purposes or statistical purposes in accordance with Article 89 (1) based on Union or Member State law which shall be proportionate to the aim pursued, respect the essence of the right to data protection and provide for suitable and specific measures to safeguard the fundamental rights and the interests of the data subject’.

〔21〕 ‘Article 36 (Prior consultation): 1. The controller shall consult the supervisory authority prior to processing where a data protection impact assessment under Article 35 indicates that the processing would result in a high risk in the absence of measures taken by the controller to mitigate the risk. 2. Where the supervisory authority is of the opinion that the intended processing referred to in paragraph 1 would infringe this Regulation, in particular where the controller has insufficiently identified or mitigated the risk, the supervisory authority shall, within period of up to 8 weeks of receipt of the request for consultation, provide written advice to the controller and, where applicable to the processor, and may use any of its powers referred to in Article 58. That period may be extended by 6 weeks, taking into account the complexity of the intended processing. The supervisory authority shall inform the controller and, where applicable, the processor, of any such extension within 1 month of receipt of the request for consultation together with the reasons for the delay. Those periods may be suspended until the supervisory authority has obtained information it has requested for the purposes of the consultation.’

〔22〕 This expression seems to recall those ‘appropriate safeguards’ to which Article 89.1 GDPR refers.

该监管框架由第 9/2016 号国家数据保护局授权进一步发展。当无法获得数据主体的同意时，数据控制者必须在研究项目中记录是否存在完全特殊或例外的原因，即为什么不可能通知相关方，或者需要付出不成比例的努力，或者严重阻碍研究目标的实现或使研究目标无法实现。这尤其发生在以下三种情况中。

第一种情况是，当出现与数据主体忽视其状况有关的伦理原因时。这类研究包括向相关方提供的有关数据处理的信息将涉及披露与研究行为有关的信息，而对这些信息的获取可能会对数据主体本身造成物质或心理伤害（例如，对预测或可以预测的一种没有治疗方法的疾病的发展因素分布的流行病学研究）。

第二种情况是，由于组织上的不可能性而无法获得同意，这是由于未能考虑到无法联系到的数据受试者的估计数量，就参与研究的受试者总数而言，将在改变相关结果方面对研究产生重大影响；这尤其与研究中的纳入标准、招募模式、所选样本的统计数字有关，以及自最初收集涉及相关方的数据以来所经过的时间段（例如，在研究涉及具有高死亡率疾病、疾病晚期或老年和严重健康状况的受试者的情况下）。

第三种情况是，由于相关人员临床状况的严重性因素，他/她无法理解信息中给出的适应证并给予有效同意。在这种情况下，研究必须旨在改善有关人员的临床状况。此外，有必要证明，通过处理涉及能够理解信息中给出的指示并提供有效同意或其他研究方法的人的数据，无法实现研究目的。这尤其应考虑到研究所预见的纳入标准、入学模式、所选样本的统计数字，以及与研究具体目标相关的可实现结果的可靠性。如果基因数据处理是出于健康原因，必须在健康条件允许的情况下尽快获得无行为能力人的同意。

出于统计或科学研究目的进行处理的义务学规则适用于出于统计和科学目的进行的所有处理。[23] 这些规则应符合大学、研究机构和科学协会以及在这些机构内工作的研究人员所掌握的相关学科部门的方法标准。在表示同意医学或流行病学调查时，相关方必须声明是否想了解研究期间出现的任何意外发现。如果当事人声明了这种利益，则可以向他/她披露能够揭示健康状况

〔23〕 National DPA, January 2019.

的个人数据，或者在无行为能力或无法理解的情况下，向合法行使代理权的人、近亲属、家庭成员或受托人披露（《意大利隐私法案》第 8 条）。

3.4 数据和样本的假名化、最小化和存储

根据 GDPR 第 89 条，关于出于科学研究目的处理个人数据的第 9/2016 号一般授权规定，如果没有相关方的识别（即使是暂时的），研究无法实现其目标，则应采用加密或假名化技术或其他解决方案。考虑到所处理数据的数量、性质、对象、背景和处理目的，这些技术使数据无法直接追溯到相关方，只有在必要时才能对其进行识别。在这些情况下，通常无法从数据主体的个人身份数据中推断出代码。如果基于治疗的特定需要，并且这意味着明显过度使用资源，那么在研究项目中提出书面理由后，可以推翻这一规则。研究材料与确定利益相关方的数据之间的联系是暂时的，对研究结果至关重要，也有书面证明。在适用最小化原则的情况下，出于医学、生物医学或流行病学领域科学研究目的处理个人数据可能涉及能够揭示数据主体健康状况、性生活或种族和民族出身的数据，只有当它们对于实现研究目标是必不可少的时［GDPR 第 5 条第（1）款（c）项］。

根据《意大利隐私法案》第 99 条（经第 101/2018 号法令修订），出于公共利益、科学或历史研究或统计目的对个人数据进行存档处理，即使在达到之前收集或处理数据的不同目的所需的时间之后，也可以进行。出于公共利益、科学或历史研究或统计目的的存档，根据 GDPR 第 89 条第（1）款的规定，将出于任何原因已停止处理的个人数据存储或转移给另一数据控制者。根据《意大利隐私法案》第 106 条，担保人允许制定与立法法令规则相结合的伦理规则，并可参考数据保存的时间长度。

第 9/2016 号一般授权规定，数据和组织样本的保存时间不得超过采集或随后处理所需的时间。研究项目必须在研究结束后宣布保存期的保护期，在此期间，上述数据和样本应匿名。

根据《意大利隐私法案》第 110 条第（2）款，国家数据保护局可授权主要从事此类活动的第三方出于科学研究或统计目的的进一步处理个人数据，包括 GDPR 第 9 条提到的特殊类别（基因数据、生物特征数据或健康数据）。当基于特殊原因，无法向数据主体提供信息，或涉及不成比例的努力，或存在

严重阻碍研究目标的实现或使研究目标无法实现的风险时，就需要这一要求。无论如何，必须根据 GDPR 第 89 条采取适当措施保护相关方的权利、自由和合法利益，包括数据最小化和匿名化的预防形式。基因数据受更严格的规则约束。

3.5 基因数据的特殊规则

关于基因数据处理，第 101/2018 号法令引入了《意大利隐私法案》第 2 条第（7）款，为处理基因数据、生物特征数据和与健康状况相关的数据提供了具体保障。它执行 GDPR 第 9 条第（4）款，确认当符合 GDPR 第 9 条第（2）款规定的条件之一并满足数据保护局引入的措施时，可以处理这些数据。后一项措施还应引入与向相关人员传达诊断和健康相关数据的方式相关的具体保障措施。保障措施应确定安全措施，包括加密和假名化技术、最小化措施、选择性访问数据和向相关方传达信息的规范模式，以及保障数据主体权利所需的任何其他措施。

在基因数据处理方面，根据 GDPR 第 9 条第（4）款或其他具体预防措施，在出现特定且高风险的情况下，保障措施可以将同意确定为保护数据主体权利的进一步措施。在任何情况下，基因和健康相关的数据都不能扩散。

在信息和同意基因数据处理的背景下，根据 GDPR 于 2018 年 12 月 13 日修订的第 8/2016 号授权（基因数据处理）的规定，提供给相关人员的信息必须特别强调：（1）可实现的结果，也与从数据处理中获得的意外信息有关；（2）限制基因数据交流和生物样本转让范围的权利，以及后者可能用于进一步的使用目的。

第 8/2016 号授权还规定了必须同意基因数据处理的情况，其中列出了法律未规定的研究目的处理。因此，只有在医学、生物医学和流行病学领域保护相关个人、第三方或公共健康的情况下，才允许对基因数据和生物样本进行处理。此外，旨在开发基因分析技术的临床试验或科学研究也是被允许的。该授权规定了对无法表示同意的个人的具体要求（第 4.11.2 条）。

研究项目必须明确已采取的措施，以保证组织样本的授予是自愿的。必须特别注意传达所采取的措施，以便仅在收集和处理数据或组织样本所需的时间内识别相关人员（根据 GDPR 第 25 条）；以及利益相关方可根据请求获取研究项目所载信息的程序。

如果数据主体撤回其对出于研究目的处理数据的同意，则组织样本将被销毁，前提是该样本已被用于此类研究目的，而该样本无法再提交已识别或可识别的人。

出于健康保护目的采集的组织样本和收集的基因数据可以被储存并用于科学或统计研究，而不影响获得有关人员知情同意的必要性，但法律要求的统计调查或科学研究，或仅限于与最初获得利益相关方知情同意的目的直接相关的科学和统计除外。这在第 8/2016 号授权的第 4.11.3 条中有所规定。

当出于特殊原因，尽管已尽一切合理努力，但仍无法通知数据主体，对为实现研究项目而收集的生物样本和基因数据进行保存和进一步使用，即使不是原始项目，也是被允许的，如果无法通过处理涉及可能或已经获得知情同意的人的数据进行类似研究，并且：（1）当研究方案涉及使用生物样本和基因数据时，这些样本和基因数据最初不被允许识别数据主体，或者随后的处理不被允许识别相同的数据主体，并且数据主体也不曾对此提出反对；（2）或者，根据 GDPR 第 36 条，作为地区级主管伦理委员会合理和支持的对象的研究计划必须事先与国家数据保护局协商。

4 语境中的法律：个人权利和公共利益

上述讨论表明，意大利立法机构选择了一种实质性和程序性保障的综合制度。一方面，它回顾了 GDPR 第 9 条第（2）款规定的条件；另一方面，其授权国家数据保护局在临时授权中制定进一步的条件和保障措施。此外，数据保护局发布的授权具有普遍价值，必须通过伦理委员会对单个研究项目的评估和批准予以整合。通过这样做，意大利立法机构与欧盟层面实施的方法一致，通过引入基因数据处理的特别规定，加强了成文法层面的标准化。同时，它重申了意大利法律体系对生物银行，特别是基因数据和生物样本处理的混合方法，因为它明确授权主管行政机关进一步发展监管框架的职能。

特别是与其他相关的国家法律制度（如英国和西班牙的法律制度）相比，意大利缺乏关于生物银行研究的特别立法法案是很明显的，故这不可避免地会在所有相关主体（研究人员、参与者和数据主体）中引发一定程度的不确定性。

鉴于国家数据保护局在制定这方面的监管框架中发挥的核心作用，值得参考其2017年年度报告，[24] 以了解在科学研究需求与个人权利保护之间的相互作用中可能具有特殊相关性的领域。2017年，在一个国际多中心研究项目中，在缺乏事先信息和患者知情同意的情况下（暂时无法提供同意并且预计在随访期结束前也无法重新获得该能力），数据保护局授权处理与急性呼吸窘迫患者健康相关的数据。授权仅限于进行研究所必需和相关的数据和操作。特别是，考虑到无意识状态，数据保护局认为，无法通过处理个人健康数据实现所追求的目标的人，仅指能够理解信息表中给出的指示并进行有效同意的人。[25] 这进一步阐明了，如果相关方的健康状况在调查期间有所改善，并且相关方能够理解信息的内容并对数据的处理给予有效同意，则应在调查开始后收集后者的同意，并提供适当的信息。

5 GDPR对生物银行的影响及其未来可能性

在像意大利这样的国家中，其对具体监管的需求更为迫切，GDPR的生效可能有助于填补医疗科学研究生物银行方面的立法空白。事实上，GDPR除了产生直接的约束力外，还要求意大利立法机构进行干预，以提供一个关于生物银行研究的全面和通用的法律框架。到目前为止，GDPR对意大利研究生物库法律监管的主要影响是对2003年《意大利隐私法案》的上述修订。如前所述，意大利决定利用GDPR第9条第（4）款的规定，根据该条款，“成员国可以保留或引入有关基因数据处理的进一步条件，包括限制”。除了前文所述的实质性修改和限制之外，值得一提的是建立整个监管框架所遵循的程序。立法者确认了旧的机制，即授权国家数据保护局负责确定处理特定类型数据的合法条件。在过去几年中，数据保护局通过对不同类型的处理采用一般授权的方式来完成其任务。为了实施GDPR，数据保护局利用其先前的活动，选择了旧的一般授权中包含的可被认为与GDPR兼容的条款，并开展了公众咨询，以获取有关这些条款的意见和建议。应当强调的是，公共协商是意大利法律不熟悉的一种手段。GDPR对权力下放战略和制度化道德

[24] 2017 Annual Report, 69 ff.

[25] Authorisation no. 6503911, 11 May 2017.

（如标准、行为准则和道德阈值）的重视以及建议的基于风险的方法可能促使数据保护局至少考虑利益相关者（如科学研究领域的协会或代表）的声音。公众咨询为生物银行界提供了一个机会，就无系统的现有监管框架的实际影响和问题发表意见。这些观察结果中有多少会被考虑，还有待观察。

6 结 论

意大利生物银行研究的监管框架是复合的、复杂的，非常注重保护个人权利，在某些情况下对研究的发展制造了障碍。这种监管模式的主要特点是其混合性质，数据保护局制定的标准在确定保护参与者基本权利和研究自由之间的具体平衡方面发挥着重要作用。意大利立法机构利用 GDPR 提供的“不完全协调”［特别见第 9 条第（4）款］，委托数据保护局确定处理基因和健康数据的条件，以期制定更高的保护标准。一个关键问题是专门用于基因数据的特殊方案，这是其他国家系统的共同问题。在这种情况下，以特定性为特征的知情同意要求仍然被视为基本要求。在特殊情况下，如果没有特别要求科学研究的知情同意（见本章第 2 节），则通过要求采取具体保护措施（如假化名）以及在进一步使用样本和数据的情况下有主管当局的特别授权和主管伦理委员会的赞同意见，来重新平衡对个人权利的保护。

参考文献

Macilotti M，Penasa S，Tomasi M（2015）Consent，privacy and property in the Italian biobanks regulation：a hybrid model within EU? In：Mascalzoni D（ed）Ethics，law and governance of biobanking. Springer，Dordrecht，pp 53 – 77.

Penasa S，de Miguel Beriain I，Barbosa C，Białek A，Chortara T，Dias Pereira A，Nicolas Jimenez P，Sroka T，Tomasi M（2018）The EU general data protection regulation：how will it impact the regulation of research biobanks? Setting the legal frame in the Mediterranean and Eastern European area. Med Law Int XX（X）：1 – 15.

Piciocchi C，Ducato R，Martinelli L，Perra S，Tomasi M，Zuddas C，Mascalzoni D（2017）Legal issues in governing genetic biobanks：the Italian framework as a case study for the implications for citizen's health through public – private initiatives. J Community Genet 9（2）：1 – 14.

第九章

挪威生物银行：GDPR和国家法律的复杂性增加

安妮·凯尔斯蒂·贝弗林

摘　要：挪威通常被认为有很好的机会进行生物银行研究，因为挪威生物银行是其国家生物库基础设施，代表世界上最大的现有生物银行资源之一。它涵盖了经同意的基于人口和特定疾病的临床生物库。然而，挪威生物银行的监管框架是分散的，这使其对法律环境的驾驭具有挑战性。

《挪威个人数据法》实施了GDPR，并对国家卫生立法进行了一些调整，使其符合GDPR。挪威《健康研究法》允许在研究中使用生物库和个人数据，无论是否征得个人同意。当涉及包括个人数据在内的组织样本研究时，GDPR带来的变化存在一些分歧。在实施GDPR第89条时，强调了数据保护专员的重要作用，尽管研究伦理委员会（医疗和健康研究伦理区域委员会）允许使用数据。这造成了冲突。本章重点介绍了与GDPR和挪威国家立法相关的关键问题和歧义，以及两者之间的关系。

1　引　言

挪威不是欧盟成员国，但它是欧洲经济区的一部分。欧盟法律必须纳入欧洲经济区协定，才能在挪威作为国内法实施。《挪威个人数据法》（包括挪威语翻译的GDPR）于2018年7月20日在挪威生效，参考了挪威联合委员会于2018年6月6日作出的将GDPR纳入欧洲经济区协定的决定。

GDPR 并没有彻底改变隐私和数据保护的方法，但它提高了研究部门对使用健康数据的必要性和通过保密义务保护此类信息的必要性的认识，并造成了谁应该在健康和研究组织中就共享数据作出决定的不确定性，从而有可能确保更多研究参与者的权利与研究中社会和科学利益的一致。

所有研究和医疗都包括个人数据的处理，GDPR 和国家法律之间的关系为几个问题提供了基础。本章提出了与 GDPR 如何实施、解释以及它在生物银行和研究方面的实际和法律效果相关的问题。GDPR 规定了一个两级框架，以便在涉及科学研究时能够减损这些权利：首先，在必须包括“技术和组织措施”的保障措施到位的条件下，直接援引 GDPR 的条款；其次，通过成员国法律。[1]鉴于国际条约、国家立法中规定的生物银行的法律和伦理标准，以及如何通过修改卫生立法和其他法律文书（作为软法律）来实施 GDPR，这些减损可能具有挑战性。

目前挪威正在讨论数据共享方面的各种作用和决策权，以及数据监察局、区域伦理委员会、卫生和电子卫生局以及挪威卫生监督委员会之间的职责分工。一个重要的变化是，挪威卫生法参考了 GDPR 中的法律定义，以及 GDPR 中关于访问和使用个人数据的国家法规。几个例子可以表明人们对 GDPR 在组织样本研究中的应用有不同的看法。一些人认为，GDPR 对包括组织样本和个人数据在内的研究条款进行了重大修改；而另一些人则认为，它并没有导致研究豁免方面的此类修改。一些人声称，同意使对研究的监管和研究结果的公布变得更加重要，而另一些人则声称事实并非如此。

GDPR 提供了实施国家、行业特定法规的可能性，只要这些法规与 GDPR 不冲突。为了在挪威实施 GDPR，挪威卫生和护理服务部[2]对卫生法进行了一些修订，以确保与 GDPR 兼容［提案 56 LS（2017－2018）］。

---

〔1〕 Staunton et al. (2019).

〔2〕 HOD is responsible for providing good and equal health and care services to the population of Norway.

2 生物银行基础设施和监管框架

2.1 挪威的生物银行

挪威正在努力建立一个健康分析平台，在2019年下半年举行的听证会上，挪威卫生部发出了一份关于立法修正案的说明。健康分析平台将收集许多健康登记册，用于研究和创新目的。挪威在建立和维护用于跟踪特定社会或健康相关的健康登记册方面有着悠久的历史。挪威已经建立了70个健康登记处，其中20个是强制性的全国性中央健康登记处。目前挪威有50多个国家疾病和医疗质量登记处。[3]这些登记处可能包含健康数据和个人身份信息。一些登记册在与质量登记册相关的生物库中包含人类组织样本。关于不同健康登记处以及如何访问这些登记处的更详细信息可在线获取。[4]

挪威生物银行是生物银行的国家基础设施，是世界上最大的现有生物银行资源之一。它涵盖了经同意的基于人群和特定疾病的临床生物库。[5]挪威的生物银行也可以在健康登记册中获得无与伦比的纵向健康数据。因此，它是生命科学、疾病预防和治疗领域的全球研究和创新项目的独特资产。以下是挪威生物银行的一些例子。

挪威母婴队列研究是一个出生队列和生物库，从1998年至2008年收集了9.5万名孕妇、11.4万名儿童和7万名父亲的样本。杰纳斯血清库(Janus Serum Bank）是一个独特的癌症特定队列，从1974年至2004年收集了318628名挪威人的血液样本。该生物库专门用于癌症研究，在癌症病例的规模和数量方面在全球范围内都是独一无二的。[6]特罗姆索研究（Tromsø Study）于1974年启动，旨在帮助应对在挪威心血管疾病导致的高死亡率。多年来，该队列已经扩大，现在包括来自4万多人的样本，并拥有独特的表型数据。挪威PSC研究中心（Norwegian PSC Research Center，NoPSC）生物库是

〔3〕 Norwegian Institute of Public Health (2019). From 2007 to 2016, the number of quality registers with national status increased from 13 to 54. The definition of a medical quality register is a health register where results for a limited patient group are continuously documented.

〔4〕 Norwegian Institute of Public Health: https://www.fhi.no/en/shortcuts/about-the-health-registries/. Norwegian Directorate of eHealth: www.helsedata.no, and https://www.kvalitetsregistre.no/.

〔5〕 BBMRI. NO (2019).

〔6〕 Langseth et al. (2017).

世界上最大的原发性硬化性胆管炎生物库之一，它收集了一系列不同的基质和高质量的表型数据。

北特伦德拉格健康研究（The Nord – Trøndelag Health，HUNT）是有史以来规模最大的健康研究之一，包括自 20 世纪 80 年代中期以来分四轮收集的 14 万人的样本。它是一个独特的基因、问卷、临床测量和生物库样本数据库。HUNT 生物库是挪威队列的国家生物库，在一个地方收集了来自所有大型挪威健康调查的 25 万份 DNA 样本。HUNT 生物库包含 HUNT 研究参与者的健康信息和样本，该研究分三批进行数据收集。[7] 数据收集包括问卷调查、访谈、临床研究以及血液和尿液样本分析。此外，HUNT 数据库包含储存在 HUNT 生物库中的血液和尿液样本，这些样本可以被要求解冻，用于基因分析和进行其他生物标记。[8]

2.2 挪威的法规

GDPR 实施时，挪威当局指出，健康服务受到挪威法律的广泛监管。由于保密保护适用于健康服务和研究，所以不需要任何有限的附加规定。挪威卫生部没有发现有必要为在健康立法范围内处理个人数据设计新的补充法律依据，也没有发现有必要制定新的国家条款，对禁止处理特定类别的个人数据（包括健康信息）作出例外规定。[9] 健康立法和条例提供了许多此类保障，在这方面，保密义务是一项特别重要的保障。另一项措施是，例如，挪威《健康登记法》第 21 条中的加密要求或关于信息披露的决定。[10]

挪威卫生法的变化很小，可能是因为该法规没有规定国家法规在为数据处理提供法律依据方面必须有多明确和具体。然而，一些变化非常重要，因为它们改变了处理个人数据和决策系统的程序。GDPR 规定了挪威的国家卫生立法没有具体规定的问题。挪威的国家法律对 GDPR 的引用包括处理数据

[7] The HUNT1 Survey (1984 – 1986), the HUNT2 Survey (1995 – 1997) and the HUNT3 Survey (2006 – 2008) In addition to data from the main studies, the HUNT databank also contains data from a number of additional studies.

[8] hunt – db. medisin. ntnu. no/hunt – db/#/, 2019.

[9] GDPR Art. 6 (1) (c) and (e) and (3), and 9.

[10] Prop. 56 LS (2016 – 2017) pp. 183 – 184. This legal provision refers to GDPR art. 32.

的依据和禁止处理特别敏感数据的例外情况。[11]

GDPR 第 89 条中关于科学研究等权利的例外情况通过转介被纳入了挪威的国家法律，但对其应如何解释存在分歧。挪威的国家立法中规定了一些减损，下文将对此进行讨论。[12] 根据挪威法律，生物银行和个人数据受不同法律的监管。《挪威个人数据法》指的是规范生物材料和个人数据处理的法律。[13] 一些法律规定了研究和医疗保健中组织样本和数据的存储。这些在 GDPR 的实施中发挥着重要作用（见图 3－9－1）。

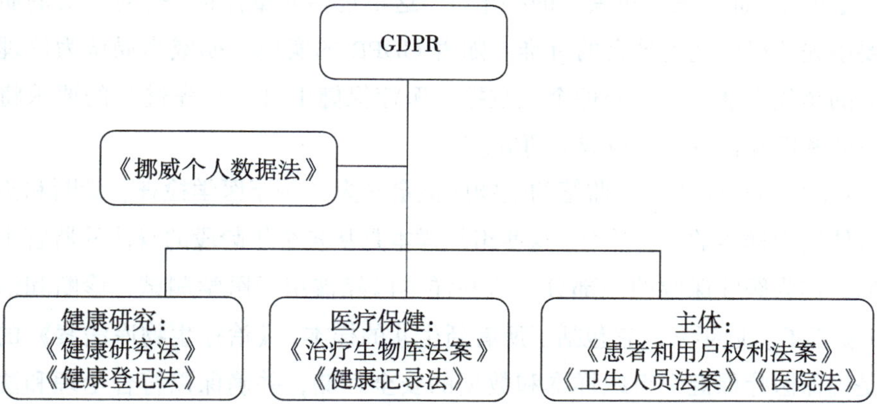

图 3－9－1　GDPR 与挪威监管生物银行的中央国家法律之间的关系
（人权是 GDPR 和挪威国家法律的基础）

公共和私人生物库分为三大类：诊断生物库、处理生物库和研究生物库。前两种均储存处理过程中收集的组织样本，受《治疗生物库法案》监管，后一种受《健康研究法》监管。[14] 在 2003 年通过《治疗生物库法案》之前，没有单独的法律管理从 20 世纪 30 年代开始系统地获得和储存的大量生物材料。[15]

---

〔11〕 GDPR Art. 6. 1，9. 2 and 89.

〔12〕 With reference to the GDPR Article 89.

〔13〕 PDA section 2.

〔14〕 TBA：2003－02－21. no. 12. HRA：Act 2008－06－20 no. 44. There are also biobanks regulated by the Penal Code and the Criminal Procedure Act.

〔15〕 Halvorsen（2006）.

自2008年以来，《健康研究法》[16]对涉及人员、组织样本和数据的研究进行了监管，并将医学和健康研究描述为使用“科学方法来提供有关健康和疾病的新知识”。[17]这一定义相对宽泛，包括对人类的所有干预措施，无论活人还是死者、人体组织样本还是健康信息，以及对试点研究、测试和实验研究执行的监管。[18]《健康研究法》规范了研究生物库的建立。[19]

什么是研究，什么是方法和质量保证的发展，可能存在不确定性。“科学方法论”一词既指科学推理理论的一般原则，也指在各种科学学科中为产生“有效知识”而开发的更具体的技术。[20]这不包括质量保证。[21]对人类的研究需要事先获得研究委员会的批准。随着GDPR的实施，挪威当局认为伦理委员会的预先批准不足以处理个人数据。医疗保健中对“最先进”的要求将指示诊断和医疗保健何时应成为研究。[22]

《治疗生物库法案》监管的生物库被定义为“用于医学检查、诊断和治疗的人体组织样本的集合”[23]。这些组织样本是从各个年龄段的身体的器官中采集的，作为医疗保健的一部分，这些样本已经被用于医学测试、诊断和治疗100多年了。近年来，它包括了所有新生儿的样本。《治疗生物库法案》的目的是确保医疗保健中组织样本和数据的安全存储，并确保以符合伦理和法律的方式收集、存储、处理和销毁，以造福个人和社会。用于医疗保健的组织样本和数据的存储旨在实现治疗的连续性和可靠性。

用于健康研究的登记册由《健康登记法》监管。[24]这包括从患者记录中传输的数据。上述法律也规定了义务和权利。《健康登记法》旨在促进健康信息的收集和处理，通过增加知识提供更好的健康和护理服务。

---

〔16〕 HRA：Act 2008－06－20 no. 44.

〔17〕 HRA section 4 a.

〔18〕 HRA section 2. See Ot. prp. nr. 74 2006－2007. Clinical testing of medicinal products on humans follows from the Medicines Act section 3，cf. § 2（3）. Clinical testing of medical equipment is regulated by the Medical Devices Act. The HRA complements in both cases as far as it suits.

〔19〕 Biobanks used in medical treatment are regulated by TRA.

〔20〕 See Ot. prp. nr. 74（2006－2007）pp. 11－13.

〔21〕 The scope of the Act can come across as limited because of its requirement for scientific methodology and the purpose limitation that includes knowledge about health and illness.

〔22〕 It can also be an argument in favour of a more lenient interpretation of scientific methodology.

〔23〕 TBA section 2.

〔24〕 HREG：Act 2014－06－20 no. 43.

从医院和医疗保健提供者的组织样本中获得的个人数据的健康登记册，主要应根据《健康登记法》处理。[25]这意味着，监管医疗服务登记册的法律与基于医疗服务数据进行健康研究的登记册之间存在区别。在提供医疗服务时，医疗保健专业人员必须在健康记录中存储相关和必要的信息。[26]这意味着，当未经同意提供医疗保健时，例如因为患者无法同意或使用强迫时，必须存储这些数据。在健康服务中获得的数据和组织样本可以通过转移到健康登记册或经伦理研究委员会和数据控制者的预先批准用于研究。

该法明确区分了以医疗保健和研究为理由的活动与其他活动，以及出于健康研究目的和医疗保健目的存储和处理数据及组织样本。[27]医学的发展模糊了医疗和健康研究之间的界限，这就提出了如何适用法律的新问题。一个例子是，基因图谱作为个性化医学的一部分，意味着生物材料是了解患者遗传和诊断以及临床测试的起点。[28]当需要医疗保健和研究来保障和保护个人的重大利益时，可以根据《健康研究法》《健康登记法》和 GDPR 中的例外情况使用组织样本和数据。[29]另一个可以提出但不会在这里讨论的问题是生物银行及其所含生物材料的所有权问题，以及可以在生物银行基础上获得的无形资产的问题。

禁止对研究参与者、人体生物材料和健康信息进行商业利用，应根据研发方法的必要性以及公共卫生服务部门与私人行为者之间是否存在贸易关系进行评估。国家面临的一个核心问题是，谁应该拥有和处理几代人以来获得的组织样本。公共卫生服务中建立的生物库可以被视为共同财产，应该用于开发新知识和新方法这一共同利益。当基于生物材料开发算法和昂贵的处理方法时，所有权和知识产权可能是讨论的一个更重要的起点。

---

〔25〕 HREA：Act 2014 - 06 - 20 no. 44. See also TBA section 5 number 7，which refers to this law that regulates patient data stored with biological material.

〔26〕 Also called Patient records and medical records. HPA sections 39 and 40，and HREA section 8. HPA：1999 - 07 - 02 no. 64.

〔27〕 Simonsen S，Nylenna M（2005）Helseforskningsrett. Den rettslige regulering av medisinsk og helsefaglig forskning. Gyldendal Akademiske，Oslo. See also Simonsen S（2014）Kommentarer til behandlingsbiobankloven. In：Tjomsland S，Simonsen S（eds）Helseforskningsloven. Kommentarutgave. Oslo，Gyldendal juridisk.

〔28〕 Befring AK（2019）Persontilpasset medisin. Rettslige perspektiver. Gyldendal，Oslo.

〔29〕 HRA section 28 and 35. GDPR art. 6（1）（d），9（2）（j）and（h），and 89.

相关法律规定的主体是研究参与者和患者、研究人员、卫生人员和医疗保健公司。挪威《患者和用户权利法案》[30] 将其作为权利主体进行规范，《卫生人员法案》和《医院法》[31] 将其作为义务主体进行规范。

《健康研究法》要求指定人员负责研究，必须确保有合格的人员和令人满意的设备，并确保研究是在安全的条件下进行的。[32] 该人员应确保遵守适用的法规，如果会影响研究参与者的利益，则应立即取消研究过程。该法还要求研究伦理委员会对研究项目进行预先评估，并确保遵守研究和隐私条例，以及有关受试者地位的国际义务。研究伦理委员会关于该研究项目是否符合伦理标准的观点必须得到证实。

3 个人权利和保障措施

3.1 GDPR 第 89 条和知情权

立法应根据基本隐私进行考虑，其中包括尊重人的尊严、人的自主权和平等准则的基本原则。卫生立法基于卫生研究和医疗保健中生物材料和数据存储的三项关键原则：正当性原则、保密性原则和自主性原则。保密性原则也适用于人员死亡后。对从死者身上提取的组织样本的研究相应地受到挪威《移植法》和《尸检法》中与移植、医院尸检和遗体捐献等有关的规定以及根据《健康研究法》发布的法规的约束。[33]

根据欧盟或其成员国法律，当根据 GDPR 第 89 条第（1）款出于公共利益、科学或历史研究目的或统计目的而需要处理敏感个人信息时，不适用对敏感个人信息的处理禁令。[34] 此类法律必须与所追求的目标相称，尊重数据保护权的本质，并制定适当和具体的措施，以保障数据主体的基本权益。[35]

根据 GDPR 第 89 条第（2）款的规定，挪威立法明确减损了 GDPR 第 15、16、18 和 21 条规定的数据主体权利。挪威当局认为这些豁免是符合法规

〔30〕 PRA：1999－07－02 no. 63.

〔31〕 HA：1997－07－02 no. 61.

〔32〕 HRA section 5.

〔33〕 HRA section 21. TA：2017－05－07 no. 25. AA：2017－05－07 no. 26. Act of 9 February 1973 no. 6.

〔34〕 GDPR Article 9（1）. HRA section 28 and 35.

〔35〕 GDPR Article 9（2）（j）.

的。包括 GDPR 序言 65 在内的叙述中明确规定，基于公共卫生领域的公共利益和“科学或历史研究”的存档目的，为了公共利益而执行的任务，“在必要的情况下”进一步保留个人数据应是合法的。

在全国磋商中，研究环境强调了几个例外的必要性。如果 GDPR 第 89 条第（2）款的上述规定要求处理有“依据”或处理是“被允许的”，则根据其说法，很难指望其无条件地声称必须始终有一个完全明确和具体的法律依据。关于 GDPR 的实施，有人指出，它没有对允许处理特定类别个人数据提供明确或具体的国家规定。[36]

关于 GDPR 的实施方面，公众对 GDPR 第 89 条有不同看法。挪威研究数据中心表示，在出于统计目的进行处理时，数据可携权也有必要例外。[37] 其还表示，出于研究和统计目的进行的处理应免除 GDPR 第 19 条规定的通知义务。GDPR 第 21 条规定，在基于 GDPR 第 6 条第（1）款（e）项或（f）项进行处理时，数据主体有权对个人数据的处理提出抗议，该条可能与出于科学或历史研究目的处理个人数据相关，除非处理是为了执行公共利益的任务所必需的。这项权利没有被纳入挪威的立法，可能会被抵消同意的利益权衡所涵盖。

挪威卫生部指出，GDPR 第 89 条允许豁免 GDPR 第 21 条规定的出于研究目的提出反对的权利。[38] 因此，没有在国家立法中提出或通过一项单独的条款。另外，研究人员出于研究目的，可基于 GDPR 第 23 条第（1）款（e）项和第 89 条第（2）款和第（3）款适用访问权的例外情况，这对数据主体至关重要。如果研究参与者能够索取自己的个人信息，将以牺牲研究的合法性和伦理为代价。重要的是，要确保通过注册人的数据可携权获得的研究数据不受商品和商业活动的约束。[39] 因此，可以根据《挪威个人数据法》第 15 条豁免访问权。[40] 根据 GDPR 第 89 条第（2）款的规定，GDPR 第 15 条规定的访问权不适用于出于公共利益、科学或历史研究目的或统计目的的进行存档处

〔36〕 Prop. 56 LS（2016 – 2017）pp. 40 – 41.

〔37〕 Prop. 56 LS（2016 – 2017）chapter 11.

〔38〕 Together with the exemption in Article 21（6）.

〔39〕 Prop. 56 LS（2016 – 2017）pp. 83 – 84.

〔40〕 Section 17（1, a cf）makes exceptions from the right to access to information.

理的情况，只要：（1）提供访问权需要付出不成比例的努力，或（2）访问权可能使研究目的无法实现或严重阻碍处理目的的实现。GDPR 第 89 条第（3）款被进一步表述为一个例外而不是一个条件，但这并不意味着对本条的范围有任何意义。

《健康登记法》赋予数据主体要求删除“令人烦恼的信息”的权利，这是出于对该信息所涉及利益的考虑。[41] 如果对信息的处理“让数据主体感到非常痛苦”，并且没有“强有力的证据”表明信息正在被处理，则《健康登记法》赋予数据主体删除或屏蔽已经处理的健康信息的权利。[42] 这种利益平衡的形式存在于若干法律中，也反映在 GDPR 和人权公约中。[43]《挪威个人数据法》中关于更正和删除的限制的一般规定也适用于研究中的健康信息。[44]

根据《卫生人员法案》和《患者和用户权利法案》，对与医疗保健相关的存储数据的访问存在限制。必须从数据存储是基于法定要求的事实以及该信息可能被排除在个人访问权或信息权之外的角度来看待这种狭隘的访问。[45] 挪威地方卫生机构决定删除权的问题。

3.2 同 意

使用匿名人体生物材料和匿名数据无须征得同意。然而，研究和医疗护理标准涵盖了匿名数据。在挪威立法中，在研究个人数据和组织样本时有不同形式的同意：明示同意、挪威《人权法案》第 13 条和第 14 条中的广泛同意、明确和默示同意。同意方案在挪威健康立法中有许多限制，笔者的博士论文对此进行了更详细的讨论。[46]

在挪威，大部分人口的组织样本在未经同意的情况下被储存，而且处理者对储存和处理组织样本的目的的了解程度差异很大。生物材料在处理生物库中的储存并非基于独立和明确的同意。[47] 大多数人在未经明确同意储存的

---

〔41〕 HREG section 25.

〔42〕 HREG sections 8 to 11.

〔43〕 HPA section 43. See also HRA section 36. PDA section 11.

〔44〕 PDA section 17 second and third paragraphs.

〔45〕 PRA sections 5 – 1 and 3 – 2.

〔46〕 Befring（2019），and specifically chapters 5 and 10.

〔47〕 TBA section 11.

情况下，将生物材料储存在处理生物库中。没有一般的知情权，但如果组织样本的使用方式与原计划不同，则必须获得知情同意。

所有新生儿都接受了不同遗传疾病的筛查，这些组织样本被储存在一个单独的生物库中。[48]父母可以拒绝筛查，但很少有人这样做。这些组织样本可以在未经同意的情况下用于“方法研发”。此活动的范围未被进一步定义，这可以为组织样本的广泛使用打开潜能。随着卫生服务部门新的新生儿数据库的建立，该国所有居民的生物材料都将被储存起来。然而，将储存在临床生物库中的组织样本进一步用于研究目的，患者的自决权可能会得到更好的保护。相比之下，患者无权获得有关组织样本储存和进一步使用的个人信息。每个研究参与者都必须能够同意参与研究，并有权获得必要的信息。这一要求的一个重要例外是未经同意即可获得生物材料和健康数据的研究结论。[49]《健康登记法》允许在未经患者同意的情况下使用在健康服务中获得的数据。[50]

《健康研究法》第 13 条规定，对人的研究必须基于自愿、知情和明确的同意。这些信息必须足以让患者了解接受医疗保健的后果或参与的研究。[51]如果研究伦理委员会批准，可以对保存在治疗生物库或个人数据中的材料进行研究。[52]

《健康研究法》第 14 条允许对人类生物材料和个人健康数据研究的某些条件进行“广泛同意”，但不允许对涉及人类的研究进行“广泛同意”。广泛同意书必须规定使用生物材料和个人健康数据的研究目的，研究伦理委员会可以指定广泛同意书的使用条件，如果研究伦理委员会认为有必要，可以命令项目经理获得新的同意书。[53]如果很难获得新的同意，并且相关研究对社会有重大意义，研究伦理委员会可以批准对先前收集的人类生物材料或个人

---

〔48〕 Oslo University hospital.

〔49〕 HRA section 28 and 35.

〔50〕 Registers with person – identifiable data can be created without the consent of regulations, see sections 8 and 11 of the Health Register Act.

〔51〕 The right to information in HRA section 13 and PRA section 3 – 2.

〔52〕 RECs shall consider and give prior approval to health research that includes people, biological material and health data, se HRA sections 9 and 10. Exceptions have been made for health registers, cf. HREG.

〔53〕 In the event of substantial changes to the research project that are deemed to have consequences for the participant's consent, new consent must be obtained in accordance with HRA section 13.

健康数据进行新的或更改的使用而无须获得新的同意。[54]只有在确保参与者的利益和诚信的情况下，才能批准这一点。被广泛同意的参与者有权定期收到有关项目的信息。

参与研究项目的同意可以随时被撤回，但有一些例外。[55]撤回同意的能力不适用于研究人员履行其义务的必要要求，例如公布研究结果。[56]公开研究和公布研究成果是一种义务。参与者必须以收到相关信息作为同意的依据，同时，必须充分保护参与者的身份。撤回同意的人可要求在30天内销毁其生物材料并删除个人健康数据。[57]如果组织样本或数据已被匿名，或者组织样本已被处理并且现在是另一种生物产品的一部分，或者数据已包含在完整的分析中，则根据《健康研究法》第16条第（2）款要求销毁、删除或交出组织样本或健康数据的权利不适用。研究伦理委员会可以允许对组织样本进行持续研究，并在研究项目完成之前推迟销毁和删除。

挪威法律规定，生物材料必须在某些情况下储存，例如，当信息匿名时，当组织样本或处理过程是另一种生物产品的一部分时，以及当组织样本已经包含在科学作品中时。[58] 基于同样的原因，销毁权可能受到限制。这意味着，在研究生物材料和健康数据时，同意的主要规则有几个例外，只要它们是相称的。[59]只有当有关研究对社会具有重大利益，并且参与者的福利和诚信得到保证时，才能适用这一规定。研究伦理委员会的事先批准可在特定考虑后取代个人同意，研究伦理委员会可指定使用条件。患者必须事先被告知人体生物材料可能用于研究，并且必须有机会拒绝参与人体生物材料的研究。笔者的博士论文评估了生物材料是否可以用于这一规定的基因组测序。[60] 人类基因组的广泛图谱被理解为提供关于人类基因组大部分详细信息的分析，通常会产生大量信息。在上述的母婴调查中，大量儿童、母亲和父亲的基因图谱都是在未经受影响者知情和明确同意的情况下绘制的。笔者认为挪威法

---

〔54〕 HRA section 15.

〔55〕 HRA section 16.

〔56〕 Befring（2019）chapters 10.

〔57〕 Upon withdrawal, research on the material or information must cease.

〔58〕 HRA section 15.

〔59〕 HRA sections 14, 15, 28 and 35.

〔60〕 Befring（2019）chapter 10.

律在《健康研究法》中被错误解释。据推测，《联合国公民权利和政治权利国际公约》第 7 条关于侵入性研究的同意要求是绘制基因图谱的法律障碍。在正常情况下，公众利益不能证明基因图谱等干预措施是合理的。当患者没有从手术或同意中受益时，也可以认为这是不相称的。与此同时，有一种观点认为，应该根据新技术和 GDPR 产生的可能性重新评估《健康研究法》。

《挪威个人数据法》对信息要求有几个一般性例外，允许在未经同意的情况下对个人数据和健康数据进行研究。[61] GDPR 第 89 条规定，注册人的权利可被豁免，包括医学研究，如果这是“符合公共利益”的（GDPR 序言 51），且处理是相称的。

这些规定涉及 GDPR 第 89 条规定的目的，并要求它是为了社会利益，并且出于科学或历史研究或统计目的，有必要进行符合公众利益的存档。GDPR 第 89 条可以被视为一项相称性规定，通过与所寻求的目标合理相关的表述来平衡利益，符合个人数据保护权的基本内容，并采取适当和具体的行动来保障数据主体的利益。这包括评估在使用生物材料和个人数据时，什么是“必要的”“相称的”以及什么是“应有的谨慎”。然而，如果出于公共卫生领域的公共利益目的、出于公共利益的存档目的或出于科学或历史研究目的，有必要进一步保留个人数据，则应视为合法。

一个具体的问题是，同意参与研究的研究对象是否可以拒绝发表基于社会利益的研究成果。在《挪威个人数据法》的准备工作中，当存在强烈的公共利益时，根据 GDPR 第 89 条，对于什么是足够的安全存在分歧。一个核心问题是，在符合公众利益的情况下，是否有足够的假名化。重点应放在访问是否会“使其无法履行或严重阻碍其履行对材料储存和处理的法定职责”[62]。

措施或保证的主要目的是确保处理符合个人数据处理的基本原则，同时考虑到信息的敏感性、处理的目的、处理的风险等。因此，保证或措施可能存在很大差异。

---

〔61〕 PDA section 8 and 9.

〔62〕 Compared to the requirements for a supplementary legal basis pursuant to GDPR art, 6 (1) (f), and (3), there is an assessment of what is sufficient based on the purpose and risk.

3.3 保密性保护

保密性保护受若干法律管辖，包括医疗机构中处理个人数据的人员以及健康研究人员。[63] 无论是否同意和保密，医疗服务中存储的个人数据都可以共享，用于医疗服务的研究、健康分析、质量保证、监管、规划或管理。[64] 然而，这在范围上是有限的。GDPR 第 4 条第（15）款中“健康信息”的定义已被纳入《健康研究法》，不再像以前的立法那样与保密范围挂钩。这一变化的一个后果是，生物材料和原始数据可能属于保密的义务范围，但不属于健康信息的定义范围。[65] 在准备纳入 GDPR 时，有人指出，对研究人员和卫生人员的保密义务的法定豁免将成为处理个人数据的法律依据。这也包括保密义务的例外情况，并对谁可以就共享数据作出决定产生影响。

挪威的保密性保护可以构成包括生物材料在内的来源保护。[66] 它既包括个人数据，也包括作为信息来源的生物材料，还可以包括对无法同意的死者的保护。由于 GDPR 参照了《欧洲人权公约》，可以认为 GDPR 还要求对生物材料进行保密性保护。[67]

健康信息的个人识别程度不应超过实现目标所需的程度。假名化是降低计算风险的一个有价值的工具。姓名、个人身份证号和其他标识符被替换为特定的密钥而变得模糊，如与信息分开保存的数字代码。这将降低再识别的风险，并可能在使用信息方面给予更大的自由。这种方法对于本身可以识别的数据（如基因数据）没有那么有用。

3.4 目的限制

GDPR 第 16 条和第 18 条中的更正权和限制处理权不适用于 GDPR 第 89

---

〔63〕 E. g. HPA section 21, HRA section 7 and Patient Journal Act section 15.

〔64〕 HPA section 29 a – c.

〔65〕 Befring (2019) chapter 12.

〔66〕 HPA section 21 and HRA section 7.

〔67〕 Recital 1. The protection of natural persons in relation to the processing of personal data is a fundamental right. Article 8 (1) of the Charter of Fundamental Rights of the European Union (the ‘Charter’) and Article 16 (1) of the Treaty on the Functioning of the European Union (TFEU) provide that everyone has the right to the protection of personal data concerning him or her.

条第（1）款的相同目的，只要这些权利可能使处理目标无法实现或严重阻碍处理目标的实现。但是，如果处理对数据主体具有法律效力或直接实际影响，则这些例外情况不适用。《挪威个人数据法》第17条第（2）款规定了更正权（GDPR第16条）和限制处理权（GDPR第18条）的例外情况。

立法者辩称，现阶段不需要进一步的例外。根据《健康研究法》第36条，数据主体可根据GDPR第16条和第17条要求更正和删除，除非该例外情况适用。[68]如果已经获得了必要的数据（从个人处获得），则可以将其用于进一步的研究目的，而无论最初获得这些数据的目的是什么。即使数据最初是出于特定目的基于知情同意获得的，它们也可以用于以后的（不同）研究，而不受存储和目的限制［GDPR第5条第（1）款（b）项和（e）项］。

2006年，挪威最高法院决定披露生物材料，以确定一名可能与一名警察被杀的严重抢劫案有关的已故参与者。[69]结论是，警方无法从医院收到生物材料，因为既没有同意，也没有重大利益。在2014年的一个案件中，挪威最高法院批准使用生物材料来确定亲子关系。[70]了解父亲的权利在这一判决中至关重要。[71]孩子提起诉讼没有截止日期，就像父母一样。这些信息本身不足以改变亲子关系，但可以作为孩子要求法院解决亲子关系问题的依据。DNA信息对于确定亲子关系至关重要。

然而，在另一个案件中，法院得出了相反的结论。在患者身上发现的一袋药物上的生物痕迹不能从医院交付警方，因为这将违反保密义务。[72]笔者在欧洲人权法院的判决中发现了类似的做法。在欧洲人权法院大法庭审理的S. and Marper v. United Kingdom判决书中，《健康研究法》第8条被认为包括对组织样本的保护（判决书第68至72节）。欧洲人权法院的结论是，生物材料的储存方式不当。法院指出了存储遗传信息时出现的一些基本挑战，其中

---

〔68〕 In HRA it is shown that the exceptions in the Personal Data Act sections 16 and 17, from the right to information and access and from the duty to notify of breaches of personal data security apply correspondingly to access pursuant to HRA section 42, and sections 40 and 41.

〔69〕 See Rt. 2006 p. 90 (Nokas Decission).

〔70〕 See Rt. 2014 p. 585.

〔71〕 See the discussion of paternity examinations and rights in NOU 2009: 5 (Paternity and other motherhood).

〔72〕 See Rt. 2013 p. 1442.

包括数据存储必须保障隐私保护，“仅存储与个人私生活有关的数据就相当于第 8 条意义上的干扰”（判决书第 67 节）。还必须根据具体情况考虑每一个案例。法院还强调，新技术的出现使基因数据的存储风险比我们目前所能预见的更大（判决书第 71 节）。

生物银行和具有个人身份信息的综合国家登记册被用于非常不同的目的。个人可能提出关于国家登记册是否违反目的限制的问题。在挪威，重点是建立“平台”，以汇编生物库和健康登记册，并广泛进行健康研究。患者通常不知道他们的数据正在从医院转移到国家登记册。尽管新的医学知识可能具有公共利益，但信息的使用必须满足个人和公共利益之间的平衡，正如《健康登记法》第 8 条（“满足社会需求”）所表述的那样。它可能会排除没有证据表明利益共享或解决具有公共重要性问题的商业研究。

研究伦理委员会必须批准建立研究生物库。生物库可以在不与特定研究项目相连的情况下建立，为特定研究收集的材料可以在项目实施后转移到生物库。[73] 与其他国家共享研究生物库的生物材料需要获得研究伦理委员会的同意和事先批准。[74]《健康研究法》规定，研究生物库中的人类生物材料不得出于保险相关目的向雇主、检察机关或法院披露。即使数据主体同意披露，也不得基于此目的披露。其目的是防止处于弱势地位的人感到压力而披露有关自己健康的敏感信息。

根据《健康登记法》第 8 条和第 11 条的规定，可以在未经同意的情况下将医疗记录中的数据传输至国家健康登记册。[75] 该规定仅适用于根据《健康登记法》第 11 条披露法定登记册中的信息。目前尚不确定将患者数据自动传输到健康登记册是否符合 GDPR 的目的限制。[76] 在《健康研究法》第 38 条中有限制，禁止在开展研究项目所需的时间之外存储数据。生物材料的储存时间没有相应的限制，但要求对材料的捐献者信息进行适当的储存和处理。[77] 卫生服务部门的健康信息必须是相关的，对维持储存是必要的。[78]

---

〔73〕 HRA section 25. Article 27 defines the rules for processing and storing of biological material.

〔74〕 Furthermore, the requirements for processing of data must be fulfilled, cf. Section 29 of the HRA.

〔75〕 HREG section 20.

〔76〕 GDPR art. 5.

〔77〕 HRA section 27.

〔78〕 HPA section 39 and 40.

4 语境中的法律：个人权利和公共利益

GDPR 实施后，出于研究目的对个人健康数据的处理应限于其中的法律依据。公共利益要求在未经同意的情况下共享生物材料和健康数据，并且研究是透明和可验证的。[79] 关于生物材料的研究，自决和诚信的考虑以不同的方式适用，尤其需要保护和控制敏感信息，即隐私权。在挪威，目前正在讨论如何权衡数据保护与研究和医疗机会。生物材料和健康数据的共享可以提高患者的安全性，例如，增加对医疗方法的了解。相称性评估意味着，必须根据数据处理的风险来衡量这一价值，例如通过不够安全的系统共享数据。[80] 对于许多应用领域，挪威健康研究相关的法律要求信息须对社会具有重大利益，并充分保障患者权利的完整性和患者福利，即通过确保个人身份的程度不超过所述目的所需的程度来实现。这种相称性评估需要例行检查，以评估是否有必要使用个人数据。GDPR 的原则是适用的，并且在需要作出的权衡中也很重要。

研究伦理委员会的批准以前被认为是出于研究目的处理个人健康数据必要和充分的法律依据。随着 GDPR 的实施，挪威卫生部认为，在处理研究中的数据时，研究伦理委员会的预先批准不再足够。[81] 以前基于特许权处理数据的研究活动必须自我评估是否有充分的处理基础。这就产生了关于谁将对包括数据在内的研究作出最终决定的不确定性。

《健康研究法》反映了对同意的更细微要求的需要，这取决于研究是涉及个人、人类生物材料还是从这些材料中获得的个人数据。在挪威，重点关注使用生物材料和个人数据时的安全要求与谁将对数据共享作出决定之间的合法和正确的平衡，这涉及法定权力、权限和法律责任。

第一，《健康研究法》很少强调保密保护的必要性，即使在 GDPR 第 9 条的类别内也是如此。对于那些非给予同意的人来说，基因数据可以是不敏感的，也可以是非常敏感和有意义的。

---

〔79〕 This is achieved through publication, cf. Article 9 (2), (i) and (j), and Recitals 156 and 157.

〔80〕 Befring (2019), chapter 1, 7 and 14.

〔81〕 Prop. 56 LS (2016 – 2017) pp. 184 – 185, chapter. 32. 3 refers to the relationship between the GDPR and the HRA.

第二，《健康研究法》非常重视同意，这可能会影响实施已经启动的研究结果的机会，并与公布研究结果的义务有关，包括为了核查。

第三，出现了由谁作出数据处理决定的问题。分歧涉及谁应该作出决定，以及数据控制者、研究经理、隐私专员与健康研究监督和个人数据处理之间的关系。《健康研究法》规定的研究经理是指对研究项目负有全面责任的机构、法人或自然人，并且具备履行《健康研究法》第 4 条（e）项下研究经理职责的必要先决条件。

作出数据处理决定的主体可以是与数据控制者相同的法律实体，也可以不是。卫生人员对医疗和研究负有法律责任，例如尽职调查、文件编制和可验证性。在进行健康服务研究时，医院管理层有责任确保研究是合理的，并确保提供的医疗保健达到某些标准。这些规定在卫生服务的职责、医护人员的职责以及患者、受试者和数据主体的权利之间建立了相关性。[82] 最后，一个有争议的问题是，数据保护专员在卫生人员和医院管理层的决策中扮演什么角色。

在实施 GDPR 第 89 条时，强调数据保护专员应评估数据是否可以在研究中进行处理。在卫生和研究组织中，管理层已将决策权下放给数据保护专员，尽管他们没有法律责任，而且许多关于共享个人数据的决定都需要进行医学评估。在挪威（以及所有北欧国家）最大的医院奥斯陆大学医院，32 名研究人员公开反对数据保护专员在研究项目评估中的行为。[83] 在这种情况下，有人指出，对人口具有重大价值的研究项目已被数据保护专员叫停，数据控制者赋予了数据保护专员广泛的权力。这份请愿书是作为警告被提出的，并已被发送给卫生委员会。此前，有例子表明，数据保护专员也停止了与医疗相

〔82〕 The institutions have a responsibility to ensure that the health personnel will be able to comply with their statutory duties and fulfil their obligations, see HPA section 16.

〔83〕 More information is available in Aftenposten 6. januar 2019. https：//www. aftenposten. no/meninger/debatt/i/VRnber/Nar – personvern – truer – folkehelsen% 2D% 2D32 – forskere – ed – Oslouniversitetssykehus 16. februar 2019. https：//www. aftenposten. no/norge/i/OnxKmV/Stor – varslersak – om – personvern – ved – Oslo – universitetssykehus.

关的数据共享，超出了其咨询角色和咨询能力。[84]这引发了冲突和公众辩论。[85]媒体的讨论可能表明，这导致了实践中的变化，其中一些变化比GDPR实施前严格得多。问题是，需要哪些资格才能实现必要的平衡。深入了解数据处理的不同方面可能是必要的，以防止任何考虑因素以牺牲其他考虑因素为代价而被过度强调，例如数据处理过于严格，以牺牲保护患者安全和适当研究的机会为代价。为了在GDPR中讨论的考虑因素之间取得平衡，在许多问题中都假定研究学术问题需要考虑能力。

一个结论是，GDPR的通过导致了对国家法律以及如何实施国家法律的各种解释，以及非正式影响，即超出法律所能证明的影响。这意味着GDPR的实际效果大于法律效果。

当数据是新医学知识的关键成分时，一个根本的利益可能是基于共享生物库材料获得的医学知识提供有效医疗保健的机会。共享数据的能力是一个具有竞争力的参数，随着机器学习和人工智能的发展，其相关性将不断增强。制定允许在所有不同类型的研究中使用材料和充分保护的法律具有挑战性，因为它们涉及不同的问题。例如，如果无法就这些条件提供详细的规则，因为这些规则涵盖了许多不同类别的待遇，则有必要制定更为一般的规则。如果适用的目的广泛，就很难建立担保。另一种选择是确定处理管理者应遵循的机制或程序。监督机构的预先批准就是这种机制的一个例子。

5 结 论

对GDPR第89条的不同解释导致了研究和数据共享的法律依据的不确定性。生物银行既包含生物材料又包含数据，因此产生了监管是否应该相同的问题。类似国家立法的一个论点是，生物材料因新技术而受到侵犯的风险更高。技术的发展使医院、公司和研究机构能够收集、存储和使用生物材料以

---

〔84〕 More information is available in Aftenposten 18. desember 2018 ‘Dødelig personvern’. https：//www. aftenposten. no/meninger/debatt/i/VR7jEW/Dodelig – personvern%2D%2DTorkel – Steen.

〔85〕 For examples of contributions to the debate, see https：//www. aftenposten. no/meninger/debatt/i/VRnb1W/Helseministeren – bor – lytte – mindre – til – byrakratene – og – mer – til – de – som – faktisk – leverer – helsetjenestene% 2D% 2DTorkel – Steen. And https：//www. aftenposten. no/meninger/debatt/i/VRnPJ6/Beskyttelse – av – pasientsikkerhet – er – overordnet – andre – hensyn% 2D% 2DAnne – Kjersti – Befring.

及来自生物材料的大量数据。在技术方法的帮助下，很难区分对人类生物材料的保护和数据，因为生物材料可以追溯到个人，并提供了关于这些个人的大量信息。这使制定新的同意规则和安排变得更加必要。[86] 在卫生服务中储存生物材料的间接同意书（见本章第 3.2 节）可能过于薄弱，无法满足 GDPR 的要求。间接同意是指对生物材料的实际储存没有明确的同意，对医疗保健的一般同意被用作法律依据。

因此，生物材料的储存应建立在独立的法律基础上。同时，在研究的准备和发表方面强调同意可能会削弱分享医学知识的机会。如上所述，挪威根据 GDPR 第 89 条对此进行了讨论。

挪威还讨论了生物材料的个人保护何时发生，以及这种保护是否会成为发展新医学知识的障碍。这尤其适用于人类遗传学和遗传变异的研究。使用数据和生物材料可能对生物库和可从生物库中获取的个人数据进行适当管理至关重要。这可以通过医学评估、研究伦理评估和法律评估来证明。挪威卫生监督委员会监督这项研究，以确保其符合法律要求，其中包括生物材料。

挪威数据保护局、研究伦理委员会和卫生部门之间的合作可能至关重要，以便提供指导，并在该问题假设符合 GDPR 和立法的利益考虑时，就监管和预批准作出决定。

挪威卫生部已编写了一份通告，其中阐述了 GDPR 和挪威立法面临的一些挑战，并指出了如何参照 GDPR 制定研究标准。[87] 此外，它建议为生物银行研究制定《健康研究行为准则》。《健康研究行为准则》建议卫生部门参与研究中个人数据处理的问题。除此之外，该准则还没有提出新的规定。

无论如何，行为准则必须基于对 GDPR 和国家法律中的义务和权利的理解。鉴于法律没有为数据处理提供充分的依据，这是不够的。相反，挪威应该通过新的立法来补充 GDPR，从而在处理生物材料或数据用于研究目的时更加明确。

新技术为积累医学知识提供了新机会，但也带来了新挑战，包括隐私泄

---

〔86〕 Befring（2019），chapter 13.

〔87〕 Helse – og omsorgsdepartementet：Rundskriv 12. April 2019. https：//www. regjeringen. no/no/dokument/dep/hod/rundskriv/2019/rundskriv – i – 32019 – om – informasjonshandtering – i – spesialisth – elsetjenesten/id2642049/.

露风险。人民和国家的自由在很大程度上取决于综合数据的处理方式。一方面，国家在数据处理方面必须实现必要的安全，并在影响数据治理方面保持民主和开放。另一方面，为了实现知识的利用，必须在一定程度上允许数据共享。此外，在公共组织和数据的商业使用方面也出现了新问题。

参考文献

Befring AK（2019）Persontilpasset medisin. Rettslige perspektiver. Gyldendal，Oslo Halvorsen M（2006）Norsk biobankrett. Fagbokforlaget，Bergen.

Langseth H，Gislefoss RE et al.（2017）Cohort profile：the Janus Serum Bank Cohort in Norway. Int J Epidemiol 46（2）：403 –404g. https：//doi. org/10. 1093/ije/dyw027.

Simonsen S（2014）Kommentarer til behandlingsbiobankloven. In：Tjomsland S，Simonsen S（eds）Helseforskningsloven. Kommentarutgave. Oslo，Gyldendal juridisk.

Simonsen S，Nylenna M（2005）Helseforskningsrett. Den rettslige regulering av medisinsk og helsefaglig forskning. Gyldendal Akademiske，Oslo.

Staunton C，Slokenberga S，Mascalzoni D（2019）The GDPR and the research exemption：considerations on the necessary safeguards for research biobanks. Eur J Hum Genet 27：1159 –1167. https：//doi. org/10. 1038/s41431 –019 –0386 –5.

挪威立法

Personopplysningsloven：2018 – 06 – 15 no. 38（Personal Data Act：PDA）.

Behandlingsbiobanken：2003 –02 –21. no. 12（Treatment Biobank Act：TBA）.

Helseforskningsloven：2008 –06 –20 no. 44（Health Research Act：HRA）.

Helseregisterloven：2014 –06 –20 no. 43（Health Register Act：HREG）.

Pasientjournalloven：2014 –06 –20 no. 44（Health Record Act：HERA）.

Helsepersonelloven：1999 –07 –02 no. 64（Health Personell Act：HPA）.

Pasient –og brukerrettighetsloven：1999 –07 –02 no. 63（Patient and user right Act. PRA）.

Spesialisthelsetjenesteloven：1999 –07 –02 no. 61（Hospital Act：HA）.

Transplantasjonslova：2017 –05 – 07 no. 25.

Obduksjonslova：2017 –05 –07 no. 26.

公共文件

NOU 1993：22 Pseudonyme helseregistre.

NOU 2009：1 Individ og integritet—Personvern i det digitale samfunnet.

NOU 2009：5 Paternity and other motherhood.

Prop. 56 LS（2017 – 2018）Lov om behandling av personopplysninger（personopplysningsloven）og samtykke til deltakelse i en beslutning i EØS – komiteen om innlemmelse av forordning（EU）nr. 2016/679（generell personvernforordning）i EØS – avtalen.

Ot. prp. nr. 74（2006 – 2007）Om lov om medisinsk og helsefaglig forskning（helseforskningsloven）.

The Norwegian Institute of public health：Gode helseregistre – bedre helse. Strategi for modernisering og samordning av sentrale helseregistre og medisinske kvalitetsregistre 2010 – 2020.

挪威最高法院判例

Rt. 2006 p. 90（Nokas）.

Rt. 2013 p. 1442（narkotikapose）.

Rt. 2014 p. 585.

欧洲人权法院判例

S. og Marper v. United Kingdom. Application no. 30562/04 og 30566/04.

媒体文章

Aftenposten（2018）Dødelig personvern. https：//www. aftenposten. no/meninger/debatt/i/VR7jEW/Dodelig – personvern%2D%2DTorkel – Steen. Accessed June 2019.

Aftenposten（2019a）Når personvern truer folkehelsen. https：//www. aftenposten. no/meninger/debatt/i/VRnber/Nar – personvern – truer – folkehelsen%2D%2D32 – forskere – ved – Oslo – universitetssykehus. Accessed June 2019.

Aftenposten（2019b）Stor varslersak om personvern ved Oslo Universitetssykehus. https：//www. aftenposten. no/norge/i/OnxKmV/Stor – varslersak – om – personvern – ved – Oslo – universitetssykehus. Accessed June 2019.

Aftenposten（2019c）Beskyttelse av pasientsikkerhet er overordnet andre hensyn! https：//www. aftenposten. no/meninger/debatt/i/VRnPJ6/Beskyttelse – av – pasientsikkerhet – er – overordnet – andre – hensyn%2D%2DAnne – Kjersti – Befring. Accessed June 2019.

Aftenposten（2019d）Helseministeren bør lytte mindre til byråkratene og mer til de som faktisk leverer helsetjenestene. https：//www. aftenposten. no/meninger/debatt/i/VRnb1W/Helseministeren – bor – lytte – mindre – til – byrakratene – og – mer – til – de – som – faktisk – leverer – helsetjenestene%2D%2DTorkel – Steen. Accessed June 2019.

Norwegian Institute of Public Health（2019）. https://www.fhi.no/en/shortcuts/about – the – health – registries/. Accessed June 2019.

Norwegian Directorate of eHealth（2019）Helsedata. www.helsedata.no. Accessed June 2019.

Nasjonalt servicemiljø for medisinske kvalitetsregistre（2019）. https://www.kvalitetsregistre.no/. Accessed June 2019.

第十章

生物银行和GDPR：葡萄牙全景

卡拉·巴博萨　安德里亚·达·科斯塔·安德拉德

摘　要： 葡萄牙政府多年来一直意识到存在用于健康研究的生物银行的必要性。在GDPR全面生效一年后，葡萄牙立法机构终于通过了一项法律，以确保欧洲立法机构保留的数据保护制度的要点得到充分实施。然而，葡萄牙也制定了一系列法规，规范生物银行的建立和运作。用于研究目的的生物库的监管对使用生物样本和相关数据的科学研究活动规定了特殊的保护义务，以保证隐私和保密。

1　引　言

医学研究被认为对于通过医学进步全面改善公民健康至关重要。尽管如此，无论是通过提供生物样本还是仅仅通过共享个人数据，这些好处都不能免受人类所固有的不可或缺的干预风险。预防风险和可能的损害不仅需要遵守科学界制定的原则和规则，还需要遵守技术和临床规则，尊重人的尊严（作为国际法律秩序的首要原则）及其各个方面。

处理科学研究参与者的生物样本和个人数据的指导性和一致性原则源自1981年1月28日欧洲委员会第108号公约；2016年4月26日欧洲议会和欧洲理事会关于在处理个人数据和此类数据的自由流动方面保护个人的第2016/679号欧盟法规GDPR，并废除第95/46/EC号指令；《葡萄牙共和国宪法》的第26条第（1）款、第35条和第73条第（4）款；2014年4月16日第21/2014号法律，并废除2015年7月27日第73/2015号法律《医学研究法》；

以及2005年1月26日关于个人基因数据和健康数据的第12/2005号法律，以及2014年8月29日第131/2014号法令的规定。

鉴于上述法律框架和指导原则，在GDPR全面生效一年后，葡萄牙立法机构终于通过了一项法律，以确保欧洲立法机构留下的数据保护制度的要点得到充分实施。第58/2019号法律，自8月8日起，确保在国家法律秩序中实施。2016年4月27日欧洲议会和理事会通过关于在处理个人数据和此类数据的自由流动方面保护个人的第2016/679号条例（欧盟）。[1] 长期以来，葡萄牙没有通过国家法律来调整个人数据保护规范以适应葡萄牙的现实，这在很大程度上影响了科学研究的发展。因为一方面，大多数项目都需要对数据和生物样本进行分析，却缺乏安全、确凿的监管框架；另一方面，葡萄牙研究人员依赖欧盟的资金，这需要决心并保证遵守国家和欧盟的数据保护规范，这使他们相对于同行处于不利地位。关于通过的国家法律，目前葡萄牙仍在进行讨论。

与此同时，正是考虑到人的尊严的不可侵犯的价值，葡萄牙立法机构认为，对使用生物样本和相关数据的科学研究活动施加特殊保护义务是合法的。监管的目的是确保以透明的方式并按照伦理标准开展人类健康科学研究，促进其卓越性和可信度，并保护社会和个人。第142/XIII号法律草案[2] 旨在批准出于科学目的采集、处理、分析、提供和销毁人体细胞（包括干细胞）和组织的法律框架，尽管该草案已过期，但应再次讨论。

2 生物银行基础设施和监管环境

2.1 概 述

葡萄牙已经制定了一系列法规，规范生物银行的建立和运作。目前已有

---

[1] Available for consultation at https：//dre. pt/web/guest/pesquisa/ – /search/123815982/details/maximized.

[2] Available for consultation at https：//www. parlamento. pt/ActividadeParlamentar/Paginas/DetalheIniciativa. aspx？ BID =42877.

立法对干细胞生物库、[3] 用于刑事和民事目的的生物库[4]以及用于医疗保健（包括疾病诊断和预防以及基础或健康研究）的生物库（所谓的生物数据库）进行监管。

2.2 法律框架

对于用于研究目的的生物库，葡萄牙正在应用由2016年8月22日第26号法律废除并由2014年8月29日第131/2014号法令监管的2005年1月26日第12/2005号法律（以下简称第12/2005号法律）。第12/2005号法律第19条第（1）款将生物库定义为"生物样本或其衍生物的任何储存库，无论储存期是否有限，无论是使用预期获取或先前获取的材料，还是作为常规医疗保健的一部分，无论是在筛查计划中，还是出于研究目的，匿名化或匿名的样本"。

要创建生物库，需要事先获得卫生保护部门正式认可的实体授权（第12/2005号法律）。在2018年5月25日适用GDPR[5]之前，如果涉及个人数据，也需要事先获得国家数据保护委员会的授权。因此，目前，这些实体（生物

---

〔3〕 With regard to the use of stem cells, we should first consider Law n. ° 12/2009, of March 26 (amended by Law n. ° 1/2015, of January 8, and Law n. ° 99/2017, of August 25), which establishes the legal regime governing quality and safety relating to the donation, collection, analysis, processing, preservation, storage, distribution and application of human tissues and cells, transposing into the domestic legal order Directive 2004/23/EC of the European Parliament and of the Council of March 31, 2006/17/EC of the Commission, of February 8, and 2006/86/EC of the European Parliament. However, it is the legal provision itself that removes its application with regard to stem cell research. Thus, in all matters relating to stem cell research, we must resort to the general laws regulating clinical research in Portugal, namely Law n. ° 21/2014, of April 16. The law regulates clinical research, defined as 'any systematic study to discover or verify the distribution or effect of health factors, states or outcomes, processes or disease, performance, or safety of interventions or provision of health care, thus transposing into Portuguese law two European directives (Directive 2001/20/EC, of the European Parliament and of the Council, of April 4, on the approximation of Member States' laws, regulations and administrative provisions relating to the application of good clinical practice into the conduct of clinical trials on medicinal products for human use and the partial transposition of Directive 2007/47/EC of the European Parliament and of the Council, of September 5)'.

〔4〕 Law n° 5/2008, of February 12, Database of DNA profiles—for purposes of civil and criminal identification, amended by Laws n° 40/2013, of June 25, and Law n° 90/2017, of August 22.

〔5〕 Regulation (EU) 2016/679 of the European Parliament and of the Council, of April 27, 2016, on the protection of natural persons with regard to the processing of personal data and on the free movement of such data and repealing Directive 95/46/EC (General Regulation on Data Protection).

库）大多受卫生局和国家数据保护委员会的监管。然而，完全遵守法律要求也需要研究伦理委员会的支持。

2.3 样本收集

一旦生物库合法建立，它们的运作就要遵守严格的规则，尤其是在同意方面。为了医学测试和研究，生物产品的采集和 DNA 样本的采集必须获得单独的知情同意，并说明采集的目的以及样本和衍生产品的保质期。[6] 换句话说，目的决定了获得并包含在生物库中的样本的用途。

出于医疗目的获得并纳入生物库的样本不能用于研究目的，除非有可能进行回顾性使用，如下文所述。

知情同意书应为书面形式，并要求获得和使用生物制品库中的材料；在书面同意书中，生物库的目的、负责人、将要进行的研究类型、潜在风险和益处、储存条件和期限、为确保相关人员的隐私和保密而采取的措施，以及是否有可能传达使用该材料获得的结果的规定，必须予以说明［第 12/2005 号法律第 19 条第（5）款］。因此，有必要获得两个同意：第一个同意是获得生物样本，第二个同意是将该样本纳入生物库。

确保在国内法律秩序中实施 GDPR 的第 12/2005 号法律在第 31 条第（4）款中规定，应适用 GDPR 中规定的关于同意的一般规则，因为这种同意可能涉及多个研究领域，并且必须尊重科学界公认的伦理标准。这是相对于先前要求的特殊性的一个开端，将对卫生领域科学研究的发展产生巨大影响。

加入生物库的同意书可能随时被撤销。生物材料所属人员可随时撤回同意，或在其死亡或残疾后，由其家人撤回同意，在这种情况下，必须永久销毁生物样本和储存的衍生物［第 12/2005 号法律第 18 条第（3）款］。这里的利害关系是将基本的医学原则即患者的自决权应用于特定生物库中样本的持有者。该样本的受试者总是（或几乎总是）同意撤回样本，或将样本纳入生物库，或撤销将该样本纳入生物数据库的同意。

在特殊情况下，可以放弃同意。这种情况发生在前面已经提到的对组织样本进行追溯使用的情况下，或基于数据量或个人、年龄或其他类似原因而

---

〔6〕 Article 18°/1 of Law 12/2005.

无法获得相关人员同意的特殊情况下；组织样本和数据可以进行处理，但只能用于科学研究或流行病学或统计数据的收集［第 12/2005 号法律第 19 条第（6）款］。法律中规定了这种情况，这一事实对于使用生物样本的健康研究至关重要，尤其是在二次使用样本的研究案例中，即为特定研究而收集的组织样本，证明这种使用与原始同意书未涵盖的进一步研究相关。

某人同意将其生物样本纳入生物库并不意味着他/她失去对该样本行使任何权利的可能性。事实上，法律规定，储存的生物材料被视为获得者的财产，或在其死亡或残疾后被视为其亲属的财产，只要证明对当前和未来的家庭成员有用，就应予以储存［第 12/2005 号法律第 19 条第（13）款］。换言之，尽管样本被送往生物库，但它仍然是捐赠者的财产。这引发了另一个与之直接相关的问题。如果在研究过程中发现了与产生样本（用于研究目的）的个人健康相关的信息，该信息是否应传达给他/她？笔者认为，在寻求同意时，应始终考虑到这一点，即提供样本并给予同意的人应告知研究人员，如果发现与他/她的健康相关的信息（偶然发现），是否愿意与他/她联系。法律指出了这一方向，规定如果生物银行已亲自鉴定或可鉴定样本，并且提供了报告研究结果的可能性，则遗传学医学专家必须参与这一过程［第 12/2005 号法律第 19 条第（12）款］。

2.4 对生物银行研究的监管

葡萄牙对用于研究目的的生物库进行监管的另一个非常重要的方面是保护隐私和机密性。应通过控制获取生物材料的途径，限制授权人员的数量，并确保其在丢失、更改或销毁方面的安全，避免储存可以识别个人的材料。在这方面，与目前关于保护个人数据的立法类似，需要使用匿名生物样本。对此，第 12/2005 号法律第 19 条规定，只能使用匿名或不可逆匿名的样本，个人识别或可识别的样本应仅限于无法进行的研究（第 12/2005 号法律第 19 条）。该法律还强调，如果绝对需要使用个人识别或可识别的样本，则应对其进行编码，编码应单独存储，但始终保存在公共机构中（第 12/2005 号法律第 11 条）。对此，非常有趣的是，第 12/2005 号法律第 19 条第（10）款规定商业实体不可能储存非匿名（已识别或可识别）的人类生物材料。值得注意的是，在 2009 年 3 月 26 日第 12/2009 号法律生效之前的几年里，葡萄牙一直禁止干细胞生物库，该生物库具有双重使命，即医疗保健和研究，完全由私人实体所有；正是因为这项法律规定，这些营利性的私人实体确实储存了可识别个人的生物样本。随着上述立法于 2009 年生效，这种情况不再存在，因为营利性私人实体拥有的干细胞生物库库存被允许。

尽管没有提及关于这一主题的现行法律，但葡萄牙共和国大会正在讨论的关于为科学目的而收集、处理、分析、提供，以及使用、储存和销毁包括干细胞在内的人体细胞和组织的法律框架的法律草案，坚持了一般原则，同时在建立生物库的要求方面引入一些创新内容，特别是在其可持续性方面。事实上，该法律草案第 18 条列出了基于科学研究目的建立生物库的一系列密集要求，如果在当前版本中获得批准（预计在本版本中再次提出），将决定制定一项战略运营计划和中期财务可行性，并将其提交给（尚待成立的）人类细胞和组织研究协调委员会。

当然，这是除了生物银行宗旨的描述性文件、样本的收集特征和纳入标准、生物银行的组织和运营监管、运营战略计划和中期财务可行性、同意条款和向捐赠者提供的信息外的一个重要因素。

2.5　葡萄牙生物银行景观

在过去的 10 年里，笔者见证了葡萄牙这些基础设施的激增，许多生物库致力于研究。笔者发现了非常不同的例子：有些生物库更大，有些更小，有些专门用于特定的病理学研究，有些则用于多种研究。鉴于它们的相关性，笔者将在这里举四个例子：两个国家生物银行（特别值得注意的是，它们在葡萄牙这样的国家的规模）、一个肿瘤银行网络和一个生物库联盟。

波尔图大学公共卫生研究所（Institute of Public Health of the University of Porto，ISPUP）的生物库已经建立了近 20 年。该生物库拥有超过 20 万个样本，是葡萄牙的一个先驱机构，它的创建有助于人类健康决定因素领域的研究，并专注于普通人群中相对常见的疾病，如糖尿病、心血管疾病、风湿性疾病和癌症或肥胖，以及行为障碍。ISPUP 的生物库有四个来自葡萄牙人口队列（评估人口健康随时间演变的纵向研究）参与者的大量数据，跨越不同世代：波尔图的成年人口（EPIPorto）、波尔图的年轻人（EPITeen）、波尔图的儿童（Generation XXI）和双胞胎（Bitwin），以及代表葡萄牙大陆人口的交叉样本。这些被保存在生物库中的样本与社会经济阶层、住房、饮食、认知等多种变量的数据相关联。

分子医学研究所（the Institute of Molecular Medicine，IMM）生物库是里斯本医学学术中心（the Lisbon Academic Center of Medicine，CAML）分子医学研究所于大约6年前创建的一个机构，它托管和存储了自愿捐赠的生物样本，目的是促进生物医学研究。目前，IMM生物库拥有数千份样本（约20万份）及其临床数据，是研究对公众健康有重大影响的疾病（如癌症或骨质疏松症）起源的独特技术支持平台。IMM生物库通过多种方式收集样本。自发捐献样本的人（如病人）的样本通常是在医生的建议下在医院收集的，然后由研究伦理委员会进行审查。

随后，对收集的生物材料用单独的编号进行编码，以保护捐赠者的身份。IMM生物库目前包括神经病学、风湿病、骨科、肿瘤学、心脏病学、内分泌学等领域的14个集合。IMM CAML生物银行为研究对人类健康有巨大影响的几种疾病的发病机制创造了条件，使确定新的诊断和预后测试以及新的治疗靶点成为可能。需要注意的是，IMM生物库是欧洲生物银行网络BBMRI的一部分。

另一个非常有趣的例子是葡萄牙国家肿瘤生物银行网络（the National Network of Tumor Banks，RNBT）。肿瘤库是一种特殊类型的生物库，由有组织的肿瘤样本（肿瘤）组成，其中可能包括非肿瘤组织。结核病研究的目的是在生物医学研究的理想条件下记录这类材料和相关数据（流行病学、临床、解剖病理学和分子）。当在最佳条件下收集此类材料时，其可用性允许开展转化研究，并将基本生物医学研究知识应用于临床问题。[7]

最后，笔者在这里有必要提到葡萄牙存在一个生物银行联盟Biobanco. pt。这是一个生物医学研究基础设施，旨在最大限度地利用人类生物样本及其临

〔7〕 Health Authority, available at www. dgs. pt. In Portugal there are several individual initiatives of TBs, some of which meet the requirements of the current Portuguese legislation, while others correspond to organized collections of samples. 9 Tumor Banks—Hospital São João; IPATIMUP; IPO—Porto; Centro Hospitalar e Universitário de Coimbra; ACIMAGO, centro Hospitalar Lisboa Norte; IPO Lisboa; IMM; Hospital Garcia da Orta—are part of the Portuguese RNBT.

床数据进行国家和国际科学合作。[8]它承诺如下：（1）促进获取高质量生物样本和相关临床数据；（2）标准化现有生物库的基础设施和程序，如样本的处理和储存，以确保质量；（3）共享资源和服务，以促进样本的全球表征以及知识交流；（4）协助开发 BBMRI 平台，促进葡萄牙人参与基础设施建设（BBMRI - ERIC. pt）。

3 个人权利和保障

在上述国家立法框架中，没有清晰、明确的术语对符合 GDPR 序言 159 要求的科学研究进行定义。尽管没有提出明确概念范围的科学研究定义，但立法者在与该主题相关的规范性规定中使用了这一概念，如第 12/2005 号法律第 19 条第（3）款，该款将生物库（或使用法律表述：生物产品库）的建立限制在提供医疗保健的目的，以及基础或应用健康研究。

GDPR 序言 159 概述了用于科学研究目的的数据处理的特点，包括技术开发和示范、基础和应用研究以及私人资助的研究。国家立法机构承认，GDPR 为每个欧盟成员国在科学研究目的的数据处理方面建立加权标准提供了可能性，葡萄牙立法机构认为在这一领域制定具体标准是合适的。确保在国家法律秩序中实施 GDPR 的第 58/2019 号法律第 31 条，虽然并不是专门关注在使用生物样本进行科学研究的情况下保护个人数据的问题，但在这里讨论的是，第 58/2019 号法律并未提供定义，也未详细说明什么应被视为科学研究；尽管如此，第 58/2019 号法律仍然承认，“出于科学研究目的的处理应尊重数据最小化的原则，并包括数据的匿名化或假名化，前提是这些目标可以通过其中一种方式实现”。

在 GDPR 的框架内，葡萄牙的国家法律还规定，在这些情况下，“第 15

---

[8] This national scientific infrastructure will facilitate the integration of national researchers into international consortia, involving academic centers and the pharmaceutical industry, and fostering the development of science and economics. This consortium is composed of the most representative biobanks for research purposes in the country: IMM - biobank (Lisbon Academic Center of Medicine); CEDOC—NOVA Biobank; ICG Biobank (Calouste Gulbenkian Foundation); Champalimaud Biobank (Champalimaud Foundation); ISPUP Biobank (Oporto University); INSA Biobank (Ricardo Jorge National Public Health Institute); Coimbra Biobank (University of Coimbra); Azorbio Biobank (Terceira Island Santo Espírito Hospital, EPE); National Network of Tumor Banks.

条、第 16 条、第 18 条和第 21 条规定的访问权、更正权、限制处理权和反对权受到禁止，如果这些权利已经无法行使，特别是在所收集数据匿名的情况下”，或者可能严重阻碍数据处理目的的实现。葡萄牙的国家法律进一步规定，“GDPR 中规定的关于同意的一般规则适用于科学研究的数据处理，考虑到它可能涵盖多个研究领域，必须遵守科学界认可的伦理标准”。在这方面，还应该指出，葡萄牙的国家立法机构没有区分公共部门或私营部门资助的用于科学研究目的的数据处理，从而表明不愿意发展的关键，是与科学研究相关的公共利益。

虽然以前的立法（现已废除）确实是根据转换个人数据概念的指令的确切条款定义的，但新提案没有涉及这一特定方面，仅限于声明“出于科学研究目的的处理应符合数据最小化原则”，而不进一步扩展这一概念，并在第 58/2019 号法律“关于个人数据处理的所有具体情况”一章的第 31 条中规定“包括匿名化或假名化，可以通过这些方式之一达到目的”。诚然，科学界和来自生物医学研究各个中心和领域的研究人员长期以来一直将编码技术作为一种安全有效的手段来保护参与者的隐私，同时仍在促进对收集和处理的样本和数据的研究，并取得令人满意的结果。

GDPR 第 5 条第（1）款（b）项的规定至关重要，尤其是在医疗保健研究领域，因为它承认，根据第 89 条第（1）款，出于公共利益的记录目的，或出于科学、历史研究或统计目的的进一步处理不被视为与最初目的不符。

GDPR 第 5 条第（1）款（e）项规定，个人数据的保存时间不得超过处理目的所需的时间。然而，GDPR 第 89 条第（1）款增加了一项关于科学研究目的的数据处理的例外条款，根据第 89 条第（1）款，允许个人数据保存更长时间，尽管这些数据需要采取适当的技术和组织措施来保障数据主体的权利和自由。

尽管对这是一个真正的例外还是一个额外的限制制度仍有争议，但葡萄牙立法机构仅就数据保存期提出了一个一般性建议。第 58/2019 号法律第 21 条规定，立法机构规定个人数据的保存期取决于法律规定或强制执行，或者，如果根据处理的性质和目的，无法提前确定不再需要的时间，则无限期保存个人数据是合法的。医学科学研究显然就是这样。

GDPR 第 4 条第（1）款、第 11 条和第 7 条阐明了知情同意的概念，该概念基于自由、具体、知情和明确的意愿表达，数据主体通过声明或明确的积极行为接受该意愿。然而，GDPR 序言 33 承认，在数据收集时，通常不可能完全确定个人数据处理用于科学研究的目的。因此，在符合公认的科学研究伦理标准的情况下，应允许数据主体同意某些科学研究领域。数据主体应有机会在预期目的允许的范围内，仅对某些研究领域或部分研究项目的一部分表示同意。在个人数据、健康数据，特别是基因数据和生物样本处理的科学研究发展过程中，笔者已经提到了知情同意的主要特征。因此，这里只需强调葡萄牙立法机构在关于出于科学研究目的规范生物库的法律草案中提出的要求。

根据该提案第 5 条，应以适合其识字水平的方式，事先书面告知捐赠者收集的目标、将要进行的研究、出于科学研究目的采集人类来源细胞和组织所固有的已知益处和风险，以及其伦理、社会和法律影响，储存条件、保密性和获取，以及样本更改或销毁的条件。因此，知情同意的有效性并没有像现行法律所规定的那样局限于某一特定领域或研究。

原则上禁止处理诸如健康数据、基因数据和生物特征数据等敏感个人数据，但须遵守 GDPR 第 9 条第（2）款的例外情况，根据该款，如果出于公共卫生领域的公共利益需要处理上述数据，则允许处理。在这方面，如 GDPR 序言 156 所述，需要法律、欧洲或国家规定，以确保采取适当和具体的措施来保障数据主体的权利和自由，特别是职业保密。

在这一点上，欧盟《公共卫生监督系统法》适用于葡萄牙。它建立了一个公共卫生监测系统，以识别风险情况，收集、更新、分析和传播有关传染病和其他公共卫生风险的数据，并在紧急情况或与公共灾害同样严重的情况下制定应急计划。[9] 该系统通过收集数据来履行国家和国际流行病监测权限范围内的义务，复制了世界卫生组织（World Health Organization，WHO）在控制强制性应报告疾病方面的指南。

---

〔9〕 Law 81/2009, of August 21 establishes SINAVE, a public health surveillance system, through the organization of a set of entities from the public, private and social sectors, carrying out public health activities, according to their respective organic laws and statutory assignments, enforcing measures of prevention, alert, control and response, regarding communicable diseases, in particular the infectious ones, and other public health risks, with a view to ensuring citizens' right to health protection. Further Information at: https://dre.pt/pesquisa/-/search/488301/details/maximized.

此外，关于敏感数据的处理，如基因和生物特征健康数据，GDPR 允许欧盟成员国确定新的条件或限制。在正在讨论的法案中，葡萄牙立法机构只是引用了 GDPR 中规定的原则，而没有对此作进一步的说明。

通常，出于科学研究目的处理的数据不是由研究人员收集的，而是由报告这些数据的实体（医疗保健提供者或其他）在没有任何身份证明的情况下传达的，因为这与研究的成功无关。根据最小化原则，GDPR 第 11 条允许在不涉及数据主体身份的情况下维持此类处理。同样，葡萄牙实施 GDPR 的国家法律在所讨论的草案第 31 条中规定，出于公共利益和科学研究目的的记录处理应符合数据最小化原则，仅限于对研究成功至关重要的数据，包括数据的匿名化或假名化，其中可以通过这些方式之一实现目标。这无疑是最佳的概念隐私策略。

如果个人数据不是由负责处理这些数据的人（研究人员，就这里的利害关系而言）收集的，并且可以确定受试者，那么 GDPR 第 14 条规定的报告义务将不适用，因为这将对研究人员构成不成比例的努力。然而，必须采取保护措施，并以某种方式实现法律声明中倡导的透明度，例如公布研究报告。

同样重要的是，要强调第 58/2019 号法律第 31 条第（2）款中适用 GDPR 规范的条款，根据该条款，“如果出于公共利益、科学或历史研究或官方统计目的对个人数据进行记录处理，则 GDPR 第 15 条、第 16 条、第 18 条和第 20 条规定的访问权、更正权、限制处理权和反对权应豁免，如无法行使这些权利，即所收集的数据是匿名的，或可能严重阻碍处理目标的实现”。

考虑到 GDPR 中的例外情况，葡萄牙立法机构不承认科学研究目的范围内的数据主体享有 GDPR 第 17 条规定的被遗忘权。

4　语境中的法律：个人权利和公共利益

在建立生物库的那一刻和管理绩效过程中，在绝大多数情况下，公众利益和明显的个人价值观及利益相互对立，仿佛它们是对立的现实。尽管如此，还是有可能在科学发展和个人权利之间取得平衡的，方法是建立一个完全符合人的尊严的首要原则的法律制度，为科学界发展科学研究活动提供适当的条件，从而开辟在卫生领域产生新知识的途径，这些知识最终将使民间社会的个人受益。

随着基于科学研究目的建立生物库的新法律草案的出台，葡萄牙立法机构寻求在加强研究机构的禁令和科学产出之间取得平衡的解决方案，以及促进葡萄牙致力于这些领域科学研究和技术开发的机构创新和新产品及工艺的开发。要求根据伦理原则以透明的方式开展人类健康科学研究，以促进其卓越性和可信度，并保护社会和个人。

为此，基于自主性、脆弱性、科学完整性、保密性、无偿捐赠人体样本、不歧视和不污名化，以及人的尊严原则（第131/2014号法令第3条），它试图为基于科学研究目的而收集、处理、分析、分发以及使用、储存和销毁人类来源的细胞和组织（包括干细胞）建立法律框架。

第131/2014号法令规定，在实践中，根据正在审议的法律草案条款建立的生物库，其创建和管理将由葡萄牙国家数据保护委员会以及尚待建立的人类细胞和组织研究协调委员会进行控制。[10]除了有关基础设施条件和样本及相关数据存储的技术要求外，这些实体还将评估与生物库中保存的样本和数据的主体权利直接相关的其他要求。为此，葡萄牙将调动伦理和法律标准，即GDPR以及2005年1月26日第12/2005号法律批准的葡萄牙《个人遗传信息和健康信息法》中的标准，以及2014年8月29日第131/2014号法令规定的标准，特别关注知情同意的确认规则以及数据保护和组织措施。

关于这一点，立法机构只能决定如何将涉及样本和个人（健康和基因）数据收集和保存的各种法律结合起来，尤其是在相互冲突的规范中。例如：第12/2005号法律在第19条第（10）款中规定，禁止营利性私人实体储存非匿名组织样本，即使这些样本是用于科学研究的。然而，葡萄牙正在讨论的法律草案在这一点上保持沉默，总是提到实体和公共或私人储存库。

在保护个人权利的框架内，葡萄牙立法机构对以前的法律进行了创新，规定了一系列保障措施，重点是提出中期财务可行性战略计划［第141/XIII号法律草案第18条第（4）款（c）项］，以及定期控制（第141/XIII号法律

[10] This Commission will be composed of six members from the Ethics Committee for Clinical Research, the National Council for Medically Assisted Procreation, the National Ethics Council for the Life Sciences, the Portuguese Society of Stem Cells and Cell Therapy, the Foundation for Science and Technology, IP, INSA, IP, and INFARMED—National Authority for Medication and Health Products, IP.

第 20 条）和生物库灭绝规则［第 141/ⅩⅢ号法律第 19 条第（2）款］。

5 GDPR 对生物银行的影响及其未来可能性

大多数生物银行都有一个聚合到生物样本库的个人数据库。因此，这些基础设施不仅要遵守生物银行法的规定，还要遵守个人数据保护的规定。这是 GDPR 开始应用之前的情况。然而，从 GDPR 明确提及生物银行的意义后，现在情况更加清楚了。就葡萄牙的国家法律而言，即将实施的与 GDPR 相关的各个方面的法律并未提及生物银行。此外，第 58/2019 号法律在有关使用个人数据进行研究的规定方面也非常吝啬，几乎是对 GDPR 规定的内容进行了转换。

葡萄牙案例可能带来的唯一不同之处是，它为公共机构规定了 3 年的待生效期限。也就是说，对于后者，GDPR 的规则将不会在 2018 年 5 月 25 日开始适用，而是在葡萄牙法律生效后有额外的 3 年时间进行调整。考虑到葡萄牙大多数（或至少最大的）用于研究目的的生物银行都依赖于公共机构，这意味着 GDPR 规则不适用于它们。笔者认为，这不利于这些基础设施，因为 GDPR 更清晰，便于使用个人数据进行研究。

因此，除了为私营部门和公共部门创建双重计划外，GDPR 在葡萄牙的应用不会对使用生物银行中的个人数据进行研究方面带来重大差异。

笔者相信研究会更容易，但这将是研究更为宽容的结果，这一结果源于 GDPR 本身，而不仅仅与葡萄牙有关。

GDPR 似乎采用了一些原则，乍一看，这些原则有助于利用个人数据进行科学研究。用于研究目的的个人数据可以被定义为“通过科学和/或统计方法产生关于人类种群的知识，而不需要通过确定特定研究领域的新见解来促进共同利益”。[11]

从实际角度来看，GDPR 继续明确倾向于使用匿名数据进行科学研究，以确定是否可以通过此类数据实现研究目的；在这种情况下，“可以通过不允许或不再允许识别数据主体的进一步处理来实现［GDPR 第 11 条第（1）款］”。然而，如果无法做到这一点，则可以使用个人数据进行科学研究，前

〔11〕 Ploem（2004）.

提是根据 GDPR 本身采取了充分的保障措施。这些保障措施包括技术和组织措施，以确保遵守数据最小化原则（与研究目的相关且仅限于研究目的的适当处理），其中包括 GDPR 第 89 条第（1）款明确提到的假名化，笔者将在下文进行分析。

与 1995 年第 95/46/EC 号指令相比，得出了一些值得报告的差异。尽管该指令采取了更为保守的立场，确立了禁止出于科学研究目的处理个人数据的一般原则，并仅允许通过案例分析和每个欧盟成员国监管机构的相应授权进行处理，[12]但新法规允许进行此类研究。它确实要求采取这种适当的保障措施。在这方面，两个文本之间的一个区别是，GDPR 明确将假名化作为一种适当的措施，而第 95/46/EC 号指令从未提及这一过程。

尽管如此，笔者认为 GDPR 确立了一项一般原则，在理论上更有利于研究。然而，有一些观点认为，只有实践才能阐明欧盟成员国将如何适用它。因此，对访问权、更正权、反对权和限制处理权的减损尚不明确，也没有得到实施，也可以由每个欧盟成员国自行决定。所使用的表述是“欧盟或成员国法律可规定减损”。目前尚不清楚的问题是：“以什么形式进行减损？同意的规定如何？有可能涉及广泛同意吗？”

GDPR 序言 33 确实满足了研究人员的实际需要。个人数据通常是出于健康研究目的而收集的，但具体的研究领域实际上并没有确定，因为在收集时，该领域仍然未知。然而，如何将 GDPR 序言 33 与 GDPR 第 9 条提出的要求相协调？GDPR 第 9 条规定禁止处理特殊类别的个人数据。如果数据主体明确同意出于一个或多个特定目的处理这些个人数据，则该限制不适用，除非欧盟或成员国法律规定数据主体不得解除该条第（1）款所述的禁止［GDPR 第 9 条第（2）款（a）项］。

---

〔12〕 Recital 34 of the Directive states that Member States were authorized, where reasons of public interest so justify, ‘to derogate from the prohibition on processing sensitive categories of data where important reasons of public interest so justify in areas such as public health and social protection – especially in order to ensure the quality and cost – effectiveness of the procedures used for settling claims for benefits and services in the health insurance system – scientific research and government statistics; whereas it is incumbent on them, however, to provide specific and suitable safeguards so as to protect the fundamental rights and the privacy of individuals’. Rules can also be found in Articles 11 and 13 of the Directive for the exceptions and situations where data have not been obtained from the owner.

在卫生部门进行的研究使同意及其各种形式的问题在葡萄牙非常活跃。使用健康数据的研究也不例外，其中用于同意的模型由该数据的受试者提供。一方面，这是一种传统的知情同意模式（GDPR 提出的模式），在这种模式下，要求数据主体的自由明确的知情同意使推进科学研究变得困难。另一方面，新的潮流正在出现，如广泛同意（似乎在 GDPR 序言 33 中提到）等替代模式，我们可以将其定义为捐赠者在研究实验开始时同意使用他/她的样本一次的情况。如果需要进行额外的分析或设计新的实验，只要新的研究与最初达成的协议没有重大偏差，就不会再次联系捐赠者。[13] 传统模式的辩护者认为，这种广泛的同意不是真正的同意，因为它不能被考虑在内。然而，笔者同意大卫·汤恩德的观点，他认为这场有问题的辩论背后的困难在于，知情同意和广泛同意是对立的。然而，知情同意和广泛同意并不是截然相反的，它们也不是连续体或光谱上的点。它们指的是同意范围内的不同问题。知情同意涉及同意书的质量，而广泛同意涉及同意的主题。[14]

GDPR 的未来和实际应用将说明欧盟成员国在同意模式方面的选择。然而，为了研究的最大利益，笔者希望在采取保护措施适当保障个人健康数据主体权利的前提下，对同意要求实施灵活性措施。

GDPR 未涵盖的另一个方面是出于研究目的二次使用个人信息。二次使用是指将最初收集的数据用于当前目的之外的其他目的。对此，GDPR 是沉默的。希望它不会阻止这种二次使用，尽管这对于使用个人健康数据的研究至关重要，却是无法预料的。通常只有在开始处理个人健康数据之后才知道新的目的，现实情况是，越来越多地使用电子健康记录或电子医疗记录的全基因组相关研究和大规模人群研究中获得的所有数据，都将属于这项立法的范围。[15] 毫无疑问，数据共享和提供二次数据访问可以对生物医学和健康科学的进步产生深远有益的影响。[16]

GDPR 没有具体解决使用生物样本进行研究的个人数据处理问题。然而，该条例必然适用于使用生物库中储存的样本进行的研究，研究人员可以将这

---

〔13〕 Steinsbekk et al.（2013）.

〔14〕 Townend（2012）.

〔15〕 Salvaterra（2015）.

〔16〕 Burton et al.（2017）.

些生物样本与个人数据联系起来（GDPR 明确将个人健康数据定义为通过分析或检查身体部位或身体物质获得的信息，包括基因数据和生物样本）。[17]关于研究生物库，GDPR 的批准可能会阻碍或停止各种医学研究程序，包括回顾性和前瞻性研究。

毫无疑问，生物银行是发展研究的重要工具。尽管如此，这些基础设施仍面临各种挑战：无论是在治理层面还是在经济可持续性层面。事实是，生物银行创造了生物价值，凯瑟琳·瓦尔德比将其定义为“生物技术改造生命过程产生的体外活力过剩”[18]。葡萄牙是一个小国，因此，经常出现的主要问题之一，也是每当讨论生物库相关问题时经常出现的问题之一，是生物银行的经济可持续性。现在，可持续性是这些基础设施发展的关键因素。

生物银行的维护及其经济可持续性可能在很大程度上取决于它们是否被纳入有公共资金的公共机构（考虑到这些生物银行不在全国范围内，在这种程度上，它们可能不会遇到与冰岛等的生物库类似的问题）。因此，葡萄牙的国家生物银行需要日益融入欧洲或国际生物银行网络。

在这方面，欧洲有一项共同的法律 GDPR，就个人数据处理而言，这可能会有所帮助。然而，这只能从抽象的角度来说。但在实践中，笔者认为会发生的是，不同的国家法律将导致关于生物银行使用的不同法律制度。

正如前文所述，与可持续性直接相关的另一个问题是治理。葡萄牙在私人和公共机构建立了用于研究目的的生物库；在私人机构的情况下，有前文所述的限制：立法禁止私人营利性机构拥有已识别的样本。然而，在大多数情况下，融资和治理体系源于一种公共模式。政府通过其直接管理或通过分散的机构（如大学或医院）承担了这些基础设施的成本。事实上，很少有私人机构拥有用于研究目的的生物库或根据现有法规创建的生物库。例如，前文提到的葡萄牙现有的财团中，只有两个基础设施位于私人机构：卡洛斯特古尔本基安基金会生物库（the Biobank of the Calouste Gulbenkian Foundation）和张帕里莫特基金会生物库（the Biobank of the Champalimaud Foundation）。有趣的是，这两个机构的性质是相同的：基金会。

---

〔17〕 This did not happen with the Directive.

〔18〕 Waldby (2012).

笔者相信，葡萄牙将继续致力于支持公共生物银行。与其说是建立更多的生物库，不如说是扩大现有生物库，并将其纳入国际生物银行网络。几年来，葡萄牙政府一直意识到建立用于健康研究目的的生物库的必要性。因此，公共资金的分配和一些声誉良好的私人实体的融资将使这些基础设施在葡萄牙的规模得以扩大。这实际上就是我们所看到的：现有生物库中样本数量的增加，融入网络，建立生物库联盟。至于 GDPR，笔者认为它将促进葡萄牙生物银行的研究。然而，只有未来的实践和国家数据保护委员会在这方面的立场才能证实这一观点。

6 结 论

葡萄牙现行立法包括管理干细胞生物库、民事和刑事生物库以及医疗保健（包括诊断和疾病预防）或基础研究和应用医学研究的生物库（或葡萄牙法律更喜欢称之为生物产品库）的法律。

在 GDPR 完全有效一年后，葡萄牙终于制定了一项法律，使欧洲标准适应国家困境。批准的法律并不令人满意，只是重复了欧洲法律中已经确立的内容，因为立法者迄今为止没有利用 GDPR 为每个欧盟成员国的安排留出空间，这限制了所有活动部门，尤其是国家研究中心进行的科学研究。由于这一差距，与其他国家相比，葡萄牙科学研究活动处于不平等的环境中。

一旦关于建立和管理用于科学研究目的的生物银行法案的讨论和批准过程完成（由于该过程必须重新启动，尚不知何时结束），葡萄牙很可能会继续专注于扩大现有的结构化生物库，并将其纳入国际生物银行网络。现有结构必须适应新的法律要求，并努力遵守国家和国际法律要求，在发展科学研究和保护个人权利之间寻求平衡。

参考文献

Burton PR，Banner N，Elliot MJ，Banks J，Knoppers BM（2017）Policies and strategies to facilitate secondary use of research data in the health sciences. Int J Epidemiol 46（6）：1729 – 1733.

Ploem CM（2004）Tussen privacy en wetenschapsvrijheid. Regulering van gegevensverwerking voor medisch – wetenschappelijk onderzoek，（diss. Amsterdam UvA）. Sdu，Den Haag.

Salvaterra E (2015) Philosophy of Science, Philosophy of Mind, University eCampus, Novedtrate, Italy. http://www.biostorage.com/blog-posts/2015-eu-data-protection-regulation/.

Steinsbekk KS, Myskja BK, Solberg B (2013) Broad consent versus dynamic consent: pros and cons for biobankers to consider. Eur J Hum Genet 21: 897-902.

Townend DMR (2012) The politeness of data protection exploring a legal instrument to regulate medical research using genetic information and biobanking. PHD thesis, author's version.

Waldby C (2012) Biomedicine, tissue transfer and intercorporeality. Fem Theory 3 (3): 239-254. https://doi.org/10.1177/146470002762491980.

第十一章

新的欧洲个人数据保护法律框架及西班牙法律关于生物医学研究中生物样本和生物库的法律地位

卡洛斯·玛丽亚·罗密欧－卡萨博纳

摘　要：生物医学研究越来越多地使用生物材料，特别是考虑到未来更好地了解所有生物 DNA 的巨大潜力，甚至有可能通过包括基因编辑在内的各种技术对其进行修改。对于精准个性化医学来说，生物库的支持也是一个非常重要的工具。

在个人数据保护方面，西班牙通过2018 年 12 月 5 日颁布的关于保护个人数据和保障数字权利的第 3/2018 号组织法，迅速实施并调整了其内部法律，以适应 GDPR。该法案实施并完善了 GDPR 的一些功能，包括与 GDPR 第 9 条和第 89 条规定有关的功能，特别是与健康相关的数据和大数据。通过这种方式，并通过这一“桥梁”法案，西班牙还试图确保 GDPR 与现有法律之间的协调，同时努力确保促进科学研究和尊重样本捐赠者权利方面的有效性。

1　引　言

几十年来，生物医学研究越来越多地使用生物材料，特别是考虑到未来更好地了解所有生物 DNA 的巨大潜力，甚至有可能通过包括基因编辑在内的各种技术对其进行修改。精准个性化医学的基础是根据每个患者的个体遗传特征调整治疗。[1]对于精准个性化医学来说，生物库的支持也是一个非常重要的工具。

西班牙一直是建立系统收集人类生物样本的先驱，后来又建立了用于不同目的的生物库。[2]政策制定者和立法者特别关注将人体组织样本用于生物医学研究和生物库，并以此作为一种非常有用的工具。一方面，在科学需求和进步之间保持平衡；另一方面，保持一个非常尊重受影响者（所谓的样本“来源主体”）基本权利的环境。这两方面一直是西班牙政府关注的问题。

西班牙的做法也一直是一些欧洲和拉丁美洲国家实现这些问题包括监管环境以及出于各种科学目的收集和使用人类生物样本的相关参考。[3]

在个人数据保护方面，一些欧洲国家已经迅速实施并调整了其内部法律以适应 GDPR。西班牙就是这样，其 2018 年 12 月 5 日关于保护个人数据和保障数字权利的第 3/2018 号组织法普遍适用。该法案实施并完善了 GDPR 的一些功能，包括与 GDPR 第 9 条和第 89 条的规定有关的功能，特别是与健康相关的数据和大数据。通过这种方式和这一“桥梁”法案，西班牙还试图确保 GDPR 与现有立法之间的协调，同时努力确保促进科学研究和尊重样本捐赠者权利的有效性。

2　生物银行基础设施和监管环境

2.1　生物银行基础设施

2.1.1　概　述

每种类型的生物库的法律制度根据其特定目的的不同而不同，尽管它们有一些共同点。为了更好地了解西班牙的监管环境，笔者现在只讨论不同的人体生物库以及从这些生物库中提取的数据，及这些数据在生物库中是如何进行管理的。

2.1.2　用于诊断和生物医学研究目的的生物银行

首先，应提到用于诊断和生物医学研究目的的生物库。在西班牙，一些

[1] See further Romeo Casabona et al. (2018), p. 29.

[2] Orfao de Matos (2011), p. 89.

[3] Romeo Casabona and Simon (2013), p. 7.

生物库专门研究各种性质的人体样本：细胞、组织、肿瘤、DNA、液体等。研究这些生物库及其对 GDPR 建立的监管框架的影响，特别是对 GDPR 第 89 条的影响，将是本研究的主要重点。

在这一点上，西班牙法规在法律上定义了"生物库"的含义：一个公共或私人的非营利机构，收集用于诊断或生物医学研究目的的生物样本，并作为一个具有质量、秩序和目的地标准的技术单位组织［《生物医学研究法》第 3 条第（d）款］。

2.1.3 用于治疗目的的生物银行（细胞、组织和器官移植）

协调用于移植目的的人体器官和组织的采集，以及最近的同源细胞的采集，一直是西班牙卫生部门的优先事项。国家移植组织在全球范围内领导了这项国家协调活动，以根据既定协议确定潜在的活捐赠者和已故捐献者以及更合适的接受患者。此外，得益于一个长期不变的适当法律框架，[4] 多年来西班牙一直是捐献者和器官移植数量相对领先的国家。[5] 因此，严格意义上的生物银行概念，即作为器官或组织移植的"存储器"，在这个领域是相对的，它忽略了可能发生在某些细胞和组织（例如骨髓和其他骨和软骨元件）中的事实。

2.1.4 用于生殖目的的生物银行（配子和胚胎）

关于人类辅助生殖技术的具体法律规定，可以基于生殖目的和与人类生殖有关的科学研究保存冷冻的体外胚胎和配子。[6] 如果追求另一个科学目的，它将受到规范生物医学研究的法律的管辖。[7] 应用这些技术的中心被视为这些组织样本和体外胚胎的专属银行，但需要事先授权，这意味着是这些中心根据法律规定的标准选择其生殖用途。因此，配子捐献者无权决定捐献材料的生殖目的地，也无权决定受赠妇女。

---

〔4〕 Act 30/1979, of 27 October, on Organ Extraction and Transplantation. Royal Decree - Law 9/2014, of 4 July, establishing quality and safety standards for the donation, procurement, evaluation, processing, preservation, storage and distribution of human cells and tissues and approving coordination and operating standards for their use in humans.

〔5〕 During 2017, 2183 effective organ donors were registered in Spain, bringing the rate per million population to 46.9.

〔6〕 Act 14/2006, of 26 May, on Techniques of Assisted Human Reproduction (LAHRT), Articles 16 et seq.

〔7〕 Act 14/2007, of 3 July, on Biomedical Research (LIB), Articles 34 et seq.

访问和使用捐赠者的个人数据需要遵守保密义务，法律保障对捐赠者身份的保护。配子和胚胎库在法律上被视为健康中心和服务提供者。生物银行管理者有义务对存放在特定登记处的胚胎进行登记，胚胎将在有限的时间内被保存。国家人类辅助生殖委员会在法律上被赋予各种职能，其中可能包括将胚胎和配子用于生殖或与人类生殖有关的科学研究目的。[8]

2.1.5 用于人口研究目的的生物银行

西班牙没有建立国家数据库，也没有收集公民的大量生物样本用于主要涉及公民健康的人口研究；有一些地方生物银行用于流行病学研究或研究某些地区或某些人群中某些疾病的流行情况（基因筛查），在任何情况下，这都需要相关方的同意［《生物医学研究法》第54条第（5）款］。[9]主管部门和各社会部门认为，为了遵守比例原则，这种做法可能会严重影响公民的某些基本权利。

2.1.6 法医调查数据库（DNA图谱）

与许多其他国家一样，西班牙有一个国家警察数据库，其中包括从非编码DNA图谱分析中获得的标识符。它由内政部负责，主要追求两个目的：刑事调查和尸体遗骸鉴定以及失踪人员调查。[10]这意味着不允许将这些生物材料用于生物医学研究，也不允许将科学研究生物库样本用于刑事调查。

显然，尽管人们可能会出于任何这些目的自愿提取一些生物材料，但DNA图谱可能会在未经受试者同意的情况下被纳入数据库。[11]只有在刑事调查框架内从DNA中获得的，专门提供揭示个人身份及其性别和种族群体的基因信息的标识符才能在该警察数据库中登记。[12]

---

[8] LTRHA, Article 20.

[9] Spain, through the National DNA Bank and the Genotyping Centre, participates in the international programme 1000 genomes.

[10] Organic Act 10/2007, of 8 October, which regulates the police database of identifiers obtained from DNA.

[11] Article 3 (1) Org. Act 10/2007.

[12] Article 4 Organic Act 10/2007.

2.2 用于生物医学研究目的的生物银行：在西班牙的实施

2.2.1 概 述

西班牙有大量用于生物医学研究的生物库。其中几家获得了国家级认证，根据法律，这些级别的生物银行可以满足本土银行无法保证其可用性的样本需求，或者确保某些重要的生物材料能覆盖整个西班牙领土。卡洛斯三世卫生研究所是隶属于西班牙卫生部的一个自治机构，以某种方式协调现有的不同生物库，尽管其依赖于自治社区的生物库（自治和地方生物库）而享有自治权。国家生物银行则直接依赖该研究所。

2.2.2 国家生物银行

第一，国家细胞生物库（Banco Nacional de Líneas Celulares）以网络的形式构建［在格拉纳达（中心节点）、巴塞罗那和巴伦西亚设有节点］，覆盖整个国家领土。它有一项具体规定，[13]根据该规定，其他用于生物医学研究的生物银行有义务向国家细胞生物库提供一定数量的免费样本，一旦西班牙研究人员证明需要的样本和所追求的研究目标，国家细胞生物库也会向他们免费提供这些样本。事实上，国家细胞生物库的结构并不是基于生物材料的储存、处理、保护和分配，而是基于与国家细胞生物库相关的每个生物银行中现有样本的登记，其中一部分由国家细胞生物库直接作出分配决定。

第二，国家 DNA 生物库（Banco Nacional de ADN）位于萨拉曼卡大学，多年来一直与卡洛斯三世卫生研究所联系在一起，生物库有机地依赖于该研究所。[14]

2.2.3 自治社区生物银行

它们是在一些自治社区（国家组织的制度性领土单位）创建的，以满足各自治社区研究人员对生物样本的需求，尽管他们也会满足西班牙其他地区（例如巴斯克自治区的生物银行）研究人员可能提出的请求。

2.2.4 卫生中心生物银行 （医院）

它们位于西班牙各地的大型医院，主要是为了满足各医院（如大学医院）

---

〔13〕 Act 3/2007 and Order SCO/393/2006.

〔14〕 In 2018 has a collection of biological samples from approximately 39,000 donors (healthy and sick) and more than 120, 000 aliquots (units) have been distributed to 270 research projects.

相关的研究人员的需求。

2.2.5 专门研究特定生物样本的生物银行

由于大多数地方生物银行和一些自治生物银行没有能力和基础设施来收集研究人员可能需要的各种样本，因此西班牙建立了一些生物银行，专门收集和处理某些研究领域所需的生物材料，事实上这些生物银行覆盖了整个国家领土。其中最重要的是神经研究中心基金会生物银行和癌症肿瘤生物银行。

神经研究中心基金会生物银行致力于收集中枢神经系统的生物样本（主要是脑组织、肌肉和神经、脑脊液、血液和衍生物以及 DNA）。虽然脑组织的捐献是在死后进行的（“脑库”），但其他样本可以在生前从捐献者或来源受试者处获得。

癌症肿瘤生物银行专门收集组织和癌症细胞，通常在手术过程中提取。它是一种珍贵的生物材料，用于对现存的各种类型的癌症进行研究。国家癌症研究中心生物银行保存了这种性质的样本，但也保存了除癌症外的其他与研究有关的样本。

最后，其中一些生物银行（首先是本土生物银行）可以满足与特定私人研究项目相关的某些样本的保管和维护需求，而无须实际纳入其存放样本的生物银行的整体结构，因此不能转让给第三方，并且协议是在有报酬的基础上建立的。

不同的是法律所称的采集，只要从剩余样本中获得生物样本，用于对类似物质进行一个或多个具体研究项目，或用于诊断目的，或用于治疗来源受试者，其存在是被例外允许的［《生物医学研究法》第 60 条第（2）款和第 67 条］。一旦研究项目或与最初同意剩余生物样本的项目类似的项目结束，必须根据来源受试者给予的同意条款，将其销毁或转移到生物库（《生物医学研究法》第 61 条）。这项规定意味着所谓的空白同意书已被排除在外。

2.3 西班牙国家生物银行网络

西班牙拥有稳定的生物银行网络，以促进生物医学研究领域的科学合作。由于国家网络基本上有一个医院基础，其创建旨在确保现有的多种生物库不会不协调或混乱，同时确保生物医学部门的研究人员可以快速访问现有的生物库。其网络配置允许更详细地了解每个生物库中存在的样本类型、特征及可用性，因此，通过在网络中联合，科学界可以从该国现有的所有生物库中获得最大性能。[15]国家生物银行网络的主要目标是为全国的生物医学研究人员提供公共服务，前提是在任何情况下都要遵守相关的伦理原则并严格遵守现行法律。国家网络得到了卡洛斯三世卫生研究所的推动和资助。

西班牙的国家生物银行网络由分布在15个自治区的63个机构组成。在这些机构中，52个对应国家卫生系统的医院生物库，另外11个是关联中心，分布在私立医院、地区生物银行网络、国家银行和其他有生物库活动的机构，如一些大学。组成国家生物银行网络的样本种类繁多，它们的特征很容易识别，因为保护它们的不同生物库是网络的一部分：肿瘤学样本（肿瘤库）、神经系统样本（脑库）、收集核酸衍生物的样本、各种病理学的固体样本、血清和血浆及诊断样本集合。

2.4 适用的监管框架

最直接影响生物银行创建、结构、组织和运营的监管框架首先见于西班牙《生物医学研究法》，[16] 其第5章（第4章第63条至第71条）专门针对生物银行以及基因测试和生物样本（第2章和第3章）作了规定。该法案在批准时可能具有创新性（为进一步使用样本进行相关生物医学研究提供了灵活或“公开”同意的选择，并促进了生物银行中收集的个人数据的匿名化），在生物银行的概念和目的方面，设法使科学家能够兼容和方便地获取与研究利益相关的有序的人体生物样本，并尊重这些样本来源者的权利，如他们的自主权和隐私。[17]

2011年的一项皇家法令包含了关于生物库和人类生物样本的法案，该法令规范了用于生物医学研究目的的生物库、生物样本的处理和国家生物库登

---

〔15〕 Spanish biobanks are not yet a part of the BBMRI – ERIC Network. A main challenge for the future is to analyse the possible ft of Spanish biobanks in this structure through the National Network of Biobanks.

〔16〕 Act 14/2007, of 3 July.

〔17〕 Seoane and Casado da Rocha (2008), p. 131.

记处。[18]

关于个人数据的保护，GDPR 和第 3/2018 号组织法普遍适用。[19] 第 3/2018 号组织法继承了 1999 年的《西班牙个人数据保护组织法》，并根据 GDPR 进行了调整。新的第 3/2018 号组织法实施并完善了 GDPR 的一些功能（在任何情况下都不会修改或取代它），包括与 GDPR 第 89 条规定有关的功能，特别是与健康相关的数据，这些数据已经被非常详细地建立起来。通过这种方式，以及这一“桥梁”法案，其试图保证 GDPR 的规定与现有立法之间的协调，补充了在许多情况下试图确保规范框架在促进科学研究和尊重生物样本捐献者权利方面同时有效的细节。

3 对来源主体权益的保障

3.1 法律要求

第 14/2007 号法案第 5 篇第 3 章（《生物医学研究法》第 58 条至第 62 条）中关于获取、事先信息、同意、保密、转让、数据和样本的保存、获取数据和不知情权的规定，以及第 1716/2011 号皇家法令和上述条例一致的规定，应适用于存放在生物库中的生物样本。根据第 14/2007 号法案的规定，纳入生物库的生物样本可用于任何生物医学研究，前提是来源主体或其法定代表人（视情况而定）已根据法律规定的条款和条件表示同意。

可以强调一些加强对相关人员权利保障的要求，或者假设新的第 3/2018 号组织法中规定的对这些权利的某种非必要减损是合理的。无论如何，必须记住，该法案不直接涉及用于研究和生物库的人体生物样本，而仅涉及与健康有关的数据。因此，如果样本产生了一些个人数据，而不是样本本身，且尚未从中获得任何信息，那么将与健康数据有关的规定应用于生物样本是可以接受的。总之，第 3/2018 号组织法并未规定数据和组织样本之间的自动等

---

〔18〕 Royal Decree（RD）1716/2011，of 18 November，establishing the basic requirements for the authorization and operation of biobanks for biomedical research purposes and for the treatment of biological samples of human origin，and regulating the operation and organization of the National Registry of Biobanks for biomedical research.

〔19〕 Organic Act 3/2018，of 5 December，on Protection of Personal Data and guarantee of digital rights.

式。[20]有必要将后者与《生物医学研究法》和第1716/2011号皇家法令中的具体规定结合起来。

3.2 样本采集

样本采集将按照将生物样本用于直接生物医学研究（研究项目）的规定进行。其必须满足以下要求：证明样本的使用目的，并描述采集的路线；注明生物库负责人的身份；这些将是用于特定目的的特定转让；生物库特征描述。还应告知来源受试者样本将被转移用于生物医学研究以及信息的可用性。前文已经讨论了捐赠者对样本使用设定某种限制的可能性。

3.3 相关人员的知情同意

3.3.1 一般规则

始终需要相关人员的同意。[21]

3.3.2 个人数据的重新使用

在获得特定目的的同意后，将个人数据重新用于健康和生物医学研究目的应被视为合法和兼容的，前提是将数据用于与初始研究科学整合领域相关的目的或研究领域。

3.3.3 公共健康研究

出于公共健康原因，在与公共健康异常相关和严重的情况下，可以在未经相关人员同意的情况下进行科学研究。[22]

3.3.4 数据的假名化

在转移样本的情况下，第3/2018号组织法规定了转移假名化数据或样本的原则。目前，当研究人员向第三方转移时（例如，向从事同一项目的其他研究人员），这一原则不再需要额外的同意。

2018年建立的用于生物医学研究目的的数据使用新制度如下。

“将假名化个人数据用于健康研究，特别是生物医学研究，被视为合法，并将被要求：

---

〔20〕 Sobre esto último véase, p. ej., Add. Prov. 17.2, e) Act 3/2018.

〔21〕 Add. Prov. 17 (2) (a) Org. Act 3/2018.

〔22〕 Add. Prov. 17 (2) (b) Org. Act 3/2018.

（1）研究团队与那些使用假名化并保存信息的人之间的技术和功能分离，使再识别成为可能。

（2）只有在以下情况下，研究团队才能访问假名化数据：

①明确承诺保密，且不进行任何再识别活动。

②采取了具体的安全措施，以防止未经授权的第三方重新识别和访问。当使用假名化数据进行的调查显示个人或群体的安全或健康面临真实和具体的风险，或其权利受到严重威胁，或为确保充分的健康保健而有必要时，可从源头再识别数据。”[23]

作为一般规则，生物银行将根据情况以匿名化或假名化的方式提供样本。当研究的特征需要识别样本时，应事先由研究伦理委员会进行评估（见下文第5.1节）。

3.4 工作的免费性质

生物银行将在非营利的基础上运作，用于已获得科学批准的研究项目，但不影响收取生物样本申请的获取、纯化、保存和管理费用，包括运输费用，[24]这些费用必须由申请研究人员支付。[25]

这一要求意味着生物银行实际上必须出于非营利目的，无论它们是属于公共机构还是私人机构（例如由患者协会推动的私人基金会）。[26]

3.5 将数据保护专员纳入（临床）研究伦理委员会

其标准是，所有涉及干预人类、访问其个人数据或生物材料的临床试验和其他研究项目都要经过独立的临床研究伦理委员会的事先评估，其意见必

---

〔23〕 Add. Prov. 17（2）（d）Org. Act 3/2018.

〔24〕 See Art. 30 Royal Decree 1716/2011.

〔25〕 See，e. g. the National DNA Bank's price list：http：//www. bancoadn. org/docs/tarifas – bancoadn – 2018. pdf.

〔26〕 The ruling of the Supreme Court of 24. 02. 2010 declared null and void the Decree 10. 11. 2006 of the Autonomous Community of Madrid，which approved the establishment of private umbilical cord blood banks for profit，basing its annulment on the fact that the exclusive use of biological material for a person or his/her family cannot be reserved in a biobank，whether public or private，without making it available to the list of potential registered patients. This issue is currently regulated by the State Government，Royal Decree – Law 9/2014 of 4 July，cited above.

须是有利的，以便开展研究（除任何其他必要的授权外）。[27]西班牙新的第3/2018号组织法规定，在开展涉及个人数据或假名化或匿名化数据处理的研究活动时，所有药物（临床）研究伦理委员会都应任命一名数据保护专员，否则，应任命一位对第2016/679号法规有足够了解的专家。[28]

3.6 特殊风险的情况

负责或管理档案的人员必须评估风险，并在适当情况下采取适当措施，尤其是在以下情况下：

（1）对处于特殊脆弱状况的受影响群体，特别是未成年人和残疾人的数据进行处理。

（2）这是一个涉及大量受影响者或需要收集大量个人数据的大规模处理过程。

（3）个人数据通常被转移到尚未宣布适当保护级别的第三国或国际组织。[29]

3.7 样本的转移

西班牙的所有研究人员都可以申请将人类生物样本送到有资质的生物银行。申请书应包含拟开发项目的信息，以及申请中心或参与该项目的研究人员的明确承诺，即不得将所要求的材料用于除申请书所述用途外的任何用途。样本的转移可能伴随着相关的临床信息，这需要使用保证个人数据保护的程序，除非这些数据之前已被匿名化或假名化。拒绝转移所需样本将由负责人发起，他将看到科学主任以及生物库科学和伦理委员会各自先前的报告（见下文第5.1节）。

4 语境中的法律：个人权利和公共利益

《生物医学研究法》明确包含了1997年欧洲委员会《奥维耶多公约》第

〔27〕 See Article 12 LIB and RD 1090/2015, which regulates clinical trials with medicines, Research Ethics Committees with medicines and the Spanish Registry of Clinical Research.

〔28〕 Add. Prov. 17 (2) (h) Org. Act 3/2018.

〔29〕 See Article 28 (2) (e) (f) and (g), Org Act 3/2018.

2 条中的一项原则，该公约是西班牙国内法律体系的一部分：参与生物医学研究的人的利益和福祉将优先于社会或科学的利益［《生物医学研究法》第 2 条第（2）款（b）项］，同时，对人类生物样本的研究将在尊重基本权利和自由的框架内进行，并保证对个人数据和生物样本的处理保密，特别是在进行遗传分析时［《生物医学研究法》第（2）条第（2）款（c）项］。这些法律规范与《生物医学研究法》的一般原则一致，并反映在《生物医学研究法》的许多条款中，这些条款保证了受影响人员的信息、同意（尽管以比 GDPR 更公开的方式）、保密和其他权利。[30]

另外，《生物医学研究法》还规定，生物医学领域的研究和科学生产自由将得到保障［《生物医学研究法》第 2 条第（2）款（d）项］，因为这是西班牙宪法宣布的基本公共自由。通过这种方式，西班牙立法保持了个人优先利益之间的平衡，同时促进了生物医学研究，并为获得人类生物材料提供了便利。然而，应注意的是，新的第 3/2018 号组织法为各方利益引入了一些例外，特别是在比 GDPR 更广泛的同意方式上，这有损于研究人员广泛获取数据（和样本），[31] 尽管可以认为他们仍然同意后者的框架。

5 GDPR 对生物银行的影响及其未来可能性

5.1 生物银行和样本研究治理

西班牙以前的立法（《生物医学研究法》和第 1716/2011 号皇家法令）特别关注与生物库和生物样本管理直接或间接相关的问题。在此，笔者只会提到与治理最相关的哪些方面受到了监管。[32]

（1）建立生物银行的要求：需要获得授权（《生物医学研究法》第 64 条）；生物银行的科学利益必须是合理的（《生物医学研究法》第 63 条）；非商业目的必须得到保证，因为利润动机被排除在外；生物银行的持有者、管理者和主管是有区别的。

---

〔30〕 Vivas Tesón (2012), p. 1.

〔31〕 As explained above (Sects. 3 and 3.1), according to Organic Act 3/2018 a starting consent is necessary prior to the use of personal data for biomedical research purposes, but this is not more necessary or only in a very limited way for posterior use thereof.

〔32〕 See Articles 4 - 19, Royal Decree 1716/2011.

（2）生物银行外部委员会。生物银行内部和生物银行之间设立了两个独立的委员会：伦理委员会和科学委员会。[33]伦理委员会的主要职能是：对申请进行伦理评估（如果评估结果是否定的，报告具有约束力），就质量程序和良好实践文件的伦理方面提供建议，对生物库主任提出的咨询做出回应，并决定个人发送信息的情况。[34]因此，它是一个不同于研究伦理委员会的委员会，因为它具有专门与生物库转移样本有关的特定职能。科学委员会的主要职能是：对申请进行科学评估（如果评估结果是否定的，则报告具有约束力），就质量程序和良好实践文件的科学方面提出建议，并回答生物库主任的询问。

5.2　生物银行的国内登记

所有用于初级或次级研究目的的生物银行都必须登记。[35]登记取决于卡洛斯三世卫生研究所，但也有必要像任何其他文件一样，在西班牙数据保护局的登记册中登记生物银行。

5.3　生物银行和相关规范的未来

可以说，有了当前的欧洲监管框架和西班牙监管本身，障碍已经消除，获取生物样本的程序也得到了便利，可以在不对个人基本权利构成严重风险的情况下对人类生物样本进行研究。

大数据的可用性是一个新的且非常重要的法律挑战，但还不能确定GDPR已有效解决这一问题。就其自身而言，西班牙第3/2018号组织法解决了一个因使用大数据而产生的问题：重新识别的风险。这是一个需要高度关注的问题，尤其是在健康数据和基因数据等更易受其影响的领域。可预见的非法重新识别案件的出现将考验这方面法律规定的有效性，而这一点目前似乎令人怀疑。

为了确保对生物样本来源受试者的有效保护，未来有必要采取以下几种方式：扩大和加强因任何情况或法律规定而接触第三方数据（包括意外获知的数据）的任何人的保密义务；在将数据或生物样本移交第三方之前，扩大

---

〔33〕 See Article 15 Royal Decree 1716/2011.

〔34〕 Tatay Pérez（2015），p. 185.

〔35〕 See Article 67 LIB.

个人数据的匿名化范围；正如现行法规已经规定的那样，这一类别应包括身份代码由负责人独家控制的假化名数据，并且在他们收到数据或生物样本时不会转移给第三方。有意或无意地允许重新识别数据来源人员的做法（如不合理地添加大量数据、对一个或多个人员的数据进行大规模分析）将被阻止，然后将完全重新适用个人数据保护条例，并必须立即匿名化这些数据。还必须加强数据质量的原则，即已处理的数据仅用于其收集目的，不得传递给第三方，除非有非常严格的例外情况。

6 结　论

GDPR 对欧盟成员国，尤其是其立法者来说，是一个重大挑战。西班牙立法者通过第 3/2018 号组织法，为实施 GDPR 并使其与现有国内法相协调做出了巨大努力，尤其是在生物医学研究领域的个人数据方面。可以肯定的是，在 GDPR 的支持下，新的内部法律制度将决定性地促进需要处理个人数据和人类生物样本的生物医学研究。

然而，该法案在一些关键问题上也可能不够明确，因为除了在相关方同意等决定性问题上超出了 GDPR 外，它在其他事项上也提出了相关的解释性问题，这可能是由于措辞含糊不清。例如，假名化过程（而不是使用已经假名化的数据），是否也需要相关方的事先同意。

参考文献

Orfao de Matos A（2011）Biobancos（Técnico）. In：Romeo Casabona CM（ed）Enciclopedia de Bioderecho y Bioética，Cátedra Interuniversitaria de Derecho y Genoma Humano – Ed. Comares，Granada，pp. 89 – 97.

Romeo Casabona CM，Simon WJ（eds）（2013）LatinBanks. Study on the legal and social implications of creating banks of biological material for biomedical research. Comares，Granada.

Romeo Casabona CM Nicolás Jiménez P，De Miguel Beriain I（eds）（2018）Retos éticos y necesidades normativas en la actividad asistencial en Medicina Personalizada de Precisión. Fundación Instituto Roche，Madrid.

Seoane JA，Casado da Rocha A（2008）Consentimiento，biobancos y ley de investigación biomédica. Rev Der Gen H / H Gen Law R 29：131 – 150.

Tatay Pérez DG（2015）Los Comités de Etica externos del Biobanco：distinción de figuras afines y ordenación en una legislación dispersa. Rev Der Gen H / H Gen Law R 42：185 – 204.

Vivas Tesón I（2012）Bioinvestigación，biobancos y consentimiento informado del sujeto vulnerable. LL 7911：1 – 5.

第十二章

瑞典生物银行研究中的个人数据法：允许但复杂

玛格努斯·斯滕贝克　索尼娅·埃克·费尔特　简·赖切尔

摘　要： 本章描述了瑞典生物银行研究的监管和组织基础设施，以及 GDPR 的引入如何影响在未来研究中使用生物库材料的可能性。瑞典立法者对 GDPR 第 89 条中的研究例外情况选择了一种相当简约的方法，只对数据保护规则制定了有限的一般例外情况。这在一定程度上可以解释为公众获取官方文件的全面权利，这使研究人员能够广泛获取登记处的信息，但前提是遵守秘密和保密规则。瑞典实施 GDPR 的法律，包括数据保护规则中关于访问官方文件权利的一般例外，研究人员也从中受益。然而，不同类别信息的保密规则因部门而异，这阻碍了在研究中对登记册的有效使用。因此，瑞典使用生物银行和注册数据的监管制度涉及数据保护和保密规则，这使得法律环境是允许的，但很复杂。在此背景下本章分析了 GDPR 第 89 条中研究例外的实施情况。特别关注了将生物库中的个人信息与其他数据来源的个人信息联系起来的可能性，包括大型国家人口统计登记处以及国家临床登记处的信息。

1　引　言

在瑞典医院的病理学诊所收集人类生物样本的历史可以追溯到很久以前，今天有石蜡块组织样本的例子可以追溯到 19 世纪末。然而，大学医院的大量组织样本主要是 20 世纪 40 年代以后的样本。瑞典的生物银行由卫生和社会护理监察局监督，该局拥有生物银行的官方登记册。[1]

生物银行为医学研究提供了宝贵的资产，也被广泛用于医学研究，尽管迄今为止还没有充分发挥其潜力。这在一定程度上是由于缺乏一个国家生物银行信息系统，通过该系统可以检索有关储存样本的信息并将其用于研究目的。本章介绍了该系统的拟议开发。它还涵盖了生物银行的一般监管框架、研究中个人数据的监管，以及 GDPR 对生物银行研究可能产生的影响。

2 生物银行基础设施及监管环境

2.1 瑞典的生物银行

2018 年，大约有 450 个生物库在瑞典官方生物库登记处登记，这些生物库保存着在医疗保健环境中采集的样本。在负责医疗保健的 21 个县议会/地区和 7 所设有医学院的大学保存的 250 个生物库中，储存了超过 1.5 亿个样本，且每年增加 300 万至 400 万个样本。最大的生物库位于县议会/地区，估计瑞典 90% 的生物库样本都存放在那里。制药公司、私立医院和护理机构等私营公司以及公共卫生局和国家食品局等一些公共机构也有生物库。[2] 医疗保健领域最大的生物库在病理学和细胞学领域，携带约 90% 的样本，其次是微生物学的苯丙酮尿症生物库和研究中产生的生物库，总计约 7%。苯丙酮尿症生物库保存着自 1975 年（筛查始于 1965 年）以来从瑞典所有新生儿筛查中收集的样本。该生物库是以筛选出的第一种疾病命名的。如今，有 25 种罕见病正在接受筛查，[3] 另一种疾病正被纳入筛查。

有关患者及其样本的信息保存在县议会/地区实验室信息系统中。在不同的医学领域中有若干个这样的系统，这些系统并由各种软件提供商运行。实验室信息系统中的信息是患者病历的一部分。实验室信息系统的一些信息被转移到瑞典生物库登记处，该登记处有助于跟踪县议会/地区的患者样本，该登记处目前正在建设中，[4] 主要用于将研究的样本采集信息在平行实验室信

---

[1] Governmental Inquiry (SOU) 2018: 4, Future Biobanks [Framtidens biobanker], p. 87.

[2] www. biobanksverige. se.

[3] Governmental Inquiry (SOU) 2018: 4, Future Biobanks [Framtidens biobanker], p. 383 and https: //www. socialstyrelsen. se/stod－i－arbetet/sallsynta－halsotillstand/nyfoddhetsscreening/.

[4] Governmental Inquiry (SOU) 2018: 4, Future Biobanks [Framtidens biobanker], p. 88.

息管理系统中进行处理。[5]除瑞典生物库登记处外，瑞典还提出了一个全国性的搜索登记册，以帮助研究人员找到生物库样本和数据，如下节所述。这样的系统将使持有登记册的当局能够根据研究人员的要求，使用国家个人识别码（Personal Identification Number，PIN）查找样本，并将信息与其他患者健康数据联系起来。此后，研究人员可以向生物库申请获取感兴趣的样本。

税务局[6]在每个瑞典居民出生时或移民后向其提供 PIN，用于识别社会各阶层的个人。使用 PIN 的国家登记册和数据库不仅包括医疗记录、统计健康数据和生命统计数据，还包括人口和社会经济数据。

2.2 监管框架

本节介绍瑞典生物银行的监管框架。瑞典生物银行在研究中的使用监管将在后续章节中介绍。

《瑞典生物银行法》于 2002 年颁布。[7]该法案涵盖了在医疗保健中收集并保存在瑞典生物库中的组织样本，但未长期保存的样本除外。[8]监管生物银行的倡议是在对人类基因组计划进行辩论之后提出的，该计划是一个国际项目，负责人类基因组组织绘制人类基因组图。[9]

在《瑞典生物银行法》中，基于充分信息的同意对组织样本处理至关重要。只有在样本提供者或其监护人（如果捐赠者是未成年人）获知其意图和使用生物库的目的后，才能收集样本并将其储存在生物库中。只有在这之后才能获得他或她的同意。[10]《瑞典生物银行法》要求将其记录在样本提供者的医疗记录中，[11]并制定了收集和储存胚胎、胎儿和死者样本的具体规则。[12]

《瑞典生物银行法》适用范围狭窄被视为一个问题，特别是因为在医疗保健之外创建的生物银行不在其管辖范围之内。此外，该法案规定了相当复杂

---

[5] Cramer (2016).

[6] 18 § Census Act [Folkbokföringslag (1991: 481)].

[7] Act on Biobanks in Medical Care (Lag (2002: 297) om biobanker i hälso – och sjukvården m. m.).

[8] 3 § Act on Biobanks in Medical Care.

[9] Governmental Bill [prop.] 2001/02: 44 Biobanks in Medical Care [Biobanker inom hälso – och sjukvården].

[10] Chapter 3, Section 1 and 2 Biobank Act.

[11] Chap. 3, 7 § Biobank Act.

[12] Chap. 3, 3–4 § § Biobank Act.

的同意规则，下文将在第 3.2 节中进一步讨论。此外，关于组织样本发放和生物库转移的规定给生物银行组织带来了行政负担，这反过来又导致政府在 2008 年委托一个委员会起草一项新的法案。相关报告于 2010 年提交，但没有根据该报告制定立法。[13] 2016 年政府委托的另一个委员会于 2018 年提交了报告。[14] 截至 2020 年夏季，瑞典尚未提出任何立法，但可以假设政府将在不久的将来这样做。同时，2002 年法案已经更新，以符合 GDPR 和《欧盟临床试验条例》。[15]

关于从生物库中获取的信息的处理，有两个问题需要解决：第一，搜索和找到某种类型或与被识别人有关的样本的可能性；第二，根据样本处理测试结果。2014 年的一次政府调查提出了通过创建国家登记册来解决这些问题的建议，[16] 其中建议创建一个包含样本特征和测试结果信息的国家登记册；然后在 2018 年的另一次调查中建议创建一个包含样本特征信息，如 PIN、样本类型、采样时间和联系方式的国家登记册。[17] 所有这些信息都将传递给负责的生物库，尽管对个人的测试结果将被排除在外。预计瑞典政府也将在不久的将来对这些建议采取行动。

3 个人数据和研究

3.1 在瑞典法律中实施 GDPR：导言

直接或间接可识别的样本和数据必须按照 GDPR 和其他国际和国家法律中与个人数据有关的规则进行处理。瑞典颁布了《瑞典数据保护法》，为 GDPR 制定了一般性的补充规则。这两项立法都与处理来自生物样本的个人数据以及任何其他类型的个人数据有关。[18] 此外，《瑞典生物银行法》对如何获取

---

〔13〕 Governmental Inquiry (SOU) 2010: 81, A New Biobank Act [En ny biobankslag].

〔14〕 Governmental Inquiry (SOU) 2018: 4, Future Biobanks [Framtidens biobanker].

〔15〕 Regulation (EU) No 536/2014 of the European Parliament and of the Council of 16 April 2014 on clinical trials on medicinal products for human use.

〔16〕 Governmental Inquiry (SOU) 2014: 45, Unique Knowledge through Register Based Research [Unik kunskap genom registerforskning].

〔17〕 Governmental Inquiries (SOU) 2018: 4, Future Biobanks [Framtidens biobanker] and (SOU) 2018: 36 Right to research [Rätt att forska].

〔18〕 Data Protection Act [Lag (2018: 218) med kompletterande bestämmelser till EU: s dataskyddsförordning].

生物库样本进行研究有特殊规定。[19] 在出于研究目的处理生物库样本时，必须同时考虑有关生物样本处理和个人数据处理的法律。

在讨论这些问题之前，笔者将简要介绍瑞典的透明度传统和公开获取官方文件的原则。这一原则在研究中发挥着重要作用，因为它提供了广泛的公共健康数据，例如瑞典当局拥有的许多健康和生活条件登记册。[20] 几个世纪以来，公开和透明一直是瑞典国家宪法特征的一部分；1766 年颁布了第一部包含这一原则的《瑞典新闻自由法》。[21] 根据现行的《瑞典新闻自由法》，“每个人都有权自由获取官方文件”；这项权利只能根据特定的法律依据和特定的法案，即《瑞典公众获取信息和保密法》，加以限制。[22] 这项访问权涵盖所有类型的文件，包括电子文件。

GDPR 第 86 条允许欧盟成员国有一定的监管空间，以确保官方文件中的个人数据按照成员国法律披露，从而“将公众获取官方文件与个人数据保护权相协调”。[23] 瑞典已将此类条款纳入《瑞典数据保护法》，规定 GDPR 和《瑞典数据保护法》不得在违反《瑞典新闻自由法》或《瑞典言论自由法》的情况下适用。[24] 由于《瑞典新闻自由法》规定的严格监管制度，查阅文件的权利只能受到《瑞典公众获取信息和保密法》的限制。否则，文件是公开的。该法案提供了对个人数据保密的法律依据，前提是文件发布后，数据处理有可能与 GDPR、《瑞典数据保护法》或《瑞典伦理审查法》相冲突。[25] 此外，根据各类信息的不同条件，包括健康、性问题等信息或统计信息在内的文件都在保密范围内。[26] 研究人员也可以在适当的条件下获得机密信息，但

---

〔19〕 Chap. 4 Biobank Act.

〔20〕 See further Sect. 4. 1.

〔21〕 His Majesty's Gracious Ordinance Regarding the Freedom of Writing and of the Press, 1766 and Hirschfeldt (2017), p. 22.

〔22〕 Chapter 2, 1 – 2 § § Freedom of the Press Act (1949: 105) [Tryckfrihetsförordning] and The Public Access to Information and Secrecy Act (2009: 400) [Offentlighets – och sekretesslag].

〔23〕 See also Recital 154.

〔24〕 Chapter 1, 7 § Data Protection Act. The previous Personal Data Act, 1998, had an equivalent wording in 7 – 8 § §. However, according to Chap. 1, 13 § the Freedom of the Press Act, the processing of sensitive personal data within the sphere of application of the Act may be regulated by ordinary law. As of summer 2019, no such legislation has been enacted.

〔25〕 Chap. 21, 7 § Public Access to Information and Secrecy Act.

〔26〕 For example, Chap. 21, 24 and 25 Public Access to Information and Secrecy Act.

是，这些信息仍然保密，所有文件都在研究项目完成后归还或销毁。[27]

《瑞典新闻自由法》还排除了 GDPR 中要求包含的个人其他权利的可能性。例如，官方文件只能在某些特定条件下被剔除，尽管官方文件中记录的个人数据有权被更正或被遗忘。[28] 此外，《瑞典新闻自由法》只承认对拒绝获取官方文件提出上诉的权利。[29] 根据《瑞典新闻自由法》，数据主体不能对拒绝在此类文件中更正的权利提出上诉，也不能对官方文件中的个人数据发布提出上诉。

3.2 生物库样本的同意和处理

如本章第 2.2 节所述，当样本包含在生物库中时，同意对生物库样本的处理以及样本的进一步使用至关重要。然而，瑞典法律没有规定如何提供信息，准备文件表明，这可能因目的而异。[30] GDPR 第 4 条第（11）款明确定义了出于个人数据处理目的的同意。此外，GDPR 还就在数据收集时直接从数据主体或稍后从另一来源收集个人数据时应提供哪些信息提供了指导。[31] 这些规则适用于从生物样本中获得的任何数据。

对从活人身上采集的人类生物样本进行研究，并且可能与此人有关，必须获得伦理批准才能进行。[32] 此类审查由瑞典伦理审查局进行。该要求也适用于对在医疗保健之外收集的样本进行的研究，因此不在《瑞典生物银行法》的适用范围之内。对于在医疗保健中采集的样本，由于《瑞典患者法》也对用于治疗和其他医疗目的的样本的收集和存储进行了规定，所以同意规则因多重同意规则而变得复杂。[33]

---

〔27〕 Chap. 10, 14 § Public Access to Information and Secrecy Act.

〔28〕 4 Chap., 4 § Public Access to Information and Secrecy Act and 10 – 17 § § Archives Act (1990: 752) [arkivlag]. See further the Swedish Administrative Court verdict in HFD 2015 ref. 71 and Reichel (2018), p. 298.

〔29〕 2 Chap, 19 § Freedom of the Press Act.

〔30〕 Governmental Bill (prop.) 2001/02: 44 Biobanks in Medical Care [Biobanker inom hälso – och sjukvården], p. 38.

〔31〕 Articles 13 and 14 GDPR.

〔32〕 4 § p. 3 and 6 § Ethical Review Act (2003: 460 [Lag (2003: 460) om etikprövning av. forskning som avser människor Act].

〔33〕 Chap. 4 Patient Act (2014: 821) [Patientlag].

此外，根据《瑞典生物银行法》，除非瑞典伦理审查局批准，否则在未告知捐赠者且其同意新用途的情况下，样本不得用于先前信息和同意范围之外的目的。[34]

3.3 研究中个人数据的同意和处理

如上所述，同意在《瑞典生物银行法》中至关重要。与该法案对同意的严重依赖形成鲜明对比的是，根据 GDPR，同意只是在研究中处理个人数据的几种可用法律依据之一。[35] 瑞典立法者尚未制定规范 GDPR 背景下研究的一般规则，但在《瑞典数据保护法的准备文件》（瑞典法律传统中的一个重要法律来源）中讨论了这个问题。瑞典政府强调，根据 GDPR 第 6 条第（1）款（e）项，在公共场合处理个人数据的法律依据通常是公共利益。[36] 根据 GDPR 第 6 条第（2）款的要求，公共利益在管理公共机构和其他组织的法律文件中有明确规定。一般来说，这一要求被公认为政府必须运作的合法性原则。如果为了完成政府组织的一般任务或特定任务而需要处理个人数据，那么公共利益就成为处理个人数据的相关法律依据。法律文件可能包括法律、条例、政府决定和对公共机构的指示，以及公共机构作出的一些决定，如瑞典伦理审查局授予的许可。[37]

《瑞典高等教育法》设立了一个进行学术研究的一般委员会。[38] 该法令适用于由政府负责的高等教育机构，其中包括大多数瑞典研究型大学。这意味着根据该法案进行研究的法律依据是公共利益，而不是同意。在许多情况下，如果研究受到上述任何法律文件类型的监管，或基于政府或政府机构的决定，则私人实体进行的研究也符合条件。在某些情况下，私人实体进行的研究不在该法案的范围内，例如制药公司的一些研究。当这种情况发生时，可以通过同意或根据 GDPR 第 6 条第（1）款（f）项，即合法利益，允许处理个人数据，这需要在控制者的合法处理利益和登记主体的隐私保护权之间进行个

---

〔34〕 Chapter 3，Section 5 Biobank Act.

〔35〕 a. 6. 1a of the General Data Protection Regulation（EU）2016/679（GDPR）.

〔36〕 Government Bill 2017/18：105 New Data Protection Law［Ny dataskyddslag］，p. 49.

〔37〕 Ibid.，pp. 56 – 59.

〔38〕 2 § Higher Education Act（1992：1434）［Högskolelag］.

案权衡。总的来说，瑞典对 GDPR 的解释非常强调公共利益，将其作为研究和其他公共活动中处理个人数据的默认法律依据。

这也适用于 GDPR 第 9 条第（2）款（g）项规定的特殊类别的个人数据（敏感个人数据）的处理。《瑞典伦理审查法》要求，在瑞典对 GDPR 第 9 条第（1）款中列出的个人数据类别以及对刑事定罪和犯罪进行研究时必须获得瑞典伦理审查机构的批准。[39] 因此，该法为在瑞典进行的研究提供了所需的法律保障。[40] 如上所述，研究项目的伦理批准有时需要同意作为保障，但处理的法律基础通常是公共利益。因此，在特殊情况下，包括在处理长期收集的历史数据或从国家登记处收集的大量数据时的实际考虑，可以放弃医学研究领域的传统同意要求。

根据上述的《瑞典生物银行法》，在生物银行中收集和保存样本，以及将其普遍用于医疗和研究目的，都是基于强制性同意。与此相一致，对于活体生物材料的研究，《瑞典伦理审查法》还规定了强制性同意。[41]

如上所述，GDPR 在第 4 条第（11）款中提供了同意的定义，该定义在 GDPR 序言 42 中被进一步阐述。当使用同意时，应遵循该定义。它几乎与基于《瑞典个人数据法》的早期定义相同，该法实施了《欧盟数据保护指令》。[42] 但基因数据的处理现在被添加到了被认为是特殊类别的数据中［GDPR 第 9 条第（1）款，在瑞典被称为“敏感个人数据”[43]］。因此，同意必须是自由、具体、知情、明确的，在涉及敏感个人数据的情况下，同意必须是明确的。它应该以一项声明或明确的积极行动为基础。在作出决定之前，必须向提供同意的人提供足够的信息。

研究同意的可能范围已被广泛讨论。[44] GDPR 第 4 条第（11）款规定，同意必须具体明确。瑞典的医学和社会研究通常以长期保存的大量数据为基

---

〔39〕 3 and 6 § § Ethical Review Act.

〔40〕 Note that ethical permits cannot be received, and hence not used as safeguards, for research conducted outside of Sweden. In that case, some other safeguard must be in place.

〔41〕 17 § Ethical Review Act.

〔42〕 Personal Data Act [1998：204 (Personuppgiftslag)].

〔43〕 Government Bill 2017/18：105 New Data Protection Law [Ny dataskyddslag], p. 75.

〔44〕 A summary of the national discussion can be found in the Governmental Inquiry (SOU) 2017：50 Processing of Personal Data for Research Purposes [Personuppgiftsbehandling för forskningsändamål], pp. 168 – 171.

础。现代流行病学理论强调，有必要进行非常长的随访，以调查遗传的个人特性和长期暴露于风险的影响，这些风险始于很久以前。这是必需的，尤其是对于使用生物样本的医学研究。GDPR 序言 33 承认，需要对研究的最终目的进行更广泛的描述。目前，瑞典法律尚未明确解决 GDPR 序言 33 对于如何获得研究同意的问题。

需要对敏感数据的明确同意要求进行补充说明。根据瑞典目前的解释，这一额外要求并不排除口头同意或通过明确的积极行动，例如知情地参与临床研究。[45]

需要进一步阐述出于广泛定义的研究目的收集样本并从中获得数据的可能性。《瑞典生物银行法》规定了 GDPR 第 5 条第（1）款（b）项中关于特定目的的规则的例外情况，该法允许将生物库样本与样本提供者的数据一起长期保存在储存库中。样本和数据只能用于收集和获得同意的目的，除非用于瑞典伦理审查局批准的研究目的或在批准的临床试验范围内。[46]

4 个人权利和保障

4.1 瑞典法律中关于 GDPR 权利减损的一般立法

如上所述，除了 GDPR 第三章所述的权利外，公共机构持有的任何个人信息还受《瑞典公众获取信息和保密法》[47] 的保护。这项法律以宪法规定的《瑞典新闻自由法》[48] 为基础，为防止官方记录中的个人信息被无端披露提供了强有力的保护。

此外，瑞典还颁布了《瑞典数据保护法》，为 GDPR 制定了一般补充规则。最初，瑞典计划制定一项针对研究数据的具体法案，[49] 但在立法程序的后期，有关处理研究个人数据的规则被纳入了《瑞典数据保护法》。通过这种方法，瑞典以最低限度的方式实施了研究豁免和减损的可能性，依赖 GDPR

〔45〕 Governmental Inquiry (SOU) 2017: 50 Processing of Personal Data for Research Purposes [Personuppgiftsbehandling för forskningsändamål], pp. 175 – 176.

〔46〕 Chap. 3, 5 § Biobank Act.

〔47〕 The Public Access to Information and Secrecy Act (2009: 400) [Offentlighets – och sekretesslag].

〔48〕 Freedom of the Press Act (1949: 105) [Tryckfrihetsförordning].

〔49〕 Governmental Inquiry (SOU) 2017: 50 Processing personal data for research purposes [Personuppgiftsbehandling för forskningsändamål].

中直接适用的规则或与允许减损相对应的现有瑞典规则。政府已被授权制定进一步的法规，以实施GDPR第89条第（2）款规定的豁免，尽管截至2020年夏天瑞典尚未制定此类法规。人们认为，现有的瑞典国家立法足以满足需求，同时符合GDPR。研究人员经常使用的一些与社会和医疗部门特定登记处有关的法律和条例进行了一些小的，大部分正式的修改。例如，现有的国家法律为捐赠者提供了在任何时候撤回对使用样本的同意的可能性。如果撤回适用于所有类型的使用，样本必须立即销毁或匿名。[50]

4.2 技术和组织保障

根据GDPR第89条第（1）款的规定，数据控制者必须采取保障措施以保护研究中的个人数据。在涉及敏感个人数据的情况下，此类保障措施必须以立法为基础。上文讨论了生物银行和研究中的知情同意程序以及伦理批准要求（第3.2节至第3.3节）。在关于研究中处理个人数据的拟议法律中，最初计划明确规定，现有的伦理审查程序是对敏感数据的法律要求，以加强假名化作为首选保障，并使选择退出研究项目的可能性成为一项无争议的权利。然而，最终，GDPR中的相应规则被视为在反对处理的权利和使用假名化作为保障的选择方面提供了足够的保护。此外，《瑞典伦理审查法》被认为已经满足了作为敏感个人数据的法律保障的要求。《瑞典数据保护法》包括一项针对研究目的限制的一般保障规则，根据该规则，如果出于数据主体的重大利益的特殊原因，研究人员只能使用基于研究目的收集的个人数据对数据主体采取行动。[51]此外，所谓的《瑞典生命基因法案》是为了应对一个名为“生命基因”的大型长期研究基础设施项目收集信息的监管困难而颁布的。该法案规定，数据控制者必须将个人数据的电子访问限制在每个人完成与登记相关的工作任务所需的范围内。[52]禁止直接访问登记处的个人数据。[53]

---

〔50〕 Chapter 3，6 § Biobank Act.

〔51〕 Chap. 4，1 § Data Protection Act.

〔52〕 10 § Act on Certain Registries for Research on what Inheritance and the Environment Mean for Human Health［Lag（2013：794）om vissa register för forskning om vad arv och miljö betyder för människors hälsa（‘Life Gene Act’）］.

〔53〕 11 § ‘Life Gene Act’.

4.3　生物银行研究中知情同意规则的进一步调整

如上所述，所有关于人类生物样本、敏感个人数据和刑事犯罪个人数据的研究在进行之前都必须获得伦理批准。[54]此外，《瑞典生物银行法》要求在采集和储存样本时获得明确的知情同意。[55]根据拟议的《瑞典生物银行法》，建议医疗保健和研究中的信息、同意和撤回规则应适用于生物银行。因此，《瑞典数据保护法》《瑞典患者数据法》[56]《瑞典伦理审查法》对于可识别生物样本的研究也应适用于储存在生物银行中的样本。[57]因此，新的《瑞典生物银行法》中没有建议纳入任何同意规则。根据该提案，《瑞典患者数据法》将赋予患者知情权，以及撤回样本或限制样本允许使用的权利。[58]

《瑞典患者数据法》中的通知义务和反对处理的权利不符合 GDPR 关于有效同意的一般要求。它不是基于声明或明确的积极行动而是要求数据主体在希望被排除在外时采取行动。但该规则确实符合 GDPR 第 18 条和第 21 条规定的限制处理权或反对权。《瑞典患者数据法》通过取消 GDPR 第 21 条第（6）款中对反对权的限制，加强了这一权利，使其适用于所有患者数据，但属于公共健康危害传染病立法范围内的数据除外。[59]

4.4　进一步的立法建议

另外两项立法法案已经提出，但尚未颁布，即如上所述，一项是新的《瑞典生物银行法》，[60]另一项是对研究数据库进行长期监管的法案。[61]两者对于规范医疗保健和其他基于人口的研究登记处的个人数据处理，以及创建国家生物银行登记处都很重要，在该登记处可以追踪样本以供研究使用，并与其他临床数据相结合。

---

〔54〕 6 § Ethical Review Act.

〔55〕 3 Chap. 1 § Biobank Act.

〔56〕 Patient Data Act（2008：355）.［Patientdatalag］.

〔57〕 Governmental Inquiry（SOU）2018：4 Biobanks of the Future［Framtidens biobanker］, p. 274.

〔58〕 Ibid., p. 284 and Patient Act（2014：821）［Patientlag］.

〔59〕 Chap. 2 and 3, Communicable Diseases Act［Smittskyddslag（2014：168）］.

〔60〕 Governmental Inquiry（SOU）2018：4 Biobanks of the Future［Framtidens biobanker］.

〔61〕 Governmental inquiry（SOU）2018：50 Right to Research［Rätt att forska］.

5 语境中的法律：个人权利和公共利益

5.1 极简主义的监管方法，但并非研究的限制性观点

如上所述，瑞典立法者在实施出于研究目的处理个人数据的豁免时采取了极简主义的方法，没有引入一般豁免。相反，瑞典立法者选择直接依赖GDPR和现有的瑞典一般法律。这可以解释为瑞典法律对研究中使用个人数据的限制，但这不是一个正确的结论。

第一，实施研究数据处理规则的准备文件明确指出，GDPR中的豁免将适用于瑞典。[62]如上所述，根据政府的说法，瑞典以前的大部分立法都提供了此类豁免。因此，不包括任何进一步豁免的动机是，这些豁免已经到位，并且与GDPR兼容。此外，可以说，通过瑞典公共登记处广泛获取个人数据本身就要求对有关数据主体给予高度保护。

第二，如上所述，学术研究被广泛视为法律规定的公共利益，[63]这使其成为在公共卫生领域以及其他领域使用个人数据进行研究的基本法律依据。这也延伸到私人研究机构[64]进行的许多研究，否则这些研究将不得不依赖同意或合法利益。[65]因此，公共利益为在健康相关研究中使用长期收集的个人数据的大型数据库提供了可能性。

第三，瑞典有一个悠久的传统，即整个或大部分人口登记为已确认身份的人和死者的信息。瑞典统计局是一家编制官方统计数据的政府机构，它至少保存了40份值得研究的登记册。瑞典国家卫生和福利委员会保存了大约15份关于卫生、医疗保健和社会服务的登记册，如国家癌症登记册、国家患者登记册、死因登记册等。县议会围绕临床护理登记系统（所谓的医疗保健质量登记册）开展合作。目前，瑞典有100多个不同领域的临床登记机构获得

---

〔62〕 Governmental Bill (prop.) 2017/18: 298 Processing personal data for research purposes [Behandling av. personuppgifter för forskningsändamål], pp. 116, 120, 124 and 128.

〔63〕 Governmental Bill (prop.) 2017/18: 298 Processing personal data for research purposes [Behandling av. personuppgifter för forskningsändamål], p. 34. In the case of research the appropriate regulation is found in 2 § Higher Education Act (1992. 1434).

〔64〕 Governmental Bill (prop.) 2017/18: 298 Processing personal data for research purposes [Behandling av. personuppgifter för forskningsändamål], pp. 35 – 36.

〔65〕 Article 6 (1) (f) GDPR.

了国家注册机构的认证，部分用于研究。所有这些资源都可以与生物银行数据一起用于研究。[66]

如上所述，自 1947 年以来，所有瑞典居民都被分配了一个 PIN，一个适用于社会所有部门的个人身份号码，并被私人和政府组织当作一种常见的身份识别手段。PIN 由出生日期和另外四位数字组成。这为基于登记的研究提供了肥沃的土壤，如果有一个系统可以找到生物银行数据并将其与其他基于登记的数据相结合，则其可以包括生物银行的个人数据。这将有可能在个人层面上结合所有登记册的数据，并对一些重要的健康问题进行回顾性队列研究。瑞典正在提议建立这样一个可搜索的生物银行国家登记册，以作为新生物银行立法的一部分，但尚未实施。

5.2 进一步的立法改革：研究数据库

目前有三项立法法案已生效，为研究人员提供了根据公共登记处的个人数据建立研究数据库的可能性，这些数据库可用于广泛指定的研究领域的多种目的。[67] 最近的政府调查提出了一项关于研究数据库的新法案，该法案可能会取代上述法案。调查指出，瑞典在生活条件和健康统计方面处于世界领先地位，拟议法案可以提供一个更强有力的监管框架，促进在适应现代数据库和数据保护技术的研究中有效利用现有的登记册和数据库。这将有可能在广泛界定的主题领域内（包括新数据和从公共登记册收集的数据）建立新的研究基础设施。有人提议扩大伦理审查的工具，以便大学能够获得建立国家研究数据库的许可，这些数据库只能用于研究，不能用于其他目的。调查建议，作为一项额外的保障措施，应尽可能远程访问此类国家研究数据库，而不是在整个研究社区分发大量个人数据文件副本。挪威和芬兰也讨论过类似的提案，但据笔者所知，这些提案并没有作为立法被提出。

---

〔66〕 https：//www. registerforskning. se/en/.

〔67〕 Act on Certain Registers for Research on what Inheritance and the Environment Mean for Human Health [Lag（2013：794）om vissa register för forskning om vad arv och miljö betyder för människors hälsa]，Act on Forensic Psychiatry Research Register [Lag（1999：353）om rättspsykiatriskt forskningsregister]，and Act on Processing of Personal Data at the Institute for Evaluation of Labour Market and Education Policy [Lag（2012：741）om behandling av. personuppgifter vid Institutet för arbetsmarknads – och utbildningspolitisk utvärdering].

如上所述，瑞典政府还提议建立一个国家生物银行登记册，用于追踪在瑞典生物银行中收集的样本，研究人员可以使用该登记册。[68] 瑞典已经努力开发全面的以患者为导向的医疗记录，研究人员也可以访问这些记录。[69]

6 生物银行在研究中的未来可能性

6.1 同意和公共利益

在生物银行研究的背景下，同意的未来作用是一个不确定的问题。在基于公共利益的研究中，基于同意合法处理样本必须与处理个人数据同时进行。鉴于在这一领域处理和保存数据的基础也是数据收集时的同意，制药和医疗技术行业如何获得收集和保存数据用于部分专有研究目的的许可也存在类似的问题。在这两种情况下给予的同意都是一般目的的同意，这与 GDPR 原则不一致。这对 GDPR 序言 133 关于研究处理同意范围的解释，以及在实践中无法重新获得同意的情况下，将公共利益作为处理长期保存的大量数据的基础，都将具有重要意义。

6.2 公开披露、保密和国际合作

除了 GDPR 和拟议的关于生物银行和研究数据库的国家法律之外，《瑞典新闻自由法》和《瑞典公众获取信息和保密法》为获取官方文件（包括瑞典当局持有的个人数据）制定了重要规则。统计机构和医疗保健提供者的保密规则各不相同，这为使用国家生物银行登记册搜索样本并将其与医疗保健或临床登记册中的临床信息相结合的可能性制造了法律障碍，但这一问题尚未解决。《瑞典公众获取信息和保密法》似乎限制了在人口登记处进行广泛搜索的可能性，这是在发病率/死亡率登记处和生物库中找到匹配病例所必需的，目的是为健康的生物学和社会决定因素的队列研究建立相关的研究数据库。

此外，《瑞典公众获取信息和保密法》可能会使欧盟内部实现数据的跨国自由流动和交换变得更加困难，而这正是 GDPR 的目标。[70] 出于研究目的与

---

〔68〕 Governmental Inquiry (SOU) 2018: 4, Future Biobanks [Framtidens biobanker], p. 229.

〔69〕 Governmental Inquiry (SOU) 2018: 4, Future Biobanks [Framtidens biobanker], p. 307.

〔70〕 Recital 5 and Article 1 (3) GDPR.

第三国交换个人数据的行为也受到该法案的限制，因为该法案要求保证在接收个人数据的国家遵守瑞典关于信息自由和保密的法律。GDPR 的颁布并没有改变这一事实，因为它尊重该领域的现有国家立法。[71]

由于难以达成将 GDPR 数据保护规则扩展到欧盟以外地区的国际协议，这一问题变得更加复杂。例如，在与美国的研究合作中没有被授予“充分性决定”，这证明适当的数据保护措施已经到位，这将使数据传输能够在没有额外理由或保障的情况下进行。[72] 美国—欧盟隐私保护盾不适用于公共机构，因为它专注于商业转让。[73] 由于与美国法律存在法律冲突，美国当局无法同意欧洲同行制定的所有合同条款。[74] GDPR 第 49 条第（1）款（d）项中出于公共利益的重要原因所列的减损是否适用于在接收国不遵守 GDPR 的情况下进行的某些特定研究数据传输，目前尚未进行充分探讨。

7 结束语

总之，瑞典允许使用健康数据进行研究的监管框架一方面是相当宽松的，允许研究人员广泛访问登记处，但另一方面又有点模糊。瑞典法律中没有引入处理研究中个人数据的具体法律依据，但政府表示，鉴于已经存在的以公共利益为默认的法律背景，这是不必要的。

总的来说，GDPR 中的研究豁免在瑞典法律中没有得到明确的实施，因此给研究人员留下了一个不精确和模糊的框架。最后，多年来，瑞典政府进行了几次调查，这些调查为生物银行和基于登记的研究提出了更明确、在某种程度上减轻负担的法规建议。截至 2020 年夏季，这些法案尚未颁布。因此，GDPR 在多大程度上影响了瑞典立法者的政策选择尚不确定。

参考文献

Cramer K（2016）What is a LIMS？. sapiosciences. com.

---

〔71〕 Recital 154 and Article 86 GDPR.

〔72〕 Article 45 GDPR.

〔73〕 EU – US Privacy Shield Framework Principles issued by the U. S. Dept of Commerce and approved by the EU Commission on February 2，2016.

〔74〕 Personal communication with Robert Eiss，legal expert National Institutes of Health（NIH），USA.

Hirschfeldt J（2017）Free access to public documents – a heritage from 1766. In：Lind A – S，Reichel J，Österdahl I（eds）Transparency in the future – Swedish openness 250 years. Ragulka，Visby.

Reichel J（2018）Public access or data protection as a guiding principle in the EU's composite administration? An analysis of the ReNEUAL model code in the light of Swedish and European case law. In：Wahlgren P（ed）50 years of law and IT，Scandinavian studies in law. Jure，Stockholm.

第四部分

碎片化及未来之路

第一章

后 GDPR 时代的欧洲生物银行：一个蓄意打造的碎片化景观

奥尔加·佐尔扎图　圣·斯洛肯贝加　简·赖切尔　安德西亚·达·科斯塔·安德拉德　卡拉·巴博萨　索菲·贝卡尔特　埃弗特-本·范·维恩　卡洛斯·玛丽亚·罗密欧-卡萨博纳　凯瑟琳娜·卡索伊尔　高蒂尔·查桑　安妮莉丝·德布奎　吉恩-雅克·德雷兹　洛朗·杜勒　索尼娅·埃克·费尔特　拉德克·哈卢兹卡　梅特·哈特利　迈克尔·希斯伯格斯　尼尔斯·霍普　伊莎贝尔·休斯　埃尔斯·吉·金特　安妮·凯尔斯蒂·贝弗林　卢卡斯·科泽拉　多洛塔克雷科拉-扎亚克　特奥多拉·拉洛娃　米凯拉·梅罗费尔　阿纳斯塔西亚·内格鲁克　雅各布·帕夫利科夫斯基　西蒙·佩纳萨　卡特波尔梅斯特　伊曼纽尔·里尔-塞巴格　阿纳斯塔西亚·西亚普卡　汤姆·索瑟林顿　马格努斯·斯滕贝克　玛雅·苏格洛　玛尔塔·托玛西　佩吉·瓦尔克　露丝·维拉·法尔松

摘　要：本章旨在深入了解欧盟成员国利用 GDPR 赋予它们的监管自由裁量权的方式。具体而言，本章审查了生物银行的监管环境；是否以及如何实现 GDPR 第 89 条第（2）款规定的减损；后 GDPR 时代科学研究的法律基础及同意在生物银行中的作用；国家法律中个人权利与公共利益的平衡，以及GDPR对生物银行的影响及未来可能性。在行使自决权时，欧盟成员国可以在一定程度上使数据保护要求与其价值观和愿望保持一致。然而，这种一致性可能会危及合作研究。鉴于需要在国家和超国家层面弥合不同的法律和伦理要求，研究伦理委员会的作用可能至关重要。

1 引 言

1.1 背景

GDPR对生物银行产生了相当大的影响。尽管GDPR预见到了要采取相当严格的措施以确保个人数据得到充分保护，并对数据控制者施加严格的义务，但它在两个重要方面放松了对研究的监管。第一，通过数据处理的合法性要求放松监管，包括GDPR第9条第（2）款中规定的解除健康和基因数据处理禁令的条件。第二，通过减损GDPR第89条规定的某些个人权利放松监管。GDPR提供的这些要求、可能性和进一步的监管机会与国家生物银行监管框架共存并相关。

尽管GDPR是一项法规，建立了跨国家法律秩序的统一框架，但欧盟成员国保持现有甚至引入新的国家例外情况的能力，导致了欧洲生物银行法支离破碎的局面。GDPR以数据处理的法律依据的形式提供了几种合法途径，解除了对基因和健康数据处理的普遍禁令。其中特别重要的是广泛同意，这是GDPR第6条第（1）款（a）项与第9条第（2）款（a）项和第7条共同提供的一种可能性，并以GDPR序言33为指导。这些规定的适用原则上不需要成员国采取进一步的执行措施。此外，GDPR第9条第（2）款（j）项允许通过国家法律或欧盟法律，在未经数据主体同意的情况下，出于研究目的处理健康和基因数据，前提是此类处理与所追求的目标成比例，尊重数据保护权的本质，并采取适当和具体的措施来维护数据主体的基本权益。[1]因此，如果有一项法律提供这些保障，为研究目的处理健康和基因数据甚至不需要广泛同意。

---

〔1〕 Article 9（2）（j）GDPR.

GDPR 中规定的研究制度对个人权利的减损有两个方面：一是依赖 GDPR 的直接适用性，不需要进一步的实施措施，但需要遵守 GDPR 第 89 条第（1）款；二是为欧盟/欧洲经济区成员国提供了减损 GDPR 中预见的四项权利的可能性，条件是国家法律已经到位，并且符合 GDPR 第 89 条第（1）款的要求（特别是，有足够的保障措施），并且只要这些权利可能导致特定目的无法实现或严重损害特定目的的实现，这种减损对于实现这些目的就是必要的。这些权利载于 GDPR 第 15、16、18、21 条。此外，GDPR 为公共利益领域内的研究提供了进一步的监管机会。

GDPR 为研究创造机会的同时也引发了疑问，即这些机会是否已在全国范围内实施，以及它们对欧盟/欧洲经济区成员国之间的合作研究产生了什么影响。本章旨在深入了解各成员国实施 GDPR 的零散状况及其对研究相关的影响。这并不是对这些国家实施 GDPR 情况的详尽比较。相反，本章审查了数据处理的法律基础，特别强调同意，并审查了 GDPR 第 89 条第（2）款的国家适用情况，特别是是否允许对 GDPR 第 15、16、18、21 条的减损，以及有哪些保障措施。此外，本章还考虑了在全国范围内如何平衡个人权利和公共利益。此后，本章考虑了对生物银行领域科学研究的影响。

1.2 方法和限制

为了全面了解 GDPR 对泛欧生物银行监管框架的影响，笔者邀请了在基因和基因组研究以及生物银行领域具有经验的卫生法和数据保护法专家就以下问题发表见解：

（1）生物银行基础设施和监管环境；

（2）生物银行的法律基础和同意问题；

（3）GDPR 第 89 条第（2）款规定的个人权利和减损，包括充分的保障措施；

（4）国家法律中个人权利与公共利益之间的平衡；

（5）GDPR 对生物银行的影响及未来可能性。

此外，BBMRI－ERIC[2]以筛选表的形式编制并分发了一个研究促进工

〔2〕 More information on BBMRI－ERIC infrastructure can be found at http：//www. bbmri－eric. eu/.

具，根据该表筛选国家法律，以了解在国家背景下实施 GDPR 的更多细节。参加该研究的专家代表了 19 个欧盟/欧洲经济区国家：比利时、克罗地亚、捷克、丹麦、爱沙尼亚、芬兰、法国、德国、希腊、爱尔兰、意大利、拉脱维亚、列支敦士登、马耳他、荷兰、挪威、波兰、葡萄牙和西班牙。每个合作者的回答以及 BBMRI – ERIC 主办的表格构成了一份国家报告，并根据相似性或显著差异对所有数据进行分析、总结和分类。这些国家研究的作者随后验证了这项工作的准确性。所有合作者都是本研究的共同作者。

2 跨欧洲的生物银行监管环境

由于缺乏一个有能力和权威监管生物银行并在境内外制定统一、全面和有约束力要求的超国家行为者，国家法律命令有责任在适当考虑其外部承诺的情况下监管生物银行。[3] 为了确定国家法律命令在监管生物银行方面采取的方法，以下分析回顾了国家监管框架和治理方法。

有些国家选择了针对特定部门的生物银行研究立法。其中包括西班牙，该国的《生物医学研究法》[4] 针对生物银行设立了专门的章节；葡萄牙自 2005 年起实施了《生物银行研究法》；[5] 拉脱维亚于 2002 年通过了《人类基因组研究法》，并于 2004 年生效。与生物银行法规平行，在参与本研究的所有国家，关于隐私和个人数据保护的国家和欧洲法律，即欧洲委员会第 108 号公约和 GDPR 共同适用。比利时当然也是如此。通过与医院、大学和研究中心等公共机构相联系的生物银行网络，比利时有许多欧洲和比利时法规来规范生物银行活动。最值得注意的是，《比利时人体材料法案》[6] 和 2018 年

---

〔3〕 Slokenberga et al. (2017).

〔4〕 Ley de Investigación Biomédica, LIB, 14/2007, de 3 de julio 2007.

〔5〕 Article 19/1 of Law 12/2005 defines biobanks as ‘any repository of biological samples or their derivatives, with or without limited storage life, whether using prospective harvesting or previously harvested material, or being obtained as part of routine health care, whether in screening programs, or for research purposes, which must include personally identified, identifiable, anonymized or anonymous samples’.

〔6〕 Act of 19 December 2008 regarding the procurement and use of human bodily material destined for human medical applications or for scientific research applies.

比利时皇家法令[7]为《比利时人体材料法案》中关于生物银行条款的生效提供了法律依据，并进一步规定了其适用范围。

然而，即使有生物银行法案，其他法律也同时适用。例如，芬兰从生物银行和其他此类研究储存库获取和使用组织和数据的监管框架主要包括《生物银行法案》《芬兰数据保护法》[8]《社会和医疗保健数据二次使用法》[9]《人体器官、组织和细胞医疗使用法》[10]。特别令人感兴趣的是爱沙尼亚，该国的国家生物银行 EBB[11]由一项特定部门的法案监管，而该国其他组织样本和生物库则受生物医学研究的综合条款监管。[12]瑞典有两项关于研究数据库的具体法案，即《瑞典关于遗传和环境对人类健康意味着什么的研究的特定登记法》和《瑞典法医精神病学研究登记法》，这两项法案都适用于生物银行。

其他国家，如法国、德国、丹麦、希腊[13]、克罗地亚[14]、捷克、爱尔兰[15]、列支敦士登、荷兰和波兰，[16]通过结合有关生物医学研究和数据保护的国家条款来监管生物银行，而没有生物银行特别法。在没有具体的生物银

[7] Royal Decree of 9 January 2018 on biobanks, in implementation of Article 22 of the Act of December 2008.

[8] Code 1050/2018. www. finlex. f/f/laki/alkup/2018/20181050.

[9] Code 552/2019. www. finlex. f/f/laki/alkup/2019/20190552.

[10] Code 191/2001. www. finlex. f/f/laki/kaannokset/2001/en20010101_ 20130277. pdf.

[11] Order no. 177 of the Government of the Republic of Estonia, Sihtasutuse Eesti Geenivaramu Asutamine, adopted 13 March 2001. —RTL 2001, 37, 512.

[12] Human Genes Research Act (HGRA), RT I 2000, 104, 685. Official English translation. https://www. riigiteataja. ee/en/eli/518062014005/consolide.

[13] Tzortzatou (2015).

[14] See the Law on Protection of Patients' Rights (official gazette 169/04, 37/08), Law on Implementation of General Regulation on Data Protection (official gazette 42/18), Ethical Codex of the Institute for Medical Research and Occupational Health.

[15] See the Section 5 (1), Data Protection Act 2018 (Section 36 (2)) and Health Research Regulations 2018 (S. I. No. 314 of 2018).

[16] E. g. in the case of Poland, the Polish biobanks guidelines of good practices or standards of conduct are based on international, European and other regulations and recommendations created by international organizations (such as BBMRI-ERIC and ISBER). For more information on Biobanking in Poland, see also, Witoń et al. (2017).

行法案的情况下，伦理、技术和科学准则是对生物银行监管的补充。[17]

意大利的方法可以被描述为“混合模式”，因为国家数据保护局于2016年发布了两项关于基因数据处理和科学研究个人数据处理的具体授权，其中包括生物银行研究的具体规定。[18]马耳他生物银行有两个主要部门，即临床生物库和人口生物库。[19]除了通过《马耳他数据保护法》将GDPR转化为马耳他法律以及《马耳他临床试验条例》和规范高等教育和健康的法律之外，没有任何具体的法律来规范研究。生物银行的治理受《马耳他分子医学和生物银行中心条例》的监管。

最后，挪威生物银行是一个国家生物银行基础设施，其中包括经同意的基于人口和特定疾病的临床生物库，并提供在健康登记册中的纵向健康数据。[20]生物银行和个人数据受不同法律的监管。《挪威个人数据法》规定了与特定生物材料相关的个人数据的处理，而公共生物银行则受《治疗生物库法》和《健康研究法》的监管。

如上所述，欧洲各国对生物银行监管采取的方法各不相同，大多数国家选择不在其国内法律秩序中引入特定部门的法律。然而，如果国家选择了此类特定工具，这些工具并不能充分解决生物银行研究产生的所有问题，尤其是与参与者个人数据处理有关的问题。因此，国内法仍然需要与GDPR和欧洲/国际法的其他来源结合适用。

3 作为生物银行数据处理的法律基础之一——同意的地位和作用：知情、广泛还是无？

不可否认，参与者的书面和知情同意书是处理人类生物医学研究中健康和基因数据最常见的法律依据。然而，本研究所涵盖的国家之间的同意范围

---

〔17〕 See for example in the case of France the Good clinical practices in clinical trials on medicinal products for human use Décision du 24 novembre 2006 fxant les règles de bonnes pratiques cliniques pour les recherches biomédicales portant sur des médicaments à usage humain, JORF 30 novembre 2006, texte n°64.

〔18〕 The contents of the two Authorisations that were deemed compatible with the GDPR were, more recently, collected in Document No. 146 of 2019, concerning the processing of special categories of data.

〔19〕 More information can be found at the Biobank's website https://www.um.edu.mt/biobank.

〔20〕 See more information can be found at the Biobank's website at https://www.ntnu.edu/biobanknorway.

存在很大差异，这阻碍了在合作项目框架内跨境传输数据。鉴于大量样本和数据需要长期存储和处理，最重要的是，用于收集时未知的研究目的，知情同意程序被严厉批评为是最不可能增强研究参与者生物银行自主权的途径。知情同意模式起源于临床实践，在旨在保护个人免受研究干预的医学法领域有着悠久的传统，与此相反，广泛的同意模式可以说最适合生物银行研究。[21]

关于同意的关键问题是各国如何选择界定其范围。GDPR 第 33 条是其中唯一隐含广泛同意的地方，其规定“应允许数据主体同意某些研究领域”[22]。然而，条例中没有任何地方明确规定广泛同意。因此，欧盟成员国如何利用其被授予的自由裁量权引入健康和基因数据处理的进一步条件［GDPR 第 9 条第（4）款］，更具体地说，它们在同意范围方面采取了什么方法，具有特别的相对利益。然而，如本章引言所述，并不排除可以通过援引国内法的规定直接适用广泛同意，除非成员国根据 GDPR 第 9 条第（2）款（a）项或第 9 条第（4）款的自由裁量权，排除使用同意作为解除对健康和基因数据处理禁令的手段。

比利时规定，控制者有义务告知数据主体其个人信息的匿名化情况，以及自数据收集之时起，行使其权利将导致无法实现目标或严重阻碍其实现目标的原因。在数据收集之前，根据《比利时隐私法案》，在不影响 GDPR 关于控制者责任的规定（包括记录保存的规定）的情况下，控制者应为科学研究目的的处理活动注册添加特定元素。如法律所述，这些要求包括使用数据的正当性，这些数据可能是假名化的，也可能不是假名化的；数据主体权利的行使可能导致目标无法实现或严重阻碍目标实现；数据控制者出于科学或历史研究或统计目的处理特殊类别数据时的数据保护影响评估（如适用）。

爱尔兰立法通常要求数据主体明确同意处理特殊类别的数据进行研究。《爱尔兰健康研究条例》（2018）对特定健康研究目的的同意进行了广泛定义，无论是与特定领域有关，还是与该领域或健康研究相关的领域或其中的

---

〔21〕 Dynamic consent, have also been proposed as the suitable way for individuals to consent to their data process, when it comes to biobanking research activities, see also Steinsbekk et al. (2013).

〔22〕 More information on broad consent can be found at https：//www. nature. com/articles/ejhg2012282, https：//journals. plos. org/plosmedicine/article? id = 10. 1371/journal. pmed. 0050192, https：//www. sciencedirect. com/science/article/pii/S1470204506706180, https：//www. nature. com/articles/ejhg2012282, https：//journals. sagepub. com/doi/pdf/10. 1177/096853320901000201.

一部分有关。数据控制者必须采取具体措施保护个人数据，包括：限制访问；删除个人数据的严格时间限制和确保这一点的机制；有针对性的培训；注册机制；指定数据保护专员（如果不是强制性的），并在处理与健康相关的数据时，要求由健康从业者或受同等保密义务约束的人进行处理；假名化和加密。《爱尔兰健康研究条例》列出了进一步的措施，如适当的治理结构。当研究人员“认为进行研究的公共利益远远超过要求明确同意的公共利益”时，他们可以申请豁免。

克罗地亚没有为医学研究留下广泛同意的余地。《克罗地亚患者保护法》规定，同意医学研究必须包含对相关程序和风险的详细解释。[23] 在捷克，立法者没有进一步规定同意医学研究的具体条件，而是采用了 GDPR 中阐述的知情同意方法。就拉脱维亚而言，《人类基因组研究法》要求获得特别同意。[24] 此外，该同意书应以内阁批准的形式记录在案。[25] 自 GDPR 生效以来，这些规则一直没有修改。尽管如此，监管生物银行研究的新法律的工作已经开始，其可能会导致一种不同的同意方法。在西班牙，需要数据主体的同意。然而，如果首次使用个人数据获得同意，则将其重新用于健康和生物医学研究应被视为合法。此外，出于公共健康原因以及在与公共健康具有特殊相关性和严重性的情况下，可以在未经相关人员同意的情况下进行科学研究。有趣的是，在法国，法律是在选择退出同意（非反对）的基础上运作的，尽管特殊法律可能要求选择加入同意。同意几个目的是可以接受的，只要这些目

〔23〕 Law on Protection of Patients' Rights (official gazette 169/04, 37/08) —Article 19.

〔24〕 Section 10 (1) states 'Before a person participates in the genetic research, a doctor shall issue to the person written information regarding: 1) the purpose, content and duration of the genome research project; 2) potential risks; 3) the right to freely express his or her consent and to revoke it at any time; and 4) a possibility to perform genetic research outside of Latvia'. Human Genome Research Law, Latvijas Vēstnesis, 99 (2674), 03. 07. 2002.

〔25〕 Cabinet (of Ministers) holds the executive power. Provisions on the specimen of the gene donor consent form and the procedure for its completion and storage Provisions on the specimen of the gene donor consent form and the procedure for its completion and storage. Latvijas Vēstnesis, 128 (3076), 13. 08. 2004.

的明确、易懂并清晰地呈现给个人，他们可以选择或拒绝每个目的。[26]

在葡萄牙，同意可能涉及几个研究领域。与之前要求的具体同意相比，这是一个改进。然而，只有在例外情况下，即样本被追溯使用，或者基于数据或个人数量、年龄或其他类似原因无法获得相关人员的同意时，才能放弃同意。在这些情况下，数据和生物样本只能用于科学研究或收集流行病学或统计数据。

同样，但范围更广的是，芬兰《生物银行法案》允许研究参与者在知情的情况下同意储存和使用从他们身上采集的样本，以进行生物银行研究，将他们的个人信息传输（给研究人员），并将其他来源的个人数据联系起来，以及对样本和从样本中获得的信息进行其他处理以达到生物银行研究所要求的程度。此外，芬兰《生物银行法案》不要求每个研究项目对生物样本和相关数据的使用取得新的同意。然而，芬兰《生物银行法案》正在审查中，预计生物银行处理的法律依据将是第 6 条第（1）款（e）项和第 9 条第（2）款（g）项，而不是同意（2018 年 5 月新《生物银行法案》的政府法案草案），而《芬兰数据保护法》已经规定，在某些条件下，根据 GDPR 第 6 条第（1）款（e）项，为科学研究处理个人数据是合法的，GDPR 第 9 条第（1）款的限制不适用。

在意大利，如果研究是基于（国家或欧盟）法律，并符合 GDPR 第 9 条第（2）款（j）项的规定，包括研究是生物医学或健康研究计划的一部分时，则出于科学研究目的对健康数据进行处理不需要获得数据主体的同意，前提是按照 GDPR 的第 35 条至第 36 条进行研究并发布影响评估。此外，如果基于特定原因，无法通知相关方，或涉及不成比例的努力，或存在使研究目标无法实现或严重损害该目标实现的风险时，则无需同意。在这种情况下，数据控制者应采取适当措施保护相关方的权利、自由和合法利益，研究计划应获得地区一级主管研究伦理委员会的赞成意见，该意见必须提交担保人进行预防性咨询。

---

〔26〕 See also the referentials adopted by the CNIL（Méthodologies de Référence，MR）specifying data protection rules in research contexts and specifically MR001（regarding health research requiring prior informed consent），MR003（regarding health research that does not require consent）and MR004（regarding research that do not involve human persons，studies and evaluations in health）.

同样，德国允许在提供数据主体的知情同意书后进行生物医学研究，该知情同意书是自由给予的，并可轻易撤回。然而，如果对数据主体受法律保护的利益采取适当的保障措施，在科学研究的背景下，可以将公共利益而不是同意作为处理特殊类别个人数据的法律依据。此类保障措施可能包括尽快匿名化个人数据，采取措施防止未经授权向第三方披露，或以组织和空间上与其他任务分离的方式处理这些数据。

在实施 GDPR 时，瑞典没有引入任何具体规则，为研究中处理个人数据提供法律依据。关于公共和私营实体进行研究的现行规则被认为是充分的。特别是，瑞典有两项关于研究数据库的具体法案，为研究人员在某些条件下并经伦理批准后无需进一步同意即可访问数据提供了法律依据，即《瑞典关于遗传和环境对人类健康意味着什么的研究的特定登记法》和《瑞典法医精神病学研究登记法》。两者均已根据 GDPR 的要求进行了调整。当处理不是基于知情同意时，公共研究实体（公共利益作为法律依据）和私人研究实体（通常，合法利益作为法律基础）进行的研究将有不同的法律依据。荷兰已采取进一步措施，当个人数据来自医疗保健提供者时采用选择退出的方法，因为患者不应该反对将此类数据用于研究。如果无法寻求同意，并且研究符合公共利益，而没有这些数据就无法实现，那么只要有适当的保证，研究便是被允许的。关于《丹麦数据保护法》，[27] 其中包括一项关于未经数据主体同意就科学和统计目的处理个人数据的规定。因此，该法案利用了 GDPR 第 9 条第（2）款（j）项和第 89 条规定的选项。这是一个先决条件，即研究项目具有重大的社会利益，并且该法案概述了保障措施。

同样，《挪威个人数据法》规定，如果出于公共利益、科学或历史研究目的或统计目的的需要存档，则可以在未经数据主体同意的情况下处理特殊类别的个人数据。[28] 这要求对整个社会的好处明显超过未经同意处理个人数据的主体所面临的坏处。此外，根据 GDPR 第 89 条第（1）款的规定，处理必须采取适当的保障措施。要求控制者与数据保护专员协商，以确保此类保障措施到位。挪威还预测，未来在某些条件下，对人类生物材料和个人健康数据

---

〔27〕 Act no. 502 of 23 May 2018 on supplementary provisions to the regulation on the protection of natural persons with regard to the processing of personal data and on the free movement of such data.

〔28〕 See PDA sections 8 and 9.

的研究将获得广泛的同意。[29] 在使用生物材料和与健康相关的个人数据时，广泛同意必须定义研究目的，如果需要指定广泛同意的使用条件，则在特定情况下，主管研究伦理委员会可能会要求新的同意。

《爱沙尼亚数据保护法》对超出知情同意范围的个人数据的研究使用采取了相当自由的做法。根据 GDPR 的要求，允许在未经同意的情况下处理研究中的个人数据，只要数据是假名化的或遵循任何其他同等有效的方法，但（在某些条件下）也可以在数据能够识别个人身份的情况下进行。[30] 同样，列支敦士登和希腊允许出于上述目的处理特殊类别的数据，而无需征得同意，前提是此类处理是出于这些目的所必需的，并且鉴于采取了具体措施，处理者的利益超过了相关人员的利益。希腊法律特别提到数据假名化和加密、数据保护专员的指定以及代表数据处理者或控制者的数据访问限制等措施。

同样，实施 GDPR 的《马耳他数据保护法》为科学或历史研究目的提供了减损，前提是遵守 GDPR 条款可能会导致研究目的不可能实现或严重损害这些目的的实现，并且数据控制者合理地认为这些减损对于实现这些目的是必要的。在这些情况下，科学或历史研究的处理应给予数据主体权利和自由以适当保障，包括假名化和其他技术和组织措施，以确保尊重数据最小化原则。公共健康领域规定的处理条件适用于处理基因数据和生物特征数据。因此，数据控制者必须咨询数据保护专员并事先获得其授权。数据保护专员必须与研究伦理委员会协商。

正如对国家方法的审查所表明的那样，解除 GDPR 第 9 条对处理健康和基因数据的禁令的不同可能性已在不同国家法律命令中得到实施。通常，几种可能性并存，特别是基于同意的方法与基于公共利益的方法或类似的监管方法，之后可能会滥用或减损同意要求。当这些减损适用时，一些国家出现了咨询研究伦理委员会的法律要求。

---

〔29〕 See the chapter of Norway.

〔30〕 However, it is worth noting that in the case of the Estonian Biobank (EBB), exceptionally broad consent remains as it was prior to the GDPR the legal basis for the use of data for research, something that can be regarded as an exercise of the discretion referred to in Recital 33 GDPR. See further Kärt Pormeister (2018).

4 根据 GDPR 第 89 条第（2）款对个人权利的减损

4.1 实现减损

GDPR 第 89 条第（2）款允许欧盟成员国在出于科学目的处理个人数据时，对数据主体的访问权、更正权、处理限制权和反对权作出减损。此类自由裁量权受到 GDPR 第 89 条第（1）款规定的保障措施的约束，但 GDPR 并未明确界定其界限。同时，不具约束力的 GDPR 序言 156 强调，成员国也保留提供规范和减损删除权和数据可携权的能力。此外，GDPR 序言 41 指出，“如果本条例提及法律依据或立法措施，则不一定需要议会通过立法法案，但不影响相关成员国宪法秩序的要求”，前提是该法案明确、准确且可预见。因此，以下内容审查了欧盟成员国是否以及如何实际利用这一机动余地，并为 GDPR 第 15、16、18、21 条中的权利规定了具体的例外情况。

可以注意到，参与研究的 7 个国家，特别是克罗地亚、德国、希腊、马耳他、荷兰、葡萄牙和瑞典，没有在其 GDPR 调整立法中规定进一步的减损。荷兰实施法案没有将反对权（GDPR 第 21 条）作为研究豁免。根据同一法案，作为数据控制者的研究机构不得实施 GDPR 第 15 条（访问权）、第 16 条（更正权）和第 17 条（删除权）。[31] 德国和希腊在否决出于研究目的获取信息的权利方面稍微更加具体，并补充说，在这种情况下，提供信息应涉及不成比例的努力。芬兰列出了适用减损所需的具体保障措施（适当的研究计划、指定的责任、保密性[32]），包括针对特殊类别个人数据的额外保障措施（向国家监管机构提供数据保护影响评估或遵守适当且经批准的行为准则）。芬兰法律还规定了对数据控制者根据第 13 条和第 14 条向数据主体提供信息的义务的减损。

意大利第 101/2018 号法令特别提到了对更正权的减损，在根据 GDPR 第 16 条行使数据主体权利时，当这些操作的结果对研究结果没有产生重大影响时，在不修改后者的情况下，对数据的更正和整合进行了说明。在列支敦士

---

〔31〕 See article 44 of the Dutch implementing Act.

〔32〕 Biobank Act Section 16 specifically requires that the biobank samples and data must be pseudonymised by a code replacing direct identifiers, and the code key must be stored separately.

登，在某些条件下，也可能对 GDPR 第 20 条的数据可携权加以限制。

拉脱维亚通过了《拉脱维亚个人数据处理法》，该法允许在为公共利益进行研究时进行一般减损。它规定，“如果出于公共利益的科学或历史研究目的处理数据，则不应适用 GDPR 第 15、16、18、21 条规定的数据主体的权利，只要这些权利可能使特定目的无法实现或严重损害特定目的的实现，并且为了实现这些目的而有必要进行减损”[33]。这一减损不符合规范人类基因组研究的关键法律，因此，在通过新法案并废除现行法案之前，或者在修订现行法律之前，这些减损可能效果有限。丹麦也采取了类似的做法。《丹麦数据保护法》明确规定，GDPR 第 15、16、18、21 条不适用于出于科学或统计目的处理的数据。

在捷克，《捷克个人数据处理法》允许根据 GDPR 第 89 条第（2）款为科学研究处理个人数据时减损数据主体的权利。具体而言，它规定，数据主体的访问权、更正权、处理限制权和反对处理权可被充分适用，甚至可以推迟，如果这是必要的，并且与处理目的的实现成比例。它还指出，如果科学研究需要进行处理，并且提供此类信息需要不成比例的努力，则访问权不适用。然而，一些国家立法者将出于研究目的对数据主体权利的减损与出于公共利益的减损合并，或者只关注后者。葡萄牙认为，数据的匿名化是允许出于公共利益或研究目的进行减损的一个附加条件。葡萄牙拟议的立法规定，在出于公共利益、科学或历史研究或官方统计目的存档而处理数据时，如果无法行使访问权、更正权、限制处理权和反对权，即当收集的数据被匿名化时，或可能严重阻碍上述目标的实现时，这些权利将被取代。[34]

除了承认出于研究目的进行减损的可能性外，意大利和马耳他还规定了数据控制者进一步的义务和数据主体在发生此类减损时的权利。更具体地说，意大利规定，待意大利个人数据保护局批准的伦理规则可能表明，根据 GDPR 第 89 条第（2）款，GDPR 第 15、16、18、21 条中列出的权利可能受到限制。《马耳他数据保护法》规定，出于科学或历史研究目的的处理应给予数据主体权利和自由以适当保障，包括假名化和其他技术和组织措施，以确保尊

[33] Personal Data Processing Law, Latvijas Vēstnesis, 132 (6218), 04. 07. 2018.

[34] Legislation to be proposed.

重数据最小化原则。当此类目的可以通过不允许或不再允许识别数据主体的处理实现时，应以这种方式实现这些目的。此外，当数据控制者打算出于公共利益的统计或研究目的处理基因数据、生物特征数据或与健康有关的数据时，必须咨询数据保护专员并获得其事先授权。反过来，数据保护专员必须与研究伦理委员会协商。

具有相对利益的还有国家法律对待减损反对权的方式。挪威规定了获取信息权、更正权和限制处理权的例外情况，但国家立法者认为，没有必要规定进一步的例外情况。因此，在反对权方面，减损的范围没有例外或扩大。同样，《荷兰 GDPR 实施法》也没有将反对权作为研究豁免，尽管研究机构被允许不实施 GDPR 第 15、16、17 条。

在意大利，当出于公共利益需要进行处理时，允许减损反对权。与上述国家相反，这是意大利法律中研究与公共利益相结合的唯一权利。马耳他对反对权采取了不同的做法，在出于学术表达目的处理个人数据时，反对权可能会被推翻。然而，《马耳他数据保护法》[35]和 GDPR 都没有对什么是“学术表达”提供任何指导，因此不清楚科学和健康研究是否属于这一规定的范围。在英国，如果数据控制者合理地要求进一步的信息并已将该要求告知数据主体，则他们没有义务遵守数据主体的通知义务而不处理其数据，除非数据主体提供了进一步的信息。最后，在爱尔兰和希腊，当出于科学研究目的处理数据时，并且权利的行使可能会使研究成果无法实现或严重损害研究成果时，GDPR 第 15、16、18、21 条规定的数据主体权利受到必要的限制。

总的来说，欧盟成员国根据 GDPR 第 89 条第（2）款的规定，在允许和不允许减损个人权利以及允许这些减损的程度之间存在分歧。监管格局的碎片化可能会对合作产生进一步影响，并可能开启竞择法院的可能性。本章的结论分析将审查欧盟成员国如何处理这一问题。

4.2 适当保障措施的见解

对 GDPR 第 89 条第（2）款，即对 GDPR 第 15、16、18、21 条所述权利的减损，不仅需要制定国家法律，而且还应遵守第 89 条第（1）款所述的条

[35] Chapter 586 of the Laws of Malta.

件和保障措施，只要这些权利可能使特定目的无法实现或严重损害特定目的的实现，而这种减损对于实现这些目的是必要的。因此，很明显，贬损是可能的。不太清楚的是，适当的保障措施和逐案评估的相关性是否同样需要通过法律来确定，或者 GDPR 条款的直接适用性和效果是否足够。GDPR 第 89 条第（2）款中的条款表述相当模糊，但可以认为与国家法律有关。因此，本节审查了各国如何满足保障措施的要求。

GDPR 第 89 条第（1）款一般指为确保合法处理特殊类别的个人数据而需要采取的“保障措施和技术措施”，并指出“这些措施可能包括假名化”。GDPR 第 4 条第（5）款将假名化定义为“在不使用额外信息的情况下，以个人数据不能再指向特定数据主体的方式处理个人数据”。此类附加信息应单独保存，并应遵守技术和组织措施，以确保个人数据不会归于已识别或可识别的自然人。这种明确引入假名化的目的是最大限度地降低数据主体的风险，尤其是在根据 GDPR 第 89 条第（1）款出于研究目的进行处理时，假名化被认为是一种适当的保障措施。然而，根据 GDPR 第 28 条，数据控制者不应被阻止采取其他技术措施来履行其数据保护义务。事实上，鉴于数据控制者有义务确保数据主体的个人数据得到充分保护，所以，这一要求更应被视为一项义务，无论成员国是否以任何进一步的方式对保护措施进行了监管，这一义务都适用。

这项研究表明，在选择其他增强隐私的措施时，国家立法者更倾向于使用假名化。值得一提的是，在 GDPR 生效之前，欧洲各地的实践中也使用了其他术语，如“匿名化数据”“编码数据”“编撰数据”“链接数据”“可重新识别数据”“屏蔽数据”“不可识别数据”，以描述现在属于“假名化数据”这一通用术语的内容。因此，后者首次在数据保护立法中与“匿名化数据”区分开来，指那些无法识别主体的数据。[36]

就假名化的构成而言，本研究中包括的大多数国家没有提供该术语的进一步定义，这意味着 GDPR 第 4 条第（5）款适用于目前的情况。特别是，克

---

〔36〕 Nevertheless, the longstanding use of above terms such as ‘anonymized data’, has led to confusion many researchers who are now progressively starting to familiarize themselves with the ‘pseudonymous’ as opposed to ‘anonymous’ data. This can be clearly reflected in the study protocols were most often researchers refer to ‘anonymized codified data’ instead of the right term which is ‘pseudonymized data’.

罗地亚、捷克、芬兰、法国、希腊、挪威、葡萄牙、瑞典、拉脱维亚和列支敦士登没有进一步规定假名化，而德国、爱尔兰和马耳他则重复了 GDPR 提供的定义。有趣的是，在 GDPR 出台之前，挪威曾将假名化数据定义为间接可识别的数据，而现在假名化被认为涵盖了所有去识别的手段。在芬兰，数据保护专员普遍明确将假名化数据归类为个人数据。对于法国立法，假定实施假名化是为了保密，尽管以前的法律将其称为编码。在西班牙，编码数据和编码生物样本的定义均由《西班牙生物医学研究法》规定。[37]

大多数国家法律存在细微差异的地方是匿名化和假名化之间的区别以及两者之间的关系。具体而言，比利时立法者优先使用匿名化数据。只有当控制者不能达到他们的研究目的时，他们才应该使用假名化数据。如果即使使用假名化数据，研究目标仍然无法实现，那么数据控制者可以处理非假名化数据。在选择不同的假名化和匿名化方法时，数据控制者受益于数据保护专员的指导，当数据保护专员被指定时，他会就这些方法是否适合数据保护提供建议。

在葡萄牙，匿名化或假名化都没有得到优先考虑。更具体地说，匿名化或假名化是在可以通过其中任何一种实现目标时选择的。这与葡萄牙的经验现实相一致，因为在实践中，生物医学研究人员和科学家一直在实施编码技术，将保护数据主体的隐私与推导令人满意的研究成果相协调。有趣的是，关于匿名化，希腊法律进一步规定，数据控制者必须在科学目的允许的情况下尽快对数据进行匿名化，除非这违背了数据主体的合法利益。此外，希腊法律预测，在匿名化发生之前，可以用来关联已识别或可识别个人的个人细节或实际情况的特征必须单独存储。只有在研究或统计目的需要时，才能将这些特征与单个细节结合起来。此外，希腊法律还明确指出，在出于科学目的处理特定类别的数据时，数据控制者和/或数据处理者的数据访问限制、数据加密和数据保护专员指定作为额外的保障措施。关于包含个人数据的科学

---

〔37〕 The Spanish Biomedical Research Law of 2007 provided following terms：‘Data coded or reversibly dissociated：data not associated with an identified or identifiable person because the information has been replaced or unlinked identifies that person by using a code that allows for the inverse operation’（Article 3（k））. ‘Biological sample encoded or reversibly dissociated means a sample not associated with an identified or identifiable person as a result of the replacement or disassociation of that person information that identifies that person by using a code that allows reverse operation’［Article 3（r）］.

出版物，可以在数据控制者获得数据主体的明确书面知情同意后进行，也可以在未获得同意的情况下，在控制者将数据假名化后进行，但是，该出版物必须是展示科学研究结果所必需的。

意大利要求《意大利数据保护法》进一步规定处理基因、生物特征和健康相关数据的条件，即加密和假名化技术、最小化措施、选择性获取的具体方法以及保障有关人员权利所需的任何其他措施。[38] 在所有这些情况下，意大利法规根据处理的数据量，处理的性质、对象、背景和目的来解释这些术语，并表示数据无法直接追溯到相关方，但只有在必要时才能识别。

在捷克，根据《捷克个人数据处理法》，如果与个人数据处理（科学研究）的目的一致，GDPR 第 9 条第（1）款所述的个人数据应以不允许识别数据主体的形式进行处理。当数据主体的合法利益与此冲突，则这点不适用。

相比之下，挪威显然更倾向于使用假名化而非匿名化数据。挪威过去将假名化数据定义为“间接可识别的”数据，而现在，假名化被视为包括所有符合特定要求的去识别手段，无论谁有权访问密钥。只要数据主体的身份得到充分保护或使用了假名化，数据控制者就可以继续处理健康研究数据。要求研究中使用的所有数据都是匿名的被认为是不现实的，因为这会阻碍控制和验证研究结果。至于荷兰，目前尚不清楚人们如何看待假名化。在 GDPR 之前，数据保护局发布了一项决定，提到假名化本身并不导致匿名化，令人遗憾的是，这为关于假名化和匿名化数据之间联系的各种不确定的解释开辟了空间。

英国国民医疗服务体系健康研究局阐明，已假名化的个人数据（如密钥编码）属于 GDPR 的管辖范围，这取决于将假名化数据指向特定个人的难度。这与 GDPR 第 26 条的规定相呼应，该条规定，如果使用附加信息可以将假名化数据指向某个特定自然人，则应将其视为可识别自然人的信息。此外，已匿名化的数据被排除在 GDPR 范围之外，匿名化行为被视为数据处理。

最后，一些欧盟成员国审查了与第三方传输有关的假名化问题。在丹麦，

[38] The same formulation, i. e. encryption or pseudonymization techniques, was also adopted in the General Authorisation 9/2016 concerning the processing of personal data for scientific research purposes and in the General Authorisation 8/2016 concerning genetic data treatment, and can now be found in the Document No. 146 of 2019, concerning the processing of special categories of data.

数据保护局有权发布关于将出于研究目的处理的数据传输给第三方的一般规则，假名化是准备文件中可能的要求之一。同时，在法国，向非欧盟国家传输数据之前，必须使用假名化。[39]

总的来说，尽管欧盟成员国在采用假名化方面保持一致，但与其他替代技术措施相比，这项新提出的措施的措辞和审查仍然模糊不清，这就对其是否足以消除数据主体的权利风险提出了疑问。鉴于一组数据是被视为匿名化还是假名化将决定 GDPR 条款在每种情况下的适用性，进一步阐明这些技术的定义、特征和法律地位至关重要。关于那些选择允许减损但没有在其数据保护法律框架中进一步规定减损的国家，现在断定这些保障措施不存在还为时过早。它们可能在将来通过的研究特定法规中进行规定，或根据 GDPR 之前的研究法规进行解释，例如，根据《拉脱维亚人类基因组研究法》，保障措施可作为样本编码和解码规则出现。此外，即使国家法律没有以任何方式提及或规定保障措施的应用，也不能免除控制者确保遵守 GDPR 的义务。

5 公共利益

研究成果的分享、成果的返还、偶然发现和知识产权政策是确保在保护参与者利益和促进公众利益之间取得平衡的手段。具体而言，在生物银行方面，长期以来，公共利益一直被认为是根据 GDPR 第 9 条第（2）款第（j）项处理特殊类别个人数据的合适法律基础之一，而不是同意。[40] 此外，正如斯洛肯贝加在本章引言中所阐述的那样，将生物银行归类为公共研究可以进一步减损个人权利。[41] 至关重要的是，要了解国家立法者如何选择处理上述条款，这与 GDPR 关于技术和组织措施以及保障要求的第 89 条第（1）款密切相关。

比利时选择在为科学研究存档个人数据时对数据控制者施加另外两项义务，以确保公共利益，即公共利益的正当性，以及有关人员行使权利可能导

---

〔39〕 See reference 11, and specifically the CNIL Reference methodologies MR001 and MR003.

〔40〕 See paragraph 3 ‘Consent as one of the legal basis for data processing in biobanking across EU Member States: informed, broad or none?’

〔41〕 See Articles 18 (2), 20 (3) and 21 (6) GDPR. See further Santa Slokenberga, Setting the foundations: Individual rights, public interest, scientific research and biobanking.

致研究目标无法实现或严重阻碍目标实现。相比之下，意大利避免对数据控制者施加进一步的义务。相反，它加强了数据保护局在制定监管框架方面的作用，正如数据保护局年度报告所反映的那样，其中科学研究需求和个人权利保护之间的相互作用十分突出。与意大利类似，葡萄牙拟提出的关于出于科学研究目的建立生物银行的立法对科学和健康相关研究的透明度提出了具体要求。葡萄牙国家数据保护委员会和即将成立的人类细胞和组织研究协调委员会通过控制生物银行来保障公众利益。

新的《生物银行法案》预计将重大公共利益作为生物银行活动的法律基础。当涉及公众利益，特别是研究结果的传播时，也有人对新的《社会和医疗保健数据二次使用法》表示担忧。特别是，该法案对结果的公布提出了限制，这干扰了科学的自主权和自由。就马耳他而言，社会对生物银行的参与至关重要，这反映在为创建一个允许参与者授予数字同意的门户网站而采取的步骤上。通过这种方式，参与者可以跟踪他们的样本和相关数据的使用情况，并访问有关他们样本所涉及的研究项目的信息和更新。研究结果也将在门户网站上公布，从而将研究参与者转变为研究伙伴。

自2016年以来，在法国，“公共利益”被视为“一般利益”和“集体利益”的同义词，并已成为健康研究中个人数据处理的重要内容。声称出于公共利益研究目的的数据控制者应该能够证明这一说法的合理性。然后，他们可以通过简化的途径处理数据。然而，当涉及存档原因时，公共利益只是作为研究中存储限制原则的一个例外。此外，出于公共利益参与归档的数据控制者可以减损访问权、更正权、处理限制权和反对权。

德国和希腊在GDPR的信函之后，提供了具体规则，例如对数据主体权利的限制或保护特殊类别个人数据的技术措施。《丹麦数据保护法》不包括专门涉及公共利益的条款，但规定了基于GDPR第9条第（2）款（h）项和（g）项所列目的处理个人数据，这似乎涵盖了GDPR第9条第（1）款所述目的。同样，荷兰拥有许多高质量的登记处和一个全面的癌症登记处，但没有基于生物库目的实施GDPR第9条第（2）款（i）项。这类登记通常不以知情同意为基础，而是找到了一种“变通办法”，例如使用通用数据处理者或依靠GDPR第9条第（2）款（j）项的实施。爱沙尼亚的做法似乎正在将个人权利和公共利益之间的平衡大力转向公共利益，因为研究被视为一项为公共利益而进行的任务。

爱尔兰允许为公众利益处理特殊类别的数据，以防止严重的跨境威胁，确保医疗质量和安全的高标准，并用于存档目的。控制者的义务和数据主体的权利在必要的范围内受到限制，并与国家安全和民法索赔的执行等因素成比例。相关部长有权为了公共利益发布进一步限制数据主体权利的法规。西班牙引入了当事人利益的例外情况，特别是在比 GDPR 更广泛的同意方法中，这损害了研究人员广泛获取数据（和样本）的能力，尽管可以认为他们仍然同意新的《西班牙隐私法案》框架。[42] 在拉脱维亚，尽管《拉脱维亚个人数据处理法》没有定义什么研究属于公共利益领域，但它有可能减损 GDPR 第15、16、18 和 21 条。[43]

最后，克罗地亚对医学科学研究没有明确的定义，这是讨论个人权利与公共利益之间平衡的原因之一。[44] 具体而言，在科学和实验领域之外，公共利益始于个人权利受阻的地方。在实践中，由于对科学研究和实验医学的不同解释，这种模糊的界限可能会带来挑战。

上述分析表明，相对于其长期的研究传统，各国在其立法中实施了 GDPR 第 9 条第（2）款（j）项。在那些公共利益已经成为普遍利益的代名词，并且已经培养了一种基于团结的研究方法的国家，它们通过了相关条款，作为进一步促进公共利益和个人权利之间平衡的一种手段。然而，即使在某些社会已经熟悉生物银行研究的情况下，国家立法者也没有进一步明确 GDPR 第 89 条第（1）款的要求，而是选择坚持 GDPR 的文字。

6 结 论

如本章所示，欧盟/欧洲经济区成员国对生物银行的监管方法存在显著差

[42] Organic Act 3/2018 of 5 of December on Protection of Personal Data and guarantee of digital rights.

[43] Personal Data Processing Law, Latvijas Vēstnesis, 132 (6218), 04. 07. 2018, Section 31.

[44] The Ethical Codex of the Institute for Medical Research and Occupational Health (https://www.imi.hr/en/) explicitly states that the wellbeing of the examinees should prevail over the interests of science and society. Therefore, within the research studies conducted by the Institute, there is obvious misbalance between the individual rights and public interest for the benefit of the individual rights. There are also numerous public discussions and cases pending in front of the Court with respect to question whether the vaccination is related to the individual freedom or should be seen as an obligatory action in favor of the public interest.

异。不仅在生物银行是否以及在多大程度上受到监管，而且在法律规定的要求上也出现了分歧。这些差异适用于合法性要求等关键要素，特别是生物银行的适当法律基础以及解除对健康和遗传数据处理禁令的法律基础。通过GDPR采取的方法，它为成员国摆脱长期以来在生物银行中建立的知情同意模式开辟了空间，至少在个人数据处理方面。这一空间是否会被广泛使用，或者成员国是否会坚持GDPR下的一般同意要求，还有待观察。同样，研究伦理委员会如何接受这一点也很有趣。此外，本章研究了数据主体权利的保护，以及在启用减损时确保高水平数据保护的替代措施。最后，在欧盟成员国如何处理公共利益以及是否将生物银行纳入其中方面出现了分歧。虽然人们经常认为生物银行研究符合公共利益，但并非所有欧盟成员国都明确或合法地承认这一点。此类研究可能受益于与GDPR一起颁布的普遍慷慨的数据保护制度，但可能不会受益于GDPR下关于“公共利益”的额外措施。尽管原则上这些变化不应影响GDPR下个人数据的自由流动，但就研究伦理委员会有权宣布研究不符合伦理原则和法规而言，碎片化仍然是合作项目中研究人员面临的挑战。这一结论表明，有必要在国家范围内以及在GDPR下进一步研究法律与伦理的相互作用。同时也有必要制定GDPR鼓励的泛欧、部门特定的行为准则。朝着这个方向，欧洲数据保护监管机构已经启动了相关举措，旨在加强欧盟/欧洲经济区国家之间用于研究目的的数据流动。[45]然而，此类举措应与源自医疗部门的类似举措联合制定。特别是在生物医学研究领域，目前可预见的技术进步使人们能够从现有的医疗数据集中提取有价值的信息，研究和医疗显示出它们是同一枚硬币的两面。因此，起草针对具体部门的行为准则应成为参与上述举措的所有部门行为者的优先事项，该准则将提请注意这种互动，并将纳入不冲突的数据保护条款，特别是与数据流动或交换有关的数据保护规定。

---

〔45〕 See also the European Data Protection Supervisor, A Preliminary on data protection and scientific research, 6 January 2020. The preliminary opinion, refers to two current initiatives. First, sector – specific a Code of Conduct for Health Research is currently underway from BBMRI – ERIC. Second, a Code of Conduct from GEANT, the pan – European data network for the research and education community.

致谢：作者感谢阿纳斯塔西亚·西亚普卡对本章所有阶段的支持。

参考文献

Council of Europe，Convention 108 for the Protection of Individuals with regard to Automatic Processing of Personal Data.

Pormeister K（2018）Genetic research and applicable law：the intra – EU conflict of laws as a regulatory challenge to cross – border genetic research. J Law Biosci：706 – 723.

Regulation（EU）2016/679 of the European Parliament and of the Council of 27 April 2016 on the protection of natural persons with regard to the processing of personal data and on the free movement of such data，and repealing Directive 95/46/RC（General Data Protection Regulation）.

Slokenberga S，Martinez RM，Reichel J（2017）Legal and ethical governance of intercontinental biobanking – some experiences from a H2020 – project. Förvaltningsrättslig tidskrift.

Steinsbekk KS，Myskja BK，Solberg B（2013）Broad consent versus dynamic consent in biobank research：is passive participation an ethical problem? Eur J Hum Genet 21（9）.

Tzortzatou O（2015）The protection of sensitive data in the field of biomedical research. Sakkoulas Editions，Athens.

Witoń M，Stapagiel D，Gleńska – Olender J，Chrościcka A，Ferdyn K，Skokowski J，Kalinowski L，Pawlikowski J，Marciniak B，Pasterk M，Matera – Witkiewicz A，Kozera Ł（2017）Organization of BBMRI. pl：The Polish Biobank Network，Biopreservation and Biobanking.

第二章

监管责任的分配：谁将在 GDPR 下平衡个人权利、公共利益和生物银行研究？

简·赖切尔

摘　要：本章从个人权利、公共利益和生物银行研究的平衡角度，分析了 GDPR 所创造的空间中的立法权划分。本章对欧盟的立法权限、生物伦理方面的国际义务以及留给成员国的监管空间都进行了讨论。本章的结论是，尽管 GDPR 旨在进一步实现法律协调，但更可能通过行政合作和软法律工具实现统一。

1　引言：后 GDPR 时代生物银行研究中个人权利与公共利益的平衡

平衡个人数据保护权和生物银行研究中的公共利益涉及欧盟内部的一些宪法和法定规则。个人数据保护权在欧盟法律秩序中享有强有力的宪法保护，既包括在《欧盟基本权利宪章》第 8 条中，也包括在《欧盟运作条约》第 16 条中。GDPR 根据欧盟所称的"黄金标准"，进一步提供了一套关于如何在实践中维护该权利的全面立法。[1] 由于科学自由受到若干国际条约的保护，研究也受到一些保护。1948 年《世界人权宣言》包括分享科学进步和利益的权利，尽管这并不完全针对研究本身。《经济、社会及文化权利国际公约》规定

〔1〕 Regulation（EU）2016/679 of the European Parliament and of the Council of 27 April 2016 on the protection of natural persons with regard to the processing of personal data and on the free movement of such data, and repealing Directive 95/46/EC（GDPR）and Slokenberga et al. （2019）, p. 32.

成员国有义务“尊重科学研究和创造性活动所必需的自由”。《欧盟基本权利宪章》第 13 条规定，艺术和科学研究不受约束。在这样的框架下，科学自由很难说是研究人员可以依赖的个人权利，但它确实代表着对科学重要性和价值的认可。[2]

然而，保护个人权利并不是 GDPR 的唯一目标。根据 GDPR 第 1 条，GDPR 有双重目标，即在处理个人数据方面保护自然人，并提供有关个人数据自由流动的规则。[3]在个人数据自由流动的理解范围内，还存在将数据用于不同目的的可能性，比如研究。本书通篇分析了这些目标和目的之间的紧张关系。

导致 GDPR 颁布的欧盟数据保护法改革的一个更突出的目标是减少执行欧盟数据保护指令的国家法律之间的差异。[4]对于生物银行社区来说，这一步骤非常受欢迎。欧洲生物银行法的碎片化已被确定为繁荣生物银行研究的主要障碍。[5]在 2012 年欧盟委员会委托编写的一份关于这一主题的报告中，9 项建议中的第 1 项如下：[6]成员国和欧洲机构应为生物银行制定一致和连贯的法律框架，以保护参与者的基本权利，特别是在隐私、数据保护和研究中使用人体组织方面。

选择 GDPR 的立法形式，即一项法规而非指令，是为了确保相同的法律在整个欧盟适用。GDPR 序言 10 规定，“应确保在整个欧盟范围内一致和同质地适用保护自然人在处理个人数据方面的基本权利和自由的规则”。正如已经广泛讨论过的，并且从本书的贡献中也可以明显看出，在科学研究领域，这一目标只实现了一部分。GDPR 序言 10 还指出，“本法规还为成员国规定其规则提供了回旋余地，包括处理特殊类别的个人数据（敏感数据）”。通过

---

〔2〕 Ruffert and Steinecke (2011), p. 30.

〔3〕 See Article 1 GDPR which defines the dual objective of the regulation as protection of natural persons with regard to the processing of personal data and rules relating to the free movement of personal data. It may further be reiterated that the Directive 95/46/EC of the European Parliament and of the Council of 24 October 1995 on the protection of individuals with regard to the processing of personal data and on the free movement of such data, the Data Protection Directive, was enacted as an internal market instrument, under Article 100a Treaty establishing the European Community (today Article 114 TFEU).

〔4〕 Recital 9 and 13 GDPR.

〔5〕 Gottweis et al. (2012), p. 8. See, for a global perspective, Dove (2015), p. 681.

〔6〕 Gottweis et al. (2012), p. 6.

这种方式，GDPR 为各个项目和成员国层面的不一致提供了相当大的空间。

GDPR 中规定了核心数据保护原则，但成员国法律对细节进行了定义，这是在生物库研究中进行个人权利和公共利益之间平衡测试的先决条件。这对欧盟的生物银行家以及 BBMRI – ERIC 等生物银行网络意味着什么？因此，一个核心问题是核心原则与减损中的细节之间的关系。在实施研究例外时，成员国的监管空间有多大？在 Schrems 案中，欧盟法院认为，在本案中，根据《欧盟基本权利宪章》第 7 条，对个人隐私权的限制是有限的；限制可能不会损害“尊重私人生活的基本权利的本质”。[7] 成员国也应维护这些界限。[8] 因此，问题是如何实现生物银行健康数据处理的合法和可预见的监管制度。GDPR 是否包含为当今欧盟内的生物银行提供公平竞争环境的机制？

本章的分析借鉴了本书中的结论，试图回答这些问题。本章第 2 节从欧盟立法权限的角度分析了监管格局多样化的背景。第 3 节讨论了 GDPR 在成员国内的实施效果。第 4 节讨论了监管制度差异带来的与竞择法院有关的潜在后果。第 5 节在行政合作和协调软法律工具方面也采取了同样的做法。在最后第 6 节讨论了如何为生物银行创造公平竞争环境的问题。

2 欧盟成员国对 GDPR 监管回应的多样性

2.1 规范生物银行研究中个人数据处理的要素

生物医学研究的法律和伦理中有两项核心原则可以被认为是普遍接受的：在所有生物科学研究活动中，必须尊重相关个人的知情同意原则，所有生物医学研究在进行之前都应经过研究伦理委员会的审查。[9] 这些原则在研究中的个人数据处理方面也得到了越来越多的接受。[10] 然而，在全球层面，仍然没有任何具有法律约束力的文件来规范这些问题。

如本书所述，根据 GDPR，个人数据的处理可以基于知情同意或公共利

〔7〕 Case C – 362/14 Schrems v Data Protection Commissioner, EU: C: 2015: 650, p. 94.

〔8〕 See Joined Cases C – 203/15 and C – 698/15 Tele 2 Sverige AB v Post – och telestyrelsen and Secretary of State for the Home Department v Tom Watson, Peter Brice, Geoffrey Lewis, EU: C: 2016: 970, p. 129.

〔9〕 Ruffert and Steinecke (2011), pp. 94 – 96.

〔10〕 Slokenberga et al. (2019), p. 32.

益、合法利益、合同等合法进行。[11] 如果个人数据属于特殊类别，例如健康数据或基因数据，则适用 GDPR 第 9 条中规定的进一步要求。根据 GDPR 第 9 条第（2）款（j）项和第 89 条，在有适当保障措施的情况下，通常通过研究伦理委员会的伦理批准，可以在研究中处理这类数据。[12] 因此，研究的价值将与数据主体遭受隐私侵犯的风险相平衡。[13] 因此，对生物银行研究中个人数据处理的监管至少涉及三个独立的监管领域：数据保护、研究和生物伦理。

2.2 欧盟在数据保护、研究和生物伦理方面的监管能力

正如本书前面所讨论的，[14] 欧盟的监管能力对于理解研究中个人数据处理的监管制度至关重要。与国家相比，欧盟没有一般的立法权限，只能在成员国授予立法权的领域制定具有约束力的法律。[15] 这一概念通常被称为授予原则，并被编入《欧盟运作条约》第 5 条第（2）款。

关于数据保护，问题就是没有问题。根据《里斯本条约》，《欧盟运作条约》第 16 条第（2）款赋予欧盟在数据保护领域的特定权限。根据该条款，欧盟可以制定“关于在处理个人数据方面保护个人的规则”和“关于此类数据自由流动的规则”。[16] 欧盟在研究领域也有一定的能力，但在几个方面受到限制。例如，欧盟可以开展活动，制定和实施方案，并建立联合企业或任何其他必要结构，以有效执行欧盟的研究、技术开发和示范。[17] 后者的一个例子是，该条例引入了成员国建立欧洲研究基础设施联盟（ERIC）的程序，

---

〔11〕 Article 6（1）GDPR.

〔12〕 Article 9（2）（J）and Article 89（1）GDPR and the contributions to this book.

〔13〕 See the chapter by M. G. Hansson in this book, and Whitley（2016）p. 39.

〔14〕 See the chapter by S. Slokenberga in this book.

〔15〕 See further Reichel（2016）, p. 174.

〔16〕 The previous Data Protection Directive was enacted as an internal market act, under Article 100 a Treaty establishing the European Community（EC）at the time of the enactment of the Directive, today Article 114 TFEU.

〔17〕 Article 179 and 187 TFEU.

并据此建立了 BBMRI - ERIC。[18] 然而，在伦理问题上，欧盟没有任何权限立法。[19]

尽管缺乏足够的立法权限来全面监管生物银行研究中的健康或基因数据的处理，仍可以通过对数据保护问题监管权限的广泛解释来克服，正如在行政合作领域所做的那样，这是欧盟监管权限受限的另一个领域，[20] 但研究治理与生物伦理学和国家法律文化之间的紧密联系可能使其在政治上不可能实现。此外，尽管法律的生物伦理方面的基本价值和理念在很大程度上可以说是普遍的，但仍然存在国家和地区差异，尤其是在健康和遗传学方面。[21] 本书中讨论的成员国监管回应的差异似乎证实了这一点。

2. 3 使 GDPR 与成员国的其他国际义务保持一致

生物银行研究的一个核心监管方面是知情同意的定义。GDPR 允许使用研究界所称的"广泛"同意。然而，正如本书中多次提到的，同意本身并不是合法处理个人数据的必要条件。这样，GDPR 为残余样本和数据的研究铺平了一条相当平坦的道路。这种方法本身并不新颖，它以前存在于不同的国家法律秩序中，也存在于国际上。例如，在提及人体标本采集时，《奥维耶多公约》第 22 条规定：在干预过程中，人体的任何部位被切除时，只有在符合

---

〔18〕 Council regulation (EC) No 723/2009 of 25 June 2009 on the Community legal framework for a European Research Infrastructure Consortium (ERIC).

〔19〕 See, for example, the Amended Proposal for a Directive of the European Parliament and of the Council on Setting Standards of Quality and Safety for the Donation, Procurement, Testing, Processing, Storage, and Distribution of Human Tissues and Cells, COM (2003) 340 final, p. 4, where the Commission rejected certain proposals from the European Parliament on ethical issues on the grounds that Article 168 TFEU, which at the time was Article 152 EC, does not give the EU competence in that field. See further Busby et al. (2008).

〔20〕 The GDPR contains elaborated rules on administrative governance and cooperation, which will be discussed briefly in Sect. 3. Further, in regards to clinical trials, the EU has adopted certain rules on administrative cooperation in bioethical matters, Regulation (EU) No 536/2014 of the European Parliament and of the Council of 16 April 2014 on clinical trials on medicinal products for human use and the European Data Protection Board issued Opinion No 3/2019 which concerns the interplay between the EU Clinical Trials Regulation (CTR) and the GDPR.

〔21〕 For example, Article 23. 1 World Medical Association, Declaration of Helsinki—Ethical Principles for Medical Research Involving Human Subjects holds that the law of the land is to be applied, together with relevant international norms and standards as long as these do not undermine the Helsinki Declaration itself.

适当的信息和同意程序的情况下，才能将其储存和用于切除目的之外的其他目的。

该公约的解释性报告指出，适当的知情同意程序并不一定意味着患者或其代表必须给予正式知情同意。它指出，“在某些情况下，患者或其代表在得到适当通知（例如，通过在医院向有关人员分发传单）后，不表示反对就足够了”。[22] GDPR 根据其第 14 条解决了这方面的信息要求，如果“提供此类信息被证明是不可能的或将涉及不成比例的努力”，则允许例外情况。[23]

由此产生的问题是，当研究涉及个人残留生物材料时，欧盟是否试图重新定义对个人的最低保护水平。如果是这样的话，这将在欧洲委员会和欧盟法律秩序之间产生法律冲突，而那些已经批准《奥维耶多公约》的欧盟成员国是否能够充分利用 GDPR 的规定，这是值得怀疑的。那些只签署了公约，因而有义务不违背条约目标和宗旨的国家，可能会提出其他问题。这可以在《奥维耶多公约》第 26 条中找到解决方案，该条没有将 GDPR 第 22 条列入公约的核心价值观，因此允许缔约国在某些情况下限制这些权利。

然而，从伦理的角度来看，至少从表面上看，这可能是相当有问题的。研究参与者或数据主体通过决定是否参与特定研究表达的控制可能与控制个人数据的愿望不一定有关。如斯汤顿等人所述，这很可能归因于特定研究的目的，以及研究参与者或数据主体不愿意将其数据用于不符合其伦理信仰的研究。[24] 因此，GDPR 是否剥夺了数据主体控制其数据在研究中使用的能力？笔者认为，正如 GDPR 第 9 条第（2）款（j）项所述，它掌握在成员国和欧盟手中。避免基于同意的研究的能力服从于欧盟的权限限制和特定国家法律秩序中的主流价值观。某个成员国很可能会选择不实施 GDPR 第 9 条第（2）款（j）项，但到目前为止，至少根据本书中审查的国家法律，成员国尚未采取这种方法。

---

〔22〕 Explanatory Report—ETS 164—Human Rights and Biomedicine (Convention), https://rm.coe.int/16800ccde5, para 137.

〔23〕 Art 14 (5) (b) GDPR.

〔24〕 Staunton et al. (2019), p. 2.

3 国家层面的监管保障措施：异质性依然存在

GDPR 第 89 条第（1）款和第（2）款规定，欧盟和成员国之间有责任确保为合法处理研究中的个人数据提供适当的条件和保障。GDPR 第 89 条第（1）款没有明确指出谁负责确保保障措施，只是认为“根据本条例，出于科学或历史研究目的进行的处理应给予数据主体权利和自由适当保障”。保障措施可以通过国家法律提供，但需要“根据 GDPR”进行监管。另外，GDPR 第 89 条第（2）款指的是联邦法律或国家法律，允许在适当的条件和安全保障下减损 GDPR 第 15、16、18、21 条。[25] 因此，生物银行研究中处理个人数据的条件和保障以分散的方式进行监管。此外，GDPR 第 9 条第（4）款允许成员国保留或引入进一步的条件，包括对基因数据、生物特征数据或健康数据处理的限制，从而有助于权力下放。此外，GDPR 第 23 条允许对公共利益进行进一步的一般减损，例如公共健康。[26]

正如佐尔莰图等人在本书“后 GDPR 时代的欧洲生物银行：一个蓄意打造的碎片化景观”一章中的泛欧调查所述，欧盟成员国在实施这些条件和保障措施时，从形式和内容上都采取了不同的方法。虽然瑞典采取了一种极简主义的方法，并且只利用了 GDPR 第 89 条第（2）款中的可能性，以有限的方式采用一般减损，但允许研究人员访问和处理公共人口健康登记处的数据的监管框架仍然很广泛。[27] 另外，在意大利，GDPR 的生效起到了填补医学科学研究目的生物银行立法空白的作用。[28] 在法国和芬兰，国家监管方法似乎在一定程度上坚持了比 GDPR 要求更严格的标准，而在爱沙尼亚，立法者选择了更宽松的方法。[29] 因此，各国的监管对策仍然各异。

---

〔25〕 See the chapter by A. G. Duguet and J. Herveg in this book for further details.

〔26〕 The concept of public interest in the GDPR is analysed by S. Slokenberga, see the chapter by S. Slokenberga in section 4. 3. 4 in this book.

〔27〕 See the chapter by M. Stenbeck, S. Eaker Fält and J. Reichel in this book.

〔28〕 See the chapter by S. Penasa and M. Tomasi in this book, section Ⅳ.

〔29〕 See the chapter by G. Chassang et al. , section 5. 1; Chapter by T. Southerington, section Ⅲ and chapter by K. Pormeister, section 4.

4 通过竞择法院解决监管差异？

需要提出的一个相关问题是，因为研究提案被分配给拥有最有利监管制度的成员国，这种异质监管格局是否会导致竞择法院。竞择法院的问题，或者换句话说，监管竞争的问题，在欧盟内部市场中并非鲜为人知，其本身也不总是被视为有问题。在内部市场，成员国应允许货物、服务、劳动力和资本自由流动，除非有正当理由加以阻碍。[30]内部市场的经济行为者应将其业务分配给提供最有利条件的法院。在 Centros 案中，欧盟法院认为，成员国仅以公司希望在限制较少的监管环境中分配其业务为由拒绝注册“信箱公司”，这违反了内部市场规则。只有在怀疑存在欺诈行为的情况下，成员国才有理由采取行动。[31]这种做法在劳动法中也很有名，雇主可能希望将其总部设在一个劳动法制度更宽松的州。即使这经常受到批评，但事实证明，在不扭曲内部市场的情况下，很难打击这种做法。[32]正如本章引言中提到的，GDPR 的目标是促进个人数据的自由流动。在全球医学研究中，“道德倾销”的概念，即向低收入环境输出不道德研究实践的做法，已被认为是一个伦理问题。[33]不应夸大欧盟成员国之间的差异，但与此同时，研究人员向某些国家分配研究提案以规避伦理监管可能会被视为有问题的，从长远来看，这将破坏生物银行的社会信任。因此，下一个需要考虑的问题是，GDPR 是否包含任何可能弥合监管差异的机制。

5 通过行政合作和软法律工具解决监管差异

如上所述，达拉·哈里南在本书“GDPR 视阈下的生物银行监管与制裁”一章中所讨论的，GDPR 包含了数据保护领域内欧洲和国家行政部门的详细治理结构。在这里，重点放在国家的这种结构化合作的潜力上，以克服对数据保护规则和概念的解释差异。在这种情况下，值得注意的是，欧盟的主要

〔30〕 Article 26 TFEU.

〔31〕 Case C－212/97 Centros Ltd. v. Erhervs－og Selskabsstyrelsen EU：C：1999：126，p. 39.

〔32〕 Houwerzijl（2014），p. 98.

〔33〕 See，for example，The Global Code of Conduct for Research in Resource－Poor Settings，in particular Article 14. The code was developed within the TRUST，Equitable research party projects，see further www. globalcodeofconduct. org/.

法律也对行政结构进行了部分监管。《欧盟基本权利宪章》第 8 条和《欧盟运作条约》第 16 条均规定，遵守数据保护规则应由独立机构进行控制。GDPR 第 6 章和第 7 章规定了这种独立性，以及国家数据保护机构和接管欧盟第 29 条数据保护工作组而新成立的欧洲数据保护委员会的权限、任务和权力。

欧洲数据保护委员会的任务之一是就广泛的主题发布指导方针、建议、最佳实践和意见。[34] 即使 GDPR 没有直接监管生物银行，这些文件也通常与定义数据保护的核心原则（如知情同意）以及跨部门处理个人数据（如临床试验）相关。[35] GDPR 还引入了若干新工具，数据保护局可以与之合作；这里将讨论其中的两个。这是一个一站式机制，用于在涉及跨境处理监测的案件中任命一个主管当局，以及一个被称为一致性机制的综合决策程序。[36]

第一种机制的建立是为了提供一种平稳和可预见的监督手段，因为它确定了一个单一的数据保护局，作为活跃在多个成员国的数据控制者和处理者的一站式服务，从而使主管数据保护局与其他“相关”数据保护局合作，在整个欧盟范围内担任监督该业务所有处理活动的协调员。[37]

第二种是一致性机制，它提供了一种履行争端解决机制作用的程序，其中欧洲数据保护委员会（EDPB）作为争端解决机构发挥作用。[38] 根据这一机制，在不同类别情况下颁布决定之前，数据保护局可以将决定草案提交给欧洲数据保护委员会。在第一类情况中，由 6 个已查明的案件组成，转介是强

---

〔34〕 Article 70（1）GDPR.

〔35〕 See European Data Protection Board, Guidelines on Consent under Regulation 2016/679 (wp259rev. 01) and European Data Protection Board, Opinion No 3/2019 which concerns the interplay between the EU Clinical Trials Regulation（CTR）and the GDPR. Further, the European Data Protection Supervisor (EDPS), tasked with monitoring data protection within the EU institutions and bodies under Regulation 2018/1725, has issued a Preliminary opinion on data protection and scientific research, 6 January 2020.

〔36〕 Article 56 and 63 – 66 GDPR, respectively. See further Hijmans (2016), p. 369.

〔37〕 Article 60 GDPR and Giurgiu and Larsen (2016), p. 349.

〔38〕 Ibid, p. 350.

制性的。[39]在第二类情况中，关于“在一个以上成员国普遍适用或产生影响的任何事项”，转介是可选的。[40]然而，第二阶段中的程序可以由任何数据保护局启动，而不仅仅是主管当局、欧洲数据保护委员会主席和委员会。如果数据保护局不能达成一致，其中任何一个都可能触发一致性机制，从而邀请欧洲数据保护委员会发挥主导作用。在这两类情况下，欧洲数据保护委员会都会发表意见，所有数据保护局和委员会都可以对此发表意见。[41]主管当局必须“最大限度地考虑委员会的意见”，并与委员会主席沟通是否会维持或修改其决定草案。[42]如果主管当局不遵守该意见，欧洲数据保护委员会可着手解决争议。这实际上需要对个别案件作出决定，数据保护局必须根据相关国家法律的要求，参照欧洲数据保护委员会颁布的决定，通过作出最终决定来执行该决定。[43]这种机制是否以及在多大程度上用于一般研究领域，特别是生物银行研究，仍有待观察。在 GDPR 承认成员国监管权限的领域内，例如由于研究例外，很难想象一致性机制能够协调成员国的各种方法和传统，至少不能以全面的方式。

在生物银行研究中，定义个人权利和公共利益之间适当平衡的一个更为定制的工具是行为准则。[44]私人公司和组织可以起草行为准则，由某些类别的数据控制者或处理者处理个人数据。[45]通过行为准则的程序涉及数据保护局、欧洲数据保护委员会和欧盟委员会，并产生一份具有约束力的文件，其

---

〔39〕 According to Article 64 (1) GDPR, the competent supervisory authority shall communicate the draft decision to the Board when it: (a) aims to adopt a list of the processing operations subject to the requirement for a data protection impact assessment pursuant to Article 35 (4); (b) concerns a matter pursuant to Article 40 (7) whether a draft code of conduct or an amendment or extension to a code of conduct complies with this Regulation; (c) aims to approve the requirements for accreditation of a body pursuant to Article 41 (3,) of a certification body pursuant to Article 43 (3) or the criteria for certification referred to in Article 42 (5); (d) aims to determine standard data protection clauses referred to in point (d) of Article 46 (2) and in Article 28 (8); (e) aims to authorise contractual clauses referred to in point (a) of Article 46 (3); or (f) aims to approve binding corporate rules within the meaning of Article 47.

〔40〕 Article 64 (2) GDPR.

〔41〕 Article 64 (4) GDPR.

〔42〕 Article 64 (7) GDPR. See further Recital 136 GDPR.

〔43〕 Article 65 GDPR.

〔44〕 Also, the Data Protection Directive recognised code of conducts, Article 27.

〔45〕 Article 40 GDPR.

中规定了 GDPR 在欧盟内部处理的适当应用，以及作为外部转移的基础。[46] 2019 年 6 月，欧洲数据保护委员会发布了有关该主题的指南。[47] 这些指南将这些准则描述为能够“帮助弥合成员国在应用数据保护法时可能存在的协调差距”，并为特定部门提供机会，以反思共同的数据处理活动，并同意定制实用的数据保护规则，这将满足该行业的需求以及 GDPR 的要求。[48]

BBMRI - ERIC 目前正在起草一份健康研究行为准则，根据其网页，该准则可能“指导研究人员和行政人员，减少与合规性相关的不必要恐惧，并加强数据共享，以促进研究进展”。[49] 可以说，这有可能界定和实施 GDPR 第 9 条第（2）款（j）项规定的监管空间，并创造一种平衡和相称的方法，以实现研究中的公共利益，同时尊重数据保护权的本质，并支持适当和具体的措施来保障这一基本权利。正如本书所述，这项操作中要求的仔细校准是生物银行的一个困难但重要的因素。如果在中心地区达成一致，生物银行行为准则可能会成为目前支离破碎的法律环境中最有价值的工具。然而，必须权衡争取团结与允许成员国在维护国家或区域传统方面留有一定余地的好处。成员国的研究伦理委员会也将对未来个人研究项目的伦理和法律可行性进行最终评估。为了获得普遍接受，同时考虑到 GDPR 第 9 条第（4）款和第 23 条产生的歧义，行为准则必须符合这些委员会适用的伦理标准。此外，还必须履行上述国际义务（第 2. 3 节）。为了实现这一目标，行为准则的利益相关者必须解决欧盟立法者在立法过程中无法解决的问题。自下而上的方法可能更为成功。

6　结束语：生物银行能否建立一个公平竞争的环境？

导致 GDPR 颁布欧盟数据保护改革的一个更为突出的目标是进一步协调有关数据保护的国家法律。尽管如此，由于 GDPR 允许通过成员国法律在如此高的程度上进行减损，所以可以认为它只是名义上的法规，实际上它的形

---

〔46〕 Article 40（2）and 46（2）(e) GDPR.

〔47〕 The European Data Protection Board Guidelines 1/2019 on Codes of Conduct and Monitoring Bodies under Regulation 2016/679.

〔48〕 Ibid，p. 4.

〔49〕 http：//code - of - conduct - for - health - research. eu. see also chapter by Lalova et al. ，in this book，Section 4. 2.

式更像是一种指令。因此，生物银行研究中处理个人数据的监管制度仍然是欧盟及其成员国的混合责任。

本书分析了GDPR的核心数据保护原则与提供减损的国家法律之间的关系问题。正如已经看到的那样，欧盟成员国之间的监管差异仍然存在。然而，GDPR也引入了行政合作和软法律文书制作的治理结构，为GDPR及其核心原则的解释提供指导。此外，随着新法律工具——行为准则的引入，私营实体和合作网络也开始参与监管工作。因此，可以认为，研究领域的协调因素将出现在软法律和治理工具领域，而不是欧盟和成员国的立法领域。

这一发现可以被视为与基本权利法的一般特征之一相违背，即对权利的减损应在以民主合法的方式颁布的透明和明确的规则中规定。[50]这一点也在GDPR序言中得到承认：[51]当本条例提及法律依据或立法措施时，不一定需要议会通过立法法案，但不影响相关成员国宪法秩序的要求。然而，根据欧盟法院和欧洲人权法院的判例法，这种法律依据或立法措施应当清晰、准确，其适用应当是可预见的。

此外，如上所述，欧盟法院在Schrems案中认为，通过具有法律约束力的法案限制数据保护权的程度是有限的。[52]

与议会颁布的立法法案相比，软法律文书和私人公共治理工具通常可以说缺乏民主合法性和透明度。[53]然而，欧盟内部的实际需要和缺乏政治意愿和/或立法权限似乎为这些类型的非法律解决方案铺平了道路。这种对法律形成共识的更温和形式的好处之一是，它不会对权力从国家层面向超国家层面的正式转移质疑，因此对相关国家的承诺更少。[54]此外，正如梅罗费尔和普兰萨克所认为的那样，这是监管国际生物银行的一种常见方式，因为在没有中央监管机构的情况下，往往会出现无法律约束力的协议和软法律。[55]根据本书中泛欧洲调查“后GDPR时代的欧洲生物银行：一个蓄意打造的碎片化景观”一章的结论，法律和伦理要求的评估最终将成为研究伦理委员会在其

〔50〕 Compare Article 52 of the Charter and Article 8. 2 of the European Convention of Human Rights.

〔51〕 Recital 41 GDPR.

〔52〕 Case C－362/14 Schrems v Data Protection Commissioner, EU：C：2015：650, p. 94.

〔53〕 Reichel (2016), p. 186.

〔54〕 Spina (2011), pp. 249, 261.

〔55〕 Mayrhofer and Prainsack (2012), pp. 64, 70.

裁决范围内解决的问题。这一裁决的透明度和法律确定性将受益于2012年欧盟委员会报告中提出的建议的实现，即欧盟及其成员国应为生物银行制定一个连贯一致的法律框架，保护参与者的基本权利，特别是隐私权、数据保护和研究中人体组织的使用方面。[56]

参考文献

Busby H, Hervey T, Mohr A (2008) Ethical EU law? The influence of the European group on ethics in science and new technologies. Eur Law Rev 33: 803 – 842.

Dove ES (2015) Biobanks, data sharing, and the drive for a global privacy governance framework. J Law Med Eth 43 (4): 675 – 689.

Giurgiu A, Larsen TA (2016) Roles and powers of national data protection authorities. Eur Data Prot Law Rev 2: 342 – 352.

Gottweis H et al (2012) Biobanks for Europe. A Challenge for Governance, Report of the Expert Group with Ethical and Regulatory Challenges of International Biobank Research. Directorate – General for Research and Innovation, European Commission, Brussels.

Hijmans H (2016) The DPAs and their cooperation: how far are we in making enforcement of data protection law more European. Eur Data Prot Law Rev 2: 362 – 372.

Houwerzijl M (2014) 'Regime shopping' across (blurring) bundaries, regulating transnational labour in Europe: the quandires of multilevel governance. Department of Private Law, Oslo University, Skriftserie 196, Oslo.

Mayrhofer M, Prainsack B (2012) Being a member of the club: the transnational (self –) governance of networks of biobanks. Int J Risk Assess Manage 12: 64 – 79.

Reichel J (2016) Alternative rule – making within European bioethics – necessary and therefore legitimate? Tilburg Law Rev 21: 169 – 192.

Ruffert M, Steinecke S (2011) The global administrative law of science. Springer, Berlin.

Slokenberga S, Reichel J, Niringiye R, Croxton T, Swanepoel C, Okal J (2019) EU data transfer rules and African legal realities: is data exchange for biobank research realistic? Int Data Priv Law 9 (1): 30 – 48.

Spina A (2011) The regulation of pharmaceuticals beyond the state. In: Chiti E, Mattarella BG (eds) Global administrative law and EU administrative law. Springer, Berlin.

---

[56] Gottweis (2012), p. 6.

Staunton C, Slokenberga S, Mascalzoni D (2019) The GDPR and the research exemption: considerations on the necessary safeguards for research biobanks. Eur J Hum Genet 1.

Whitley SN (2016) Balanced ethics review. A guide for institutional review board members. Springer.